Modernes Marketing für Studium und Praxis
Herausgeber Hans Christian Weis

Prof. Dr. Harald Ehrmann
Marketing-Controlling

... weil auf chlor- und
säurefreiem Papier gedruckt.

**Modernes Marketing
für Studium und Praxis**

Herausgeber Hans Christian Weis

Marketing - Controlling

von Professor Dr. Harald Ehrmann

2., überarbeitete und erweiterte Auflage

Zur Herstellung dieses Buches wurde chlor- und säurefrei gefertigtes Recyclingpapier, zur Umschlagkaschierung eine Folie verwendet, die bei der Entsorgung keine Schadstoffe entstehen läßt. Auf diese Weise wollen wir einen aktiven Beitrag zum Schutz unserer Umwelt leisten.

Die Deutsche Bibliothek - CIP-Einheitsaufnahme

Ehrmann, Harald:
Marketing-Controlling / Harald Ehrmann. - 2., überarb. und
  erw. Aufl. – Ludwigshafen : Kiehl, 1995
  (Modernes Marketing für Studium und Praxis)
  ISBN 3-470-43372-0

ISBN 3 470 **43372** 0 · 2. Auflage · 1995

© Friedrich Kiehl Verlag GmbH, Ludwigshafen (Rhein) 1991
Das Buch und alle in ihm enthaltenen Beiträge und Abbildungen sind urheberrechtlich geschützt. Mit Ausnahme der gesetzlich zugelassenen Fälle ist eine Verwertung ohne Einwilligung des Verlages strafbar.

Druck und Verarbeitung: Präzis-Druck GmbH, Karlsruhe

Modernes Marketing für Studium und Praxis

Die Fachbuchreihe "Modernes Marketing für Studium und Praxis" will das aktuelle und praktisch anwendbare Wissen des Marketing anwendungsbezogen, anschaulich und übersichtlich darstellen und vermitteln.

Die einzelnen Bände sind so konzipiert, daß sie einzeln und in sich abgeschlossen über ein Teilgebiet des Marketing ausführlich informieren. Alle Bände der Reihe sind einheitlich gestaltet und wie folgt gegliedert:

- Der Textteil will das jeweilige Wissen vermitteln. Beispiele und grafische Darstellungen sollen die Veranschaulichung erleichtern. Den Abschluß bilden Kontrollfragen, die dem Leser zur Wissenskontrolle dienen. Jedem Kapitel ist ein Literaturverzeichnis angefügt, das die wesentlichen Literaturhinweise enthält.

- Der Übungsteil am Ende des Buches enthält Aufgaben/Fälle, die zur Vertiefung und zur Anwendung des im Textteil dargestellten Stoffgebietes dienen sollen.

Die Reihe "Modernes Marketing für Studium und Praxis" wendet sich an alle Marketinginteressierten, insbesondere an

- Studenten an Universitäten, Gesamthochschulen, Fachhochschulen sowie sonstigen Instituten, denen eine anwendungsbezogene und aktuelle Einführung in Teilgebiete des Marketing vermittelt werden soll

- in der betrieblichen Praxis Tätige, die sich über die verschiedenen Gebiete des Marketing informieren wollen.

Den einzelnen Autoren, die sowohl in der Praxis als auch durch langjährige Lehrtätigkeit im Hochschulbereich sowie im Managementtraining ausgewiesen sind, gilt mein besonderer Dank.

Für weitere Anregungen, durch die diese Fachbuchreihe verbessert werden kann, danke ich allen Lesern.

Hans Christian Weis

Benutzungshinweis

1
2
3
.
.
.
38
39
40

Diese Zahlen im Textteil verweisen auf den Übungsteil am Schluß des Buches.

Vorwort zur 2. Auflage

Die moderne Marketing-Konzeption sieht das Marketing nicht mehr am Ende des Leistungsprozesses als eine Institution, die den Markt für die Aufnahmefähigkeit der angebotenen Produkte bearbeitet, sondern verkörpert ein Konzept, das alle Entscheidungen des Leistungsprozesses durchdringt. Aufgabe der Marketing-Konzeption ist es, die Bedürfnisse und Wünsche der Kunden zu ermitteln und durch eine optimale Befriedigung der Bedürfnisse eine hohe Rentabilität zu erreichen. Sämtliche Planungs-, Koordinierungs- und Kontrollhandlungen sind auf den Käufer ausgerichtet.

Das Marketing-Management hat in Ausführung der Marketing-Konzeption die Aufgaben, die Marketing-Ziele festzulegen, die erforderlichen Strategien und Maßnahmen zu planen und die Prozesse so zu steuern, daß die Marktpartner veranlaßt werden, sich entsprechend dieser Ziele zu verhalten.

Die Aufgaben des Marketing-Managements sind kompliziert und komplex und beinhalten betriebswirtschaftliche, juristische, psychologische, soziologische und ökologische Funktionen.

Die angesprochenen Aufgaben des Marketing-Managements sowie die Kompliziertheit und Komplexität des Marketing-Prozesses machen den Aufbau eines Systems erforderlich, das dem Management zuarbeitet, seine Entscheidungen vorbereitet und gleichzeitig sein Begleiter in seiner Leitungsfunktion ist.

Dieses System ist das Marketing-Controlling als ein Teilsystem des Führungssystems Marketing und als ein Subsystem des Controlling-Systems.

Dieses Buch wendet sich an Studenten der Wirtschaftswissenschaften aller Hochschultypen und an Praktiker gleichermaßen. Es gibt einen Überblick darüber wie das Marketing-Controlling seine

- Planungs-
- Informations-
- Analyse/Kontroll- und
- Steuerungsaufgaben

zur optimalen Erreichung der Marketing-Ziele ausrichten und ausführen kann.

Fragen der Feststellung des Informationsbedarfs, der Hilfe bei der Informationsbeschaffung, -koordinierung und -verwendung werden ebenso behandelt wie der Aufbau von Planungs- und Kontrollsystemen, das Feststellen und Beseitigen von Schwachstellen, die Mitwirkung bei der Fixierung und Überprüfung der Marketingziele und die Mitwirkung des Marketing-Controllers bei wichtigen laufenden Marketing-Aufgaben.

Zahlreiche Literaturhinweise sollen dem Leser die Möglichkeit geben, auch solche Bereiche des Marketing-Controlling kennenzulernen, die aus Platzgründen im Buch selbst nicht behandelt werden konnten.

In der 2. Auflage wurden alle Kapitel überarbeitet und verbessert. Hinzu kam eine Erweiterung der Bereiche Marketingkosten und -erfolgsrechnung, Planung sowie Marketinglogistik.

Eine Ausweitung des Übungsteils soll den Leser in die Lage versetzen, die erworbenen Kenntnisse zu überprüfen und zu vertiefen.

Ich danke allen Lesern, die mit Anregungen zur neuen Auflage beigetragen haben.

Bielefeld, im Juni 1995

Prof. Dr. Harald Ehrmann

Inhaltsverzeichnis

Vorwort 7
Inhaltsverzeichnis 9

A. Grundlagen 15

1. Controlling 15
   1.1 Controlling-Konzept 15
       1.1.1 Bedingungen 15
       1.1.2 Controlling-Begriff 16
   1.2 Entwicklung des Controlling 18
       1.2.1 Erste Phase 19
       1.2.2 Zweite Phase 19
       1.2.3 Dritte Phase 19
   1.3 Controlling in der Unternehmensorganisation 20
       1.3.1 Controlling als Linienstelle 20
       1.3.2 Controlling als Stabsstelle 21
       1.3.3 Zentrale oder dezentrale Gliederung 21
           1.3.3.1 Objektorientierte Aufbauorganisation 22
           1.3.3.2 Verrichtungsorientierte Aufbauorganisation 23

2. Marketing 24
   2.1 Marketing-Begriff 24
   2.2 Marketing-Konzeption 26
   2.3 Marketing-Management 27

Kontrollfragen 31
Literatur 32

B. Marketing-Controlling 33

1. Erfordernis des dezentralisierten Controlling 33
2. Controlling in der Marketingorganisation 33
   2.1 Marketingorganisation 33
       2.1.1 Notwendigkeit einer Marketingorganisation 33
       2.1.2 Entwicklung zur Marketingabteilung 34
       2.1.3 Organisatorischer Aufbau 35
           2.1.3.1 Funktionsorientierte Marketingorganisation 36
           2.1.3.2 Produktorientierte Marketingorganisation 36
           2.1.3.3 Gebietsorientierte Marketingorganisation 38
           2.1.3.4 Abnehmerorientierte Marketingorganisation 38
   2.2 Stellung des Controlling in der Marketingorganisation 39
       2.2.1 Controlling als Stabsstelle der Unternehmensleitung 39
       2.2.2 Einbau des Marketing-Controlling in die Marketingorganisation .. 39
           2.2.2.1 Fachliche Unterstellung des Controllers 40
           2.2.2.2 Disziplinarische Unterstellung des Controllers 40

3. Anforderungen an den Marketing-Controller 41
4. Einführungsphase des Marketing-Controlling 42
   4.1 Konfrontation der Mitarbeiter mit dem Controlling 42
   4.2 Informationen über den Marketingbereich durch den Controller 43
   4.3 Einführungsarbeiten 44
   4.4 Abgrenzung der Controller-Aufgaben 44

Kontrollfragen 47
Literatur 48

C. Informationssysteme 49

1. Informationen im Entscheidungsprozeß 49
2. Informationsarten 49
3. Informationsquellen 51
   3.1 Interne Informationsquellen 52
       3.1.1 Das Allgemeine Rechnungswesen 52
       3.1.2 Kostenrechnung 53
       3.1.3 Statistik 60
       3.1.4 Primärforschung der eigenen Marketingabteilung 61
       3.1.5 Weitere interne Informationsquellen 61
   3.2 Externe Informationsquellen 61
4. Merkmale von Marketing-Informationssystemen 62
   4.1 Begriff 62
   4.2 Strategien bei der Einführung von Marketing-Informationssystemen 63
       4.2.1 Vollständigkeit des Informationssystems 64
       4.2.2 Ansatzpunkt in der Unternehmenshierarchie 67
       4.2.3 Entwicklungskonzept 67
   4.3 Anforderungen an Informationssysteme 68
5. Vorarbeiten bei der Einrichtung von Informationssystemen 69
   5.1 Überprüfung des gegenwärtigen Informationsstandes 69
   5.2 Ermittlung des Informationsbedarfs 70

Kontrollfragen 72
Literatur 74

D. Aufbau des Marketing-Informationssystems 75

1. Bildung der Aufbaustufen 75
   1.1 Marketingstatistik 76
       1.1.1 Umsatzstatistik 77
       1.1.2 Anfragen-, Angebots- und Auftragseingangsstatistiken 82
       1.1.3 Reklamationsstatistiken 83
       1.1.4 Statistiken über Tätigkeiten des Außendienstes 84
   1.2 Marketingkosten und -erfolgsrechnung 84
       1.2.1 Einführung 84

        1.2.1.1 Aufgaben der Marketingkosten und -erfolgsrechnung 85
        1.2.1.2 Erfassung der Marketingkosten 86
        1.2.1.3 Vollkosten- oder Teilkostenrechnung 89
    1.2.2 Marketingkostenrechnung als Absatzerfolgsrechnung 91
        1.2.2.1 Produkterfolgsrechnung 91
        1.2.2.2 Vertriebserfolgsrechnung 95
        1.2.2.3 Kundenerfolgsrechnung 99
    1.2.3 Marketingkostenrechnung als preispolitisches Instrument 102
        1.2.3.1 Preissenkung in Verbindung mit einer erwarteten
                Absatzsteigerung 102
        1.2.3.2 Ermittlung von Preisuntergrenzen 104
        - Ermittlung der liquiditätsorientierten Preisuntergrenze 104
        - Ermittlung der Preisuntergrenzen im mehrstufigen direct
        costing 105 - Weitere Möglichkeiten der Bildung von Preisunter-
        grenzen 107
1.3 Außendienstberichtssysteme 107
    1.3.1 Begriff, Berichtsarten, Anforderungen 107
    1.3.2 Gründe für den Aufbau von Außendienst-Berichtssystemem 108
    1.3.3 Aufbau und Inhalt von Außendienst-Berichtssystemen 110
    1.3.4 Verbesserung der Außendienst-Berichtssysteme 115
1.4 Marketingforschung 115
    1.4.1 Aufgabe 115
    1.4.2 Marketing-Controller und Marketingforschung 121
        1.4.2.1 Rolle des Marketing-Controllers in der Marketing-
                forschung 121
        1.4.2.2 Vorgehensweise bei der Informationsbeschaffung 125
        1.4.2.3 Methoden der Marktforschung 127

2. Datenaufbereitung und Datenauswertung 131
  2.1 Datenbeurteilung 131
  2.2 Analyse, Interpretation der Daten 132
  2.3 Fragen der Eingabe, Speicherung und des Abrufs von Informationen ... 134
    2.3.1 Richtige Datenerfassung 134
        2.3.1.1 Eingabearten 135
        2.3.1.2 Organisation der Datenerfassung 135
    2.3.2 Datenfluß 136
    2.3.4 Datenbanken 136

Kontrollfragen 139
Literatur 142

E. Marketingplanung 143

1. Grundsätzliches zur Planung 143
  1.1 Planungsbegriff 143
  1.2 Planarten 143
  1.3 Grundsätze der Planung 146
2. Wesen der Marketingplanung 146

3. Controller-Aufgaben 149
4. Entwurf und Dokumentation von Planungsrichtlinien 149
   4.1 Aufbau der Marketingplanung 150
       4.1.1 Planungsträger und ihre Funktionen 150
       4.1.2 Aufstellung von Marketing-Teilplänen 153
   4.2 Ablauf der Marketingplanung 155
       4.2.1 Planungsrichtung 156
             4.2.1.1 Retrograde Planung 156
             4.2.1.2 Progressive Planung 156
             4.2.1.3 Planung nach dem Gegenstromverfahren 157
       4.2.2 Planungsabfolge 157

5. Ablaufprozeß 161
   5.1 Analyse von Umwelt und Unternehmen 163
       5.1.1 Umweltanalyse 163
       5.1.2 Marktanalyse 164
       5.1.3 Konkurrentenanalyse 164
       5.1.4 Branchenanalyse 168
       5.1.5 Unternehmensanalyse 169
             5.1.5.1 Potentialanalyse 169
             5.1.5.2 Stärken-/Schwächen-Analyse 171
             5.1.5.3 Chancen-/Risiken-Analyse 174
       5.1.6 Die Portfolio-Analyse 174
             5.1.6.1 Entwicklung 175
             - Erfahrungskurvenkonzept 175 - PIMS-Projekt 178
             5.1.6.2 Verschiedene Portfolio-Ansätze 179
             - Marktwachstums-Marktanteils-Portfolio 179 - Marktattraktivitäts-Wettbewerbsvorteils-Portfolio 183 - Weitere Portfolio-Konzepte 188
             5.1.6.3 Beurteilung 189
       5.1.7 Operative Beurteilung von Produkten 190
             5.1.7.1 Break-even-Analyse 191
             5.1.7.2 Gewinnänderungen bei Variierung der Sortimentszusammensetzung 196
             - Situation bei Vorliegen eines Engpasses 196 - Situation bei Vorliegen mehrerer Engpässe 198
       5.1.8 Kennzahlenanalyse 201
   5.2 Zielplanung 214
       5.2.1 Zielbildungsprozeß 217
       5.2.2 Zielbeziehungen 223
             5.2.2.1 Formen von Zielbeziehungen 223
             - Komplementäre, konkurrierende und indifferente Ziele 223
             - Haupt- und Nebenziele 226 - Ober- und Unterziele 226
             5.2.2.2 Einsatz der Nutzwertanalyse bei mehrfacher Zielsetzung 226
   5.3 Strategieplanung 230
       5.3.1 Entscheidungshilfen bei der Marketing-Strategieplanung 232

Inhaltsverzeichnis

        5.3.1.1 Kreativitätstechniken 232
        5.3.1.2 Produkt- und Portfolio-Matrix 233
    5.3.2 Leitgedanken für die Marketing-Strategieentwicklung 235
        5.3.2.1 Marktsegmentierung 236
        5.3.2.2 Produktinnovation 238
        5.3.2.3 Diversifikation 239
        - Horizontale Diversifikation 239 - Vertikale Diversifikation 240
        - Laterale Diversifikation 240
        5.3.2.4 Auslandsmarktbezogene Strategien 240
        5.3.2.5 Kooperation 241
        5.3.2.6 Strategie der Technologieorientierung 241
        5.3.2.7 Verhaltensstrategien gegenüber Konkurrenten 242
        5.3.2.8 Wettbewerbsstrategien 243
5.4 Maßnahmenplanung 243
    5.4.1 Faktoren 244
    5.4.2 Vorgehensweise 246
        5.4.2.1 Sachliche und zeitliche Zusammenstellung 246
        5.4.2.2 Bewertung der Maßnahmen 253
        5.4.2.3 Prüfung der Wirtschaftlichkeit 253
        - Break-even-Analyse 254 - Investitionsrechnung 254 - Nutzwertrechnung 258
        5.4.2.4 Entscheidung und Ressourcenzuweisung 258
    5.4.3 Ausgewählte Planungstechniken 261
        5.4.3.1 Überblick 261
        5.4.3.2 Qualitative Planungstechniken 262
        - Entscheidungsbaumtechnik 262 - Entscheidungstabellentechnik 264 - Delphi-Methode 265 -Szenario-Technik 265
        - Brainstorming 266
        5.4.3.3 Quantitative Planungstechniken 266
        - Zeitreihenanalysen 267 - Mathematische Optimierungsverfahren 269 - Netzplantechnik 269
5.5 Fragen der Marketing-Logistik 273
    5.5.1 Logistik-Aufgabe 273
    5.5.2 Logistik-Konzept 273
    5.5.3 Marketing-Logistik 275
        5.5.3.1 Allgemeine Überlegungen 275
        5.5.3.2 Controller-Aufgaben im Rahmen der Marketing-Logistik 276
        5.5.3.3 Vertreter oder Reisende 276
        5.5.3.4 Lagerdezentralisation, Eigenlager/Fremdlager 277
        5.5.3.5 Eigen-/Fremdtransport 279
        5.5.3.6 Wirtschaftlich vertretbare Auftragsgröße 279
        5.5.3.7 Make-or-buy-Überlegungen 279
5.6 Mitwirkung des Controllers bei der laufenden Marketing-Planung 284
    5.6.1 Feststellung der Vollständigkeit der Planung 285
    5.6.2 Gewährleistung von Flexibilität und Aktualität der Planung 287
    5.6.3 Koordinierung der Pläne 288
    5.6.4 Beratung in Fragen der Planungstechnik 289

Kontrollfragen 290
Literatur 295

F. Marketing-Kontrolle 297

1. Begriff 297

2. Arten 297

3. Organisation 299

4. Marketing-Controller und Marketing-Kontrolle 299

5. Kontroll-Instrumente 300

6. Schwachstellenanalyse 301
    6.1 ABC-Analyse 305
    6.2 Deckungsbeitragsrechnung 308
    6.3 Betriebswirtschaftliche Kennzahlen 308

Kontrollfragen 311
Literatur 312

Übungsteil 313

Stichwortverzeichnis 341

A. Grundlagen

1. Controlling

1.1 Controlling-Konzept

1.1.1 Bedingungen

Die rasche, bisweilen sogar stürmische Entwicklung auf gesamt- und einzelwirtschaftlicher Ebene konfrontiert die Leitungen von Unternehmen in zunehmendem Maße mit Problemen, die vielfach eine Umorientierung bisheriger Führungskonzepte erforderlich macht.

Eine Reihe von Einflußfaktoren wirkt von außen auf die Unternehmen ein und zwingt sie zu möglichst umgehender Reaktion.

- Die Situation auf dem Weltmarkt

    Sie ist gekennzeichnet durch
    - zunehmende Konkurrenz durch europäische und außereuropäische Länder, wobei die Auswirkungen des Gemeinsamen Marktes im Detail noch nicht einzuschätzen sind
    - ein zunehmendes Nord-Süd-Gefälle mit seinen Verschuldungs-, Zahlungsbilanz-, Energie- und Bevölkerungsproblemen
    - politische Probleme in Ländern der Dritten Welt
    - Wechselkursverschiebungen,

    wobei nur einige wichtige Probleme aufgeführt sind.

- Die Situation auf dem Binnenmarkt
  stellt sich dar durch
    - einen hohen Sättigungsgrad auf dem Gebrauchsgütermarkt
    - geringe Steigerungen auf dem Verbrauchsgütermarkt
    - einen Bevölkerungsrückgang mit der zwangsläufig damit verbundenen Änderung der Bevölkerungs- und Nachfragestruktur
    - selbstbewußte, qualitätsbewußte, sich ihrer Machtstellung bewußte Verbraucher
    - erhöhte Freizeit mit sich veränderndem Freizeitverhalten
    - starker Wettbewerb mit dem Zwang zu Rationalisierung und Kostensenkung.

- Der technische Fortschritt

    Der in manchen Bereichen schwer vorhersehbare technische Fortschritt bedeutet
    - die Entwicklung immer neuerer Produkte
    - die Verkürzung von Innovationszeiten
    - die Verringerung von Lebenszyklen.

- Gesellschaftliche Veränderungen

  Sie schlagen sich nieder in
  - einem starken Umweltbewußtsein der Bevölkerung
  - Skepsis gegenüber Fortschritt, Politik und Funktionären
  - Drang zu verstärkter Selbst- und Mitbestimmung
  - Streben nach sicheren und humanen Arbeitsplätzen
  - Streben nach bzw. Bekenntnis zu mehr Liberalität
  - Verstärkter Eingriff, bzw. Streben nach verstärktem Eingriff staatlicher Stellen durch nationale und internationale Instanzen.

- Schwankende und tendenziell sinkende Wachstumsraten auf lange Sicht.

Diese externen Faktoren zwingen ebenso wie die internen Rahmenbedingungen *(Bramsemann)* im Rahmen des Problemlösungsprozesses zu Anpassungen und Koordinationsmaßnahmen. Diese können mit Hilfe des Controlling optimal gesteuert werden *(Horvath)*.

1.1.2 Controlling-Begriff

Der Controlling-Begriff wurde in der Vergangenheit häufig sehr unterschiedlich und vor allem zu Mißverständnissen führend verwendet. In diesem Zusammenhang ist die irreführende Übersetzung als "Kontrollieren" besonders hervorzuheben.

Der im Lateinischen wurzelnde Begriff, der im Laufe der sprachlichen Entwicklung zum Englischen "to control" wurde, ist am ehesten als "beherrschen, überwachen, steuern" zu deuten *(Messinger/Rüdenberg)*. Der vielfältige Gebrauch des Wortes Controlling führte zwangsläufig dazu, daß ein einheitliches Controlling-Konzept bis zum heutigen Tage nicht entwickelt werden konnte. Erschwerend kommt hinzu, daß sich die Betriebswirtschaftslehre in Deutschland des Controlling erst relativ spät annahm, und Praxissprachgebrauch und Theorie in einigen Bereichen auseinanderklafften.

Trotz der angesprochenen Entwicklungsschwierigkeiten und Auffassungsunterschiede dürfte heute Konsens darüber bestehen, daß Controlling weit mehr als Kontrolle bedeutet, vielmehr, sich mit dem Ausarbeiten von Planzielen, dem Entwickeln von Strategien, der Ermittlung und Analyse von Abweichungen und sich daraus ergebenden Korrekturhandlungen befaßt *(Heigl)*.

Controlling ist somit ein Führungsinstrument, ein Konzept der Unternehmenssteuerung mit den Hauptfunktionen

- Planung
- Information
- Analyse/Kontrolle
- Steuerung.

Auch bei mittlerweile erreichter Klarheit über die Hauptfunktionen des Controlling wird bisweilen beim Controlling-Anwender, der sich dazu entschlossen hat dieses Steuerungsinstrument einzusetzen, eine gewisse Unklarheit hervorgerufen, wenn er mit der Fülle von Begriffen konfrontiert wird, die mit dem eigentlichen Controlling-Begriff im Zusammenhang stehen. Es scheint deshalb angebracht, auf die wichtigsten dieser Termini einzugehen.

- Operatives Controlling

    Das in den meisten Unternehmen wohl zeitlich am Anfang eines Controlling-Konzeptes stehende operative Controlling ist in erster Linie ein kurzfristig wirkendes Instrument, das in der Regel die Zeitspanne eines Geschäftsjahres umfaßt. Demnach kann es auch nicht zur langfristigen Existenzsicherung eingesetzt werden, sondern steht in erster Linie im Dienste der kurzfristigen Gewinnsteuerung und einer etwa erforderlichen Gegensteuerung.

    Darüber hinaus soll ein operatives Controlling die betriebswirtschaftliche Komplexität von Unternehmen transparent machen, gewährleisten, daß das Unternehmen aus ganzheitlicher Sicht geführt wird und das betriebswirtschaftliche Gleichgewicht aus Umsatz-Kosten-Gewinn-Finanzen gewahrt ist *(Schröder)*.

- Strategisches Controlling

    Bereits der enge zeitliche Rahmen des operativen Controlling deutet darauf hin, daß es als modernes Konzept der Unternehmenssteuerung nur bedingt einsetzbar ist.

    Die Komplexität der externen und internen Rahmenbedingungen läßt auch eine Extrapolation von Ereignissen und Daten als eine Erweiterung des operativen Controlling kaum zu.

    Es ist also ein Konzept zu entwickeln, das in der Lage ist, Chancen und Risiken zu erkennen, um rechtzeitig Maßnahmen zu ergreifen, die das primäre strategische Ziel der zukünftigen Existenzsicherung realisieren helfen.

    Das strategische Controlling kann als ein Instrument angesehen werden, das es ermöglicht, zukünftige Erfolgspotentiale zu erkennen und aufzubauen. Es sprengt den Zeithorizont des operativen Controlling, verwendet alle für die Zukunftsentwicklung und -sicherung entscheidenden Faktoren und Daten qualitativer und quantitativer Art und berücksichtigt neben dem internen Bereich zunehmend die Umwelt. Damit schafft diese Form des Controlling die Basis für strategisches Handeln.

- Controlling aus institutionaler Sicht

    Aus institutionaler Sicht wird die Verankerung des Controlling in die Organisation des Unternehmens betrachtet, sowie seine interne Strukturierung und die Fixierung der Anforderungsprofile der jeweiligen Stelleninhaber *(Ziegenbein)*.

- Controlling aus funktionaler Sicht

    Funktionales Controlling bedeutet praktiziertes Controlling, die Tätigkeit des Planens, Informierens, Analysierens, Kontrollierens, Steuerns und Regelns.

    Die Ausübung des Funktionalaspektes des Controlling kann aber auch unter dem Gesichtspunkt der Arbeitsteilung im Controlling als
    - Beschaffungs-
    - Produktions-
    - Absatz-/Marketing-
    - Finanz-
    - Personal-Controlling usw.

    betrachtet werden.

- Zentralcontrolling

    In enger Verbindung mit dem Controlling aus institutionaler Sicht ist das Zentralcontrolling zu sehen. Es handelt sich dabei um die Zentralisierung aller Controlling-Aufgaben in einem System.

- Subcontrolling

    Diese Ausdrucksform ist im Zusammenhang mit dem Funktionalaspekt des Controlling zu sehen. Es handelt sich dabei um die Differenzierung und Dezentralisierung der Controlling-Funktion.

- Objektbezogenes Controlling

    Controlling kann auch objekt-, projekt- oder spartenbezogen durchgeführt werden, wenn die Steuerung nach diesen Gesichtspunkten ein optimales Ergebnis erwarten läßt.

- Systembildende Controlling-Funktion

    Die Abgrenzung, Entwicklung und Abstimmung von Planungs-, Kontroll- und Informationssystemen für die Unternehmensführung kann *Kiener* folgend als systembildende Funktion des Controlling angesehen werden (*Kiener*).

- Systeminterne Controlling-Funktion

    Im Gegensatz zur systembildenden Funktion spricht *Kiener* von der systeminternen Funktion des Controlling, wenn die laufende Abstimmung von Planung und Kontrolle, sowie Sicherstellung der Informationsversorgung der Führung im Rahmen des geschaffenen Systemzusammenhanges betrachtet werden.

1.2 Entwicklung des Controlling

Die Entwicklung des Controlling in der Bundesrepublik ist durch drei Phasen gekennzeichnet.

1.2.1 Erste Phase

Die erste Phase des Controlling ist in die fünfziger bis frühen sechziger Jahre zu datieren. Diese Zeit war gekennzeichnet durch eine sich ausweitende Produktion. Unternehmensengpässe waren damit auch die Produktionsbereiche, das Produktionsmanagement dominierte. Das Controlling dieser Zeit war in erster Linie darauf ausgerichtet das Unternehmen so zu steuern, daß die Produktionsengpässe beseitigt wurden.

Das Instrument, das hauptsächlich eingesetzt wurde, war die Kostenrechnung. Die ersten Controller gingen auch aus der Kostenrechnung hervor. Von der Istkostenrechnung ausgehend bauten sie ein zukunftsorientiertes Kostenrechnungssystem auf, das nicht nur künftige Entwicklungen berücksichtigte, sondern auch in der Lage war, detaillierte Soll-/Istvergleiche mit sich anschließenden Analysen der Abweichungen durchzuführen.

Die Verwendung des Teilkostengedankens in der Plankostenrechnung ließ ein Entscheidungsinstrument reifen, dem echte Steuerungsfunktionen zuzuschreiben waren.

1.2.2 Zweite Phase

Während in den fünfziger und frühen sechziger Jahren der festgestellte Bedarf so schnell wie möglich zu befriedigen war, kam es in den Folgejahren darauf an, den Bedarf und den Geschmack der Käufer zu steuern; zur Bedarfsdeckung kam die Bedarfsweckung. In zunehmendem Maße wurden die klassischen Marketing-Instrumente eingesetzt; das Marketing-Management rückte immer mehr in den Vordergrund.

Zu der Kostenrechnung kam die Ergebnisrechnung, die sich auf Produkte, Sortimente und Kunden konzentrierte.

Die Budgetrechnung wurde forciert. Die Funktion des Controllers änderte sich von der des Registrators zu der des Navigators.

Die aus den Soll-/Istvergleichen resultierenden Korrekturmaßnahmen traten in den Vordergrund, die Orientierung des Controllers war immer mehr in die Zukunft gerichtet (*Schröder*).

1.2.3 Dritte Phase

Marktsättigung, nachlassendes Wachstum, restriktive Gesetze und Auflagen, höhere Inflationsraten und starker Wettbewerb zwangen die Unternehmen ab Beginn der siebziger Jahre zu großen Anstrengungen, um sich auf den Märkten zu behaupten.

Differenzierung, Innovation und Segmentierung waren nicht nur Schlagworte, sondern wurden für manche Unternehmen zu einer Frage der Existenzsicherung. Das strategische Management wurde entwickelt und die strategische Planung praktiziert. Damit nahm der Bedarf nach einem modernen Controlling zu, die Chancen der Controller in den Unternehmen stiegen. Das Controlling wurde als ein "unterstützendes Subsystem der Unternehmensführung" betrachtet mit der Aufgabe der Koordinierung von Planung, Kontrolle und Informationsversorgung (*Horvath*).

Wenn die Entwicklung des Controlling zu diesem Zeitpunkt auch noch lange nicht beendet war, manche sahen sogar erst den echten Start in der Bundesrepublik Deutschland, so schälten sich doch schon die Grundzüge des Controlling als ein modernes Konzept der Unternehmenssteuerung heraus.

1.3 Controlling in der Unternehmensorganisation

Zahlreiche Vorschläge in der betriebswirtschaftlichen Literatur und die sehr unterschiedliche Praktizierung in den Unternehmen liefern den Beweis dafür, daß es keine allgemeingültigen Regeln für die Einordnung des Controlling in die Unternehmensorganisation gibt.

Weitgehende Einmütigkeit besteht wohl darüber, daß das Controlling als Teil des Führungssystems, bzw. als führungsunterstützendes Subsystem einer hohen Ebene der Unternehmenshierarchie zuzuordnen ist.

Keine Einmütigkeit besteht darüber, ob das Controlling als Linienstelle oder als Stabsstelle, als zentrale Institution oder dezentralisiert installiert werden soll.

1.3.1 Controlling als Linienstelle

Es kann hier nicht Aufgabe sein, die Vielzahl der Möglichkeiten der Darstellung des Controlling als Linienstelle kritisch zu beleuchten, vielmehr geht es an dieser Stelle um grundsätzliche Überlegungen, auf welche Leitungsebene das Controlling einzuordnen ist.

- Controlling als Teil der Geschäftsführung

    Eine Einordnung des Controlling in die oberste Führungsebene deutet auf die große Bedeutung hin, die ihm beigemessen wird. Das Controlling steht in einer nach Funktionen gegliederten Geschäftsführung gleichberechtigt neben den Bereichen Beschaffung, Produktion, Absatz, Finanzen u.ä. In einer objektorientierten Organisation ist der Controller ebenfalls ordentliches Mitglied der Geschäftsleitung.

Mit dieser Regelung sind Gefahren verbunden. Der Controller ist einerseits gleichberechtigtes Mitglied der Unternehmensführung und muß andererseits für seine Leitungskollegen Controllerleistungen erbringen. Dies kann ebenso mit Konflikten verbunden sein, wie die Tatsache, daß der Controller neben Controllingfunktionen auch Entscheidungsfunktionen ausüben muß.

- Controlling auf der zweiten Leitungsebene

Auch die Installierung des Controlling auf der zweiten Leitungsebene hebt die Bedeutung des Controlling hervor. Die Controlling-Funktion steht gleichberechtigt neben den übrigen Verrichtungen und beweist damit ihren herausgehobenen Rang (*Bramsemann*).

In vielen Unternehmen wird das Controlling dem Bereich unmittelbar unterstellt, dem die Finanzdisposition und Liquiditätssicherung obliegt. Der Grund dafür besteht in erster Linie wohl darin, daß sowohl der Bereich Finanzen als auch das Controlling eng mit dem Rechnungswesen zusammenarbeitet. Deshalb wird auch vielfach der Vorschlag gemacht, daß die beiden Hauptbereiche des Rechnungswesens dem Finanzbereich unterstellt werden sollen, das interne Rechnungswesen direkt dem Controlling unterstellt werden soll.

Ungefährlich ist diese Regelung nicht, da sie zu einer Überbetonung, bzw. Bevorzugung des Finanzbereichs führen kann (*Ziegenbein*).

1.3.2 Controlling als Stabsstelle

Die Funktion des Zuarbeitens, des Vorbereitens von Entscheidungen, aber auch die des Begleitens der Geschäftsleitung tritt ganz deutlich in Erscheinung, wenn das Controlling als zentrale Stabsstelle der Unternehmensführung angesiedelt wird.

In diesem Zusammenhang kann eine Organisationsform gefunden werden, die von den klassischen Stabsstellen wegführt. Dem Controlling kann in besonderen Fragen ein Mitbestimmungsrecht und Vetorecht auf der einen Seite und ein Anweisungsrecht auf der anderen Seite eingeräumt werden. Die Kompetenz des Controllers wird dadurch besonders eindeutig herausgestellt.

Die Einordnung des Controlling als Stabsstelle ermöglicht darüber hinaus die Praktizierung weiterer Konzepte, die auf eine Kombination von Machtpromotion auf Seiten der Geschäftsleitung und von Fachpromotion auf Seiten des Controllers hinauslaufen.

1.3.3 Zentrale oder dezentrale Gliederung

Eine Zentralisierung aller Controllingaufgaben bietet den großen Vorteil, daß die Controllinginstrumente konzentriert und gezielt eingesetzt werden, und die funktionsübergreifende Aufgabe deutlich in Erscheinung tritt und garantiert wird. Kompetenz- und Koordinationsprobleme zwischen einem Zentral-Controlling und Controlling-Subsystemen entfallen.

Es widerspricht dem Zentralisierungsgedanken dabei nicht, daß Controlling-Aufgaben mehreren Unterabteilungen zugewiesen werden; der komplexe Funktionsbereich Controlling wird lediglich in mehrere Unterabteilungen gegliedert, was letztendlich für die Bedeutung des Controlling spricht.

Hier geht es um die organisatorische Gliederung des Controlling und noch nicht um eine Frage der Dezentralisation.

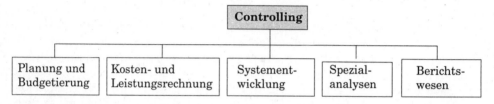

Von einer Dezentralisierung kann erst die Rede sein, wenn eigene Subsysteme des Controlling entstehen, die im engen Zusammenhang mit Sub-Führungssystemen zu sehen sind.

Solche Sub-Führungssysteme werden immer dann erforderlich, wenn das Betriebsgeschehen und die zwangsläufig einzubeziehende Umwelt so kompliziert und vor allem so komplex werden, daß Entscheidungen in zunehmendem Maße delegiert werden müssen. Jedes dadurch entstehende Führungssystem bedarf seinerseits nun wieder eines Instrumentes, das die Hauptfunktionen des Controlling, die Planung, Information, Analyse/Kontrolle und Steuerung ausübt. Jedem Sub-Führungssystem kann somit ein eigenes dezentralisiertes Controlling-System zugeordnet werden.

Die Ausgestaltung von Führungs- und Sub-Führungssystemen findet ihren Niederschlag in der Aufbauorganisation von Unternehmen. Diese Aufbauorganisation wird in der Regel auch verbindlich für die Organisation des Controlling sein müssen.

Im Zusammenhang mit einer Dezentralisierung des Controlling sind

- die objektorientierte Aufbauorganisation
- die verrichtungsorientierte Aufbauorganisation

zu betrachten.

1.3.3.1 ObjektorientierteAufbauorganisation

Eine objektorientierte Organisation, insbesondere in divisionaler Ausprägung, prädestiniert nahezu eine Aufteilung der Controlleraufgaben in zentrale und dezentrale Aufgaben.

Durch die objektorientierte Aufbauorganisation werden mehrere selbständige Bereiche (Sparten) geschaffen, die jeweils eigenen Führungs-Subsystemen zugeordnet sind. Die Interessenlagen, der Informations- und Koordinationsbedarf, die Entscheidungssituationen werden in den einzelnen Führungssystemen unterschiedlich sein, tangieren sie doch unterschiedliche Märkte, Produkte und auch Mitarbeiter, so daß auch im Controllingbereich unterschiedliche Akzente gesetzt werden müssen, also auch hier Subsysteme zu installieren sind.

Dem Zentral-Controlling fallen dabei in erster Linie strategisch bedingte Aufgaben zu, dezentrale Controlling-Systeme werden sich primär, jedoch nicht ausschließlich, operativ orientierten Obliegenheiten zuwenden.

1.3.3.2 Verrichtungsorientierte Aufbauorganisation

Auch bei verrichtungsorientierten Systemen der Aufbauorganisation liegen unterschiedliche Entscheidungssituationen, unterschiedliche Informations-, Koordinationsbedürfnisse u.ä. vor. Die den Subführungssystemen übertragenen Entscheidungsaufgaben und die damit verbundenen Entscheidungsprobleme differieren im Normalfall bereichsweise. Die Steuerung des Beschaffungsbereiches stellt die zuständige Führungsinstanz vor andere Hauptprobleme als die Steuerung etwa des Produktions- oder Marketing-Bereiches ihre jeweiligen Führungssysteme. Daraus leitet sich wiederum die Berechtigung ab, jedem Sub-Führungssystem ein eigenes Controlling-System zuzuordnen. Diese dezentralen Controllingbereiche existieren ihrerseits wieder neben dem Zentral-Controlling.

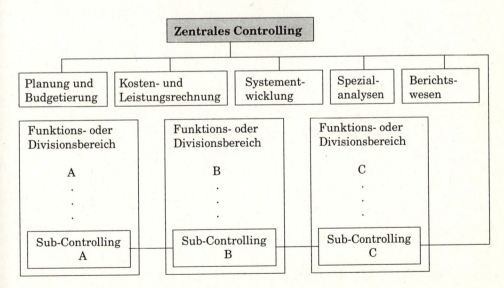

Eine dezentrale Gliederung des Controlling bringt naturgemäß Unterstellungsprobleme mit sich. Es entsteht die Frage, wem der Sub-Controller unterstellt werden soll. Das Problem reduziert sich dabei auf Unterstellungsmöglichkeiten unter den

Zentral-Controller oder den jeweiligen Bereichsleiter. Literatur und Praxis stellen vier Hauptmöglichkeiten heraus (vgl. *Ziegenbein*):

(1) Der Sub-Controller wird sowohl **fachlich** als auch **disziplinarisch** dem Zentral-Controller unterstellt. Diese Möglichkeit reduziert zwar Differenzen zwischen Zentral- und Sub-Controller auf ein Minimum, stärkt wohl auch die Position des Zentral-Controllers, präjudiziert jedoch Konflikte mit den Bereichen.

(2) Der Sub-Controller wird **fachlich** dem Zentral-Controller, **disziplinarisch** dem Bereichsleiter unterstellt.

Diese stark verbreitete organisatorische Möglichkeit bietet ebenfalls Konfliktstoff. In diesem Falle sogar zu beiden vorgesetzten Stellen, hat aber gleichzeitig den Vorteil der sachlichen Bindung an das Zentral-Controlling und der Einordnung in den fachlichen Bereich und der damit verbundenen Möglichkeit der Akzeptanz durch diesen.

(3) Der Sub-Controller wird **fachlich** dem Bereichsleiter, **disziplinarisch** dem Zentral-Controller unterstellt.

Diese Lösung führt nicht nur zu einer Schwächung der Position des Zentral-Controllers, da die fachliche Anbindung des Sub-Controllers abgeschnitten wird, sondern birgt in sich die Gefahr der Einbindung des Sub-Controllers in die Routine-Aufgaben des Bereiches.

(4) Der Sub-Controller wird sowohl **fachlich** als auch **disziplinarisch** dem Bereichsleiter unterstellt.

Diese zwar denkbare, aber keinesfalls zu empfehlende Möglichkeit bedeutet, daß praktisch kaum noch ein Zusammenhang zwischen der Arbeit von Zentral- und Sub-Controller besteht, es sei denn auf informelle Weise.

Von den angesprochenen vier Möglichkeiten scheinen nur die beiden ersten praktikabel zu sein, wobei der **Lösungsmöglichkeit zwei** Präferenz einzuräumen ist.

2. Marketing

2.1 Marketing-Begriff

Was beim Controlling-Begriff über Auffassungsunterschiede festgestellt werden konnte, gilt für den Marketing-Begriff in verstärktem Maße. Bis zum heutigen Tage ist es nicht gelungen, eine einheitliche Meinung über Marketing herbeizuführen.

Die Auffassungen reichen vom Gutenberg'schen Absatzbegriff bis zu unternehmensphilosophischen Ansichten. Es kann hier nicht Aufgabe sein, die historische Entwicklung des Marketing-Begriffs und die gegenwärtig existierenden Meinungen darzustellen; vielmehr geht es darum, eine Marketing-Auffassung zu vertreten, die sowohl von der Praxis akzeptiert, als auch einer theoretischen Fundierung gerecht wird.

Dabei kann man sich im wesentlichen *Meffert* anschließen, der im Marketing die bewußt marktorientierte Führung des Unternehmens sieht, bei der Planung, Koordination und Kontrolle sämtlicher auf die aktuellen und potentiellen Märkte ausgerichteten Unternehmensaktivitäten im Vordergrund stehen.

Kotler sieht im Marketing den "Umgang mit Märkten"; für ihn ist Marketing daher eine menschliche Tätigkeit, die darauf abzielt, durch Austauschprozesse Bedürfnisse und Wünsche zu befriedigen bzw. zu erfüllen.

Diese Aussagen über das Wesen des Marketing bilden auch den Kern der Analyse von *Weis* der gegenwärtigen Auffassungen der Fachliteratur "Heute wird Marketing überwiegend als Ausdruck für eine umfassende Konzeption des Planens und Handelns gesehen, bei der - ausgehend von systematisch gewonnenen Informationen - alle Aktivitäten eines Unternehmens konsequent auf die gegenwärtigen und künftigen Erfordernisse der Märkte ausgerichtet werden, mit dem Ziel der Befriedigung von Bedürfnissen des Marktes und der individuellen Ziele."

Das Marketing beinhaltet einen strukturellen und einen funktionellen Bereich. Der strukturelle Bereich enthält die institutionellen Komponenten, während der funktionelle Bereich den größeren Zusammenhang umfaßt, in dem sich die täglichen Marketing-Aktivitäten des Unternehmens abspielen. *Kotler* spricht dabei vom strategischen Marketing-Prozeß, der in mehreren Phasen abläuft.

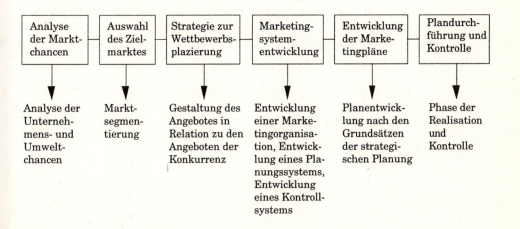

2.2 Marketing-Konzeption

Der Marketing-Begriff allein sagt noch nicht allzuviel aus, wichtiger ist die Konzeption, die sich aus dem Marketing-Verständnis ableitet.

In der modernen Marketing-Konzeption, die die Produkt-Konzeption und die klassische Verkaufskonzeption ablöste, befindet sich das Marketing nicht mehr am Ende des Leistungsprozesses im Sinne einer Bearbeitung des Marktes für die Aufnahmefähigkeit der angebotenen Produkte, sondern stellt ein Konzept dar, das vom Beginn bis zum Ende des Leistungsprozesses alle Entscheidungen durchdringt (*Weis*).

Die Marketing-Konzeption hat die Aufgabe, die Bedürfnisse und Wünsche der Kunden festzustellen und durch die optimale Befriedigung der Bedürfnisse Gewinne zu erzielen. Im Vordergrund stehen somit die Bedürfnisse des Kunden und nicht die des Verkäufers.

Alle Planungs-, Koordinations- und Kontrollmaßnahmen sind somit letztendlich auf den Kunden ausgerichtet. Marketing geht weit über das Verkaufen hinaus.

Kotler sieht im Verkaufen und Marketing sogar Gegenpole. Marketing soll danach Verkaufen sogar überflüssig machen. Durch das Marketing soll das Unternehmen den Kunden so gut kennen und verstehen, daß die angebotenen Leistungen zu ihm passen und sich selbst verkaufen. Günstigstenfalls kann das Marketing so weit führen, daß der Kunde kauft, wenn ihm die Leistung, die er erwartet, zugänglich gemacht wird.

Die Grundkonzeption eines modernen Marketing wurde in den letzten Jahren erweitert.

Stark forciert wurde das **integrierte Marketingkonzept**. Es verfolgt das Ziel, alle Funktionen, die auf den Markt ausgerichtet sind, systematisch zu koordinieren, um einen Synergieeffekt zu erreichen. Dies bedeutet, daß dem Marketing Koordinationsaufgaben sämtlicher betrieblicher Hauptfunktionen der unterschiedlichsten Unternehmensbereiche zukommen.

Lebhaft diskutiert wird seit einiger Zeit die Konzeption des **gesellschaftsfreundlichen Marketing**. Die Grundkonzeption des Marketing, die Wünsche und Bedürfnisse der Käufer festzustellen und optimal zu befriedigen, wird dahingehend erweitert, daß auch die Verbesserung der Lebensqualität des Kunden und der Gesellschaft mit ins Konzept aufgenommen wird.

Dies kann natürlich nicht dazu führen, daß auf Rentabilitätsmaximierung ausgerichtete Unternehmen ihr oberstes Gewinnziel außer acht lassen und als "Menschheitsbeglücker" auftreten, es geht vielmehr darum Bedürfnisse zu befriedigen oder erst zu wecken, die auf eine gesunde Lebensweise gerichtet sind, die Fragen des Umweltschutzes tangieren, die knappe Ressourcen berücksichtigen oder mit dem zunehmenden Freizeitbereich in Verbindung stehen. Das gesellschaftsfreundliche

Marketing vergrößert damit die zu lösenden Probleme der Unternehmen. Die Strategien sind auf ihre Gesellschaftsfreundlichkeit hin zu untersuchen und auszurichten, die Marktuntersuchungen müssen noch sorgfältiger durchgeführt und die Prognosen noch längerfristiger angestellt werden.

Es entstehen aber zweifellos auch zusätzliche Marktchancen. Mancher Kunde wird sich noch intensiver betreut fühlen, und zusätzliche Kundengruppen können erschlossen werden.

2.3 Marketing-Management

Obgleich die Marketing-Konzeption Teil der gesamten Unternehmenskonzeption ist oder sogar die Unternehmenskonzeption darstellt und von der obersten Führungsebene verfaßt wird, übt das Marketing-Management als ein Subsystem des Führungssystems einen entscheidenden Einfluß auf die Konzeption aus. Die allgemeine Aufgabe des Marketing-Managements besteht darin, präzise Marketing-Ziele zu formulieren und Maßnahmen zu planen, sowie die damit verbundenen Prozesse zu steuern, die es ermöglichen, die Marktpartner zu veranlassen, sich entsprechend dieser Ziele zu verhalten.

"Das Marketing-Management umfaßt die Analyse, die Planung, die Durchführung und Kontrolle von Programmen, die darauf gerichtet sind, zum Erreichen der Organisationsziele einen beidseitig nützlichen Austausch und Beziehungen mit Zielmärkten einzuleiten, aufzubauen und zu erhalten. Das Marketing-Management stützt sich dabei in erster Linie auf die systematische Analyse der Bedürfnisse, Wünsche, Wahrnehmungen und Präferenzen der Zielgruppen, sowie der Zwischenmärkte. Die Ergebnisse dieser Analysen bilden die Grundlage zur effizienten Gestaltung des Produktdesign, der Preisbildung, der Kommunikation und der Distribution" (*Kotler*).

Das Marketing-Management mit der Leitung des Absatzbereiches gleichzusetzen wäre ein großer Fehler. Die Leistung des Marketing-Managers beginnt nicht vor dem Absatz, sondern bereits vor der Produktion.

Von der Marktforschung, der Entwicklung von Produktkonzepten, dem Produktdesign, der Findung von Markennamen, der Preisbildung, der Öffentlichkeitsarbeit, der Distribution bis zur Planrevision und Kontrolle reichen die Tätigkeitsbereiche des Marketing-Managements.

Der Marketing-Manager übt betriebswirtschaftliche, juristische, psychologische, soziologische und auch ökologische Funktionen aus und nimmt damit in der Unternehmensleitung eine hervorgehobene Position ein.

Das Marketing-Management initiiert und leitet den Marketing-Prozeß. Bei diesem handelt es sich um einen Entscheidungsprozeß, der im Grunde genommen in den vier den betriebswirtschaftlichen Entscheidungsprozessen eigenen Grundphasen abläuft:

Anregung	Suche	Optimierung	Durchsetzung
Erkennen und Verdeutlichen des Problems	Kriterienfestlegung Suche nach Alternativen und Beurteilung ihrer Konsequenzen	Entscheidung für die günstigste Alternative	Realisierung und Kontrolle der Realisation

Um Marketinglösungen systematisch erarbeiten zu können, empfiehlt es sich, die vier Grundphasen weiter aufzugliedern, wobei beachtet werden muß, daß jede Phase selbst einen eigenen Entscheidungsprozeß darstellt (*Weis*).

Erkennen des Problems:	Erkennungsphase des Problems
Informationsbeschaffung:	Phase der Beschaffung von Informationen auf internem und externem Bereich wie Informationen über den Markt und seine Teilnehmer, die eigene Leistungsfähigkeit u.ä.
Datenanalyse:	Analyse und Beurteilung von Daten zwecks Gewinnung eines klaren Bildes über die Beurteilungsobjekte und Beurteilungssubjekte
Erarbeitung einer Konzeption:	Phase der Willensbildung, schöpferischste Phase im Marketing-Prozeß. Überwiegen der planerischen Momente. Erkennen der Konsequenzen.
Entschlußfassung:	Entscheidung über die günstigste Alternative
Realisation der Marketing-Konzeption:	Systematische Realisation der Konzeption entsprechend den Zielvorgaben. Phase der Willensdurchsetzung
Kontrolle:	Feststellung des Erfolges der Aktivitäten. Gewinnung von Erfahrungswerten für weitere Konzeptionen. Revisionsentscheidungen können neue Entscheidungsprozesse initiieren.

Ein Marketing-Prozeß unterliegt wie jeder betriebswirtschaftliche Entscheidungsprozeß einer Reihe von Einflußgrößen. *Heinen* ordnet die Einflußgrößen den Begriffskomplexen "Zielsetzung", "Information" und "Gruppe" zu. Da sie wesentlich zum Entscheidungsergebnis beitragen, es "determinieren", werden sie als Entscheidungsdeterminanten bezeichnet (*Heinen*).

Ziel, Inhalt und Gruppe stehen nicht jeweils isoliert im Raum, sondern bestehen aus mehreren Elementen, zwischen denen bestimmte Beziehungen existieren, die in ihrer Verbindung ein System darstellen.

Der Entscheidungsprozeß und sein Ergebnis werden folglich durch einzelne Systeme determiniert, durch ein **Zielsystem**, ein **Informationssystem** und ein **Sozialsystem**.

- **Zielsystem:**

  Ziele determinieren den gesamten Entscheidungsprozeß. Bereits die Anregungsphase, in der die Probleme erkannt und verdeutlicht werden, steht unter einer bestimmten Zielsetzung. Dies gilt um so mehr für die weiteren Phasen. Es werden wohl nur solche Alternativen durchleuchtet, die im Rahmen der konkreten Zielerfüllung gesehen werden. Um die Alternativen beurteilen zu können, ist die genaue Kenntnis der anzustrebenden Ziele erforderlich. Suche, Optimierung und Durchsetzung müssen stets zielgerichtet sein.

- **Informationssystem:**

  Zielgerichtete Entscheidungen sind nur möglich, wenn auswertbare Informationen vorhanden sind. Jede Phase im Entscheidungsprozeß erfordert Teilinformationen. Die Teilinformationen jeder einzelnen Phase stehen mit denen der anderen Phasen in mehr oder weniger enger Beziehung. Die Menge und Komplexität dieser Teilinformationen bilden das Informationssystem.

- **Sozialsystem:**

  Entscheidungen in einem längeren und umfangreicheren Prozeß werden nicht von einzelnen Personen getroffen. Eine Reihe von Entscheidungsträgern tritt im Prozeß auf, erhält, bewertet und verwertet Informationen. Jede beteiligte Person übt einen Einfluß auf die Entscheidungsfindung aus, was von den Mitentscheidern berücksichtigt werden muß. Die Beziehungen zwischen den einzelnen am Entscheidungsprozeß beteiligten Personen schlagen sich im Sozialsystem nieder.

Die Determinanten des Entscheidungsprozesses und die von ihnen gebildeten Systeme dürfen nicht isoliert betrachtet werden.

Das Ziel-, das Informations- und das Sozialsystem stellen interdependente Systeme dar.

Auf den Marketing-Prozeß bezogen ergeben sich die Interdependenzen wie folgt:

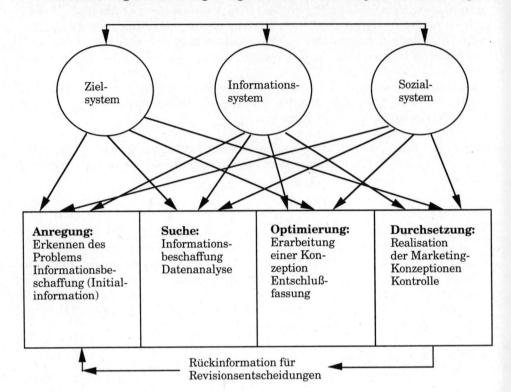

Kontrollfragen

(1) Was versteht man unter Controlling?

(2) Wodurch unterscheiden sich strategisches und operatives Controlling?

(3) Welches sind die Hauptunterschiede zwischen Zentralcontrolling und Subcontrolling?

(4) Was spricht für die Installierung des Controlling als Linienstelle?

(5) Wann sollte das Controlling als Stabsstelle eingerichtet werden?

(6) Was versteht man unter der Marketingkonzeption?

(7) Welche Hauptaufgaben hat das Marketing-Management?

(8) In welchen Phasen laufen Entscheidungsprozesse ab?

(9) Durch welche Besonderheiten ist der Marketingentscheidungsprozeß gekennzeichnet?

Lösungshinweise

Frage	Seite	Frage	Seite
(1)	16	(6)	26
(2)	17	(7)	27
(3)	18	(8)	28
(4)	20	(9)	30
(5)	21		

Literatur

Becker, H.J., Controller und Controlling, Stuttgart 1984
Bramsemann, R., Handbuch Controlling, Methoden und Techniken, 3. Auflage, München/Wien 1993
Bussiek, J., Anwendungsorientierte Betriebswirtschaftslehre für Klein- und Mittelbetriebe, Wien/München 1994
Deyhle, A., Controller - Handbuch, Band I, 3. Auflage, München 1990
Deyhle, A., Controller - Handbuch, Band II, 3. Auflage, München 1990
Deyhle, A., Controller - Handbuch, 3. Auflage, Ergänzungsband A, Gauting 1990
Heigl, A., Controlling - Interne Revision, 2. Auflage, Stuttgart/New York 1989
Heinen, E., Grundlagen betriebswirtschaftlicher Entscheidungen, 3. Auflage, Wiesbaden 1976
Horvath, P., Controlling - Entwicklung und Stand einer Konzeption zur Lösung der Adaptions- und Koordinierungsprobleme der Führung, ZfB 48, 1978
Horvath, P., Controlling, München 1970
Horvath, P., Controlling, 5. Auflage, München 1994
Kiener, J., Marketing - Controlling, Darmstadt 1980
Kotler, Ph., Marketing - Management, 4. völlig neubearb. Aufl. in deutscher Übersetzung, Stuttgart 1989
Mann, R., Die Praxis des Controlling, München 1973
Mann, R., Praxis strategisches Controlling mit Checklisten und Arbeitsformularen, 5. Auflage, München 1989
Meffert, H., Marketing, 7. Auflage, Wiesbaden 1986
Messinger, H./Rüdenberg, W., Das große Wörterbuch Englisch, Berlin/München 1977
Schröder, E.F., Modernes Unternehmens-Controlling, 5. Auflage, Ludwigshafen 1992
Weis, Ch.: Marketing, 9. Auflage, Ludwigshafen 1995
Ziegenbein, K., Controlling, 5. Auflage, Ludwigshafen 1995

B. Marketing-Controlling

1. Erfordernis des dezentralisierten Controlling

Es wurde bereits in Abschnitt A 1.3.3 ausgeführt, daß das Problem der Zentralisierung oder Dezentralisierung der Controlling-Aufgaben nur in Zusammenhang mit dem Aufbau des betrieblichen Führungssystems gesehen werden kann.

Immer dann, wenn das Betriebsgeschehen und die Umwelt in ihrer Komplexität Veranlassung geben, Entscheidungen zu delegieren und zu dezentralisieren, entstehen Führungs-Subsysteme, denen jeweils ein eigenes, also dezentralisiertes Controlling-System zugeordnet werden kann.

Daß der Marketing-Bereich ein eigenes Führungs-Subsystem darstellt, ist unbestritten.

Der Marketing-Inhalt, die geschilderten Aufgaben des Marketing-Managements, der komplizierte und umfangreiche Marketing-Prozeß können es erforderlich machen, ein System zu installieren, das dem Marketing-Management zuarbeitet, seine Entscheidungen vorbereitet und es in seiner Leitungsfunktion begleitet. Die damit verbundenen Aufgaben der Planung, Informationen, Analyse/Kontrolle und Steuerung sind dann Gegenstand des Marketing-Controlling.

Marketing-Controlling ist ein Teilsystem des Führungssystems Marketing und gleichzeitig ein Subsystem des Controlling-Systems.

Die Aufgaben, die es in diesem Rahmen zu erfüllen hat, sind Gegenstand der nächsten Kapitel.

2. Controlling in der Marketingorganisation

2.1 Marketingorganisation

2.1.1 Notwendigkeit einer Marketingorganisation

Um Marketing-Konzeptionen zu entwickeln und vor allem realisieren zu können, ist es erforderlich, sämtliche Marketingaufgaben

- zu erfassen
- zu beschreiben
- zu konzentrieren
- zu institutionalisieren.

Dies bedeutet, daß die Marketing-Funktionen aus einzelnen Bereichen ausgegliedert und in einem eigenen Bereich zusammengefaßt werden.

Nach entsprechend den bewährten Methoden der Organisationslehre durchgeführten Aufgabenanalyse (etwa *Jakob*, *Kosiol*, *Gernet*) werden die analytisch festgestellten Teilaufgaben zu Aufgabenkomplexen zusammengefaßt, um so eine Basis für die Gestaltung der Aktionseinheiten zu erhalten.

Dabei handelt es sich um Stellen, Abteilungen, Bereiche und Instanzen des Unternehmens.

Die Aufgabensynthese hat zum Inhalt, den umfassenden Beziehungszusammenhang zwischen den Aufgabenkomplexen und somit zwischen den Aktionseinheiten herzustellen.

An dieser Stelle geht es primär darum, die Bildung eines eigenen Marketing-Bereiches zu verdeutlichen, dessen organisatorische Aufbaumöglichkeiten und die organisatorische Eingliederung in das Unternehmen aufzuzeigen.

2.1.2 Entwicklung zur Marketingabteilung

Eigene Marketingabteilungen stellen heute für viele größere Unternehmen eine Selbstverständlichkeit dar und lassen bisweilen vergessen, daß es einer relativ langen Entwicklung mit mehreren Phasen bedurfte, ehe der heutige Stand erreicht werden konnte.

- **Verkaufsabteilung**
  Am Anfang der Entwicklung stand die Verkaufsabteilung. Diese hatte in allererster Linie die Aufgabe, die Produkte oder Dienstleistungen abzusetzen. Aufgaben der Werbung oder gar der Marktforschung wurden höchstens am Rande ausgeübt.

  Im Vordergrund standen die Interessen des Verkäufers.

- **Erweiterte Verkaufsabteilung**
  Durch stärkeren Konkurrenzdruck einerseits und aufgeklärte Käufer andererseits bedingt, mußten die Verkaufsabteilungen zusätzliche Aufgaben übernehmen. Die Werbung wurde intensiviert, die Marktforschung forciert, innovative Aufgaben kamen hinzu, und man begann bereits zu ahnen, daß der Verkäufer sein Interesse stärker dem des Kunden anzupassen hatte.

- **Marketingabteilung in einfacher Form**
  Das marktorientierte Entscheidungsverhalten im Unternehmen setzte sich durch. Die Stellung der Marketingabteilung verfestigte sich; sie erhielt ein eigenes Budget, der Abteilungsleiter wurde hoch in der Unternehmenshierarchie angesiedelt. Der Markt wurde planmäßig und systematisch erforscht. Marketingstrategien wurden entwickelt.

- **Gegenwärtige moderne Form der Marketingabteilung**
  Die Probleme, Bedürfnisse, Anliegen der Kunden, bzw. potentieller Kunden dominieren. Der Marketing-Gedanke wird zur Unternehmens-Philosophie. Die Ausrichtung auf den Markt bestimmt nicht nur die Arbeit und Denkweise des Absatz-Bereichs, sondern beeinflußt alle wesentlichen Unternehmensbereiche, insbesondere deren Führungsinstanzen. Die Abstimmung der Handlungen der einzelnen Bereiche wird immer wichtiger, interne und externe Informationen werden in zunehmendem Maße benötigt, die Planung und Kontrolle entwickeln sich zu entscheidenden Führungsinstrumenten. Immer mehr Daten werden erforderlich, und immer mehr Zahlenmaterial ist zu berücksichtigen. Der Marketing-Bereich ist auf die Unterstützung anderer Führungssysteme angewiesen, der Marketing-Controller hält seinen Einzug in diesen Bereich.

2.1.3 Organisatorischer Aufbau

Eine einheitliche Organisationsstruktur für Marketingbereiche ist nicht festzustellen und wohl auch in Zukunft nicht möglich, da die Bedeutung des Marketing im jeweiligen Unternehmen sehr unterschiedlich gesehen wird, die Aufgaben von Marketingabteilungen mehrerer Unternehmenstypen und Unternehmensgrößen stark differieren, und auch die Kompetenzen des Marketing sehr verschieden sein können.

Auf jeden Fall sind beim organisatorischen Aufbau von Marketingabteilungen einige wichtige Dimensionen der Marketing-Arbeit in Betracht zu ziehen:

- die Funktion des Marketing
- die abzusetzenden Produkte
- geographische Einheiten (Gebiete)
- die Abnehmergruppen.

Je nachdem, welche dieser Dimensionen für ein Unternehmen im Vordergrund steht, ergibt sich eine der vier typischen Organisationsformen.

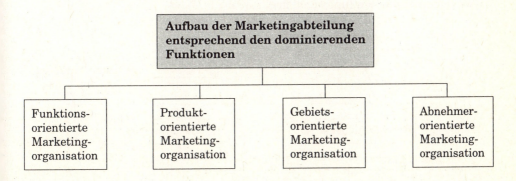

2.1.3.1 Funktionsorientierte Marketingorganisation

Diese älteste Form der Marketingorganisation ist angebracht bei Einproduktunternehmen oder bei Unternehmen, die mit Homogenität bezüglich Markt, Kunden, Produkten und Konkurrenz rechnen können.

Nur der Leiter der Organisationsform ist kompetent und verantwortlich für die Gesamtheit der zu erfüllenden Marketingfunktionen bzw. -aktivitäten. Die Mitarbeiter des Bereiches erhalten Zuständigkeit und Verantwortung für ganz bestimmte Funktionen wie Werbung, Verkauf usw.

Neben der Grundform der funktionsorientierten Marketingorganisation existieren noch einige Abarten, in erster Linie unter Einbeziehung von Stabsstellen.

2.1.3.2 Produktorientierte Marketingorganisation

Besonders in Unternehmen, die eine größere Produktpalette haben, ist eine produktorientierte Organisationsform zu finden.

Für bestimmte Produkte oder Produktgruppen werden Produktmanager eingesetzt. Hierbei sind mehrere Varianten möglich. Stark vertreten ist die **Linienorganisation nach Produktgruppen.**

Die Linienorganisation wird nach Produkten oder Produktgruppen ausgerichtet, diese wiederum werden funktional gegliedert:

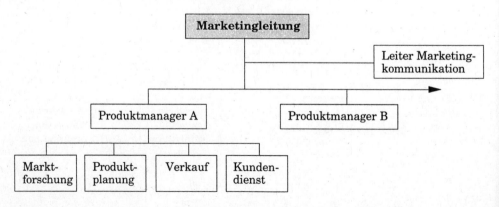

Der Produktionsmanager hat volle Kompetenz als Linieninstanz, kann sich intensiv um seine Produkte kümmern und wegen seiner hervorgehobenen Position schnell reagieren. Längere Kommunikationswege können entfallen; auch sogenannte "kleine Produkte" werden nicht vernachlässigt, da es für sie konkrete Zuständigkeiten gibt. Konflikte können sich mit den übrigen Funktionen ergeben. Hinzu kann die Schwierigkeit kommen, daß der Produktmanager zwar sein Produkt und seinen Markt gut kennt, er aber nicht gleichermaßen sämtliche Funktionen innerhalb seines Bereiches beherrscht und doch auf Unterstützung, unter Umständen sogar durch Aufblähen seines Apparates angewiesen ist.

Eine weitere Variante stellt die **Matrixorganisation** dar. Hierbei ergibt sich das Bild einer Matrix, in der die Zeilen die Produkte und die Spalten die Funktionen darstellen.

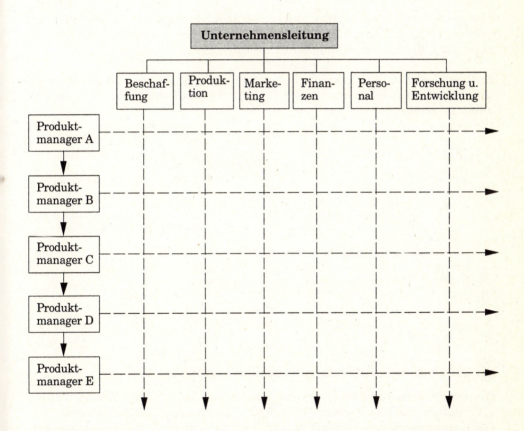

Die Kompetenzen des Produktmanagers erstrecken sich auf die horizontale Ebene; er hat dort Anordnungsbefugnis, den Funktionsmanagern auf der vertikalen Ebene bleibt es überlassen, auf welche Art und Weise die Verrichtungen erledigt werden müssen.

Auch hier ist festzustellen, daß der Produktmanager nicht alle Funktionen gleichermaßen gut beherrschen kann und er den Funktionsmanagern oft Zustimmung und Mitarbeit abringen muß. Konflikte sind damit vorprogrammiert. Dennoch gilt die Matrixorganisation als sehr effizient, vor allem dann, wenn die Produktmanager mit ausreichender Kompetenz ausgestattet sind.

2.1.3.3 Gebietsorientierte Marketingorganisation

Geographische Gesichtspunkte dominieren bei dieser Organisationsform. Der Markt wird in Regionen strukturiert. Jeder geographische Bereich wird einem Bereichsleiter unterstellt, dem die Kundenbetreuung und Koordinierung der Marketingmaßnahmen obliegt.

Eine gebietsorientierte Marketingorganisation findet man in Unternehmen, die Gebiete mit uneinheitlichem Kundenverhalten zu betreuen haben, bzw. wo die Kundenbetreuung sehr mitarbeiterintensiv ist.

Regionale Gesichtspunkte werden in der Regel mit funktionalen oder objektbezogenen kombiniert, so daß eine reine geographische Marketingorganisation relativ selten anzutreffen ist.

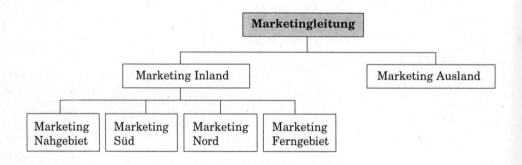

2.1.3.4 Abnehmerorientierte Marketingorganisation

Diese sehr variantenreiche Marketingorganisation hat mit zunehmender Aufgeklärtheit und dem Marktbewußtsein von Abnehmern sehr an Bedeutung gewonnen. Der Kundenmanager wird durch ein stark auf die Abnehmer ausgerichtetes Organisationssystem in die Lage versetzt, rasch auf Kundenwünsche zu reagieren und entsprechende Marktstrategien zu entwickeln, bzw. zu revidieren. Der Kundenmanager kann in der Organisation verschiedene Positionen einnehmen. Er kann in einer Stabsstelle seine Aufgaben erfüllen oder als Koordinator auftreten.

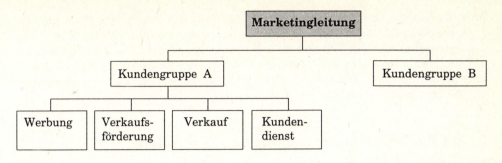

2.2 Stellung des Controlling in der Marketingorganisation

2.2.1 Controlling als Stabsstelle der Unternehmensleitung

Es wurde bereits an früherer Stelle (vgl. A 1.3.2) ausgeführt, daß die Installierung des Controlling als zentrale Stabsstelle der Unternehmensleitung als günstige organisatorische Lösung angesehen wird. Zum einen wird dadurch die Bedeutung, die dem Controlling beizumessen ist, deutlich hervorgehoben, zum anderen läßt sich dadurch das Promotoren-Modell realisieren *(Witte).*

Der Vorsitzer des Unternehmens ist der Machtpromotor, der den Anstoß zu Planungsprozessen gibt, für die Lösungsalternativen verantwortlich ist und die Mittel für die Zielerfüllung zur Verfügung stellt.

Der Controller ist der Fachpromotor, der an den Planungsprozessen teilnimmt, sie promoviert, Entscheidungs- und Aufbauhilfe leistet und viel Einzelarbeit einsetzt.

Abweichend von der generellen Ausgestaltung von Stabsstellenfunktionen sollten die Kompetenzen des Controllers dahingehend erweitert werden, daß er in einem genau festgelegten Maße bei bestimmten Entscheidungen ein Mitspracherecht und bei bestimmten Verrichtungen ein Anweisungsrecht erhält.

2.2.2 Einbau des Marketing-Controlling in die Marketingorganisation

Unternehmensgröße, Produktions- und Absatzprogramm, Kundenstruktur, organisatorische und hierarchische Struktur des Gesamtunternehmens und nicht zuletzt der Aufbau der Marketingorganisation selbst haben Einfluß auf die Stellung des Marketing-Controlling im Marketing-Bereich.

Für den Einbau des Marketing-Controlling in die Marketing-Organisation sind mehrere Wege denkbar, und eine Entscheidung darüber kann nur betriebsindividuell getroffen werden. Dennoch sollten einige Grundsätze und Regeln beachtet werden, wenn der Marketing-Controller effiziente Arbeit leisten soll und nicht nur eine wohlklingende Institution zu installieren ist, die womöglich nur ein Prestige-Objekt darstellt.

2.2.2.1 Fachliche Unterstellung des Controllers

Da die Marketing-Controllingfunktion nicht losgelöst von der allgemeinen Controlling-Funktion gesehen werden darf, sollte der Marketing-Controller fachlich dem Hauptcontroller unterstellt werden. Die sachliche Bindung an das Zentral-Controlling ist damit gewährleistet, und die planenden, koordinierenden und kontrollierenden Aufgaben des Marketing-Controlling können unproblematischer mit anderen Bereichen abgestimmt, bzw. in ein Gesamtsystem eingeordnet werden.

Daten, die dem Zentral-Controlling ohnehin zur Verfügung stehen, erreichen rasch den Bereichs-Controller, der Datenfluß ist ungehemmter, und Kontakte zu Nachbarbereichen, die ebenfalls von Sub-Controllern unterstützt werden, stellen sich wesentlich unproblematischer dar, als bei vollkommen selbständigen Sub-Controllingbereichen, die nicht über das Zentral-Controlling in einem sachlichen Zusammenhang stehen.

2.2.2.2 Disziplinarische Unterstellung des Controllers

Der Marketing-Controller erfüllt nicht Controllingaufgaben schlechthin, sondern arbeitet dem Marketing in einer besonderen Weise zu, steht also zwangsläufig in einer sehr engen Beziehung zu diesem Bereich. Eine disziplinarische Unterstellung unter die Marketing-Leitung verdeutlicht zum einen diese Beziehung, fördert den Kontakt zu den Mitarbeitern des Marketing-Bereiches und verhindert somit eine fachliche und menschliche Isolierung zu marketingspezifischen Sachbereichen. Da der Marketing-Controller Leistungen für die Führungsebene erbringt, sollte er unbedingt dem Marketing-Manager unmittelbar zugeordnet und nicht in die Linie eingeordnet werden.

Was über die Eingliederung des Controlling in die Unternehmens-Organisation (vgl. A 1.3.2 und B 2.2.2) festgestellt wurde, gilt im Grunde auch für die Einordnung des Marketing-Controlling in die Marketing-Organisation. Das Controlling sollte als Stabsstelle mit Sonderausgestaltung in Form von in einem bestimmten Rahmen festgelegten Mitsprache-Entscheidungs- und Einspruchsrechten eingerichtet werden. Es müßte dabei selbstverständlich sein, daß das Marketing-Controlling eine eigenständige Einheit darstellt und nicht in das Alltagsgeschehen des Bereiches eingebunden werden darf. Diese Ausführungen gelten unabhängig davon, ob die vorhandene Marketing-Organisation funktions-, produkt-, gebiets- oder abnehmerorientiert ist. Zwar werden die Leistungsschwerpunkte des Controllers je nach Organisationsform jeweils auf anderen Gebieten liegen und auch eine unterschiedliche Intensität aufweisen, an der organisatorischen Zuordnung des Marketing-Controllers wird der organisatorische Aufbau kaum etwas ändern, an der unterstützenden und zuarbeitenden Funktion des Bereichs-Controllers sowieso nicht.

In Anlehnung an *Köhler* ist eine organisatorische Zuordnung des Marketing-Controlling in der folgenden Form denkbar:

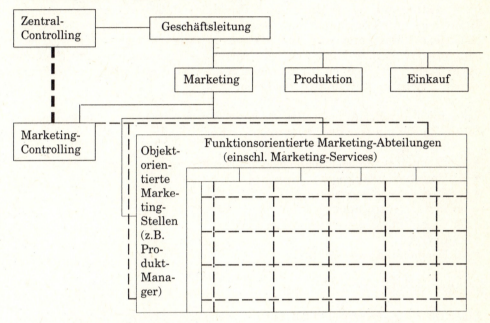

——————— disziplinarische Unterstellung
■ ■ ■ funktionale Unterstellung
— — — Koordinationsbeteiligung

In Unternehmen, die über kein Zentral-Controlling verfügen, müssen die das Marketing betreffenden Controlling-Aufgaben vom Marketing-Management selbst übernommen werden. Zweckmäßigerweise richtet dieses dafür eine eigene Stabsstelle mit den bereits beschriebenen Sonderrechten ein. Existieren für andere Bereiche ebenfalls eigene Controller, sollte eine Stelle für Abstimmungsaufgaben geschaffen werden; dies könnte der erste Schritt auf dem Weg zur Bildung eines Zentral-Controlling sein.

3. Anforderungen an den Marketing-Controller

Es würde den Rahmen bei weitem sprengen, unternähme man an dieser Stelle den Versuch, das Berufsbild des Marketing-Controllers zu entwerfen; hier sollen die

Anforderungen genannt werden, die grundsätzlich an einen Marketing-Controller zu stellen sind. Einzelanforderungen, die branchen-, betriebs-, produkt- oder kundentypisch sind, müssen von Fall zu Fall jeweils individuell herausgestellt werden.

Generell kann festgestellt werden, daß die Mitarbeiter des Marketing-Controlling über eine hohe Qualifikation verfügen, daß sie sich sowohl im Controlling als auch im Marketing zu Hause fühlen müssen. Um Mißverständnissen vorzubeugen, der Marketing-Controller ist kein Super-Marketingmanager, der dem Marketing-Leiter Ziele und Strategien vorschreibt, dies ist nach wie vor dessen Aufgabe, er muß jedoch das "Marketing-Handwerk" beherrschen und in der Lage sein, die Probleme des Marketing zu erkennen und in noch zu beschreibenden Bereichen und mit noch zu beschreibenden Mitteln zu deren Lösung beitragen.

Um seine Controller-Aufgaben im Marketing-Bereich erfüllen zu können, muß er neben den Kenntnissen des Marketing über Kenntnisse

- des Rechnungswesens, insbesondere der Kosten- und Leistungsrechnung
- der Unternehmensplanung
- des Operations Research
- der Investitionsrechnung
- der Organisation, einschließlich der EDV
- der Revision
- der Kommunikationstechnik

verfügen.

Einen Überblick über die methodisch-fachlichen Fähigkeiten und die Verhaltensanforderungen des Controllers gibt *Deyhle*.

4. Einführungsphase des Marketing-Controlling

Bevor im Marketingbereich das Controlling eingeführt wird, empfiehlt es sich, einige vorbereitende Arbeiten zu erledigen, die im Extremfall auch bewirken können, daß von der Einsetzung des Systems abgesehen wird. Diese Vorbereitungen laufen in einigen Unterphasen ab.

4.1 Konfrontation der Mitarbeiter mit dem Controlling

Um spätere sachliche und persönliche Konflikte zu vermeiden, ist es angebracht, den Mitarbeitern die Vorteile des Marketing-Controlling zu erläutern. Diese bereits zu einem sehr frühen Zeitpunkt stattfindende Konfrontation hat nicht nur informa-

Einführungsphase des Marketing-Controlling 43

tiven und konfliktverhindernden Charakter, sondern kann sogar eine motivierende Wirkung auf die Mitarbeiter haben, wenn ihnen klargemacht wird, daß das Controlling ihnen allen zugute kommt, sie in ihrer Arbeit unterstützt, sie besser als bisher informiert und in ihrer Entscheidungsfreiheit nicht beeinträchtigt, sondern eher freier macht. Im einzelnen sollen folgende "Verkaufsargumente" ins Feld geführt werden:

- Controlling ist notwendig, weil die Mitarbeiter des Fachbereiches Marketing überlastet und auf Zuarbeitung angewiesen sind
- Controlling führt zu schnelleren und gegebenenfalls zu mehr Informationen als vor seiner Installation
- Controlling gestaltet den Entscheidungsprozeß übersichtlicher
- Controlling beläßt die Entscheidungen im Marketing-Bereich; Entscheidungshilfen werden lediglich geleistet
- der Controller hat ein Entscheidungs- und Widerspruchsrecht nur in einem vorher festgelegten Rahmen
- der Controller übt keine Vorgesetztenfunktion aus
- der Controller akzeptiert gerne bei seiner Arbeit jederzeit Anregungen der Marketing-Mitarbeiter und leitet sie auch, falls erforderlich, weiter
- Controlling bedeutet kein weiteres Überwachungssystem, Abweichungen werden nur kritisiert, wenn sie vom überprüften Bereich auch vertreten werden müssen und nicht auf externe Faktoren zurückzuführen sind
- Controlling wird bereits in zahlreichen Unternehmen mit Erfolg praktiziert.

4.2 Informationen über den Marketingbereich durch den Controller

Ein wirksames Tätigwerden des Controllers ist erst möglich, wenn er sich ausführlich über den von ihm zu betreuenden Bereich informiert hat.

Diese Information dient zum einen dazu, sich einen Überblick über den Arbeitsbereich zu verschaffen, und zum anderen, erste Kontakte mit den Mitarbeitern zu knüpfen. Aus diesem Grunde sollen Informanten neben dem Marketing-Management auch noch weitere ausgesuchte Mitarbeiter sein.

Diesen Informationen, die noch nicht sehr ausführlich zu sein brauchen, werden nach Ablauf der Einführungsphase noch ausführlichere folgen. Die Initialinformationen erstrecken sich auf folgende Bereiche:

- Vorgegebene Ziele
- Organisatorischer Aufbau
- Hierarchische Struktur-Zuständigkeiten-Vollmachten

- Ablauforganisation
  - Vorhandene Systeme (für Informationen, Planung, Kontrolle)
  - Berichtswesen
  - Engpässe
  - Bekannte Schwachstellen
  - Zukunftserwartungen
  - Eingesetzte Hilfsmittel.

4.3 Einführungsarbeiten

Nach erfolgter Information fallen Einführungsarbeiten an, die teils überprüfenden, teils organisatorischen Inhalts sind und auch noch dazu führen können, von der Einrichtung des Controlling Abstand zu nehmen.

- Bewertung der bisher erhaltenen Informationen und Meinungen für und gegen Controlling
- Ausarbeitung einer Nutzen-/Kostenanalyse
- Feststellung, ob nach dem bisherigen Wissensstand eine wirksame Controllingtätigkeit zu realisieren ist
- Auswahl des Controllers
- Aufbau des eigentlichen Controlling-Bereiches durch Gliederung des Bereiches, Aufbau des Systems, Auswahl der Mitarbeiter, Festlegung der Arbeitsgebiete, Kompetenzen, Weisungs- und Zeichnungsbefugnisse u.ä.

4.4 Abgrenzung der Controller-Aufgaben

Die Installierung eines Controlling-Systems als dezentrales System birgt die Konfliktmöglichkeit mit dem Sachbereich in sich, da es zu Kompetenzproblemen und Überschneidungen im Arbeitsbereich kommen kann. Aus diesem Grunde ist eine möglichst klare Abgrenzung der Controller-Aufgaben erforderlich. Es wurde bereits ausgeführt, daß die generellen Controller-Aufgaben in der

- Planung
- Information
- Analyse/Kontrolle
- Steuerung

liegen.

Diese typischen Controlling-Funktionen gleichen formal denen des Marketing-Managements, da dessen Entscheidungsprozeß in Phasen abläuft, die ebenfalls Analyse/Kontrolle, Planung, Information und Steuerung enthalten. Dem Einwand, daß diese begriffliche Deckungsgleichheit die Einführung eines Controlling ja überflüssig mache, muß entgegengesetzt werden, daß der Controller den Entscheidungsprozeß nicht leitet, sondern vorbereitet und begleitet; der Controller entscheidet nur, was seinen eigenen Aufgabenbereich betrifft, darüber hinaus nur in einem vorgegebenen Rahmen. Er stellt aber den Informationsbedarf fest, er hilft bei der Informationsbeschaffung und unterstützt und koordiniert die Informationsverwendung.

Der Controller plant nicht, er schafft die Grundlagen für die Planung, baut Planungssysteme auf, entwickelt Planungstechniken oder führt sie ein, er koordiniert die Planung, er deckt Schwachstellen auf und hilft bei deren Beseitigung, er sorgt dafür, daß Warnsignale durch den Aufbau eines entsprechenden Systems erkannt werden und er regt die Steuerung und Gegensteuerung an und wirkt bei dieser mit.

Der gute Controller mischt sich nicht in die Aufgaben des Marketing-Managers ein, sondern unterstützt diese. Er arbeitet auf Gebieten, auf denen er normalerweise qualifizierter sein wird als der Marketing-Manager, der primär für andere Bereiche qualifiziert ist. Daneben gibt es Arbeitsfelder, um die sich der Manager aus Zeitgründen nicht kümmern kann, und sie deshalb um so lieber dem Controller überläßt.

Auch hat der Marketing-Controller zu manchen Informationen einen direkteren Zugriff als das Marketing-Management, sei es, weil die Zahlen beim Zentral-Controller bereits vorhanden sind, oder, falls ein zentrales Controlling nicht besteht, weil eine Zusammenarbeit mit anderen Bereichs-Controllern oder auch mit anderen Fachgebieten für ihn unproblematischer ist.

Wenn beim Controller wichtige Informationen zusammenlaufen, braucht das Marketing für seine Entscheidungen originäre, verdichtete oder umgeformte Daten nur abzurufen und muß sie sich nicht in mühsamer Arbeit erst beschaffen.

Durch seine Führungsfunktion ermöglicht oder erleichtert der Controller eine andere Führungsfunktion, die des Marketing-Managements.

Im Rahmen der Festlegung bzw. Abgrenzung der Controller-Aufgaben ergeben sich im einzelnen die folgenden Hauptaufgaben, die je nach Unternehmensgröße und Unternehmensstruktur erweitert, eingeengt oder variiert werden können, wobei es sich hier um eine Reihen- und nicht um eine Rangfolge handelt:

- Ermittlung, Dokumentation und Weiterleitung von Informationen, Aufbau von Informationssystemen
- Aufbau eines Berichtswesens
- Erarbeitung von Planungsrichtlinien und Planungsprämissen, Festlegung der Planungsmethoden, Aufbau eines Planungssystems
- Beratende Mitwirkung bei der Formulierung von Zielen
- Hilfe bei der Aufstellung von zielorientierten Plänen
- Koordinierung der Pläne

- Terminüberwachung der Planaufstellung
- Schaffung eines Kennzahlensystems
- Aufbau eines Kontrollsystems durch Festlegung von Toleranzgrenzen für Abweichungen, Installierung von Verfahren für die Abweichungsanalyse und die Möglichkeit zum Erkennen der Folgen der Abweichungen
- Durchführung bzw. Unterstützung von laufenden Kontrollaufgaben
- Ständige Beobachtung der Planungsziele
- Analyse der Abweichungen
- Einleitung von Gegensteuerungsmaßnahmen
- Mitwirkung bei Gegensteuerungsmaßnahmen
- Beratung und Schulung von Mitarbeitern im Marketing-Bereich
- Auswertung von Statistiken
- Sonderaufgaben wie
  - Durchführung von Wirtschaftlichkeitsrechnungen
  - Durchführung von Investitionsrechnungen
  - Durchführung bzw. Initiierung von Kostenrechnungsprogrammen
  - Anregung von Management-Techniken
  - Kontakt zu externen Stellen
  - Beobachtung der Konkurrenz.

Die genannten Aufgabenkomplexe finden ihren Niederschlag in der Stellenbeschreibung. Diese muß um die Zielsetzung der Stelle und die Entscheidungsbefugnisse ergänzt werden (*Schröder*).

Die Hauptaufgaben des Controllers können in konstitutive, basisbildende und ablaufbedingte gegliedert werden, diese haben operativen und strategischen Charakter.

Eine konsequente Trennung dieser beiden Aufgabenkomplexe ist nicht möglich. Konstitutive, basisbildende Aufgaben wie der Aufbau von Informationssystemen, der Marketing-Planung und der Marketing-Kontrolle werden begleitet von ablaufbedingten Aufgaben der Informationsbeschaffung, der Analyse, Planung und Kontrolle. Aus diesem Grunde wird auch in den folgenden Kapiteln nicht streng zwischen konstitutiven und ablaufbedingten Aufgaben unterschieden, wobei jedoch festzuhalten ist, daß in dem Kapitel C konstitutive Aufgaben im Vordergrund stehen.

Kontrollfragen

(1) Welche Gründe sprechen für die Schaffung der Institution des Marketing-Controlling?

(2) Welche Hauptaufgaben hat die Marketing-Organisation?

(3) Welche Entwicklungsstufen führten zur gegenwärtigen, modernen Form der Marketing-Abteilung?

(4) Nach welchen Gesichtspunkten können Marketing-Abteilungen aufgebaut werden?

(5) Wie sollte das Marketing-Controlling in die Marketing-Organisation eingebaut werden?

(6) Wem sollte der Marketing-Controller unterstellt werden?

(7) Welche Anforderungen sollte der Marketing-Controller erfüllen?

(8) Welche Aufgaben ergeben sich während der Einführungsphase des Marketing-Controlling?

(9) Welche Informationen über das Marketing-Controlling sollten die Marketing-Mitarbeiter während der Einführungsphase erhalten?

(10) Welchen Inhalt sollten die Informationen des Marketing-Controllers über den Marketing-Bereich zu Beginn seiner Tätigkeit haben?

(11) Welches sind die Hauptunterschiede der Tätigkeiten des Marketing-Managers und des Marketing-Controllers?

Lösungshinweise

Frage	Seite	Frage	Seite
(1)	33	(7)	41
(2)	33	(8)	42
(3)	34	(9)	43
(4)	35	(10)	43
(5)	39	(11)	45
(6)	40		

Literatur

Becker, J., Marketing-Konzeption, 5. Auflage, München 1993
Bidlingmaier, J., Marketing 1 und 2, Reinbek bei Hamburg 1973
Deyhle, A., Controller-Handbuch, Band I, München 1990
Deyhle, A., Controller-Handbuch, Band II, München 1990
Deyhle, A., Controller-Handbuch, Ergänzungsband A, 3. Auflage, Gauting 1990
Frese, E., Grundlagen der Organisation, Wiesbaden 1980
Geisbüsch/Weeser-Krell/Geml, H., (Hrsg.) Marketing, Landsberg 1987
Gernet, E., Das Informationswesen in der Unternehmung, München/Wien 1987
Jacob, H., Unternehmensorganisation - Gestaltung und Entwicklung sozio-technischer Systeme, Stuttgart 1980
Köhler, R., Konzeption, Methoden und Realisierungsstand des Marketing, in: Goetzke, W., Sieben, G., Hrsg.: Marketing - Controlling, Band 13 der GEBERA-Schriften, Köln 1982
Kosiol, E., Organisation der Unternehmung, 2. Auflage, Wiesbaden 1976
Kotler, Ph., Marketing -Management, 4. völlig neubearb. Auflage in deutscher Übersetzung, Stuttgart 1989
Landsberg, G. v. /Mayer, E., Berufsbild des Controllers, Stuttgart 1988
Meffert, H.; Marketing, 7. Aufl., Wiesbaden 1986
Nieschlag, R./Dichtl, E./Hörschgen, H., Marketing, 16. Auflage, Berlin 1991
Preißler, P.R., Controlling, 5. Auflage, München/Wien 1995
Schröder, E.F., Modernes Unternehmens-Controlling, 5. Auflage, Ludwigshafen 1992
Weis, H.Ch., Marketing, 9. Auflage, Ludwigshafen 1995
Witte, E., Kraft und Gegenkraft im Entscheidungsprozeß, in: ZfB 1976, S. 319-326

C. Informationssysteme

1. Informationen im Entscheidungsprozeß

Jede Entscheidung, die im Unternehmen zu treffen ist, setzt Informationen als "zweckorientiertes Wissen" (*Wittmann*) voraus.

In jeder Phase des betriebswirtschaftlichen Entscheidungsprozesses werden Informationen verarbeitet. Dies gilt für alle Unternehmensbereiche und trifft in besonderem Maße auf den Marketing-Bereich zu. Da Marketing als eine umfassende Konzeption des Planens und Handelns angesehen wird, bei der die Aktivitäten eines Unternehmens auf den Markt ausgerichtet sind, stellen Informationen die Basis der Marketing-Konzeption dar. Jede Phase des Marketing-Entscheidungsprozesses ist von Informationen durchdrungen. Von der Anregungsphase, in der Probleme erkannt werden, über die Such-, Optimierungs- und Durchsetzungsphase bis zur Kontrollphase wird jeweils eine Vielzahl von Informationen benötigt.

Den meisten Entscheidungsträgern stehen in der Regel nicht wenige Informationen zur Verfügung, doch sind manche davon nicht verwendbar und es kommt zum Dilemma, aus der Datenmenge die entscheidungsrelevanten herauszufiltern. Häufig existiert eine wahre Informationsflut, in der irrelevante Informationen überwiegen, etwa weil sie nicht aktuell, unpräzise, mehrdeutig, nicht zuverlässig oder schlecht formuliert sind, es ihnen an Verdichtung fehlt oder sie einfach zum falschen Zeitpunkt zur Verfügung stehen. Andererseits existieren im unmittelbaren Tätigkeitsbereich oder dessen Nähe Informationsquellen mit einem gut verwertbaren Output, die man bisher nicht erschlossen hat. Bisweilen ziehen auch Informationsströme am Entscheidungsbereich vorbei, ohne in die richtige Richtung gelenkt zu werden.

Es ist mithin erforderlich durch ein zielgerichtetes, systematisches Handeln Maßnahmen zu treffen, daß den Entscheidungsträgern zum richtigen Zeitpunkt die richtigen Informationen in der richtigen Form zur Verfügung gestellt werden. Dazu ist es notwendig, den Informationsbedarf zu kennen, die richtigen Informationsquellen ausfindig zu machen und zu erschließen und Systeme aufzubauen, die die Informationsbeschaffung, -bearbeitung, - speicherung und -weitergabe ermöglichen.

2. Informationsarten

Die Vielfalt der in Literatur und Praxis verwendeten Informationsbegriffe läßt es angebracht erscheinen, sich einen Überblick über die wichtigsten Informationsarten zu verschaffen. Unterschiedliche Einteilungskriterien führen zwangsläufig zu Überschneidungen, so daß sich einzelne Informationsarten in mehreren Kategorien wiederfinden.

- **Originäre oder primäre Informationen**

    stellen die Basis des betrieblichen Informationswesens dar. Es handelt sich um unmittelbar wahrgenommene Informationen durch aktive oder passive Informationssuche über die Umwelt oder über betriebliche Daten und Fakten.

- **Derivative Informationen**

    entstehen durch

    - Transmission = schriftliche, bildliche oder akustische Wiedergabe von Informationen in unveränderter Form
    - Translation = Änderung der Form von Informationen, z.B. durch Kodierung
    - Transformation = Änderung der Form und des Inhaltes von Informationen durch Umformen von Einzelinformationen in andere, Verdichten, Urteilen und Schließen.

- **Interne Informationen**

    sind das Ergebnis betriebseigener Erhebungen.

- **Externe Informationen**

    werden außerhalb der Unternehmen gewonnen. Selbständige Marktforschungs- oder Meinungsforschungsinstitute stellen Unterlagen zur Verfügung und/oder andere externe Veröffentlichungen und Berichte werden ausgewertet.

- **Vollkommene Informationen**

    geben Sachverhalte lückenlos und sicher wieder.

- **Unvollkommene Informationen**

    sind unsichere und/oder unvollständige Informationen.

- **Führungsinformationen** (*Mintzberg*)

    Als Führungsinformationen gelten

    - Informationen über interne Operationen
    - Informationen über unternehmensexterne Ereignisse
    - Informationen über die Ergebnisse von Analysen
    - Informationen über Ideen und Trends
    - Informationen, die Einflußmaßnahmen ausdrücken

- **Ausführungsinformationen**

- **Informationen im Rahmen des Entscheidungsprozesses**

    Im Rahmen des Entscheidungsprozesses fallen an:

    - Initialinformationen
    - Planinformationen
    - Kontrollinformationen

oder:
- Planungsinformationen
- Steuerungsinformationen
- Kontrollinformationen.

- **Objektinformationen**

  findet man als
  - Erlösinformationen
  - Finanzinformationen
  - Kosteninformationen
  - Rentabilitätsinformationen
  - Personalinformationen
  - Produktionsinformationen
  - Marketinginformationen usw.

Selbstverständlich gibt es noch eine Reihe anderer Informationen, d. h. die Informationen lassen sich noch nach anderen Kriterien einteilen, etwa nach dem **zeitlichen Abstand** (z. B. tägliche Informationen, monatliche Informationen, jährliche Informationen usw.), nach der **Häufigkeit** des Anfalls (regelmäßige Informationen, unregelmäßige Informationen) oder nach ihrem **Charakter** (Tatsacheninformationen, Prognoseinformationen, Trendinformationen).

3. Informationsquellen

Bevor Informationsprozesse initiiert und gesteuert werden können, ist das Informationsangebot in Erfahrung zu bringen. Es geht dabei um die Feststellung und Überprüfung bestehender und die Erschließung neuer Informationsquellen. Die Überprüfung bekannter Quellen bezieht sich auf die Aussagekraft, Zuverlässigkeit, die Zugriffsmöglichkeiten und die Dauer der von ihnen zur Verfügung gestellten Informationen. Die Suche nach neuen Informationsquellen ergibt sich meist zwangsläufig aus der kritischen Betrachtung der bereits bekannten.

Bei der Auslese geeigneter Informationsquellen arbeitet der Controller mit der Marketingleitung zusammen, wobei ihm in erster Linie Aufgaben der Beratung und Koordinierung zufallen. Die Informationen liefernden Stellen werden nach ihrem Standort innerhalb und außerhalb des Unternehmens in interne und externe Informationsquellen gegliedert.

In diesem Abschnitt soll festgestellt werden, welche Quellen von Informationen für den Marketing-Bereich in Frage kommen, welcher Output aus ihnen resultiert, und, falls nicht ohne weiteres ersichtlich, zu welchen Zwecken sie in ihrer Ursprungsform oder nach entsprechenden Bearbeitungen verwendet werden können.

An späterer Stelle ist zu zeigen, wie die Informationen marketingcontrollergerecht zu Systemen zusammengeführt und für Zwecke der Planung, Kontrolle und Steuerung im operativen und strategischen Bereich eingesetzt werden können.

3.1 Interne Informationsquellen

Als interne Informationsquellen sollen alle die Stellen verstanden werden, die im Betrieb oder vom Betrieb aus Informationen "produzieren", unabhängig davon, ob sie das interne Betriebsgeschehen oder das Geschehen auf dem Markt betreffen.

3.1.1 Das Allgemeine Rechnungswesen

Das Allgemeine Rechnungswesen ist der Teil des Rechnungswesens, in dem die Ereignisse ihren Niederschlag finden, die das Unternehmen mit den Märkten verbinden. Es besteht aus der Geschäfts- oder Finanzbuchhaltung und dem Jahresabschluß, also der Bilanz- und Gewinn- und Verlustrechnung, dem Anhang und bei bestimmten Unternehmen zusätzlich aus dem Lagebericht.

Dieser Bereich des Rechnungswesens ist eine der ältesten Informationsquellen des Marketing. Um seine Möglichkeiten und Bedeutung für das Marketing herauszustellen, sei hier auf seine diesbezüglichen Aussagen eingegangen.

Das Allgemeine Rechnungswesen unterliegt relativ strengen handels- und steuerrechtlichen Vorschriften. Sein Vorteil liegt in der Vollständigkeit und Exaktheit, sein Nachteil in der Vergangenheitsbezogenheit. Es ist grundsätzlich selbst keine Planungsrechnung, stellt jedoch wichtige Zahlen für Planungen zur Verfügung. Ansätze, Planbilanzen und Plan-Gewinn- und Verlustrechnungen zu erstellen sind seit einiger Zeit vorhanden. Der besondere Vorteil dieses Rechensystems liegt in Soll-/Istvergleichen und in der Möglichkeit bei mehrjähriger Betrachtung Trends erkennen zu lassen.

Informationen des Allgemeinen Rechnungswesens finden ihren Niederschlag in mehreren Rechnungen (z.B. Bewegungsbilanz, cash-flow) und Statistiken. Der Informationswert seiner Zahlen ergibt sich entweder aus ihrer Ursprungsform oder aus der Herstellung von Verknüpfungen oder der Bildung von Relationen mehrerer Einzeldaten oder Gruppen von Daten.

Wichtige Informationen mit Marketingrelevanz, die ohne weitere Bearbeitung der Einzelzahlen der Finanzbuchhaltung entnommen werden können, sind:

- Umsatz
- Absatz
- Lagerbestände
- Außenstände
- Verbindlichkeiten
- Finanzbestände
- Kapitalquellen
- Verflechtungen mit anderen Unternehmen
- Aufwendungen für die einzelnen Produktionsfaktoren
- Erträge (neben dem Umsatz).

Informationsquellen

Setzt man Einzelinformationen der Buchhaltung, bzw. des Abschlusses in Relation zueinander oder verknüpft sie miteinander, erhält man Kennzahlen, wie:

- die Wirtschaftlichkeit
- die Liquidität
- die Rentabilität
- die Produktivität
- den Verschuldungsgrad
- den cash-flow
- den Return-on Investment
- den Umschlag von Kapital, der Forderungen, der Erzeugnisse
- verschiedene Intensitäten usw.

Weitere Kennzahlen ergeben sich dadurch, daß man bestimmte Größen wie

- Umsatz
- Absatz
- Marktanteile
- bestimmte Aufwendungen

auf andere Größen, die selbst eigene Einzelinformationen darstellen, bezieht. Es handelt sich dabei um

- Produkte oder Produktgruppen
- Kunden oder Kundengruppen
- Verkaufsbezirke
- Mitarbeiter
- Zeitabschnitte
- Branchen u.ä.

Die Kenntnis dieser und ähnlicher Zahlen bietet die Möglichkeit, Chancen und Schwachstellen zu erkennen.

Eine Reihe von "Nebenbüchern" bietet über die buchhaltungstypischen Informationen noch weitere Auskünfte, das Debitoren-Kontokorrent über die Außenstände je Kunde, die Zahlungsmoral, erfolgte Mahnungen, Rücksendungen, in Anspruch genommene Preisnachlässe. Die Lagerbuchführung informiert über die einzelnen Vorräte und Fertigprodukte, ihre mengen- und wertmäßigen Bestände, Lagerorte, Alter, Schwund u.ä.

3.1.2 Kostenrechnung

Während das Allgemeine Rechnungswesen die Außenbeziehungen des Unternehmens erfaßt, gibt die Kostenrechnung den innerbetrieblichen Kombinationsprozeß zahlenmäßig wieder, sie ist das Spiegelbild des Ablaufes der Leistungserstellung und deshalb besonders geeignet, zu Planungs-, Kontroll- und Steuerungszwecken eingesetzt zu werden.

Dieses sehr geeignete Instrument der Unternehmensführung wird auch heute noch leider in sehr vielen Unternehmen stark vernachlässigt. Selbst in manchen größeren Betrieben scheint man den Wert der Kostenrechnung noch nicht so recht eingesehen zu haben, und führt sie nur in einer so einfachen Form, daß sie als Entscheidungsinstrument kaum einsetzbar ist. Wegen der besonderen Bedeutung für Marketing und Controlling soll im folgenden etwas ausführlicher auf Fragen der Kostenrechnung eingegangen werden.

Die Kostenrechnung beinhaltet die drei Bereiche

- Betriebsabrechnung
- Kalkulation
- Ergebnisrechnung.

Die **Betriebsabrechnung** rechnet den Betrieb ab, sie stellt fest, in welchen Bereichen des Betriebes Kosten entstanden sind. Es handelt sich um eine Zeitrechnung.

Die **Kalkulation** ist eine Stückrechnung; sie arbeitet mit den Zahlen der Betriebsabrechnung und ermittelt, in welcher Höhe Kosten in einem bestimmten Zeitabschnitt für die einzelnen erstellten Leistungen angefallen sind.

Die **Ergebnisrechnung** ist wieder eine Zeitrechnung und arbeitet im Gegensatz zur Betriebsabrechnung und Kalkulation nicht nur mit Kosten, sondern auch mit Erträgen. Sie weist den Erfolg einer Periode, das Betriebsergebnis aus.

Beim praktischen Aufbau einer Kostenrechnung wird in den meisten Betrieben in drei Schritten vorgegangen, man baut eine

- Kostenartenrechnung
- Kostenstellenrechnung
- Kostenträgerrechnung

auf.

Die **Kostenartenrechnung** beantwortet die Frage, welche Kosten im Betrieb entstanden sind.

Zunächst werden alle im Betrieb vorkommenden Kostenarten festgestellt. In den nächsten Arbeitsgängen beschreibt, klassifiziert und gliedert man die Kostenarten. Darüber hinaus werden Richtlinien entworfen, wie die Kosten weiter zu verrechnen sind.

Um eine aussagefähige Kostenartenrechnung zu erhalten, empfiehlt es sich, die Kosten nach verschiedenen Kriterien zu gliedern, dabei bietet sich eine Gliederung an, die sich auch für Marketingzwecke gut eignet, und zwar nach

- dem Verhältnis zum Erzeugnis
- der Tendenz, sich mit der Beschäftigung zu verändern

- der Eignung für die Planung
- der Möglichkeit zur Kontrolle und Analyse
- der Dringlichkeit der Deckung.

Die Gliederung nach dem Verhältnis zum Erzeugnis findet ihren Niederschlag in der Unterscheidung der Kosten nach ihrer Zurechenbarkeit auf die Kostenträger, also als Einzelkosten, die direkt zurechenbar sind, und Gemeinkosten, die dem Kostenträger nicht unmittelbar zugerechnet werden können oder deren Zurechenbarkeit sehr unwirtschaftlich wäre und somit aufgeschlüsselt werden müssen.

Im Rechenschema für die Zuschlagskalkulation wird die Zurechnung auf die Kostenträger deutlich:

Fertigungsmaterial (Einzelkosten)
+ Materialgemeinkosten
   (im Materialbereich entstandene
   Gemeinkosten)   = Material- oder Stoffkosten
_____
+ Fertigungslohn (Einzelkosten)
+ Fertigungsgemeinkosten
   (im Fertigungsbereich entstandene
   Gemeinkosten)
+ Sondereinzelkosten der Fertigung
   (Kosten für Sonderausführungen,
   Modellkosten)   = Fertigungskosten
                                              _____
                                              Herstellkosten
                                              + Verwaltungsgemeinkosten
                                              + Vertriebsgemeinkosten
                                              + Sondereinzelkosten des
                                                 Vertriebs (z.B. Vertreter-
                                                 provisionen, Sonderfrachten
                                                 u.ä.)
                                              _____
                                              Selbstkosten

Legt man die Reaktion der Kosten auf Beschäftigungsänderungen zugrunde, erhält man beschäftigungsunabhängige fixe und beschäftigungsabhängige variable Kosten, die je nach Art ihrer Reaktion auf Beschäftigungsänderungen weiter untergliedert werden müssen.

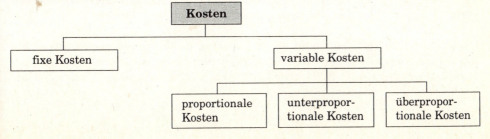

Diese Unterteilung der Kosten ist besonders marketingrelevant, da bei vielen Entscheidungen nur die Kenntnis der fixen und variablen Kosten zu richtigen Ergebnissen führt. Bei einer Vernachlässigung der Trennung der Kosten nach ihrer Beschäftigungsabhängigkeit wird der Fehler der Proportionalisierung der fixen Kosten gemacht, und Entscheidungen etwa über das gewinnoptimale Sortiment, die optimale Losgröße oder die Frage Eigenfertigung/Fremdbezug können nicht korrekt getroffen werden.

Die flexible Plankostenrechnung und die Deckungsbeitragsrechnung, die beide für das Marketing von großer Bedeutung sind, setzen die Kostenauflösung voraus.

Eine Kostenauflösung ist immer erforderlich, wenn in einem Unternehmen neben eindeutig fixen Kosten, wie Mietkosten, Versicherungskosten oder Zinskosten und rein proportionalen Kosten, wie etwa die Fertigungsmaterialkosten, auch Mischkosten, die sowohl fixe als auch proportionale Bestandteile enthalten, festzustellen sind.

Für die Auflösung der Kosten in ihre fixen und proportionalen Bestandteile verwendet man zwei Gruppen von Verfahren.

- die mathematischen Verfahren
- die empirischen Verfahren.

Kostenauflösung	
Mathematische Verfahren	Empirische Verfahren

Aufspaltung der Kosten mit rechnerischen Mitteln
 	
• Proportionaler Satz
• Ermittlung von Trends
  - Methode der kleinsten Quadrate
  - Methode der Reihenhälften
  - Grafische Methode
• Buchtechnisch-statistische Methode
	Aufspaltung der Kosten durch ingenieurmäßiges Vorgehen
	(Arbeitsstudien, Verbrauchsstudien u. ä.)

Die mathematischen Verfahren haben einen großen Nachteil, nämlich den der Vergangenheitsbezogenheit. Man schließt von dem Kostenverhalten vergangener Perioden auf das Verhalten in der Zukunft.

Die empirischen Verfahren sind wesentlich exakter als die mathematischen. Ein ingenieurmäßiges Vorgehen, wie die Durchführung von Arbeitsstudien, Zeitstudien, Verbrauchsstudien u. ä. führt eher zu brauchbaren Ergebnissen als der Einsatz mathematischer Modelle.

Über das Vorgehen im einzelnen gibt die umfangreiche Kostenrechnungsliteratur Auskunft (vgl. u. a. *Ehrmann*).

Eine Gliederung der Kosten nach der Eignung für die Planung führt zu der Bildung von

- Kosten der flexiblen Plankostenrechnung wie Plankosten, verrechnete Plankosten, Sollkosten
- Budgetkosten
- Prognosekosten
- Standardkosten.

Welche Kosten jeweils im Betrieb berücksichtigt werden, hängt vom jeweiligen Planungs- bzw. Plankostenrechnungssystem ab.

Die Gliederung der Kosten nach der Möglichkeit zur Kontrolle und Analyse deckt sich weitgehend mit der nach der Eignung für die Planung, da es eine Hauptaufgabe von Planungs- und Plankostenrechnungssystemen ist, Kosten zu analysieren und zu kontrollieren.

Eine Gliederung der Kosten nach der Dringlichkeit der Deckung der Kosten führt zu einem Katalog, der eine Rangfolge der deckungsbedürftigen Kosten enthält.

Langfristig müssen sämtliche Kosten gedeckt werden, kurzfristig und mittelfristig kann auf die Deckung bestimmter Kosten verzichtet werden, etwa von Teilen der fixen Kosten oder der gesamten fixen Kosten. Hier wird die Frage der Bildung von Preisgrenzen angesprochen.

Die **Kostenstellenrechnung** will Antwort auf die Frage geben, an welchen Stellen des Betriebes Kosten entstanden sind. In der Regel werden nur die Gemeinkosten in der Kostenstellenrechnung verarbeitet. Die ermittelten Gemeinkostenarten werden auf die Hauptkostenverursachungsbereiche, in Fertigungsbetrieben auf den Material-, Fertigungs-, Verwaltungs-, Vertriebs-, Entwicklungs- und Konstruktionsbereich und den allgemeinen Bereich umgelegt. Bei heterogener Fertigung werden die Kostenverursachungsbereiche weiter in Kostenstellen untergliedert.

Die Kostenstellenrechnung hat zwei wichtige Hauptaufgaben, einmal dient sie der Wirtschaftlichkeitskontrolle und zum anderen bildet sie die Grundlage für die Zuschlagskalkulation; die Gemeinkosten der Kostenstellen werden zu bestimmten Größen, mit denen sie korrelieren, in Beziehung gesetzt (z.B. Stück, Stunden, Einzelkosten), um die Zuschlagssätze für die Kalkulation zu erhalten.

Die Wirtschaftlichkeitskontrolle mit Hilfe der Kostenstellenrechnung ist nur sinnvoll, wenn sich die jeweiligen Kostenbestimmungsfaktoren herausrechnen lassen. Hier bieten sich die flexible Plankostenrechnung und Teilkostenrechnungssysteme an.

Wegen der Eignung der Kostenstellenrechnung für Zwecke der Planung und Kontrolle sowie der Preisgestaltung, ist sie eine unschätzbare Informationsquelle für den Marketing-Controller.

Die **Kostenträgerrechnung** schließlich beantwortet die Frage, für welche Leistungen (Kostenträger) Kosten entstanden sind.

Die Kostenträgerrechnung ist zunächst eine Stückrechnung, die Kalkulation, die als

- Vor- und
- Nachkalkulation

in Erscheinung tritt.

Sie wird praktiziert als

- Divisionskalkulation
- Äquivalenzziffernrechnung
- Zuschlagskalkulation.

Einer heterogenen Kostenverursachung wird nur letztere Kalkulationsform gerecht.

Die Kostenträgerrechnung wird auch in Form der Kostenträgerzeitrechnung durchgeführt. Sie kann als eine kurzfristige Erfolgsrechnung angesehen werden. Sie weist nach, in welchen Betriebsbereichen die einzelnen erstellten Leistungen zum Betriebsergebnis beigetragen haben.

Sowohl Kostenarten als auch Kostenstellen- und Kostenträgerrechnung müssen so eingerichtet werden, daß sie controllergerecht sind, also für die Zwecke Planung, Steuerung, Kontrolle eingesetzt werden können. Die Eignung für das Controlling hängt von dem gewählten Kostenrechnungssystem ab.

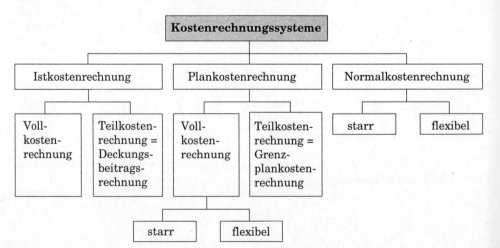

Informationsquellen

Die Istkostenrechnung, die eigentlich eine starre Normalkostenrechnung ist, da sie mit "normalisierten" Zuschlagssätzen (= bereinigte Durchschnittssätze der Vergangenheit) arbeitet, eignet sich primär für die Rückschau, für Soll-/Istvergleiche; entscheidungsrelevant ist sie nur in eingeschränktem Maße.

Starre Plankostenrechnung und flexible Normalkostenrechnung haben in der Bundesrepublik Deutschland nur noch historische Bedeutung.

Die **flexible Plankostenrechnung** als in die Zukunft gerichtetes Kostenrechnungssystem hat in den letzten Jahren stark an Gewicht gewonnen. Ihre besonderen Vorteile ergeben sich aus dem Vorschaucharakter zum einen und der Berücksichtigung von Kostenbestimmungsfaktoren zum anderen. Dadurch wird eine Aufspaltung der sich im Normalfall ergebenden Plan-/Istabweichung in mehrere Einzelabweichungen und deren Analyse erst möglich.

Als das controllergerechte Instrument schlechthin gilt die **Deckungsbeitragsrechnung**, die auf Ist- und Planbasis (Grenzplankostenrechnung) aufgebaut werden kann. Ausgangspunkt der Deckungsbeitragsrechnung ist der Erlös; werden von diesem die proportionalen Kosten abgesetzt, erhält man den Deckungsbeitrag, der die fixen Kosten und den Gewinn enthält:

Verkaufserlös
./. Proportionale Kosten

= Deckungsbeitrag
./. Fixe Kosten

= Gewinn

Langfristiges Ziel von Unternehmen wird es stets sein, Deckungsbeiträge zu maximieren. Im Mehrproduktunternehmen gilt:

Gesamt-DB = $m_1 \cdot DB_1 + m_2 \cdot DB_2 \ldots + m_n \cdot DB_n$

$$\sum_{m=1}^{n} m_n \cdot DB_n \longrightarrow \text{max. !}$$

Produktion: m_1 bis m_n (Anzahl der Produkte)

Deckungsbeiträge: DB_1 bis DB_n (Anzahl der Deckungsbeiträge).

Kennzeichnend für die Deckungsbeitragsrechnung ist die Trennung der Kosten in ihre fixen und proportionalen Bestandteile. Nur diese Kostenauflösung ermöglicht ohne zusätzliche Arbeit Kosteninformationen, die die Grundlage für wichtige Entscheidungen darstellen.

Auf einzelne Anwendungen im Marketing wird noch einzugehen sein.

Zusammenfassend kann festgestellt werden, daß die Kostenrechnung eine wichtige Informationsquelle für die unterschiedlichsten Unternehmensbereiche ist und eine besondere Eignung für das Marketing hat. Der Marketing-Controller wäre in seiner Funktion ohne die Kostenrechnung stark eingeschränkt.

Die Kostenrechnung, insbesondere die Deckungsbeitragsrechnung, stellt Informationen für wichtige Arbeitsbereiche des Marketing, bei denen der zuständige Controller mitzuwirken hat, zur Verfügung:

- Marketingkosten insgesamt
- Marketingkosten bestimmter Marketingfunktionen
- Kosten einzelner marketingpolitischer Instrumente
- Kosten und Deckungsbeiträge je Produkt, Produktgruppe, Kunde, Kundengruppe, Verkaufsgebiet, Niederlassung u.ä.
- Zahlen für die Preisbildung, einschließlich der Bildung von Preisuntergrenzen
- Zahlen für die Ermittlung der Mindestauftragsgröße
- Zahlen für die Bildung der optimalen Losgröße
- Zahlen für die Errechnung des gewinnoptimalen Sortiments
- Zahlen für die Entscheidung Eigenfertigung/Fremdbezug
- Zahlen für die Kapazitätsplanung
- Zahlen für die Erfolgsplanung
- Zahlen für Wirtschaftlichkeitsberechnungen
- Zahlen für Investitionsrechnungen
- Zahlen für Berechnungen im Rahmen der Marketing-Logistik

(nähere Ausführungen siehe Kostenrechnung von *Ehrmann* oder *Olfert*).

6 7 8

3.1.3 Statistik

Statistiken basieren auf einer Reihe von Einzelinformationen, die erst ermittelt oder zusammengestellt werden müssen, und können ein eigenes Informationssystem darstellen, wenn sie bestimmte Voraussetzungen erfüllen. An dieser Stelle sollen Statistiken als reine Informationsquellen genannt sein, als Unterlagen, die bestimmte Auskünfte geben, ohne daß hier schon auf ihre systembildende Eigenschaft eingegangen wird.

Statistiken erweisen sich als aussagefähige Entscheidungsgrundlagen, wenn sie über eine gute Aufbereitung und Aktualität verfügen.

Als wichtigste Marketingstatistiken kommen die folgenden in Frage:
- Auftragseingangsstatistiken
- Umsatzstatistiken
- Anfragenstatistiken
- Angebotsstatistiken

Informationsquellen

- Statistiken über Tätigkeiten des Außendienstes (z.B. Umsätze je Kunde, Reisenden, Vertreter, Auftrag, Bereich, Produkt, Produktgruppe, Branche, Zahl der Aufträge, Reisetage etc.)
- Reklamationsstatistiken.

3.1.4 Primärforschung der eigenen Marketingabteilung

Was über Statistiken gesagt wurde, gilt im Grunde auch für die eigene Marketingforschung, sie kann zu einem eigenen Informationssystem gestaltet werden.
Hier sei im Sinne der Informationsquellenfixierung festgestellt, daß Marktbeobachtung, Marktanalyse und Marktprognose Daten über Komponenten erbringen, die den Absatzerfolg eines Unternehmens wesentlich beeinflussen. Beobachtungen, Interviews, Panelerhebungen und Experimente (soweit selbst vorgenommen) geben dem Unternehmen Aufschluß über das Käuferverhalten, über Konsumgewohnheiten, das Image von Markenzeichen oder Firmen, vermitteln Informationen über die Situation und das Verhalten von Marktpartnern und Konkurrenz und stellen eine der Grundlagen für in die Zukunft reichende Entscheidungen dar. Prognosen wollen zukünftige Marktsituationen vorausschätzen und damit noch weitreichendere Entscheidungen ermöglichen.

3.1.5 Weitere interne Informationsquellen

Als zusätzliche Informationsquellen eignen sich:

- Berichte anderer Unternehmensbereiche
- Berichte anderer Bereichscontroller
- Mitteilungen und Berichte von einzelnen Mitarbeitern
- Kundenkarteien
- Interessentenkarteien
- Lagerbestandsübersichten
- Kapazitäts- und Kapazitätsbelegungsangaben.

3.2 Externe Informationsquellen

Externe Informationsquellen befinden sich außerhalb des Unternehmens und können von ihm nicht unmittelbar beeinflußt werden.

Marketingentscheidungen basieren nicht nur auf internen Informationen, sehr oft ist der Zugriff auf betriebsexterne Quellen erforderlich. Die Beschaffung mancher Daten durch eigene Mitarbeiter ist nicht möglich, weil rechtliche oder amtliche Hindernisse dem entgegenstehen, zu viel Arbeitsaufwand erforderlich wäre, oder die damit verbundenen Kosten in keiner Relation zum Nutzen stehen würden.

Zahlreiche öffentliche und private Institutionen springen in die Bresche und tragen mit Veröffentlichungen, aber auch mit angeforderten Berichten dazu bei, manche Informationslücke zu schließen.

Die folgende Aufzählung gibt eine Auswahl von nutzbaren Möglichkeiten:

- Veröffentlichungen überstaatlicher Behörden (z.B. EU)
- Veröffentlichungen staatlicher Stellen
- Veröffentlichungen der Statistischen Ämter
- Veröffentlichungen der Industrie- und Handelskammern
- Veröffentlichungen von Verbänden
- Veröffentlichungen von wirtschaftswissenschaftlichen Instituten
- Veröffentlichungen von Wirtschaftsdiensten
- Berichte in Zeitungen und Zeitschriften
- Fachbücher
- Untersuchungen beauftragter Markt-/Meinungsforschungsinstitute
- Beauftragte Werbeagenturen
- Marktforschungsergebnisse anderer Unternehmen
- Firmenveröffentlichungen
- Branchenhandbücher
- Auskunfteien.

4. Merkmale von Marketing-Informationssystemen

4.1 Begriff

Die Kenntnis der wichtigsten Informationsquellen stellt den Ausgangspunkt von Informationsprozessen, also die Beschaffung, Speicherung, Bearbeitung und Weitergabe von Informationen dar. Es genügt nicht, die Informationsquellen lediglich zu kennen und Informationen nur sporadisch für den kurzfristigen Bedarf, etwa auch noch unvollständig zu beschaffen, ein zielgerichtetes, systematisches Handeln ist erforderlich, um die Notwendigkeit einzelner Informationsprozesse zu erkennen, den Informationsfluß in die richtige Richtung zu lenken, zu verbessern und neue Informationsprozesse zu initiieren. Es müssen Möglichkeiten geschaffen werden, die eine schnelle und zuverlässige Datenbeschaffung und Datenverarbeitung gewährleisten. Die mit Marketingentscheidungen befaßten Mitarbeiter sind in die Lage zu versetzen zu erkennen, auf welche Informationsquellen sie zurückgreifen, welche Informationen sie verarbeiten und bearbeiten und welche sie weitergeben können, dürfen und müssen. Durch Schaffung geeigneter Einrichtungen und Prozesse muß der Zugriff zu den erforderlichen Informationen in der gewünschten Form und Verdichtung erleichtert werden. Es ist Sorge zu tragen, daß es nicht dem Zufall oder guten Willen einzelner Mitarbeiter zuzuschreiben ist, daß die richtige Information zum gewünschten Zeitpunkt, in der gewünschten Form am richtigen Platz zur

Merkmale von Marketing-Informationssystemen 63

Verfügung steht. Das planvolle, zielgerichtete, systematische Vorgehen bei dem Initiieren, Organisieren und Steuern von Informationsprozessen bildet das Informationssystem.

"In jedem Unternehmen existieren mehrere Informationsflüsse, die von Bedeutung für das Marketing sind. Jedes Unternehmen hat bestimmte Maßnahmen getroffen, die einige dieser Informationen festhalten. Solche Maßnahmen und Einrichtungen bilden das Marketing-Informationssystem eines Unternehmens. Dieses stellt ein strukturiertes System von Personen, Maschinen und Verfahren dar, das so beschaffen ist, daß seine Teile in gegenseitiger Beziehung stehen und das in seiner Gesamtheit einen geregelten Zufluß relevanter Informationen erzeugt, die sowohl innerhalb als auch außerhalb des Unternehmens gesammelt werden und als Entscheidungsgrundlage in spezifischen Verantwortungsbereichen des Marketing-Management dienen" (*Kotler*).

Ähnlich äußert sich *Diller*, der in einem Marketing-Informationssystem eine Gesamtheit von Informationen und organisatorischen Regelungen sieht, die planvoll entwickelt und geordnet werden und sich auf die Träger informatorischer Aufgaben, die Informationswege zwischen ihnen und die Methoden und Verfahren der Informationsbeschaffung und Informationsverarbeitung beziehen.

Im Vordergrund stehen im Normalfall die formalen Informationssysteme, die Informationsprozesse umfassen, die organisatorischen Regelungen unterliegen.

4.2 Strategien bei der Einführung von Marketing-Informationssystemen

Entscheidend bei dem Aufbau von Informationssystemen ist, daß es gelingt, den Informationsbedarf so zu befriedigen, wie es der jeweiligen Unternehmensgröße und Unternehmensstruktur entspricht und der Einklang mit dem Wirtschaftlichkeitsprinzip gewahrt bleibt.

"Es kommt nicht darauf an, möglichst komplexe und fortschrittliche Informationssysteme aufzubauen, sondern sie empfängerorientiert und wirtschaftlich zu gestalten" (*Preißler*). Die Informationssysteme sind so zu konzipieren, daß sie die Entscheidungsträger jederzeit in die Lage versetzen, zum richtigen Zeitpunkt die richtigen Informationen zu erhalten. Dazu gehört, daß tatsächlich entscheidungsrelevante Informationen zur Verfügung gestellt werden und nicht eine Flut von Einzelinformationen, von denen jede für sich gesehen durchaus eine Bedeutung haben kann, jedoch nicht für das gerade anstehende Problem. Von Wichtigkeit ist die Herstellung des Zusammenhanges zwischen Informationen, die oberflächlich betrachtet nicht vieles gemeinsam haben, aber nur deren Kenntnis im Zusammenhang eine optimale Entscheidung ermöglicht. So ist es beispielsweise nicht sehr effektiv, das gewinnoptimale Produktions- und Absatzprogramm nur mit Hilfe von Kosten- und Erlösinformationen unter Berücksichtigung von Absatz- und Produktionskapazitätsrestriktionen zu ermitteln, wenn etwa Beschaffungs- oder Liquiditätsrestriktionen nicht mit herangezogen werden, obwohl Informationen darüber im Unternehmen vorliegen. Häufig wirken mehrere Ursachen auf bestimmte Ereignisse ein, demnach müssen auch über diese Einzelursachen Informationen vorliegen, will man die richtigen Schlüsse ziehen und die richtigen Entscheidungen treffen. Ein Absatzrückgang muß durch Informationen über sämtliche Einzelursachen aufgeklärt werden, die Vernachlässigung auch nur einer Ursache kann böse Folgen für das Unternehmen haben.

Wird ein Marketing-Informationssystem aufgebaut, das die genannten Anforderungen erfüllt, sind unterschiedliche Strategien möglich; diese beziehen sich auf

- die Vollständigkeit des Informationssystems bzw. seinen Integrationsgrad
- den Ansatzpunkt in der Unternehmenshierarchie
- das Entwicklungskonzept.

4.2.1 Vollständigkeit des Informationssystems

Beim Aufbau eines Informationssystems stellt sich die Frage nach dessen Vollständigkeit bzw. Integrationsgrad. Der Integrationsbegriff beinhaltet die "gegenseitige Durchdringung der Aufgaben und die wechselseitige Abhängigkeit der Informationsbedürfnisse, die im System befriedigt werden sollen" (*Heinen, Sabathil*).

Die Integration kann sich auf die Informationsgewinnung beziehen, wenn die Informationen Bestandteile für mehrere verschiedenartige Entscheidungen beinhalten. Sie kann aber auch auf die Speicherung gerichtet sein, wenn eine gemeinsame "Datenzentrale" Informationen für nicht miteinander zusammenhängende Entscheidungen bereitstellt.

Informationssysteme können

- isoliert
- teilintegriert
- vollintegriert sein.

Isolierte Informationssysteme sind im Marketingbereich zwar vorstellbar, die Lagerbestandsrechnung beispielsweise wäre ein solches, sind jedoch weder die Regel, noch anstrebbar.

Marketingtypisch ist die Beschaffung von Daten aus verschiedenen, mehrfach genutzten Quellen, die Verwendung einer Informationsbasis für mehrere Entscheidungen, sowie ein reger Informationsaustausch; dies ist kennzeichnend für **teilintegrierte Informationssysteme**.

Ein **vollintegriertes Informationssystem** liegt vor, wenn der Informationsbedarf aller Entscheidungsträger der unterschiedlichsten Bereiche von einem System

Merkmale von Marketing-Informationssystemen

befriedigt werden kann, das diese Entscheidungsinstanzen durch den Informationsfluß zu einer Einheit verbindet.

Vollintegrierte Informationssysteme stellen einen Wunsch von Theorie und Praxis dar. Die Erfüllung dieses Wunsches ist durch den verstärkten Einsatz der EDV etwas realistischer geworden als noch vor Jahren anzunehmen war, doch wurden viele übertriebene Hoffnungen gedämpft.

Mammut-Informationssysteme, die zentral errichtet wurden und alle Entscheidungsträger mit relevanten Informationen versorgen sollten, führten zur Einrichtung riesiger und komplizierter Datenbanken, denen keine Wirtschaftlichkeit mehr zuzusprechen war. Zusätzlich dazu wurden nicht leicht handhabbare Modelle installiert, die zur Simulation verschiedener Marketing-Strategien und ihrer jeweiligen Folgen eingesetzt werden sollten. Auch diese Modelle, wie etwa Sprinter, Brandaid oder Demon konnten Wirtschaftlichkeitsüberprüfungen nur selten standhalten und beinhalten darüber hinaus nicht alle erforderlichen Daten und Gesichtspunkte.

Trotz aller Bemühungen konnte es im großen und ganzen nicht gelingen, die Informationsprozesse so zu gestalten, daß alle auf wichtige Informationen Angewiesenen durch ein geschlossenes System bedient werden. Die Gestaltung eines vollständigen Informationssystems wird um so schwieriger, je mehr man versucht, es zusätzlich mit einem Entscheidungssystem mit Modellen und Programmen auszustatten.

Viele Unternehmen, die versucht haben vollintegrierte Informationssysteme einzurichten, haben damit Mißerfolge erzielt. Mehrere Gründe sind dafür maßgebend:

- der Umfang und die Kompliziertheit solcher Projekte wirken bereits in einem frühen Stadium abschreckend

- die gegenseitigen Abhängigkeiten einzelner Bereiche eines Unternehmens oder auch die Abhängigkeiten innerhalb von Bereichen werden entweder nicht erkannt oder wegen ihrer Komplexität als nicht berücksichtigbar angesehen,

- personelle Gründe, vor allem ein Defizit an Management-know-how wirken als Hemmschuh

- Uneinsichtigkeit der Führungsebenen

- hohe Kosten, verbunden mit mangelnder oder überhaupt nicht feststellbarer Wirtschaftlichkeit

- in der Anfangsphase noch nicht feststellbare Erfolge führen zu Resignation.

Sachliche und personelle Schwierigkeiten sind gleichermaßen anzutreffen, doch dürften die sachlichen die personell bedingten bei weitem übertreffen.

Was für Informationssysteme, die das ganze Unternehmen umfassen sollen, gilt, ist mit gewissen Einschränkungen auch auf Marketing-Informationssysteme übertragbar. Das Marketing ist so komplex, daß ein Informationssystem für seinen gesamten Bereich auf keinen Fall von Beginn an als vollintegriertes System in Angriff genommen werden sollte. Vielmehr empfiehlt es sich, Partial-Systeme zu entwickeln, die überschaubarer, schneller entwickelbar, wirtschaftlicher und wahrscheinlich auch von allen Beteiligten besser akzeptierbar sind. Bei Bedarf und Vorliegen entsprechender Prämissen können die Teilsysteme zu einem Totalsystem ausgeweitet werden.

Unter der Bezeichnung **Management-Informationssystem** (MIS) wurden Konzepte vollständiger Informationssysteme entwickelt, deren Aufbauelemente und Strukturen etwa wie folgt aussehen:

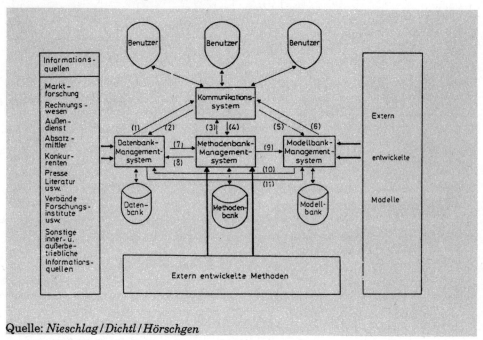

Quelle: *Nieschlag / Dichtl / Hörschgen*

Die Grundkomponenten eines computergesteuerten MIS setzen sich aus

- der Datenbank
- der Methodenbank
- der Modellbank
- dem Kommunikationssystem

zusammen.

Die **Datenbank** erfaßt die entscheidungsrelevanten inner- und außerbetrieblichen Informationen in strukturierter Form.

In der **Methodenbank** sind in programmierter Form mathematisch-statistische Verfahren und Verfahren des Operations-Research zur Weiterverarbeitung der Daten enthalten.

Die **Modellbank** enthält quantitative Modelle zur Management-Unterstützung.

Die Konzeption des **Kommunikationssystems** erstreckt sich auf die Beschaffung der benötigten Hardware und von benutzerfreundlicher Software.

4.2.2 Ansatzpunkt in der Unternehmenshierarchie

Hat sich ein Unternehmen dazu entschieden, Partial-Systeme einzuführen, muß festgelegt werden, an welcher Stelle der Unternehmens- bzw. Bereichshierarchie mit der Einrichtung der Teilsysteme begonnen werden soll, bzw. ob losgelöst von Fragen der hierarchischen Struktur noch andere Ansatzpunkte existieren.

Denkbar sind mehrere Ansätze. Man kann bei der Installierung des Systems oben beim Top-Management (Top-down-Strategie) beginnen, bei der "Basis", oder in den Bereichen, in denen entweder ein großer Informationsbedarf besteht oder bereits viele Informationen vorhanden sind.

Heinzelbecker schlägt vor, sich nicht an hierarchischen Organisationsstrukturen zu orientieren, sondern ein Stufenkonzept zu entwickeln und dabei die Systeme an den Anfang zu stellen,

- "die selbst wieder Input-Informationen für andere Marketing-Informationssysteme bereitstellen

- bei denen sich ein unmittelbarer Nutzen für alle Management-Ebenen ergibt

- für die bereits Daten in konventionell organisierter Form vorliegen

- die keine großen Anforderungen an die Weiterverarbeitung und Interpretation der Daten stellen."

Bei dieser Vorgehensweise dominieren Sachzwänge und keinesfalls Prioritäten, die aus hierarchischen Gründen resultieren.

4.2.3 Entwicklungskonzept

Bei der Einführung von Informationssystemen ist zu entscheiden, ob gleich zu Beginn ein fertiges Konzept vorzulegen ist, das innerhalb eines bestimmten Zeitrahmens realisiert werden soll, oder ob man eine evolutionäre Strategie wählt. Hat man sich für ein stufenweises Vorgehen bereits entschieden, ist damit auch die Frage nach dem Entwicklungskonzept beantwortet, da ein Aufbau in mehreren Stufen dem evolutionären Ansatz entspricht. Dieser weist eine Reihe von Vorzügen auf:

- die allmähliche Entwicklung von Informationssystemen nimmt Unternehmensleitung und Mitarbeitern die Angst vor einer zu großen Aufgabe und erleichtert damit ihre Durchsetzung

- die Wirtschaftlichkeit kann für überschaubare Bereiche ermittelt werden. Dadurch wird es eher möglich, Entscheidungen über Umfang und Tempo der Entwicklung zu treffen, sowie bereits getroffene Einzelentscheidungen zu revidieren als dies bei einem von vornherein fertigen Konzept der Fall wäre

- die Personen, die sich der Systeme bedienen, lernen allmählich damit umzugehen und können wertvolle Anregungen für den weiteren Ausbau geben. Hinzu kommt, daß der konkrete Informationsbedarf deutlicher erkannt werden kann

- das Gesamtrisiko wird dadurch minimiert, daß die Benutzer der Systeme die Schwächen rascher erkennen

- Erfolge wirken motivationsfördernd.

4.3 Anforderungen an Informationssysteme

Informationssysteme müssen zu den Unternehmen passen, ihre individuellen Informationsbedürfnisse abdecken. Sie müssen maßgeschneidert sein, die Unternehmensstruktur und die Struktur des Managements mit seinen objektiven und subjektiven Komponenten berücksichtigen. Es darf keinem Unternehmen ein "modernes" System aufgezwungen werden, nur weil es in anderen Unternehmen funktioniert.

Im einzelnen müssen Informationssysteme

- empfängerorientiert
- aktuell
- konstant
- redundanzarm sein.

Sie müssen die Informationen

- rechtzeitig
- problemadäquat
- in der notwendigen Verdichtung

zur Verfügung stellen und die Fähigkeit besitzen,

- sich auf das Wesentliche zu beschränken
- Erfolge und Schwachstellen aufzuzeigen
- die Basis für Steuerung darzustellen.

5. Vorarbeiten bei der Einrichtung von Informationssystemen

5.1 Überprüfung des gegenwärtigen Informationsstandes

Bevor der Controller daran gehen kann, sich planend, beratend und systematisierend in das "Informationswesen" einzuschalten, muß er einen Überblick über den gegenwärtigen Informationsstand gewinnen. Für diese Erhebung empfiehlt sich der Einsatz von Checklisten. Zunächst kommt es darauf an, die Informationsinhalte (Informationsprogramm) zu erfahren, aber noch nicht den Informationsbedarf zu ermitteln. Dazu bietet sich die Beantwortung der folgenden Hauptfragen an:

- Welche externen Informationen für Planung und Kontrolle werden regelmäßig, welche nur sporadisch gewonnen?

- Welche internen Informationen werden regelmäßig, welche nur gelegentlich gewonnen?

- Sind die Informationen vollkommen?

- Worauf bezieht sich die Unvollkommenheit?

- Erfüllen die vorhandenen Informationen den Zweck der Planung und Kontrolle?

- Werden die Informationen als entscheidungsrelevant angesehen?

- Sind die Informationen zuverlässig und richtig?

- Sind die Informationen präzise?

- Sind die Informationen ohne weiteres auswertbar?

- Sind die Informationen mit dem Informationsbedarf anderer Bereiche abgestimmt?

- Müssen Informationen noch verändert werden (z.B. durch Translation oder Transformation)?

- Welche Informationen liegen vor, die nicht auswertbar sind?

- Welche vorhandenen Informationen sind überflüssig?

- Welche Angaben werden als kaum beschaffbar angesehen (Beschaffung zu teuer, zu kompliziert, zu langwierig)?

5.2 Ermittlung des Informationsbedarfs

Nach gewonnenem Überblick über die gegenwärtige Informationssituation wird der Controller versuchen, eine möglichst umfassende Informationsbedarfsermittlung durchzuführen. Die Ermittlung des Informationsbedarfs stellt ein nicht zu unterschätzendes Problem dar. Über die Methoden der optimalen Informationsbedarfsermittlung herrscht auch in der betriebswirtschaftlichen Literatur keine einhellige Meinung. Die Schwierigkeiten ergeben sich einerseits daraus, daß zwischen der Menge der Informationen, die zur Lösung eines Problems objektiv wichtig sind, und dem von Entscheidungsträgern subjektiv empfundenen Nachfragebedarf Differenzen bestehen, und zum anderen überflüssige Informationsbedürfnisse geltend gemacht werden, etwa aus Prestigegründen, umgekehrt auch vorhandene Informationen verschwiegen werden, weil man die Informationsquellen nicht preisgeben will.

Bei der festzustellenden Diskrepanz zwischen objektivem Bedarf und nachgefragten Informationen darf dem Manager, der Entscheidungen zu treffen hat, durchaus nicht immer böse Absicht unterstellt werden, weiß er doch tatsächlich zu manchen Zeitpunkten nicht genau, welche Informationen er zur Lösung der anstehenden Probleme zum gegenwärtigen Zeitpunkt und in absehbarer Zeit benötigt, und welche Informationen ihm zur Lösung ähnlicher Probleme in der Vergangenheit zur Verfügung standen.

Hier muß nun im Marketing-Bereich der Marketing-Controller einspringen und bei der exakten Informationsbedarfsermittlung behilflich sein. Er muß versuchen, die etwa vorhandene Informationslücke zu verkleinern oder im Idealfall gar nicht entstehen zu lassen. Diese Lücke entsteht dadurch, daß Informationsbedarf, Informationsnachfrage und Informationsangebot, in der nachfolgenden Zeichnung die drei Flächen, nicht deckungsgleich sind.

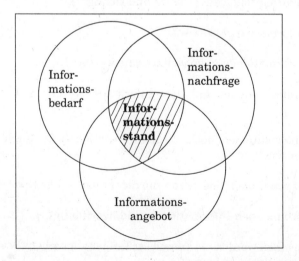

Quelle: *Ziegenbein*

Dem Controller stehen zur Ermittlung des Informationsbedarfs zwei Möglichkeiten zur Verfügung, zum einen der **datenorientierte** und zum anderen der **entscheidungsorientierte** Ansatz (*Heinzelbecker*).

Der **datenorientierte Ansatz** verkörpert die induktive Vorgehensweise:
- vorhandene Stellenbeschreibungen, Aufgabenbeschreibungen, Organisationspläne u.ä. werden analysiert und ergänzt durch
- die Analyse schriftlicher Befragungen, Interviews, Beobachtung des Arbeitsablaufes und des Datenflusses;

der Arbeitsaufwand bei Beschreiten dieses Weges ist sehr groß.

Beim **entscheidungsorientierten Ansatz,** bei dem deduktiv vorgegangen wird, unterstellt man, daß die Entscheidungsträger in der Lage sind, den exakten Informationsbedarf eindeutig zu kennen und auch ebenso eindeutig zu äußern.

Bei der Informationsbedarfsermittlung bedient man sich entweder der Aufgabenanalyse oder der Modellanalyse.

Im Rahmen der **Aufgabenanalyse** zerlegt man das Aufgabenprofil eines Stelleninhabers in Detailaufgaben, bis man den einzelnen Teilaufgaben bestimmte Informationen zuordnen kann.

"Typische Dimensionen des Informationsbedarfs, die sich aus Marketingentscheidungsaufgaben ableiten lassen, sind
- Entscheidungsebene (z.B. operative, administrative und strategische Informationen)
- Entscheidungsbereiche (z.B. Informationen für Werbung, Verkauf, Produktgestaltung usw.)
- Entscheidungsphasen (z.B. Planungs-, Steuerungs- und Kontrollinformationen)
- Entscheidungsträger (z.B. Informationsbedarf des Produktmanagers)
- Entscheidungsumwelt (z.B. Informationsbedarf für das Handelsmarketing im Gegensatz zum Industriemarketing)" (*Heinzelbecker*).

Bei der **Modellanalyse** wird der objektive Informationsbedarf aus einem Entscheidungsmodell abgeleitet. In einer Gegenüberstellung mit der effektiven Informationsverwendung sollen die Schwachstellen des bisherigen Informationssystems erkannt und beseitigt werden.

Zu empfehlen ist eine Kombination beider Ansätze. Durch die Verknüpfung von Aufgabenanalyse und der Befragung des Middle- und Low-Managements mit Hilfe von Informationsbedarfskatalogen bzw. des Top-Managements durch Interviews (z.B. Methode der kritischen Erfolgsfaktoren) besteht die Chance, den objektiven Informationsbedarf annähernd vollständig und genau zu ermitteln.

Kontrollfragen

(1) Welche wichtigen Informationsarten unterscheidet man?

(2) Welche marketingrelevanten Informationen kann das Allgemeine Rechnungswesen zur Verfügung stellen?

(3) Aus welchen Bereichen besteht die Kostenrechnung?

(4) Welche Schritte werden beim praktischen Aufbau einer Kostenrechnung unternommen?

(5) Wie sieht der Aufbau des Kalkulationsschemas der Zuschlagskalkulation aus?

(6) Wie werden die Kosten in Abhängigkeit von der Beschäftigung eingeteilt?

(7) Welche Kostenbegriffe verwendet die Plankostenrechnung?

(8) Welche Aufgaben hat die Kostenstellenrechnung?

(9) Welche Aufgaben hat die Kostenträgerrechnung?

(10) Welche Kostenrechnungssysteme unterscheidet man?

(11) Was beinhaltet der Deckungsbeitrag?

(12) Welche wichtigen Informationen kann die Deckungsbeitragsrechnung dem Marketing zur Verfügung stellen?

(13) Welche Einzelstatistiken enthält die Marketingstatistik?

(14) Welche internen Informationsquellen gibt es neben dem Rechnungswesen und der Statistik?

(15) Welches sind die wichtigsten externen Informationsquellen?

(16) Was versteht man unter einem Marketing-Informationssystem?

(17) Welche Strategien kann man bei der Einführung von Marketing-Informationssystemen verfolgen?

(18) Wodurch unterscheiden sich isolierte, teilintegrierte und vollintegrierte Informationssysteme?

(19) Welche Anforderungen müssen an Informationssysteme gestellt werden?

(20) Mit welchen Mitteln kann der gegenwärtige Informationsstand überprüft werden?

(21) Wodurch unterscheiden sich der datenorientierte und der entscheidungsorientierte Ansatz bei der Ermittlung des Informationsbedarfs?

Lösungshinweise

Frage	Seite	Frage	Seite
(1)	50	(12)	59
(2)	52	(13)	60
(3)	54	(14)	60
(4)	54	(15)	61
(5)	55	(16)	62
(6)	55	(17)	63
(7)	56	(18)	64
(8)	56	(19)	68
(9)	58	(20)	69
(10)	57	(21)	71
(11)	59		

Literatur

Bramsemann, R., Handbuch Controlling, Methoden und Techniken, 3. Auflage, München/ Wien 1993

Bussiek, J./Ehrmann, H., Buchführung, 5. Auflage, Ludwigshafen 1995

Diller, H., Produkt-Management und Marketing-Informationssysteme, Berlin 1975

Ehrmann, H., Kostenrechnung, München/Wien 1992

Heinen, E./Sabathil, P., Informationswirtschaft, in: Heinen, E., Hrsg.: Industriebetriebslehre, 6. Auflage, Wiesbaden 1978

Heinzelbecker, K., Ausbaustufen eines EDV-Marketing-Informationssystems, in: Industrielle Organisation 47, S. 403 ff., 1978

Heinzelbecker, K., Marketing-Informationssysteme, Stuttgart/Berlin/Köln/Mainz 1985

Köhler, R., Informationssysteme für die Unternehmensführung, in: Zeitschrift für Betriebswirtschaft 41, 1971

Kotler, Ph., Marketing- Management, 4. völlig neubearb. Auflage in deutscher Übersetzung, Stuttgart 1989

Mayer, E., Kostenrechnung I für Studium und Praxis, 4. Auflage, Bad Homburg von der Höhe 1988

Mintzberg, H., The Myths of MIS, CMR 15, 1972

Preißler, P.R., Controlling, Lehrbuch und Intensivkurs, 5. Auflage, München/Wien 1995

Schildbach, T., Der handelsrechtliche Jahresabschluß, Herne/Berlin 1988 mit Einleger Stand Januar 1990

Schröder, E.F., Modernes Unternehmens-Controlling, 6. Auflage, Ludwigshafen 1995

Wedell, H., Grundlagen des betriebswirtschaftlichen Rechnungswesens, 6. Auflage, Herne/Berlin 1993

Witte, E., Das Informationsverhalten in Entscheidungsprozessen, Tübingen 1972

Wittman, W., Unternehmung und unvollkommene Information, Köln und Opladen 1959

Ziegenbein, K., Controlling, 5. Auflage, Ludwigshafen 1995

D. Aufbau des Marketing-Informationssystems

Hat sich die Marketing-Leitung dazu entschlossen, die evolutionäre Strategie zu verfolgen und ein Stufenkonzept zu entwickeln, ist es unumgänglich, einen Rahmenplan aufzustellen, der die Ziele und Vorgehensweisen umfaßt; nur dadurch kann gewährleistet sein, daß die bereits geschilderten Anforderungen an Informationssysteme (vgl. C 1.4.3) erfüllt werden und die einzelnen Aufbaustufen nicht isoliert bleiben und "Insellösungen" darstellen.

An der Rahmenplanung wirken Marketingleitung und Marketing-Controller mit. Die Zielfestlegung ist in erster Linie Aufgabe des Marketing-Managements, wobei das Hauptziel darin bestehen wird, in mehreren Aufbaustufen ein Informationssystem zu entwickeln, das wichtige Marketingentscheidungen erleichtert oder erst möglich macht. Durch die Schaffung von Modulen ist ein System zu errichten, das eine prompte und möglichst vollständige Information ermöglicht, die das Marketing-Management bei seiner Planungs-, Steuerungs- und Kontrollfunktion unterstützt.

Die Auswahl der einzelnen Bausteine, bzw. Aufbaustufen werden Marketing-Leitung und Controller gemeinsam vornehmen, während dem Controller primär die Aufgabe zufällt, die Systeme in Gang zu bringen, weiterzuentwickeln und auf ihre Effizienz hin zu kontrollieren. Dazu zählt neben der Datenbeschaffung, Daten- und verarbeitung sowie -weiterleitung auch eine Reihe von organisatorischen Maßnahmen.

1. Bildung der Aufbaustufen

Die einzelnen Aufbaustufen ergeben sich in den Unternehmen nicht zwangsläufig, sondern resultieren aus betriebsinternen und externen Gegebenheiten, Bedürfnissen und Zwängen. Welche Aufbaustufen gebildet werden, hängt in erster Linie von folgenden Faktoren ab:

- Vorhandensein von informationsbildenden Basissystemen im Unternehmen
- Möglichkeit der Verwendung der Informationen auf mehreren Management-Ebenen
- Schwierigkeitsgrad bei der Verarbeitung der Informationen
- Dringlichkeit des Informationsbedarfs
- Zugriffsmöglichkeiten auf interne und externe Informationsquellen.

Die Analyse dieser Faktoren kann zur Bildung der folgenden Aufbaustufen führen:

- Marketingstatistik
- Marketingkosten und -erfolgsrechnung

- Außendienst-Berichtswesen
- Absatzplanung
- Marketing-Forschungssystem.

Diese Stufen, die in mehreren Unternehmen realisiert und in der Fachliteratur dokumentiert werden (z.B. *Heinzelbecker*), sollen so aufeinander aufbauen, daß ein Optimum an Informationen zur Verfügung gestellt wird. Es kann als selbstverständlich angesehen werden, daß die einzelnen Teilsysteme nicht starr in einer bestimmten zeitlichen Reihenfolge konstituiert werden müssen, sondern daß Parallelentwicklungen die Regel sein werden.

Der Marketing-Controller hat beim Aufbau der einzelnen Teilsysteme in allererster Linie beratende und koordinierende Aufgaben und ist mit der Auswertung und Verknüpfung des Informationsmaterials befaßt. In den allerseltensten Fällen wird er selbst Einzelstatistiken erstellen, die Marketing-Kostenarten erfassen oder detaillierte Einzelpläne aufstellen. Er gibt jedoch wichtige Anstöße und ist beteiligt bei der Planung und Entwicklung der einzelnen Systeme und mitverantwortlich für den Entwurf der erforderlichen Richtlinien.

1.1 Marketingstatistik

Marketing-Statistiken werden häufig als Verkaufs- oder Absatzstatistiken bezeichnet und werden in der Regel in fast allen Unternehmen erstellt. Vielfach ergeben sie sich als Nebenprodukt einzelner Arbeitsbereiche wie z.B. bei

- der Durchführung von Werbemaßnahmen
- der Bearbeitung von Anfragen
- dem Angebotswesen
- der Bearbeitung von Auftragseingängen
- dem Versand
- der Rechnungs- und Lieferscheinschreibung
- der Überprüfung von Reklamationen
- der Finanzbuchhaltung
- der Kostenrechnung
- Außendienstberichten

und bei ähnlichen Sachgebieten.

Diese Statistiken fallen häufig als mehr oder weniger umfangreiche Listen an, teilweise versehen mit einem Wust von Zahlen, die Entscheidungen nicht erleichtern, sondern manchmal sogar erschweren.

Aufgabe des Marketing-Controlling ist es, die Statistiken entscheidungs- und kontrollgerecht aufzubereiten und zu strukturieren. Dies geschieht durch Selektieren, Ergänzen, Summieren, Verdichten, Auseinanderziehen, Zuordnen zu bestimmten Größen (Gliederungskriterien) und verwendergerechte Darstellung.

In manchen Unternehmen kann es erforderlich sein, daß der Controller den Anstoß zur Auswertung des vorhandenen oder erst zu beschaffenden Zahlenmaterials in Form von Statistiken gibt.

Der Marketing-Controller hat darüber hinaus festzustellen, welche externen Statistiken, etwa von Verbänden oder Behörden, zur Ergänzung herangezogen werden sollen. Dazu zählt auch die Klärung der Kostenfrage. Existiert im Unternehmen ein zentrales Controlling, ist zu klären, welche Statistiken dort bereits vorliegen und welche gegebenenfalls für Marketingzwecke bearbeitet werden können. Ferner müssen von Marketing-Leitung und Marketing-Controlling Richtlinien gebildet werden, die festlegen,

- welche Stellen
- zu welchem Zeitpunkt
- in welcher Form

bestimmte Statistiken erhalten, bzw. nicht erhalten dürfen.

Auf spezielle Fragen der Organisation wird noch an späterer Stelle eingegangen.

Die wichtigsten Marketing-Statistiken wurden bereits im Abschnitt C 1.3.1.3 genannt; im folgenden ist zu untersuchen, in welcher Weise wesentliche Teile dieser Statistiken entscheidungs- und kontrollgerechte Informationen liefern können. Aus Platzgründen ist dabei eine exemplarische Vorgehensweise angebracht.

1.1.1 Umsatzstatistik

Die Umsatzstatistik in ihrer Ursprungsform ist das Ergebnis der Fakturierung und enthält die Umsätze der verkauften Produkte

- mengenbezogen als Absatzstatistik
- wertbezogen als eigentliche Umsatzstatistik

einer Periode, meistens eines Monats.

In der Regel wird die Umsatzstatistik so aufgebaut, daß neben den

- Umsätzen der laufenden Periode
- die Umsätze der Vorperiode(n) und
- die kumulierten Umsätze im Vergleich zu den entsprechenden kumulierten Zahlen der Vorperiode(n)

ausgewiesen werden.

Darüber hinaus kann diese Statistik

- die gewährten Rabatte
- den Durchschnittsrabatt
- sonstige Preisnachlässe
- Rücksendungen

enthalten.

Diese noch sehr grobe Form der Umsatzstatistik kann wesentlich an Aussagekraft gewinnen, wenn Differenzierungen nach bestimmten Gliederungskriterien konsequent vorgenommen werden.

Mögliche Differenzierungen können erfolgen

- produktbezogen nach
  - Produkten
  - Produktgruppen
  - Märkten
  - bestimmten Prioriäten

- kundenbezogen nach
  - Kunden
  - Kundengruppen
  - Größenklassen
  - Branchen

- gebietsbezogen nach
  - Verkaufsgebieten
  - Vertreterbezirken

- vertriebswegbezogen

- bezogen auf betriebsinterne festgelegte Prioriäten.

Die Umsatzstatistik in der globalen Form und die differenzierten Statistiken mit einem hohen Verfeinerungsgrad stellen noch kein Informationssystem dar, da sie in erster Linie vergangene Ereignisse und Tatbestände wiedergeben, aber noch keinen Entscheidungscharakter haben. Erst die Durchführung wiederum differenzierter Analysen, die bestimmte Probleme erkennen lassen und Anstoß zu Steuerungs- und Gegensteuerungsmaßnahmen geben, führt zu einem Informationssystem.

Das Marketing-Management war häufig und ist in einem nicht unerheblichen Maße auch heute noch aus Zeitgründen, gelegentlich aber auch aus fachlichen Gründen nicht in der Lage, solche Analysen durchzuführen. Mit der Installierung des Marketing-Controlling konnte dieses Defizit in vielen Unternehmen beseitigt werden.

Einige der wichtigsten Analysen, die vom Controller durchgeführt werden können, seien im folgenden vorgestellt.

- **Umsatzanalyse**

    Eine Umsatzanalyse kann zunächst als eine globale **Abweichungsanalyse** durchgeführt werden, in der versucht wird, festzustellen, welche Hauptfaktoren zu bestimmten Soll/Istabweichungen geführt haben.

    Wird beispielsweise durch die Umsatzstatistik festgestellt, daß von einem Produkt in einem Monat 10.000 ME zu 10,— DM/ME verkauft wurden, was einen Umsatz von 100.000,— DM ausmacht, laut Monatsplanung jedoch nur 7.500 ME zu 9,— DM/ME abgesetzt werden konnten, also lediglich ein Umsatz von 67.500,— DM erzielt werden konnte, ist die Umsatzdifferenz von 32.500,— DM dahingehend zu analysieren, welcher Teil der Abweichung auf Preis- und welcher auf Mengenänderungen zurückzuführen ist.

    $$\begin{array}{lrr}
    \text{auf Preisänderung entfallend } (10,- - 9,-) \cdot 7.500,- = & 7.500,— & = 23\,\% \\
    \text{auf Mengenänderung entfallend } 10 \cdot (10.000 - 7.500) = & 25.000,— & = 77\,\% \\
    \hline
    = & 32.500,— & = 100\,\%
    \end{array}$$

    Die Absatzdifferenz dominiert gegenüber der Preisdifferenz stark; nahezu 80 % sind darauf zurückzuführen, daß der geplante Absatz im Betrachtungszeitraum nicht realisiert werden konnte.

    Eine **Mikro-Umsatzanalyse** *(Kotler)* kann Klarheit über die Abweichungsursachen bringen.

    Aus dem vorhandenen statistischen Material sind nun Informationen abzurufen, die folgende Fragen beantworten:

    - in welchen Verkaufsgebieten wurden die Planzahlen erreicht, überschritten und unterschritten?

    - welche Kunden waren am Absatz-/Umsatzrückgang beteiligt?

    - von welchen Verkäufern wurden die Kunden betreut?

    - wie waren die Absatz-/Umsatzzahlen der anderen von diesen Verkäufern betreuten Kunden?

    - wie lauteten die Absatz-/Umsatzzahlen der "rückläufigen Kunden" in den Vorperioden?

    - deutet die Auswertung externer Statistiken auf größere Veränderungen in den betroffenen Verkaufsgebieten (Kaufkraftschwund durch Arbeitslosigkeit, Fluktuation wegen Umweltbelastung u.ä.) hin?

Diese und weitere ähnliche Informationen geben der Marketing-Leitung die Möglichkeit, detaillierte Untersuchungen über die Einzelursachen der Absatz- und Preisdifferenz anzustellen und bilden damit die Basis für Entscheidungen über das weitere Vorgehen.

Unabhängig von der skizzierten Mikro-Umsatzanalyse, die durch Mengen- und Preisabweichungen veranlaßt wurde, und ganz unabhängig von negativen Entwicklungen können wertvolle Erkenntnisse durch Analysen der Umsatzstatistiken gewonnen werden, wenn etwa Antworten auf folgende Fragen aus den statistischen Informationen abgerufen werden, wobei hier nur eine Auswahl möglicher Fragen vorgestellt werden kann:

- welche Kunden waren mit welchen Produkten am Umsatz beteiligt?

- wie war diese Entwicklung im Vergleich zu früheren Perioden?

- wie haben sich die Verkaufszahlen einzelner Kunden- oder Kundengruppen im Verhältnis zueinander entwickelt?

- wie war die Preisentwicklung bei einzelnen Produkten und Kunden in den letzten Monaten, Wochen, Tagen?

- welche Produkte wiesen gegenüber Vergleichszeiträumen

  - überdurchschnittlich hohe
  - überdurchschnittlich niedrige

  Umsatzzahlen aus?

- bei welchen Kunden waren gegenüber Vergleichszeiträumen

  - hohe
  - niedrige

  Umsätze zu verzeichnen?

- welche Kunden haben gegenüber Vergleichszeiträumen oder Vergleichskunden Umsatzrückgänge

  - bis 2,5 %
  - bis 5,0 %
  - bis 7,5 %
  - bis 10,0 %

  verursacht?

- bei welchen Produkten waren Preiserhöhungen nicht durchzusetzen?

- bei welchen Kunden waren Preiserhöhungen nicht durchzusetzen?

- welcher Prozentanteil der Kunden war mit welchem Prozentanteil am Umsatz beteiligt?
- wie war die Umsatzentwicklung der Kundengruppen A, B, C im Verkaufsgebiet D?
- welche Kundengruppen waren an Umsatzänderungen bestimmter Produkte in welchem Umfang beteiligt?

- **Marktanteilsanalyse**

Während die Umsatzanalyse in erster Linie das eigene Unternehmen betrachtet, bezieht die Marktanteilsanalyse die Konkurrenz verstärkt in die Untersuchungen ein und versucht einzelne Ursachen von Marktanteilsänderungen zu isolieren.

Bevor die Analyse vorgenommen wird, muß man sich erst klar werden, zu welchem Marktumsatz man die eigenen Marktdaten in Relation setzt. In Frage kommt die Ermittlung des

- Marktanteils am Gesamtmarkt
- Marktanteils eines besonders bearbeiteten Marktes
- relativen Marktanteils zu den größten Konkurrenten
- relativen Marktanteils zu den dominierenden Konkurrenten.

Welcher Marktanteil für die Berechnungen herangezogen wird, hängt in erster Linie von der Verfügbarkeit der externen Zahlen ab. Da die exakten Umsatzdaten der Konkurrenzunternehmen nicht immer zur Verfügung stehen werden, ist es naheliegend, vom Umsatz des Gesamtmarktes auszugehen.

Eine empfehlenswerte Verfahrensweise zur Ermittlung eigener Marktanteile und deren Bewegungen ist die von *Kotler* empfohlene. Man benötigt dafür vier Größen:

- die Kundenpenetration = Prozentsatz der eigenen Kunden

- die Kundentreue = Einkäufe der eigenen Kunden als Prozentsatz aller ihrer Einkäufe von allen Verkäufen des gleichen Produktes

- Kundenselektivität = Höhe des durchschnittlichen Einkaufs eines eigenen Kunden als Prozentsatz der Einkaufsgröße eines durchschnittlichen Kunden eines durchschnittlichen Unternehmens

- Preisselektivität = Durchschnittspreis im eigenen Unternehmen als Prozentsatz des Preisdurchschnitts sämtlicher Unternehmen.

$$\text{Anteil am Umsatz des Gesamtmarktes} = \text{Kundenpenetration} \times \text{Kundentreue} \times \text{Kundenselektivität} \times \text{Preisselektivität}$$

Beim Rückgang des Marktanteils eines Unternehmens können hiernach vier Ursachen in Frage kommen.

Beispiel:

Kundenpenetration	58 %	Kundenselektivität	75 %
Kundentreue	50 %	Preisselektivität	120 %

Werden diese Werte in die Gleichung eingesetzt, ergibt sich ein Marktanteil des Unternehmens am Gesamtmarkt von rund 26 %.

Eine erneute Analyse am Ende des Betrachtungszeitraumes weist einen Anteilsprozentsatz von rund 22 % aus.

Eine Kontrolle der einzelnen Bestandteile des Marktanteilsatzes zeigt folgende neue Zahlen:

Kundenpenetration	50 %	Kundenselektivität	70 %
Kundentreue	50 %	Preisselektivität	125 %

Der Rückgang des Marktanteils ist hauptsächlich das Resultat eines Verlustes von Kunden (zurückgegangene Kundenpenetration), die einen großen Teil ihrer Einkäufe beim eigenen Unternehmen vorgenommen haben (zurückgegangene Kundenselektivität). Nachdem die Hauptgründe für den Marktanteilsschwund festgestellt wurden, können sie analysiert werden, und man kann entscheiden, wie die verlorengegangenen Kunden wieder zurückgewonnen werden können.

1.1.2 Anfragen-, Angebots- und Auftragseingangsstatistiken

- Anfragen- und Angebotsstatistiken

Die Anzahl und Art der Anfragen können einen Hinweis auf den Bekanntheitsgrad von Unternehmen, Produkten oder Marken geben. Anfragen und darauf reagierende Angebote stellen gleichzeitig eine wichtige Planungsgrundlage dar, da verschiedene Aktivitäten des Marketingbereiches wie Werbemaßnahmen, Verkäufereinsatz u.ä. durch sie nicht nur initiiert, sonden auch planvoll gesteuert werden.

Was für Umsatzstatistiken gilt, hat auch bei Anfragen- und Angebotsstatistiken Gültigkeit; eine Zusammenstellung von Zahlen ist noch nicht informationssystembildend, erst die Bearbeitung und Analyse des Datenmaterials kann zu einem Informationssystem führen.

Anfragen- und Angebotsstatistiken müssen nach Produkten, Käufern, Absatzgebieten, Verkäufern u.ä. gegliedert werden, um Aussagekraft zu erreichen. Darüber hinaus empfiehlt es sich, die ermittelten Zahlen in Relation zu anderen entscheidungsrelevanten Zahlen zu setzen, wie dies auch im Rahmen der Auswertung der Umsatzstatistik geschieht.

- Auftragseingangsstatistiken

Die Statistiken über die Auftragseingänge ermöglichen nicht nur die Ermittlung des gesamten Auftragsbestandes als wichtige Dispositionsgrundlage etwa für die Fertigungsplanung und Fertigungssteuerung, das Lagerwesen oder für die Finanzbedarfsermittlung, sondern tragen auch dazu bei, den Erfolg der abgegebenen Angebote festzustellen. Auch bei dieser Statistik ist die geschilderte Differenzierung nach Käufern, Verkaufsgebieten, Verkäufern, Produkten usw. erforderlich.

1.1.3 Reklamationsstatistiken

Die Auswertung von Reklamationsstatistiken deutet sowohl auf den Grad der Zufriedenstellung der Kunden, als auch auf Mängel im eigenen Unternehmen hin und sollte deshalb besonders ernsthaft durchgeführt werden.

Die Anzahl der Reklamationen sollte zunächst mit der früherer Perioden verglichen werden.

Die Reklamationsstatistik ist so aufzubauen, daß u.a. Antworten auf folgende Fragen abgerufen werden können:

- Wie verhält sich die Anzahl der Reklamationen zu der Anzahl der Belieferungen?
- Wie hoch ist der reklamierte Warenwert in Relation zum Umsatz des Kunden und zum Gesamtumsatz?
- Erfolgen die Reklamationen von dem Kunden zum ersten oder wiederholten (zweiten, dritten etc.) Mal?
- Wieviele Reklamationen kommen von
  - neuen Kunden
  - Kunden seit einem Jahr
  - Kunden seit zwei Jahren
  - alten Kunden (länger als zwei Jahre)?
- Wie ist die Relation zwischen Reklamationen und Vertreterbesuchen?
- Wieviele Reklamationen wurden in den letzten Tagen, Wochen etc. bearbeitet?
- Wieviele Kunden sprangen auf Grund von Reklamationen ab?
- Wieviele Reklamationen stellten sich als grundlos heraus?
- Womit wurden die Reklamationen begründet?

Ebenso wie bei den übrigen behandelten Statistiken ist auch bei der Reklamationsstatistik die Differenzierung nach den bekannten Kriterien durchzuführen.

Die meisten dieser nur exemplarischen Fragen, der Fragenkatalog läßt sich betriebsindividuell noch wesentlich erweitern, sollten auch im Zeitvergleich beantwortet werden. Stehen Branchenstatistiken zur Verfügung, sind die statistischen Daten des Unternehmens selbstverständlich auch damit zu vergleichen.

1.1.4 Statistiken über Tätigkeiten des Außendienstes

Statistiken über die Aktivitäten des Außendienstes dienen nicht nur der Beurteilung der Außendienstmitarbeiter, sondern können auch andere Statistiken ergänzen. Ermittelte Informationen können zu durch Analyse anderer Statistiken gewonnenen Zahleninformationen in Relation gesetzt werden, wodurch häufig eine höhere Aussagekraft gewonnen wird, als die, die das Datenmaterial einer einzigen Statistik zu geben vermag.

Wichtige Informationen, die die Statistik über Außendiensttätigkeiten geben kann, sind u.a.:

- Umsätze je Produkt oder Produktgruppe
- Umsätze je Kunde
- Umsätze je Branche
- Umsätze je Außendienstmitarbeiter
- Umsatz je Auftrag
- Umsatz je Bereich
- Umsatz je Reisetag usw.

Anstelle des Umsatzes kann in vielen Fällen auch der Deckungsbeitrag eingesetzt werden, was zur Effizienzsteigerung der jeweiligen Informationen beitragen kann.

12

1.2 Marketingkosten und -erfolgsrechnung

1.2.1 Einführung

Die Marketingstatistik stellt ein wichtiges partiales Informationssystem dar, doch dürfen ihre Informationen nicht überbewertet und als alleinige Entscheidungsgrundlage verwendet werden. Ihr Outputcharakter kann leicht zu Fehlschlüssen verleiten; insbesondere Entscheidungen, die zu stark auf Umsatzdenken basieren, haben in der Vergangenheit Unheil gestiftet.

Hohe Umsatzzahlen sind zwar in der Regel positiv zu wertende Größen, werden aber erst aussagefähig und richtig deutbar, wenn bekannt ist, welche einzelnen Faktoren dazu geführt haben.

Bestimmte Produkte oder ganze Produktgruppen, die hohe Umsatzzahlen erbringen, können nicht mehr positiv eingeschätzt werden, wenn die dafür entstandenen Kosten ebenfalls sehr hoch sind. Das gleiche gilt für den Umsatz noch als erfolgreich eingestufter Absatzgebiete. Der Erfolg stellt sich in einem anderen Lichte dar, wenn die hohen Umsätze nur geringe Gewinne ermöglichen.

Wie schädlich das Denken in Umsatzgrößen sein kann, zeigt sich, wenn Produkte, die zwar nur geringe Umsätze bringen aber auch entsprechend geringe Kosten hervorrufen, vernachlässigt werden. Dies führt eindeutig zu Ergebniseinbußen. Noch schlimmer stellt sich die Situation dar, wenn Produkte wegen ihrer niedrigen Umsätze ausgeschieden werden, obwohl sie einen positiven Deckungsbeitrag erwirtschaften. Der Verzicht auf diese Produkte führt dazu, daß entstandene fixe Kosten unabgedeckt bleiben.

Die unvollkommenen Informationen der Marketingstatistik führen zwangsläufig zur Entwicklung eines weiteren Informationssystems, das die Statistiken ergänzt, bei ihrer Interpretation Hilfestellung leistet und teilweise auf sie aufbaut. Die Marketingkosten und -erfolgsrechnung stellt ein solches System dar.

Der Aufbau des betrieblichen Rechnungswesens, seine Stärken und Schwächen sowie seine Einsatzmöglichkeiten wurden bereits in dem Kapitel über die Informationsquellen geschildert. Im folgenden ist darzustellen, wie Informationen des Basissystems Rechnungswesen, insbesondere der Kostenrechnung, bei der Bildung des Marketing-Informationssystems nutzbar gemacht werden können.

Bevor jedoch auf die Möglichkeiten und Formen der Marketingkostenrechnung und Marketingerfolgsrechnung eingegangen wird, sind einige Vorbemerkungen angebracht.

1.2.1.1 Aufgaben der Marketingkosten und -erfolgsrechnung

Die Marketingkostenrechnung und Marketingerfolgsrechnung hat im wesentlichen, wobei betriebs- und branchenindividuelle Besonderheiten zu berücksichtigen sind, folgende Aufgaben zu erfüllen:

- Ermittlung der gesamten Marketingkosten auf der Basis der betrieblichen Kostenrechnung
- Gliederung der Marketingkosten nach einzelnen Marketingfunktionen
- Durchführung von Zeit- und Branchenvergleichen der Marketingkosten
- Ermittlung einzelner Marketingkosten in Abhängigkeit zu einzelnen Kostenbestimmungsfaktoren

- Ermittlung der Kosten einzelner marketingpolitischer Instrumente
- Feststellung der Kosten bestimmter
  - Produkte und Produktgruppen
  - Kunden und Kundengruppen
  - Auftragsgrößen
  - Verkaufsgebiete usw.
- Entwicklung von Preisuntergrenzen
- Ermittlung des Ergebnisses je Absatzsegment
- Durchführung von Soll-/Istvergleichen der Ergebnisse.

Diese Aufgaben können nur erfüllt werden, wenn eine funktionierende Kostenrechnung im Unternehmen vorhanden ist. Stellt der Controller Mängel fest, muß er auf den Leiter der Kostenrechnung einwirken, diese zu beseitigen. In diesem Zusammenhang sei darauf hingewiesen, daß nicht von ungefähr die Forderung erhoben wird, die Kostenrechnung dem Controlling zu unterstellen.

1.2.1.2 Erfassung der Marketingkosten

Marketingkosten stellen alle Kosten dar, die dadurch entstehen, daß Käufer dazu gebracht werden, die Produkte des Unternehmens zu kaufen.

Die Marketingkosten können nach einer Reihe von Gesichtspunkten eingeteilt werden.

Sehr häufig ist eine aus den USA kommende Gliederung der Marketingkosten nach den **die Kosten hervorrufenden Funktionen**. Entsprechend diesem Kriterium unterscheidet man:

- **umsatzerzielende Marketingkosten (order getting)**

  Dazu zählt man die Außendienstkosten, die Kosten der Werbung, der Verkaufsförderung, der Öffentlichkeitsarbeit u. ä.

- **umsatzdurchführende Marketingkosten (order filling)**

  Diese Kosten setzen sich aus Kosten der Auftragsbearbeitung und Fakturierung, aus Verpackungskosten, Versandkosten, Lagerkosten und Kosten der Zahlungsabwicklung zusammen.

- **Kosten der Marketingverwaltung (general administration)**

  Die Kosten der Marketingverwaltung bestehen aus Marktforschungskosten, Kosten der Marketingplanung und -kontrolle, Kosten der Marketingleitung, Mietkosten u. ä.

Teilt man die Marketingkosten nach der **Zuweisung zu den marketingpolitischen Instrumenten** innerhalb der einzelnen Marketing-Sub-Mixes ein (vgl. *Weis*), erhält man z. B. innerhalb des Kommunikations-Mixes

- Kosten der Verkaufsförderung (z. B. Kosten der Verkaufsschulung des Verkäufereinsatzes, der Produktpräsentation, der Marktveranstaltungen)
- Kosten der Werbung
- Kosten der Öffentlichkeitsarbeit
- Kosten des persönlichen Verkaufs.

Betrachtet man die Marketingkosten unter **Kostenartengesichtspunkten**, ergeben sich

- Personalkosten

- Sachkosten
  - Muster
  - Prospekte
  - Büromaterial u. ä.

- Kommunikationskosten
  - Reisekosten
  - Postgebühren
  - Bewirtungskosten
  - Zeitungen
  - Fachliteratur u. ä.

- Kosten für die Inanspruchnahme von Rechten und Diensten
  - Mieten
  - Rechts- und Beratungskosten
  - Lizenzen und Konzessionen
  - Gebühren
  - Mitgliedsbeiträge für Verbände u. ä.
  - Versicherungsprämien udgl.

- Abschreibungen

- Zinsen

- Steuern

- Sonstige Kosten.

Aus Gründen einer besseren Eignung der Marketingkosten als Entscheidungshilfe und zur Kontrolle aber auch zur besseren Zuordenbarkeit sollten sie getrennt nach ihren fixen und proportionalen Bestandteilen ermittelt werden (vgl. C. 3.1.2).

In der Unternehmenspraxis besteht die große Schwierigkeit die Marketingkosten verursachungsgerecht zu erfassen.

Bereits bei der Erstellung der **Kostenartenverzeichnisse** wird zu wenig differenziert und zu stark vergröbert.

Die Bildung von Kostenarten wie Werbekosten, Vertreterkosten oder Kosten der Lagerhaltung werden dem Prinzip der verursachungsgerechten Kostenerfassung nicht gerecht und erschweren wiederum die verursachungsgerechte Zurechnung der Kosten auf marketingrelevante Zurechnungsobjekte.

Es muß deshalb unbedingt die Forderung erhoben werden, die Kostenarten, die bei der Ausübung der Marketingaufgaben entstehen, von den übrigen Kosten abzugrenzen. Es kommt vor allem darauf an, nur "saubere" Kostenarten zu bilden, d.h., daß Kostenartengesichtspunke dominieren müssen und sowohl Kostenstellengesichtspunkte als auch zusammengesetzte Kostenarten zu vermeiden sind. Von Wichtigkeit ist dabei, daß alle im Unternehmen vorkommenden Marketingkosten beschrieben werden, um Verwechslungen und Unklarheiten bei der Kostenartenabgrenzung zu vermeiden.

Die Schwierigkeiten der Kostenartenrechnung setzen sich in der **Kostenstellenrechnung** fort.

Sehr oft begnügt man sich damit, einen Vertriebsbereich zu bilden und die darin gesammelten Kosten auf der Basis der Herstellkosten auf die Produkte zu verrechnen. Selbst wenn mehrere Kostenstellen gebildet werden, geschieht dies so grob, daß das Verursachungsprinzip nicht eingehalten werden kann. Als Ausweg aus diesem Dilemma bieten sich mehrere Lösungsmöglichkeiten an:

- Differenzierte Kostenstellenbildung nach den bereits erwähnten
  - akquisitorischen Funktionen (z.B. Auftragseinholung, Werbung, Sales-Promotion usw.)
  - Verkaufsabwicklungsfunktionen (Auftragsbearbeitung, Verpackung, Auslieferung usw.)
  - Funktionen der Vertriebsverwaltung.

  Problematisch ist dabei allerdings die Zuordnung der Kosten der Leitungsfunktionen.

- Einrichtung von Kostenstellen, die jeweils eine Abteilung, aber auch gleichzeitig eine Kostenträgergruppe repräsentieren

- Verzicht auf eine Kostenstellenbildung und Durchführung einer Kostenanalyse.

  Unternehmen, die auf Kostenstellenbildungen bei den Marketingkosten verzichten wollen, können dies durch eine Kostenanalyse ersetzen.

Alle relevanten Kosten müssen auf ihre Entstehung und Zurechenbarkeit auf bestimmte Kostenträger überprüft werden. Für die Analyse rücken dabei die Funktionen in den Vordergrund, während die Frage des Verantwortungsbereiches im Sinne der traditionellen Kostenstellenrechnung zweitrangig ist. Es gilt festzustellen, für welche Funktionen ein Leistungsmaßstab gefunden werden kann, um die Kosten später verrechnen zu können. Für einige Funktionen werden sich Leistungsmaßstäbe zur Bildung von Verrechnungssätzen ohne weiteres finden lassen, z.B. können die Kosten der Angebotsabteilung an den ausgearbeiteten Offerten, die der Auftragsbearbeitung an der Zahl der Bestellungen oder Bestellpositionen gemessen werden, Kosten anderer Bereiche wiederum, wie die der Leitungsfunktionen oder der Werbung, können nur schwer bestimmten Leistungsmaßstäben zugeordnet werden, so daß sie mit allgemeinen Schlüsseln zugerechnet werden müssen.

- Differenzierte Kostenstellenbildung und Kostenanalyse

Dieses Verfahren eignet sich in größeren Unternehmen am besten zur Kostenerfassung und stellt eine günstige Basis zur Weiterverrechnung der Kosten dar.

Zusammenfassend ist festzustellen, daß es nicht genügt, die Marketingkosten undifferenziert zu erfassen und in einer oder einigen grob gebildeten Kostenstellen zu sammeln, sondern, daß es erforderlich ist, jede Kostenart entsprechend der Funktion, für die sie angefallen ist, zu erfassen und zu beschreiben. Die einzelnen Kostenarten sind nach den Funktionen oder Kostenträgern, für die sie entstanden sind, zusammenzufassen und durch genaue Analyse Leistungsmaßstäben zuzuordnen.

Dem Controller fallen hierbei wichtige Aufgaben zu. Er muß dafür Sorge tragen, daß das Basissystem Kostenrechnung so aufgebaut wird, daß die Marketingkosten ermittelbar sind und den wichtigsten marketingrelevanten Zurechnungsobjekten zugerechnet werden können.

1.2.1.3 Vollkosten- oder Teilkostenrechnung

Die Vollkostenrechnung bietet den Vorteil, alle entstandenen Kosten zu verwenden, was für verschiedene Betrachtungen unverzichtbar ist. Neben diesem Vorteil hat das System der Vollkostenrechnung aber auch schwerwiegende Nachteile:

- Proportionalisierung der fixen Kosten
- falsche Zurechnung (Schlüsselung) der Kosten auf die Kostenträger.

Die Vollkostenrechnung vernachlässigt den wichtigen Kostenbestimmungsfaktor Beschäftigung und kann deshalb keine Trennung der Kosten in ihre fixen und proportionalen Bestandteile vornehmen; die Folge dieser Unterlassung ist zwangsläufig die Proportionalisierung der fixen Kosten. Die beschäftigungsunabhängigen fixen Kosten werden bei Abweichungen von der Ausgangsbeschäftigung ebenso wie die veränderlichen variablen Kosten behandelt. Ein entscheidungsorientierter Einsatz der Vollkostenrechnung verbietet sich damit von selbst.

Eine zweite große Gefahr der Vollkostenrechnung liegt in der häufig nur sehr ungenauen Zurechenbarkeit der Kosten auf die Kostenträger.

Abgesehen von den dem Kostenträger ohne weiteres zurechenbaren Einzelkosten können zahlreiche andere Kosten, die Gemeinkosten, ihren Kostenverursachern nur sehr schwer zugerechnet werden. Häufig läßt sich nicht mehr feststellen, in welchem Ausmaß Kostenträger bestimmte Kostenarten verursacht haben. Als Ausweg bleibt nur die Umlage der einzelnen Kostenarten auf die Kostenträger mit Hilfe von Schlüsselgrößen. Solange zwischen den ermittelten Schlüsseln (angefallene Fertigungslöhne, eingesetztes Material, geleistete Fertigungsstunden u.ä.) und den zuzurechnenden Kosten ein proportionales Verhältnis besteht, kann eine Kostenschlüsselung akzeptiert werden. Die Proportionalität ist allerdings sehr häufig nicht herzustellen, was zu einer willkürlichen Schlüsselung der Kosten führen kann; man denke dabei an die Verteilung der Verwaltungs- und Vertriebskosten auf der Basis der Herstellkosten.

Aus den genannten Gründen sind die Zahlen der Vollkostenrechnung für viele Aufgaben, vor allem im Marketing, nicht verwendbar. Es waren folglich andere Systeme zu entwickeln, die die Fehler der Vollkostenrechnung vermeiden; dies sind die Teilkostenrechnungssysteme, die in der Regel unter dem Begriff der **Deckungsbeitragsrechnung** zusammengefaßt werden (vgl. C. 3.1.2) "... ist die Deckungsbeitragsrechnung der Auffassung, daß die schematische Verteilung sämtlicher Kosten (Vollkosten) in der Kostenträgerrechnung zu erheblichen Fehlschlüssen bei der Beurteilung der einzelnen Fabrikate führen kann, weil diese mit Kostenanteilen belastet werden, auf die sie keinen Einfluß haben, und daß es deshalb besser ist, nur denjenigen Teil der Kosten in die Kalkulation bzw. in die Fabrikateerfolgsrechnung einzubeziehen und den erzielbaren bzw. erzielten Umsatzerlösen gegenüberzustellen, der ihnen wirklich eindeutig zugeordnet werden kann. Die übrigen nicht verursachungsgerecht zuzurechnenden Kosten hingegen sollen besser global gesammelt und entweder in einer Summe oder in Stufen dem Betriebsergebnis, aber nicht mehr den Fabrikatergebnissen angelastet werden." *(Michel / Torspecken).*

Diese Aussagen gelten nicht nur für die Zurechnung der Kosten auf einzelne Produkte, sondern auch auf andere Absatzsegmente.

Indem vom Gesamterlös entweder in einer Summe oder in mehreren Stufen bestimmte Kostenteile abgezogen werden, erhält man einen oder mehrere Deckungsbeiträge, die aussagen, inwieweit einzelne Kalkulationsobjekte zur Deckung der bisher nicht berücksichtigten Kosten und zum Gewinn beitragen *(Nieschlag / Dichtl / Hörschgen).*

Das System der Deckungsbeitragsrechnung kann als das marketinggerechte Kostenrechnungssystem angesehen werden.

1.2.2 Marketingkostenrechnung als Absatzerfolgsrechnung

Im Mittelpunkt der Marketingkostenrechnung als Absatz- oder Vertriebserfolgsrechnung steht die Absatzsegmentrechnung, deshalb soll im Rahmen der Behandlung der Marketingkosten und -erfolgsrechnung auch primär auf diesen Bereich eingegangen werden.

Als Absatzsegment soll in Anlehnung an *Geist* und *Nieschlag / Dichtl / Hörschgen* ein beliebiger Tätigkeitsbereich innerhalb des Marketing verstanden werden z.B. Produkte, Abnehmer, Abnehmergruppen oder bestimmte Absatzkanäle.

1.2.2.1 Produkterfolgsrechnung

Die Produkterfolgsrechnung will den gesamten Wertefluß bis zum Verkauf des Produktes verfolgen.

- Vollkostenbetrachtung

  Die Vollkostenrechnung geht davon aus, daß jedes Absatzsegment, selbstverständlich auch jedes Produkt einen Teil der Gesamtkosten tragen muß. Es wird von der Fiktion ausgegangen, daß der größte Teil der Kosten, auch der der Marketingkosten, zurechenbar ist.

  Es ergibt sich dann folgendes Bild:

	Produkt I	Produkt II	Produkt III
Bruttoumsatz ./. Rabatte, Skonti, weitere Erlösschmälerungen			
= Nettoerlös ./. Herstellkosten			
= Bruttoerfolg ohne Marketingkosten ./. zurechenbare Kosten der Akquisition ./. zurechenbare Kosten der Verkaufsabwicklung ./. zurechenbare Kosten der Verkaufsverwaltung			
= Produktbeitrag ./. durch Schlüsselung zugerechnete Marketingkosten einschl. Leitungskosten			
= Nettoerfolg			

Da auf die Problematik der Vollkostenrechnung bereits ausführlich eingegangen wurde, erübrigt sich an dieser Stelle die Kritik an dem dargestellten Schema.

- Teilkostenrechnung

Der Einsatz der Deckungsbeitragsrechnung gestattet eine differenzierte Vorgehensweise. Man bedient sich bei der Produkterfolgsrechnung gerne des direct costing in einer mehrstufigen Form. Zunächst werden die Kosten in ihre fixen und proportionalen Bestandteile aufgeteilt. Durch den Abzug produkt-, produktgruppen-, bereichsspezifischer fixer Kosten usw., werden mehrere Deckungsbeiträge ermittelt, die eine detaillierte Erfolgsbeurteilung ermöglichen:

Unternehmensbereiche	A			B			
Produktgruppen	1			2			
Produkte	a	b	c	d	e	f-l	Summe
Nettoumsatz[1]	60	50	40	90	80	250	570
./. proportionale Kosten	40	35	30	40	35	130	310
Deckungsbeitrag I.	20	15	10	50	45	120	260
./. fixe Kosten je Produkt	8	5	5	35	20,25	57,6	130,85
in % v. DB I.	40 %	33 1/3 %	50 %	70 %	45 %	48 %	
Deckungsbeitrag II.	12	10	5	15	24,75	62,4	129,15
		27			39,75		
./. fixe Kosten je Produktgruppe		9,45			16,695	29,328	55,473
in % v. DB II.		35 %			42 %	47 %	
Deckungsbeitrag III.		17,55			23,055	33,072	73,677
				40,605			
./. fixe Kosten je Bereich				18,272		12,898	31,170
in % v. DB III.				45 %		39 %	
Deckungsbeitrag IV.				22,333		20,174	42,507
./. fixe Kosten des Unternehmens							25,504
in % v. DB IV.							60 %
Periodenergebnis							17,003

[1] alle Zahlen in TDM

Der Deckungsbeitrag I gibt an, in welchem Ausmaße die einzelnen Produkte am Gesamtergebnis beteiligt sind. Der Deckungsbeitrag II zeigt den Anteil der Produkte am Abbau des Fixkostenblocks, während der Deckungsbeitrag III der Beurteilung der einzelnen Produktgruppen dient. Der Deckungsbeitrag IV zeigt

Bildung der Aufbaustufen

die Bedeutung ganzer Bereiche, und durch Berücksichtigung der fixen Kosten, die nur dem gesamten Unternehmen zurechenbar sind, wird das Betriebsergebnis ermittelt.

Diese Form der mehrstufigen Deckungsbeitragsrechnung eignet sich, wie an späterer Stelle noch zu zeigen ist, auch für die Berechnung von Preisuntergrenzen.

Die Aussagefähigkeit der Produkterfolgsrechnung steht und fällt mit der Zurechenbarkeit der fixen Kosten. Mit zunehmender Verdichtung der Produkte zu Gruppen, Bereichen usw. verschlechtert sich die Möglichkeit der Zuordnung der fixen Kosten, worunter die Genauigkeit der Aussage leidet. Die Produkterfolgsrechnung kann beliebig variiert werden, indem die Deckungsbeiträge, soweit möglich, nach bestimmten Kriterien sortiert werden, beispielsweise nach Abnehmern:

	Produkt I	Produkt II	Summe
Kunde M Nettoumsatz ./. proportionale Kosten	100 50	35 23	135 73
= Deckungsbeitrag	50	12	62
Kunde N Nettoumsatz ./. proportionale Kosten	38 19	105 69	143 88
= Deckungsbeitrag	19	36	55

Diese Rechnung ist eine gute Ergänzung der Umsatzstatistik. Sie führt zu dem Ergebnis, daß nicht N, der Kunde mit dem höheren Umsatz, sondern Kunde M der größere Erfolgsbringer ist.

Daß weder der Umsatz allein, noch der Erfolg eines Produktes alleiniger Beurteilungsmaßstab sein kann, verdeutlicht folgendes **Beispiel** *(Ehrmann)*:

In einem Unternehmen werden fünf unfertige Erzeugnisse bezogen und nach erfolgter Bearbeitung zu Fertigungserzeugnissen abgesetzt:

Es liegen folgende Daten vor:

Produkt	Stückzahl	Anschaffungskosten DM je Stück	Verkaufspreis DM je Stück
A	375	100	150
B	250	120	160
C	500	90	115
D	315	160	195
E	680	140	160

Die Bearbeitungs- und Vertriebskosten belaufen sich auf insgesamt 51.620,- DM, sie werden mit Hilfe eines Zuschlagssatzes auf die Produkte verrechnet; sie sind je zur Hälfte fix und proportional.

Die Marketingleitung läßt das Sortiment auf seine Erfolgswirksamkeit hin untersuchen, sie will die Erzeugnisse, die keinen Erfolg verursachen, herausfinden und gegebenenfalls eliminieren.

Die Kostenrechnung stellt folgende Zahlen zur Verfügung:

Produkt	Stückzahl	Anschaffungskosten	Angefallene Kosten 20 %	Selbstkosten	Verkaufserlöse	Erfolg
A	375	37.500	7.500	45.000	56.250	11.250
B	250	30.000	6.000	36.000	40.000	4.000
C	500	45.000	9.000	54.000	57.500	3.500
D	315	50.400	10.080	60.480	61.425	945
E	680	95.200	19.040	114.240	108.800	− 5.440
		258.100	51.620	309.720	323.975	14.255

Der Zuschlagssatz von 20 % ergibt sich dadurch, daß die angefallenen Kosten auf die Anschaffungskosten bezogen werden.

$$ZS = \frac{51.620}{258.100} \cdot 100; \qquad ZS = 20 \%$$

Das Produkt E ist mit 5.440,- DM ein Verlustbringer und müßte nach der Vollkostenbetrachtung und der Berücksichtigung allein der Erlöse ausgeschieden werden.

Die richtige Berechnung im Rahmen einer Deckungsbeitragsrechnung zeigt jedoch, daß dies falsch wäre:

Da die Erzeugnisse A bis D Gewinnbringer sind, müssen sie nicht in die Betrachtung einbezogen werden. Für Produkt E ist zu rechnen:

Verkaufspreis je Stück	160,- DM
./. Beschaffungskosten je Stück	140,- DM
./. 10 % anteilige proportionale Kosten	14,- DM
Deckungsbeitrag je Stück	6,- DM

Es ist nun zu erkennen, daß das Produkt E keinen Verlust bewirkt, sondern im Gegenteil durch seinen positiven Deckungsbeitrag zum Erfolg beiträgt. Verzichtete man auf Produkt E, verbesserte sich der Gewinn nicht um 5.440,- DM, sondern würde vielmehr abnehmen, nämlich in Höhe von:

680 St · DB 6,00 DM = 4.080,- DM.

Das Denken in Vollkosten würde zu dem paradoxen Ergebnis führen, daß in der folgenden Periode bei unterstellt gleichen Bedingungen auch auf das Produkt D verzichtet werden müßte. Der Verlust entstünde durch die erforderliche neue Berechnung des Zuschlagssatzes für die laufenden Kosten.

$$ZS = \frac{51.620 - 19.040 \cdot 50\%}{258.100 - 95.200} \cdot 100 ; \qquad ZS = 25,84\%$$

Die Kalkulation des Produktes D führt zu dem Ergebnis:

Verkaufspreis je Stück	195,--
./. Anschaffungskosten	160,--
./. 25,84 % laufende Kosten	41,34
Verlust	– 6,34

Wird diese Rechnung konsequent fortgesetzt, gelangt man zum Ergebnis, daß das ganze Produktionsprogramm unwirtschaftlich ist, weil die nach der Eliminierung einzelner Produkte noch verbleibenden Erzeugnisse die fixen Kosten der nicht mehr zum Programm gehörenden Produkte tragen müssen.

Die Nachteile der Vollkostenrechnung, nämlich die Proportionalisierung der fixen Kosten und die mangelhafte Zuordnung der Gemeinkosten zu den Kostenträgern, treten im Beispiel deutlich zu Tage.

Hätte es im vorliegenden Falle einen Marketing-Controller gegeben, wären der Marketingleitung mit Sicherheit nicht die zwar im einzelnen richtigen Zahlen, die jedoch zu falschen Informationen verarbeitet wurden, vorgelegt worden. Der Controller hätte dafür gesorgt, daß die richtigen Informationen abgerufen worden wären.

1.2.2.2 Vertriebserfolgsrechnung

Die Vertriebserfolgsrechnung kann ähnlich wie die Produkterfolgsrechnung aufgebaut werden. Inhaltlich steht nicht der Erfolg einzelner Produkte oder Produktgruppen im Vordergrund, sondern der Anteil einzelner Vertriebsbereiche am Erfolg des Unternehmens. Folglich sind zur Ermittlung der Stufendeckungsbeiträge nicht produkt- oder produktgruppenspezifische fixe Kosten zu berücksichtigen, sondern bereichsspezifische.

Wählt man diese Vorgehensweise, spielt der Faktor Beschäftigung wiederum die Hauptrolle, da die Trennung der Kosten in fixe und proportionale Bestandteile ja auf Basis der Beschäftigung erfolgt. Die Deckungsbeitragsrechnung in Form des direct costing bietet zwar eine Reihe von Vorteilen und ist insbesondere leicht zu handhaben, ist aber als Grundlage mancher betrieblicher Entscheidungen, vor allem im Marketing, nur bedingt einsetzbar.

Der Umstand, daß in erster Linie die proportionalen Kosten als entscheidungsrelevante Kosten angesehen werden, verhindert wichtige Entscheidungen auf Basis kostenrechnerischer Informationen. Bedeutende unternehmenspolitische Entscheidungen wie Losgrößenvariationen, die Veränderungen von Mindestauftragsgrößen, Absatzbezirken u.ä. fallen darunter.

In diesem Zusammenhang kommt noch erschwerend hinzu, daß die Zurechnung auch der proportionalen Kosten recht problematisch ist, es können durchaus Zweifel auftauchen, ob bestimmte Kosten auf ein bestimmtes Zurechnungsobjekt bezogen, fix oder proportional sind.

Wenn die Problematik bekannt ist, muß ein Kostenrechnungssystem gefunden werden, das die beschriebenen Mängel zumindest mildert. Aufbauend auf dem System der Teilkostenrechnung auf Basis relativer Einzelkosten von *Riebel* lassen sich Kostenrechnungen installieren, die sowohl controller- als auch marketinggerecht sind.

Riebel basiert auf dem entscheidungsorientierten Kostenbegriff; sein System versucht nach Möglichkeit alle Entscheidungstatbestände, die kostenrelevant sind, als Ursache der Kostenentstehung zu berücksichtigen. Im Mittelpunkt steht die Kostenzurechnung nach dem Identitätsprinzip. Zwei Größen können nur dann einander zugerechnet werden, wenn man sie auf dieselbe Entscheidung für eine bestimmte Maßnahme reduzieren kann. Dieses Prinzip hat seine Geltung auch für die Zuordnung von Ausgaben auf Kostengüter und Einnahmen auf Leistungsgüter. Es können "Kosten und Leistungen nur insoweit einander gegenübergestellt werden, als der Verzehr der Kostengüter und das Entstehen der Leistungen auf identische Entscheidungen zurückzuführen sind. So können dem Erlös aus dem Verkauf eines zusätzlichen Produktes nur die Kosten gegenübergestellt werden, die durch die Entscheidung für die Herstellung dieses zusätzlichen Erzeugnisses verursacht worden sind." *(Heinen, E., Sabathil, P.)*.

In der Riebel'schen Kostenrechnung werden die Einzelkosten und Gemeinkosten relativiert. Entsprechend dem Identitätsprinzip werden die entstandenen Kosten nach ihrer direkten Zurechenbarkeit auf die in Frage kommenden Kalkulationsobjekte oder Entscheidungstatbestände in relative Einzelkosten gegliedert. Relativ bedeutet also, daß nur für jeweils einen Tatbestand Einzelkosten gebildet werden dürfen. Die so definierten Einzelkosten können nur einem Entscheidungstatbestand zugeordnet werden. Was für einen Kalkulationsgegenstand relative Einzelkosten darstellt, kann für einen anderen Gemeinkosten bedeuten.

Als Zurechnungs- oder Kalkulationsobjekte kommen in Frage:

- jede Funktion
- jeder Vorgang
- jede Leistungsart
- jede organisatorische Einheit
- jede räumliche Einheit

Bildung der Aufbaustufen

Die Hauptaufgabe besteht darin, im Unternehmen die richtigen Bezugsgrößen auszuwählen, dann können alle Kosten als Einzelkosten dieser Kalkulationsobjekte erfaßt werden.

Neben sachlichen Bezugsgrößen können die Kosten auch nach der Zurechenbarkeit zu Zeitabschnitten gegliedert werden.

Werden alle Kalkulationsobjekte, denen die Kosten als Einzelkosten zugerechnet werden, in eine hierarchische Ordnung gebracht, spricht man im Sinne Riebels von einer **Bezugsgrößenhierarchie**. Diese hierarchische Ordnung, die betriebsindividuell durchgeführt werden muß, ist erforderlich, um feststellen zu können, welcher Kostenanteil für einzelne Objekte Einzel- oder Gemeinkostencharakter hat.

Die Kosten einer Periode werden im Riebel'schen System in einer Grundrechnung erfaßt. Sie ist eine kombinierte Kostenarten-, Kostenstellen- und Kostenträgerrechnung in der Form eines Betriebsabrechnungsbogens. In den Zeilen sind die Kostenarten und Kostenkategorien, in den Spalten die Kalkulationsobjekte aufgeführt.

Es würde hier zu weit führen, das Riebel'sche System der Deckungsbeitragsrechnung im Detail zu schildern. Es soll nur insofern vorgestellt werden, als es zum Verständnis der folgenden Darstellungen erforderlich ist. Von Bedeutung für die Marketingkostenrechnung ist die Bezugsgrößenhierarchie im Vertriebsbereich. In Anlehnung an *Riebel* bieten sich folgende Hierarchien an:

Hierarchie 1a:	Hierarchie 1 b:	Hierarchie 1 c:	Hierarchie 1 d:
Gesamtumsatz	Gesamtumsatz	Gesamtumsatz	Gesamtumsatz
Artikelgruppen	Verkaufsgebiete	Kundengruppen	Verkaufsgebiete
Artikel	Verkaufsbezirke	Verkaufsgebiete	Verkaufsbezirke
Auftragsposten	Aufträge	Verkaufsbezirke	Kundengruppen
		Kunden	Kunden
		Aufträge	Aufträge

Diese Übersicht über mögliche Hierarchienbildungen läßt sich betriebsindividuell erweitern.

Unter Beachtung der Bezugsgrößenhierarchie kann man die Kosten den Absatzsegmenten zurechnen, zu denen infolge sachlicher Verknüpfungen eindeutig direkte Beziehungen bestehen. Eine mehr oder weniger willkürliche Schlüsselung der Kosten entfällt.

Für die Vertriebserfolgsrechnung eignet sich eine Rechnung mit relativen Einzelkosten wesentlich besser als eine Stufendeckungsbeitragsrechnung wie sie bei der Produktergebnisrechnung verwendet wurde. Ein **Beispiel** in Anlehnung an *Nieschlag* u.a., das Deckungsbeiträge nach Verkaufsbezirken und Artikeln ausweist, mag dies verdeutlichen:

	Verkaufsbezirk 1	Verkaufsbezirk 2	Verkaufsbezirk 3
Nettoumsatz[1]) ./. Skonti, Herstellkosten	3.164,40 2.439,90	1.845,90 1.337,40	1.903,05 1.404,90
Artikelbeitrag ./. Fracht ./. sonstige direkte Kosten der Auftragsabwicklung	724,50 198,00 16,20	508,50 94,50 10,80	498,15 111,15 12,15
Auftragsbeitrag ./. direkt den Verkaufsgebieten zurechenbare Kosten	510,30 49,50	403,20 9,00	374,85 14,85
Bezirksbeitrag	460,80	394,20	360,00
Summe der Bezirksbeiträge		1.215,00	

Das Beispiel kann noch erweitert werden, indem aus dem Auftragsbeitrag weitere spezifische Deckungsbeiträge ermittelt werden.

[1]) Alle Zahlen in TDM.

	Verkaufsbezirk 1	Verkaufsbezirk 2	Verkaufsbezirk 3
Auftragsbeitrag (TDM) in % vom Nettoumsatz je Auftrag (DM) je Kunde (DM)	510,30 16,13 255,15 2.551,50	403,20 21,84 268,80 1.344,00	374,85 19,70 208,25 1.071,00
Bezirksbeitrag (TDM) in % vom Nettoumsatz	460,80 14,56	394,20 21,36	360,00 18,92
Anzahl der Aufträge Anzahl der Kunden	2.000 200	1.500 300	1.800 350

Sieht man sich die errechneten Zahlen im einzelnen an, kann man feststellen, daß der Beitrag eines Kunden im Verkaufsbezirk 1 zur Deckung der noch offenen Vertriebskosten und des Gewinns 2.551,50 DM beträgt, im Verkaufsbezirk 3 lediglich 1.071,00 DM; der relative Auftragsbeitrag ist im Verkaufsbezirk 3 mit 19,70 % um ca. 3 1/2 % höher als im Bezirk 1. Damit werden der Marketingleitung wichtige Hinweise für erforderliche Reaktionen gegeben.

Bildung der Aufbaustufen 99

Die Bezirksbeiträge zeigen ein eindeutiges Plus für Verkaufsbezirk 1, die relativen Anteile im Vergleich zum Nettoumsatz sehen allerdings die Bezirke 2 und 3 im Vorteil.

Ein ausführliches **Beispiel**, das die Verkaufsbezirke und -gebiete gründlich behandelt und die Vorgehensweise bei der Arbeit mit relativen Einzelkosten verdeutlicht, ist bei *Riebel* zu finden *(Riebel)*:

1		2		3		4		usw.
	Verkaufsbezirke →	V_1		V_2		V_3		
		in 1000 DM	in % d. Nettoumsatzes	in 1000 DM	in % d. Nettoumsatzes	in 1000 DM	in % d. Nettoumsatzes	
1	Umsatz zu Listenpreisen	840,0	119,5	480,0	117,0	500,0	118,2	.....
2	./. Rabatte	136,8	19,5	69,8	17,0	77,1	18,2	.....
3	Nettoumsatz	703,2	100,0	410,2	100,0	422,9	100,0	.....
4	./. Skonti, preis- und erzeugungsabhängige Kosten	542,2	77,1	297,2	72,5	312,2	73,8	.....
5	ARTIKELBEITRÄGE	161,0	22,9	113,0	27,5	110,7	26,2	.....
6	./. Fracht	44,0	6,3	21,0	5,1	24,7	5,8	.....
7	./. direkte zusätzliche Kosten der Auftragsabwicklung	3,6	0,5	2,4	0,6	3,0	0,7	.....
8	AUFTRAGSBEITRÄGE	113,4	16,1	89,6	21,8	83,0	19,7	.....
9	./. Fixum	6,0	0,8	10,0	2,4	7,0	1,7	.....
10	./. Kosten der lokalen Werbung	5,0	0,7	2,0	0,5	3,0	0,7	.....
11	BEZIRKSBEITRAG	102,4	14,6	77,6	18,9	73,0	17,3	.....
				253,0				
	Verkaufsgebiete	C_1		C_2		C_3		
12	Sa. BEZIRKSBEITRÄGE	253,0	16,5	440,0	13,2	590,0	25,7	
13	./. Kosten der Verkaufsniederlassungen[1]	86,5	5,6	84,0	2,5	101,0	4,6	
14	GEBIETSBEITRAG	166,5	10,9	356,0	10,7	489,0	22,1	
				1011,5				
	Verkaufsabteilungen	A		B		C		
15	SA. GEBIETSBEITRÄGE	...	..	...	..	1011,5	14,3	
16	./. direkte Kosten der Abteilungen[1]	...	..	...	..	672,5	9,5	
17	ABTEILUNGSBEITRAG über volle direkte Kosten	740		1836		339,0	4,8	

[1] ohne in Zeile 7 bereits abgesetzte zusätzliche direkte Kosten der Auftragsabwicklung

1.2.2.3 Kundenerfolgsrechnung

Das moderne Marketing, das auf die Bedürfnisse der Kunden ausgerichtet ist, benötigt in der Marketingkosten und -erfolgsrechnung ein Informationsinstrument, das ganz auf den Kunden zielt, alle Erfolgsfaktoren, die mit ihm in Zusammenhang stehen, erfaßt, also alle ihm zurechenbaren

- Kosten
- Erlöse
- Erlösschmälerungen

enthält. Die Kundenerfolgsrechnung in Form einer Kundendeckungsbeitragsrechnung, die mit relativen Einzelkosten operiert, kann als ein solches Instrument angesehen werden.

Nach herrschender Auffassung eignet sich das folgende Rechenschema besonders gut zur Ermittlung entscheidungsorientierter Deckungsbeiträge:

Bruttoumsatz
./. Rechnungsrabatte, Skonti, Preisdifferenzen

= Nettoumsatz I.
./. Kalkulatorische Erlösschmälerungen

= Nettoumsatz II.
./. Wareneinsatz

= Rohertrag
./. Proportionale Produktionskosten

= Deckungsbeitrag I.
./. Proportionale, dem Kunden direkt zurechenbare Kosten wie Delcredere, Wechselspesen u.ä.

= Deckungsbeitrag II.
./. dem Kunden direkt zurechenbare Marketingetats

= Deckungsbeitrag III.
./. dem Kunden direkt zurechenbare Verkaufskosten (z.B. Besuchskosten)

= Deckungsbeitrag IV.
./. dem Kunden direkt zurechenbare Logistik-/Service-Kosten

= Deckungsbeitrag V.
./. Kosten für Sonderleistungen (z.B. Einrichtungsgegenstände, besonderer Service)

= Deckungsbeitrag VI.

Es empfiehlt sich, den Bruttoumsatz zu Verrechnungspreisen anzusetzen, kundentypische Preisdifferenzen lassen sich dann besser erfassen. Die Erlösschmälerungen sollten nach den eindeutig zurechenbaren Rechnungsrabatten, Skonti und Preisdifferenzen und den nur im Rahmen einer Rechnungsabgrenzung zurechenbaren im nachhinein vergüteten Erlösschmälerungen unterschieden werden.

Der **Deckungsbeitrag I** spiegelt das Sortiment-Mix des Kunden wider, er gibt Hinweise darauf, in welchem Ausmaße die Sortimentspolitik des Kunden und des Anbieters übereinstimmen.

In den **einzelnen Stufen** werden jeweils Kosten berücksichtigt, die systemimmanenten Einzelkostencharakter haben. Diese Zurechnung setzt eine sorgfältige Kostenanalyse voraus. Nur eine sehr umsichtige Beobachtung der Kosten verhindert eine zu grobe Kostenzuordnung.

Die **proportionalen, dem Kunden direkt zurechenbaren Kosten**, stellen Kostenbelastungen oder Zusatzleistungen dar und dürften bei der Zurechnung keine größeren Probleme verursachen. Anders sieht es mit den **Marketingetats** aus. Einer ihrer Hauptbestandteile, die Werbung, ist möglicherweise Kundengruppen aber nur in Ausnahmefällen einzelnen Kunden zuzurechnen, hingegen lassen sich die auf einzelne Kunden gezielten Verkaufsförderungsmaßnahmen größtenteils direkt zuordnen.

Die **Verkaufskosten** sind wiederum problematisch. Teile davon lassen sich ohne weiteres einzelnen Kunden zurechnen, etwa die Betreuungskosten des Außendienstes, soweit Großkunden davon betroffen sind; die Kosten des Verkaufsinnendienstes und der Verkaufsleitung müssen als nicht zurechenbar angesehen werden.

Große Teile der **Logistik-/Servicekosten** können den einzelnen Kunden zugeordnet werden, wie Transportkosten, Regalkosten, Kosten der Auszeichnung. Hat der eigene Fuhrpark Leistungen erbracht, können die dem Kunden nur zugerechnet werden, wenn eine genaue Tourenplanung existiert, die regelmäßig eingehalten wird, und über Optimierungsrechnungen den Kunden zuordenbare Kostenanteile ermittelt werden.

Die **Kosten der Sonderleistungen** betreffen Zahlungen für Einrichtungsgegenstände oder den Gegenwert besonderer Service-Leistungen.

Die **Kundendeckungsbeitragrechnung** erlaubt eine differenzierte Betrachtung von Umsatz, Erlösschmälerungen und kundentypischen Kosten. Insbesondere erlaubt die Errechnung mehrerer Deckungsbeiträge die Betrachtung der Erlösschmälerungen in Relation zu den dem Kunden zurechenbaren Kosten und ist damit ein Hilfsmittel zur Gewinnsteuerung und eine Unterstützung der Verkaufsverhandlungen.

Die Kundenerfolgsrechnung sollte regelmäßig erstellt werden, in gleichen Zeitabschnitten vorliegen wie die Informationen der übrigen Teilsysteme und mit diesen abgestimmt und verknüpft werden.

Die Rechnung kann im Normalfall nicht für jeden einzelnen Kunden angestellt werden; es empfiehlt sich, Größenkategorien zu bilden, etwa die fünfzig, achtzig, einhundert usw. größten Kunden zu berücksichtigen und besonders problematische Abnehmer zu "kalkulieren". Die übrigen Kunden sollten zusammengefaßt werden.

Organisatorische Probleme können sich in Unternehmen ergeben, in denen das klassische Kostendenken verwurzelt ist. In solchen Unternehmen muß vor allem der Controller darauf hinwirken, daß die alte Kostenarten-/Kostenstellen- und Kostenträgerrechnung unbedingt auf neuzeitliche Erfordernisse umzustellen ist.

Es muß für die Kostenrechnung eine Selbstverständlichkeit werden, daß zu den Kostenarten und Kostenstellen ein weiteres "Objekt" hinzukommt, nämlich der Kunde.

Die Kundenerfolgsrechnung sollte sich nicht darauf beschränken den Anteil der einzelnen Kunden am Erfolg zu ermitteln und rückschauend zu analysieren, sondern durch die Planung realistischer Deckungsbeiträge Vorgaben zu machen, die die Erreichung der gesteckten Marketingziele leichter möglich machen. Die nachträglich durchzuführenden Soll-/Ist-Vergleiche geben dann Aufschluß über den Grad der Zielerreichung und bilden die Grundlage zu weiteren Steuerungsmaßnahmen.

1.2.3 Marketingkostenrechnung als preispolitisches Instrument

Die Kostenrechnung kann sehr vielfältig als preispolitisches Instrument eingesetzt werden. Aus der Fülle der Anwendungsmöglichkeiten seien hier **zwei Fälle** herausgegriffen, die beide verdeutlichen sollen, wie wichtig es ist, daß die richtigen Informationen zur Verfügung stehen und welche Gefahren entstehen können, wenn an und für sich korrektes Zahlenmaterial zu falschen Informationen führt.

1.2.3.1 Preissenkung in Verbindung mit einer erwarteten Absatzsteigerung

In einem Unternehmen soll versucht werden, den Absatz durch eine Preissenkung zu forcieren.

Die gegenwärtige Erzeugungsmenge beträgt 10.000 St., die Selbstkosten belaufen sich auf 15.000.000,- DM, die Sondereinzelkosten des Vertriebs machen 10 % des Verkaufspreises aus, dieser beträgt 2.310,- DM/St.

Durch eine Preissenkung um 165,- DM/St. soll eine Absatzsteigerung um 20 % erreicht werden, die gemäß Marktprognose möglich ist. Der Anteil der fixen Kosten an den Selbstkosten beträgt 9.000.000,- DM. Der mit den erforderlichen Berechnungen beauftragte Mitarbeiter beschafft sich von der Kostenrechnung die vorstehenden Kalkulationsdaten und liefert folgendes Ergebnis:

Situation vor der Preissenkung:

Verkaufspreis je St.	2.310,— DM
./. 10 % SEK des Vertriebs	231,— DM
Nettoerlös/St.	2.079,— DM
./. Selbstkosten/St.	1.500,— DM
Reingewinn/St.	579,— DM

Situation nach der Preissenkung:

Verkaufspreis/St.	2.145,00 DM
./. 10 % SEK des Vertriebs	214,50 DM
Nettoerlös/St.	1.930,50 DM
./. Selbstkosten/St.	1.500,00 DM
Reingewinn/St.	430,50 DM

Gesamtgewinn vor Preissenkung	579,00 DM/St. · 10.000 St. = 5.790.000,- DM
Gesamtgewinn nach Preissenkung	430,50 DM/St. · 12.000 St. = 5.166.000,- DM
Gewinnminderung	624.000,- DM

Die Preissenkung würde zwar zu einer Absatz- und Umsatzerhöhung, jedoch zu einer Gewinnminderung führen. Der Fehler, der hier begangen wurde, liegt auf der Hand, der Entstehung nach korrekte Zahlen wurden falsch, in diesem Falle undifferenziert, verarbeitet. Es wurde mit den Vollkosten operiert und damit der schwerwiegende Fehler der Proportionalisierung fixer Kosten begangen. Aus einem vorhandenen Informationssystem wurden die falschen Kosteninformationen abgerufen.

Richtig hätte gerechnet werden müssen:

Situation vor der Preissenkung:

Verkaufspreis/St.	2.310,00 DM
./. 10 % SEK des Vertriebs	231,00 DM
Nettoerlös	2.079,00 DM
./. proportionale Kosten/St.	600,00 DM
Deckungsbeitrag/St.	1.479,00 DM

Situation nach der Preissenkung:

Verkaufspreis/St.	2.145,00 DM
./. 10 % SEK des Vertriebs	214,50 DM
Nettoerlös	1.930,50 DM
./. proportionale Kosten/St.	600,00 DM
Deckungsbeitrag/St.	1.330,50 DM

Gesamtgewinn vor der Preissenkung:

1.479,00 DM Deckungsbeitrag/Stück · 10.000 St.	= 14.790.000,00 DM
./. fixe Kosten	9.000.000,00 DM
Gewinn	5.790.000,00 DM

Gesamtgewinn nach der Preissenkung:

1.330,50 DM Deckungsbeitrag/Stück . 12.000 St.	= 15.966.000,00 DM
./. fixe Kosten	9.000.000,00 DM
Gewinn	6.966.000,00 DM

Die Gewinnsteigerung in Höhe von 1.176.000,— DM spricht für sich und kann deshalb unkommentiert bleiben.

1.2.3.2 Ermittlung von Preisuntergrenzen

Der Erfolg eines Produktes ist auf zwei Hauptkomponenten zurückzuführen, den Erlös, den es erbringt und die Kosten, die es verursacht. Er hängt also davon ab, welcher Erlös erzielt werden kann und in welchem Ausmaß er in der Lage ist, die Kosten zu decken. Langfristig ist jedes Wirtschaftsunternehmen darauf angewiesen, einen Erlös zu erzielen, der die Kosten deckt und darüber hinaus noch einen Gewinn ermöglicht. Ist dies nicht der Fall, wird eine Expansion unmöglich, und die Unternehmenssubstanz wird gefährdet.

In nahezu jedem Unternehmen ist jedoch die Situation denkbar, daß geplante Erlöse über den kalkulierten Preis nicht durchzusetzen sind, oder daß man auf eine Durchsetzung verzichtet. Ist nur der Gewinn nicht zu realisieren, wird zum Selbstkostenpreis verkauft, ist aber auch ein Selbstkostenpreis nicht zu realisieren, ergibt sich die Frage, auf welchen Teil der Kosten man im Preis verzichten kann. Um dies entscheiden zu können, muß das zuständige Informationssystem in der Lage sein, entscheidungsrelevante Kosten zur Verfügung zu stellen.

1.2.3.2.1 Ermittlung der liquiditätsorientierten Preisuntergrenze

Will man sich bei der Ermittlung der Preisuntergrenzen primär an der Liquidität orientieren, müssen die proportionalen und fixen Kosten eines Produktes bekannt sein, bei letzteren auch der Anteil, der mit Ausgaben verbunden ist.

Im folgenden **Beispiel** werden die Kosten nach dem Schema der Zuschlagskalkulation geordnet; aus Gründen der Übersicht wird auf eine größere Kostendifferenzierung verzichtet.

Bildung der Aufbaustufen

Kostenarten	proportionale Kosten	fixe Kosten ausgabenwirksam	fixe Kosten ausgabenunwirksam	Gesamtkosten
Fertigungsmaterial	50.000			50.000
Materialgemeinkosten	10.000	7.500	500	18.000
Materialkosten	60.000	7.500	500	68.000
Fertigungslohn	75.000	25.000		100.000
Fertigungsgemeinkosten	90.000	30.000	10.000	130.000
Fertigungskosten	165.000	55.000	10.000	230.000
Herstellkosten	225.000	62.500	10.500	298.000
Verwaltungsgemeinkosten	45.000	12.500	2.000	59.500
Vertriebsgemeinkosten	90.000	25.000	4.000	119.000
Selbstkosten	360.000	100.000	16.500	476.500
Verkaufserlöse				500.000
Gewinn				23.500

Bei einer angenommenen Stückzahl von 1.000 können die nachstehenden Preisgrenzen je Einheit errechnet werden:

Preis einschließlich Gewinn	500,—	Preis I.
./. Gewinn	23,50	
	476,50	Preis II.
./. fixe ausgabenunwirksame Kosten	16,50	
	460,—	Preis III.
./. fixe ausgabenwirksame Kosten	100,—	
Proportionale Kosten	360,—	Preis IV.

Der kalkulierte Verkaufspreis von 500,— DM kann stufenweise reduziert werden bis die Untergrenze von 360,— DM erreicht ist. Diese besteht aus den proportionalen Kosten und sollte nach Möglichkeit nicht unterschritten werden.

1.2.3.2.2 Ermittlung der Preisuntergrenzen im mehrstufigen direct costing

Eine weitere Möglichkeit, Preisgrenzen zu bilden, besteht bei Verwendung des mehrstufigen direct costing. Auch in diesem System können mehrere Preisgrenzen gebildet werden. Sie entstehen dadurch, daß die einzelnen Schichten der fixen Kosten stufenweise abgesetzt werden. Die Preisuntergrenze stellen wiederum die proportionalen Kosten dar.

Zur Darstellung der Vorgehensweise wird auf das Beispiel zurückgegriffen, das bei der Darstellung der Produkterfolgsrechnung bereits vorgestellt wurde (vgl. D. 1.2.2.1).

Die Methode erlaubt zwei Vorgehensweisen, eine progressive und eine retrograde. Da letztere wesentlich unkomplizierter ist, wird diese empfohlen. Betrachtet werden sollen die beiden Produkte c und d, von denen jeweils 1.000 St. hergestellt werden.

Produkt	c		d	
Preis ./. proportionale Kosten	40,00 30,00		90,00 40,00	
Deckungsbeitrag I. ./. produktfixe Kosten	10,00 5,00		50,00 35,00	
Deckungsbeitrag II. ./. produktgruppenfixe Kosten 35 %	5,00 1,75	42 %	15,00 6,30	
Deckungsbeitrag III. ./. bereichsfixe Kosten 45 %	3,25 1,46	45 %	8,70 3,92	
Deckungsbeitrag IV. ./. unternehmensfixe Kosten 60 %	1,79 1,07	60 %	4,78 2,87	
= Gewinn	0,72		1,91	

Die retrograd durchgeführte Kalkulation operiert mit den in der Ausgangsrechnung ermittelten Prozentsätzen, die den relativen Anteil der jeweiligen fixen Kosten am vorher errechneten Deckungsbeitrag angeben.

In einem nächsten Arbeitsgang werden schließlich die einzelnen Preisgrenzen ermittelt:

Produkt	c	d	
Preis ./. Gewinn	40,00 0,72	90,00 1,91	Preis I.
./. unternehmensfixe Kosten	39,28 1,07	88,09 2,87	Preis II.
./. bereichsfixe Kosten	38,21 1,46	85,22 3,92	Preis III.
./. produktgruppenfixe Kosten	36,75 1,75	81,30 6,30	Preis IV.
./. produktfixe Kosten 60 %	35,00 5,00	75,00 35,00	Preis V.
Proportionale Kosten	30,00	40,00	Preis VI.

Hier wird die Dringlichkeit der Deckung der fixen Kosten berücksichtigt. Die Ermittlung der Preisuntergrenze mittels dieses Verfahrens kann als ein Nebenprodukt der Produkterfolgsrechnung angesehen werden. Auf die Problematik der Kostenzurechnung mit Hilfe von Schlüsseln, hier Prozentschlüsseln, wurde bereits mehrfach hingewiesen.

1.2.3.2.3 Weitere Möglichkeiten der Bildung von Preisuntergrenzen

Man kann neben den beiden erwähnten Möglichkeiten noch weitere finden, Kosten stufenweise so vom kalkulierten Preis abzuziehen, daß mehrere Preisgrenzen ausgewiesen werden. Es müssen zu diesem Zwecke Kostenkategorien gebildet werden, die die Dringlichkeit der Deckung der jeweiligen Kostenschichten ausdrükken. Entscheidend ist dabei, daß die Kosten den Kostenträgern zumindest annähernd genau zugerechnet werden können. Mit Hilfe des Systems der Rechnung mit "relativen Einzelkosten" lassen sich durch stufenweises Weglassen einzelner Gruppen direkt zurechenbarer Kosten mehrere Preisgrenzen ermitteln.

13   14   15

1.3 Außendienstberichtssysteme

1.3.1 Begriff, Berichtsarten, Anforderungen

• **Begriff**

Berichte beinhalten nach bestimmten Aspekten gesammelte und geordnete Daten. Über den Berichtsbegriff und -inhalt herrscht in der Literatur und Praxis keine einheitliche Auffassung. Während etwa *Blohm* das Berichtswesen mit dem Informationswesen gleichsetzt, nimmt *Horvath* eine Eingrenzung vor, indem er in ihm die Erstellung und Weiterleitung von Informationen an das interne Management zum Zwecke der Planung und Kontrolle sieht.

Dieser controllergerechten Auffassung kann man sich auch im Rahmen des Marketing-Controlling anschließen.

• **Berichtsarten**

Berichte lassen sich nach den verschiedensten Kriterien systematisieren, so nach:

• Sachgebieten (Produktion, Absatz etc.)
• dem Berichtszeitpunkt (regelmäßig, sporadisch)
• der Funktion (Dokumentation u.ä.)
• dem Grad der Verdichtung (Kennzahlen u.ä.)
• der Art der Darstellung
• dem Empfänger usw.

Für Zwecke des Marketing-Controlling besonders geeignet ist eine Einteilung nach der Eignung für die Verwendung als Planungs- und Kontrollgrundlage:

- Standardberichte
- Abweichungsberichte
- Bedarfsberichte.

Standardberichte geben Antwort auf aus einem klar definierten Informationsbedarf sich ergebende Fragen. Zeitpunkt und Form der Berichterstattung sind meistens festgelegt, der Inhalt besteht im Regelfall aus detaillierten Darstellungen.

Abweichungsberichte werden erstellt, wenn bestimmte Vorgaben, festgelegte Sollwerte unter- oder überschritten werden, sie werden für Einzelfallentscheidungen benötigt.

Bedarfsberichte werden entweder angefordert, wenn Daten aus Standard- oder Abweichungsberichten einer Ergänzung oder Klärung bedürfen, oder wenn sich aus besonderen Situationen heraus zusätzlicher Informationsbedarf ergibt.

- **Berichtsanforderungen**

Berichte müssen immer empfängerorientiert sein. Dies bezieht sich auf:

- den Sachinhalt (Beachtung des jeweiligen Empfängerbereiches)
- die verwendete Sprache (Fachausdrücke, betriebsinterner Sprachgebrauch)
- die Darstellungsform
- die Überprüfbarkeit.

1.3.2 Gründe für den Aufbau von Außendienst-Berichtssystemen

In nahezu allen Unternehmen existieren Außendienst-Berichte in irgendeiner Form. Häufig werden mehr oder weniger unsortiert detaillierte Einzelinformationen geliefert, die zudem noch im Ermessen des Berichtenden liegen. In anderen Fällen dienen die Berichte lediglich dem Tätigkeitsnachweis im Außendienst oder haben Alibifunktion.

Folgende Einzelursachen können für die Einrichtung von Außendienst-Berichtssystemen sprechen, auch wenn bereits regelmäßig über Außendienstaktivitäten berichtet wird:

- falsche Informationen
- unvollständige Informationen
- nicht aktuelle Informationen
- unzuverlässige Informationen
- überflüssige Informationen
- unstrukturierte Informationen

- nicht auswertbare Informationen
- nicht zielgerichtete Informationen
- zu umfangreiche Informationen
- Informationen über unwichtige Details
- zu teuere Informationen
- zu starke Belastung der Mitarbeiter durch die Informationsgewinnung bisher
- Ergänzungsbedarf bereits installierter Systeme.

Dieser Katalog der Einzelursachen, der betriebsindividuell erweiterbar ist, läßt sich auf drei Hauptursachen reduzieren:

- das Vorhandensein zu wenig relevanter Informationen
- das Vorhandensein zu vieler Informationen
- der Bedarf nach Ergänzung anderer Systeme.

Daß der Mangel entscheidungsrelevanter Informationen Ursache für den Aufbau von Berichtssystemen ist, leuchtet wohl jedem ein, anders mag es bei einem Zuviel an Informationen sein. Doch auch ein Überfluß an Informationen kann sich entscheidungshemmend auswirken, vor allem, wenn sie ungeordnet sind, der Erkenntniswert nur schwer feststellbar ist und die Informationsfülle motivationsstörend wirkt.

Aus einem Unternehmen wurde bekannt, daß jeder Außendienstmitarbeiter täglich, wöchentlich und monatlich über die jeweils gleichen vorgegebenen Tatbestände schriftlich berichten muß, darüber hinaus wiederum über die gleichen Fakten am Abend eines jeden Arbeitstages. Neben den feststehenden Berichtsinhalten soll auch in den gleichen Zeitabständen über alles berichtet werden, "was gerade anfällt". Die geforderten Informationen sind so umfangreich, daß die Berichtenden zeitlich, gelegentlich auch sachlich, völlig überlastet sind. Das Schlimmste an diesem Fall ergibt sich jedoch aus dem Umstand, daß die Berichte im Unternehmen nur zu einem geringen Teil ausgewertet werden. Die im Laufe eines Monats von den Mitarbeitern auszufüllenden Berichtsformulare machen den Inhalt dreier Aktenordner aus.

Der Ausbau des vorhandenen und allmählich gereiften Berichtswesens zu einem Berichtssystem ist auch angebracht, weil geordnete, aktualisierte, in die richtigen Kanäle geleitete Informationen des Außendienstes im Unternehmen gewonnene Informationen ergänzen und interpretieren helfen. Umsatzstatistiken, Marktanteilsanalysen oder Deckungsbeitragsermittlungen, die naturgemäß vergangenheitsbezogen sind, reichen für viele Entscheidungen nicht aus und müssen durch aktuelle Berichte, etwa über das gegenwärtige Verhalten der Konkurrenz ergänzt werden. Es muß in diesem Zusammenhang auch berücksichtigt werden, daß Zahlen der Kostenrechnung oder Statistiken Daten über Ergebnisse, Außendienstberichte Daten über Geschehnisse liefern *(Kotler)*.

1.3.3 Aufbau und Inhalt von Außendienst-Berichtssystemen

Außendienst-Berichtssysteme sollen die Fragen beantworten helfen:

- wozu soll berichtet werden (Berichtszweck)?
- wer soll berichten (Sender)?
- wem soll berichtet werden (Empfänger)?
- wem darf nicht berichtet werden (Geheimhaltungspflicht)?
- was soll berichtet werden (Berichtsinhalt)?
- wann soll berichtet werden (Berichtszeitpunkt)?
- wie soll berichtet werden (Berichtsform)?

Bei der Beantwortung dieser Fragen, deren Folge eine Reihe, nicht einen Rang darstellt, ist folgendes zu berücksichtigen:

- **Berichtsersteller**

Grundsätzlich kann davon ausgegangen werden, daß jeder Außendienst-Mitarbeiter Berichtspflicht hat; je nach Arbeitsgebiet und hierarchischer Stellung des Berichtenden sind jedoch Abstufungen vorzunehmen, die betriebsindividuell zu sehen sind und vom Berichtszweck und -inhalt abhängen.

Wenn man die von *McMurry* ermittelten sieben Arten des Verkaufens betrachtet, die von der physischen Weitergabe von Produkten über das primäre Informieren bis zum Problemlösen für den Kunden reichen, oder sich die bei *Weis* dargestellten Aufgabenstellungen der Außendienstverkäufer ansieht, nämlich

- Erzielung von Aufträgen
- Beratung von Kunden
- Aufsuchen von potentiellen Abnehmern
- Sammlung von Informationen
- Vorführung von Produkten
- Regelung von Reklamationen
- Beratung und Schulung der Mitarbeiter
- Verteilung von Werbematerial
- Marktanalysen
- Kundendienst
- Weiterverkaufshilfen
- Kreditinformationen,

wird ohne weiteres erkennbar, daß die Berichtsmöglichkeiten der Träger der einzelnen Aufgabenstellungen sehr unterschiedlich sind und damit die Berichtspflicht beeinflussen.

Stehen Kreis der Berichtenden und Umfang der Berichtspflicht fest, muß versucht werden, die Außendienstmitarbeiter zum Berichten zu motivieren, indem sie auf die Bedeutung ihrer Informationen ausführlich hingewiesen werden. Eine Anleitung zu den erforderlichen Informationstechniken kann sich anschließen.

• Berichtsempfänger

Die Abgrenzung der Berichtsempfänger bereitet keine Schwierigkeiten, da bereits festgestellt wurde, daß der Empfängerkreis aus dem Marketing-Management bestehen soll. Regelungsbedürftig ist, welche Mitglieder des Managements Berichte erhalten, außerdem ob die Berichte in ihrer Ursprungsform unmittelbar den Managern zugehen sollen, oder ob vorher eine Verdichtung durch den Controller erfolgen soll.

In manchen Betrieben wird eine Eingrenzung der Berichtsempfänger vorgenommen, die nicht etwa aus einem Mißtrauen gegenüber einzelnen Personen resultiert, sondern funktionsbedingt ist. Man will lediglich eine Überinformation verhindern.

• Berichtszweck und Inhalt

Berichtszweck und Berichtsinhalt können nicht unabhängig voneinander gesehen werden.

Die Hauptziele, die mit Hilfe der Außendienstberichte erreicht werden sollen, sind die Erleichterung von

- Planung
- Steuerung und
- Kontrolle.

In zahlreichen Unternehmen steht der **Kontrollzweck** auch heute noch im Vordergrund, wenn auch die übrigen Zwecke nicht ganz vernachlässigt werden. In diesem Falle werden den Außendienst-Mitarbeitern

- Besuchsberichte
- Tagesberichte
- Wochenberichte

als periodische Berichte und

- Sonderberichte

aus bestimmten Anlässen vorgeschrieben.

Besuchsberichte informieren über den Besuch bei Kunden oder möglichen Kunden und informieren über:

- den besuchten Kunden
- die Besuchszeit und Besuchsdauer
- den Besuchsgrund
- die Konsequenzen des Besuches
- das Besuchsergebnis
- außergewöhnliche Ereignisse
- gegebenenfalls entstandene Aufwendungen.

Tagesberichte geben einen zusammenfassenden Überblick über die durchgeführten Arbeiten und erzielten Ergebnisse, und **Wochenberichte** sind immer dann anzufertigen, wenn ein täglicher Informationsbedarf nicht besteht oder pro Tag nur sehr wenige Kunden besucht werden.

Sonderberichte werden immer dann verlangt, wenn sich Änderungen bei Kunden ergeben oder für das Unternehmen bedeutsame Ereignisse oder Fakten festgestellt werden, wie

- Verschlechterung der Kundenbonität
- Verärgerung des Kunden
- Reklamationen
- wichtige Vorschläge von Kunden.

Kontrollen dienen nicht nur der Überprüfung der Mitarbeiter, sie sollen ebenso eine Beurteilung der Außendienstleistung darstellen. Die Analysen, die mit Hilfe der Zahlen der Kostenrechnung und der Marketingstatistik durchgeführt werden, reichen in der Regel nicht aus, um die Leistung des Außendienstes zuverlässig zu beurteilen; erst die Kombination dieser Daten mit bestimmten Berichtsangaben führt zu befriedigenden Ergebnissen. Eine Matrix der Objekte und Instrumente der Verkaufskontrolle *(Weis)* zeigt, wie das Berichtssystem für sich betrachtet und in Kombination mit anderen Instrumenten zu Kontrollzwecken eingesetzt werden kann.

Instrumente / Objekte	Berichtssystem	Kennzahlen	Verkaufsergebnisrechnung
Umsatz	X	X	X
Kosten	(X)	X	X
Ergebnis	(X)	X	X
Tätigkeit	X	X	–

X = trifft zu
(X) = trifft teilweise zu
– = trifft nicht zu

Bedeutung kommt in diesem Zusammenhang der Ermittlung von Kennzahlen zu, die mit Hilfe von Berichtsdaten errechnet werden können. In Zusammenarbeit von Marketingleitung und Controlling muß festgestellt werden, welche Kennzahlen in erster Linie von Interesse sind. Es kann sich dabei um Zahlen handeln wie:

- Deckungsbeitrag je Tag, je Auftrag, je Kunde
- Umsatz je Tag, je Auftrag, je Kunde
- Besuche je Tag, je Auftrag, je Kunde
- Kosten je Tag, je Besuch, je Auftrag, je Kunde
- Km je Tag, je Besuch, je Auftrag, je Kunde
- Auftragsgröße pro Kunde
- Anteil Direktaufträge
- Anzahl Neukunden usw.

Viele dieser Kennzahlen können von den jeweiligen Stichtagsdaten ermittelt werden, aber auch von kumulierten Größen. Die ermittelten Größen ermöglichen:

- Vergleiche einzelner Außendienstmitarbeiter untereinander im Hinblick auf die Bearbeitung einzelner Kunden oder Bezirke
- Vergleiche verschiedener Bezirke untereinander
- Vergleiche hinsichtlich einzelner Aktionen.

Werden über den Kontrollzweck hinaus die eigentlich als selbstverständlich anzusehenden **Planungs- und Steuerungszwecke** verfolgt, müssen die in den Berichten enthaltenen Informationen umfangreicher sein; der Schwierigkeitsgrad der Informationsbeschaffung ist entsprechend höher.

Solche Außendienstberichte können Informationen der unterschiedlichsten Art, personen- und sachbezogen, enthalten.

(1) Personenbezogene Informationen

Personenbezogene Informationen dienen in erster Linie der Besuchsplanung. Entweder will der Außendienstmitarbeiter, der den Kunden bereits zum wiederholten Male besucht, das Verkaufsgespräch vorbereiten, indem er Namen und Fakten früherer Gespräche abruft, oder die Informationen dienen neuen Mitarbeitern, die sich über zu besuchende Kunden informieren müssen. Im wesentlichen werden die folgenden Informationen benötigt:

- "historische" Entwicklung des Kunden
- Bonität des Kunden
- Rang des Kunden in einer A-B-C-Analyse
- gegenwärtige Vertragssituation
- errechnete Kundendeckungsbeiträge
- erzielte Umsätze
- bei vorangegangenen Besuchen getroffene Vereinbarungen
- Mitarbeiter des Kunden, mit denen bei vorangegangenen Besuchen gesprochen wurde
- besonders schwierige Mitarbeiter.

(2) Informationen für Kundenpotentialanalysen

Es gehört zu den wichtigen Marketing-Aufgaben, das Potential der Kunden, sowie der Interessenten als später mögliche Kunden zu erfassen und festzuhalten. Bei der Erfassung und laufenden Überprüfung des Potentials können Außendienstberichte wertvolle Hilfen sein. Die Kontakte zu den Inhabern und Mitarbeitern der besuchten Unternehmen ermöglichen dem Außendienst-Personal das Potential der wichtigsten Funktionsbereiche, zumindest in groben Zügen, zu erkennen. Die Zahl und Qualifikation der Mitarbeiter, Maschinenausstattungen, Produktionsprogramme, Produktionsverfahren etc. sind in Industriebetrieben solche groben Potential-Merkmale.

Verfeinerte Indikatoren, die durchaus auch gelegentlich subjektiv gesehen werden können, erlauben genauere Beurteilungen.

Wertvolle Hilfe leistet die Kenntnis des Potentials von Kunden und Interessenten der Steuerung der Besuchsplanung. Die Planung der Besuchshäufigkeiten und damit der Kapazitätssteuerung ist dabei von Bedeutung.

(3) Informationen zum Zwecke der Marktbeobachtung

Die Verwendung von Außendienst-Berichtssystemen im Rahmen der Marktbeobachtung und damit der Einsatz von Außendienstmitarbeitern in diesem Bereich ist nicht unumstritten. Es werden zumeist folgende Argumente ins Feld geführt:

- mangelnde Qualifikation für Marktbeobachtungsaufgaben
- Kompetenzprobleme
- Subjektivität der Informationen
- Entstehen zusätzlicher Kosten.

Durch entsprechende Schulung und Motivation der Mitarbeiter des Außendienstes durch eine vernünftige Organisation und durch eindeutige Zuweisung der Marktbeobachtungsaufgaben lassen sich sicherlich die genannten Bedenken zumindest abschwächen.

Es wäre sehr unwirtschaftlich und dem Marketingdenken eigentlich fremd, ließe man das Potential der Außendienstmitarbeiter teilweise ungenutzt. Wegen des engen Kontaktes zu den Kunden erkennt der Außendienst, sofern er voll funktionsfähig ist, nicht nur ihre Sorgen und Probleme, sondern bemerkt auch häufig neue Aktionen und Reaktionen der Konkurrenz früher als manche der Marktbeobachtung dienende Institutionen. Es wäre falsch, Absatzprognosen auf Angaben von Außendienstberichten allein aufzubauen, ergänzend heranziehen sollte man die Aussagen der Außendienst-Mitarbeiter jedoch.

Veränderungen im eigenen Kundenstamm, in Kundengruppen, Branchen, Gebieten, Preisbewegungen, die Einführung neuer Produkte oder die Erschließung neuer Möglichkeiten u.a., sollten vom Außendienst regelmäßig gemeldet und von der Marketingleitung auch analysiert werden.

• Berichtsform

Der Berichtsform kommt eine nicht zu unterschätzende Bedeutung zu. Die Motivation zu berichten, die Klarheit, Wahrheit und Eindeutigkeit der Berichtsinhalte, sowie der Schwierigkeitsgrad der Auswertung hängen wesentlich von der vorgeschriebenen, bzw. vorbereiteten Form der Berichte ab.

Unabhängig davon, ob Formulare, Telefone, Fax-Geräte oder Mini-Terminals bei der Datenerfassung verwendet werden, sind Richtlinien über die Aufnahmen und Weitergabe der Informationen unerläßlich. Auf jeden Fall muß darauf geachtet werden, daß die Berichtsform:

- empfängerorientiert   - übersichtlich
- berichterfreundlich   - wirtschaftlich

ist.

Werden Formulare verwendet, sind diese so aufzubauen, daß sie so standardisiert wie nur möglich sind, sich ihre Gestaltung formal und inhaltlich möglichst wenig ändert, die Informationen knapp und präzise geäußert werden können.

Bedient man sich anderer Berichtsformen, müssen klare Anweisungen existieren, wie sie zu handhaben sind.

1.3.4 Verbesserung der Außendienst-Berichtssysteme

Die Außendienst-Berichtssysteme müssen laufend auf Verbesserungsmöglichkeiten hin überprüft werden. Verbesserungen werden möglich durch:

- gezielte Schulung und Motivation der Außendienst-Mitarbeiter
- Vermeidung von Schematisierung der Berichte durch unreflektierte Übernahme von Systemen anderer Unternehmen, sondern Berücksichtigung von unternehmens- und branchentypischen Besonderheiten
- Minderung von technischen Schwierigkeiten bei der Datenerfassung
- Ausnutzen der Möglichkeiten, die EDV-Systeme bieten
- Sammlung, Bewertung, Kondensierung und Redigierung der Berichte durch fähige und gut ausgebildete Mitarbeiter des Marketing-Controlling
- dauernde Überprüfung der Verteilung der Informationen mit dem Ziel ihrer Übermittlung in der richtigen Form, in der schnellstmöglichen Zeit an die richtigen Empfänger.

16 17

1.4 Marketingforschung

1.4.1 Aufgabe

Das Marketing-Management kann seine Aufgaben nur optimal erfüllen, wenn es umfassend informiert ist. Eine Reihe von Entscheidungen kann mit Hilfe der bereits behandelten Informationssysteme nur unvollkommen vorbereitet werden, weil deren Inhalt entweder zu stark vergangenheitsorientiert ist oder nicht sämtliche entscheidungsrelevanten Marktdaten wiedergibt. Hinzu kommt, daß die übrigen Informationssysteme häufig erforderliche wissenschaftliche Methoden nicht gezielt einsetzen, während das Wesen der Marketingforschung die Verwendung solcher Methoden ausmacht.

In vielen Unternehmen besteht auch zum gegenwärtigen Zeitpunkt noch eine gewisse Distanz zur Marketingforschung.

Beispiel für einen Tagesbericht (Quelle Weis)

Bildung der Aufbaustufen

Beispiel für einen Tagesbericht

Beispiel für einen Wochenbericht (Quelle *Weis*)

von ________ bis ________ Niederlassung ______________________ Name ______________________

Montag Firma Ort	Dienstag Firma Ort	Mittwoch Firma Ort	Donnerstag Firma Ort	Freitag Firma Ort	Besuche				Vorführungen Produkte								Tage		
					Erstbes.	Interesse	Kunden	mit VL	1	2	3	4	5	6	7	8	Urlaub	Meeting/ Schulung	Krankheit
					1	1	1	1	1	1	1	1	1	1	1	1		0,25	
					2	2	2	2	2	2	2	2	2	2	2	2			
					3	3	3	3	3	3	3	3	3	3	3	3	0,5	0,50	0,5
					4	4	4	4	4	4	4	4	4	4	4	4			
					5	5	5	5	5	5	5	5	5	5	5	5		0,75	
					6	6	6	6	6	6	6	6	6	6	6	6			
					7	7	7	7	7	7	7	7	7	7	7	7	1,0	1,00	1,0
					8	8	8	8	8	8	8	8	8	8	8	8			
					9	9	9	9	9	9	9	9	9	9	9	9		1,25	
					10	10	10	10	10	10	10	10	10	10	10	10	1,5	1,50	1,5
					11	11	11	11	11	11	11	11	11	11	11	11			
					12	12	12	12	12	12	12	12	12	12	12	12		1,75	
					13	13	13	13	13	13	13	13	13	13	13	13			
					14	14	14	14	14	14	14	14	14	14	14	14	2,0	2,00	2,0
					15	15	15	15	15	15	15	15	15	15	15	15			
					16	16	16	16	16	16	16	16	16	16	16	16		2,25	
					17	17	17	17	17	17	17	17	17	17	17	17	2,5	2,50	2,5
					18	18	18	18	18	18	18	18	18	18	18	18			
					19	19	19	19	19	19	19	19	19	19	19	19		2,75	
					20	20	20	20	20	20	20	20	20	20	20	20			
					21	21	21	21	21	21	21	21	21	21	21	21	1,0	3,00	3,0
					22	22	22	22	22	22	22	22	22	22	22	22			
					23	23	23	23	23	23	23	23	23	23	23	23		3,25	
					24	24	24	24	24	24	24	24	24	24	24	24			
					25	25	25	25	25	25	25	25	25	25	25	25	3,5	3,50	3,5
					26	26	26	26	26	26	26	26	26	26	26	26		3,75	
					27	27	27	27	27	27	27	27	27	27	27	27			
					28	28	28	28	28	28	28	28	28	28	28	28	4,0	4,00	4,0
					29	29	29	29	29	29	29	29	29	29	29	29			
					30	30	30	30	30	30	30	30	30	30	30	30		4,25	
					31	31	31	31	31	31	31	31	31	31	31	31	4,5	4,50	4,5
					32	32	32	32	32	32	32	32	32	32	32	32			
					33	33	33	33	33	33	33	33	33	33	33	33		4,75	
					34	34	34	34	34	34	34	34	34	34	34	34			
					35	35	35	35	35	35	35	35	35	35	35	35	5,0	5,00	5,0
					36	36	36	36	36	36	36	36	36	36	36	36			
					37	37	37	37	37	37	37	37	37	37	37	37			
					38	38	38	38	38	38	38	38	38	38	38	38			
					39	39	39	39	39	39	39	39	39	39	39	39			
					40	40	40	40	40	40	40	40	40	40	40	40			

Bildung der Aufbaustufen 119

Spesenabrechnungen

Kostenart		DM (brutto)	Konto-Nr.	MwSt %
Spesen	3		4631	
Übernachtung	5		4610	.
Reisekosten	6		4610	
Parken	7		4610	.
Taxi	8		4610	.
Eintrittsgeld	9		4610	.
Telefon	10		4511	.
Tel. unterwegs	11		4511	.
Porto	12		4510	
Büromaterial	13		4290	.
Zeitschriften	14		4291	.
Blumen	15		4660	
Geschenke	16		4717	
Summe:				

Wochenbericht

Tag	Name ADM bzw. Kunde	erledigt ja	nein, sondern				
			I	G	EB	B	S	T

Wochenplan

Tag	I	G	EB	B	S	T	Name ADM bzw. Kunde

Bemerkungen:

I = I-Tour
G = G-Tour
EB = eigene Besuche
U = (Durote)
S = Sonderbesuche m MA
T = Training, Schulung

Folgende Argumente werden häufig ins Feld geführt:

- zu abstrakt
- zu teuer
- die Ergebnisse liegen zu spät vor, viele Entscheidungen mußten bereits getroffen werden
- die Marktforscher haben sich schon oft geirrt
- nur für Großunternehmen geeignet.

Sicher lassen sich die vorgebrachten Argumente in Einzelfällen vertreten, doch läßt sich ohne weiteres für jedes Argument auch ein Gegenargument finden. Man muß sich darüber im klaren sein, daß es Marktforschung in abgestufter Form geben kann, daß der Informationsbedarf nicht in jedem Unternehmen der gleiche ist, und deshalb auch die Marktforschung nicht von jedem Unternehmen im gleichen Ausmaß beansprucht wird. Dennoch kann in der heutigen Zeit kein verantwortungsbewußter Manager auf Marktforschungsergebnisse verzichten. Es läßt sich sogar die Behauptung aufstellen, daß es kaum ein Unternehmen gibt, das nicht mit solchen Ergebnissen konfrontiert wird. Der Inhaber eines kleinen Unternehmens ist sich möglicherweise gar nicht bewußt, daß er die Marktforschung in Anspruch nimmt, wenn er statistische Erhebungen seines Verbandes oder der Industrie- und Handelskammer auswertet oder sich mit Veröffentlichungen von Wirtschaftsforschungsinstituten beschäftigt.

Die Begriffe Marktforschung, Marketingforschung, Absatzforschung werden teilweise gleichgesetzt, aber auch unterschiedlich gedeutet. Es scheint legitim, die Begriffe Marketingforschung und Absatzforschung identisch zu sehen (so auch *Meffert*), die Marktforschung jedoch als den übergeordneten Bereich aufzufassen, der neben dem Absatzbereich noch die übrigen Funktionsbereiche erfaßt. Daraus ergibt sich folgendes Bild:

Marktforschung				
Beschaffungs-markt-forschung	Arbeitsmarkt-forschung	Finanz-markt-forschung	Absatz-markt-forschung	
			Externe Informationen	Interne Informationen
			Absatzforschung	

Unter Absatz- oder Marketingforschung kann in Anlehnung an *Merk* das systematische und methodisch einwandfreie Untersuchen eines Marktes verstanden werden, mit dem Ziel, Entscheidungen in diesem Bereich zu treffen und zu erklären. Im Rahmen der Absatzforschung werden interne, hauptsächlich jedoch externe Informationen gewonnen; die externen betreffen die Umwelt der Unternehmen, im Mittelpunkt stehen die

Bildung der Aufbaustufen 121

- gegenwärtigen Abnehmer
- potentiellen Abnehmer
- Konkurrenten
- sonstigen Marktpartner,

aber auch die Faktoren, die die Bedingungen für die optimale Befriedigung der Marktbedürfnisse schaffen, sind Gegenstand der Marketingforschung, etwa

- das politische Umfeld
- die konjunkturelle Lage
- die Einkommensentwicklung
- die Höhe des Zinsniveaus
- Maßnahmen der Bundesbank
- außenwirtschaftliche Zusammenhänge usw.

1.4.2 Marketing-Controller und Marketingforschung

1.4.2.1 Rolle des Marketing-Controllers in der Marketingforschung

Die Marketingforschung zählt nicht zu den eigentlichen Arbeitsgebieten des Marketing-Controllers. Die Marktforschung wird von Spezialisten innerhalb und außerhalb des Unternehmens betrieben, die nicht nur über ausreichende Kenntnisse des Marktes verfügen, sondern auch die erforderlichen wissenschaftlichen Methoden der Datenerhebung und Datenauswertung sehr gut beherrschen müssen.

Der Marketing-Controller muß über so viele Marktforschungskenntnisse verfügen, daß er in der Lage ist,

- zusammen mit der Marketing-Leitung den Informationsbedarf festzustellen
- bei der Forschungsobjektwahl mitzuwirken
- Hilfestellung bei der Auswahl der Methoden zu leisten
- die ermittelten Daten zu sortieren, verdichten, kommentieren
- die Daten mit Daten anderer Systeme zu koordinieren und zu komplettieren
- die Daten ggfs. an die richtigen Stellen weiterzuleiten, bzw. Richtlinien für die Weiterleitung zu entwerfen.

Eine sehr wichtige Aufgabe des Controllers ist die Mitwirkung bei der Ermittlung des Informationsbedarfs, der mit Hilfe der Marketingforschung gedeckt werden soll. Bevor ein detaillierter Informationsbedarfskatalog erstellt wird, empfiehlt es sich, sich einen Überblick über die Objekte der **Marketingforschung** zu verschaffen, dadurch dürfte es leichter fallen, den Informationsbedarf zu konkretisieren. Analog einer Zerlegung des Marktes in die Teilbereiche **Bedarf, Mitanbieter und Absatzwege** läßt sich in Anlehnung an *Schäfer/Knoblich*, die Marketingforschung in eine **Bedarfsforschung, Konkurrenzforschung und Absatzwegeforschung** einteilen.

Die **Bedarfsforschung** zielt auf die Nachfrage bzw. auf die Käufer und potentiellen Käufer als Nachfrager:

- Abnehmer und Abnehmergruppen
- Mengenbedarf der Nachfrager
- zeitlicher Bedarf
- Preise
- Kaufkraft
- gegenwärtige und substituierbare Bedürfnisse u.ä.

Die **Konkurrenzforschung** befaßt sich mit dem Verhalten der Konkurrenten,

- ihrem Produktangebot
- der Ähnlichkeit der Produkte mit den eigenen
- ihren Standorten
- ihrer Absatzreichweite
- ihrer jeweiligen Kapazität
- ihrer Kosten- und Finanzlage
- ihren absatzpolitischen Maßnahmen
- ihrer Absatzorganisation
- den Aktionen und Reaktionen auf eigene Maßnahmen u.ä.

Die **Absatzwegeforschung** stellt fest, welche Kundenkreise über welche Zwischenstufen beliefert werden.

Eine andere Einteilung der Forschungsobjekte geht auf *Behrens* zurück, der je nach Objekt- oder Subjektbezogenheit von den beiden Bereichen **Ökoskopie** und **Demoskopie** spricht.

Gegenstand der **Ökoskopie** ist die Erforschung objektiver Marktdaten wie Marktanteile, Umsätze, Preise, Anbieter- und Nachfragestrukturen u.ä., während die **Demoskopie** die Untersuchung von Handlungssubjekten zum Gegenstand hat. Demographische, soziographische und verhaltenspsychologische Merkmale sind die Untersuchungsgegenstände. Die Unterschiede zwischen Demoskopie und Ökoskopie werden in erster Linie in den eingesetzten Forschungsmethoden der empirischen Sozial- und empirischen Wirtschaftsforschung gesehen. Zwischen Bedarfsforschung und demoskopischer Forschung kann im wesentlichen Kongruenz gesehen werden *(Rogge)*.

Ist man sich im Unternehmen über die Forschungsobjekte im klaren, läßt sich daraus der Informationsbedarf im einzelnen ableiten. Es hat sich als hilfreich herausgestellt, den Informationsbedarf in einem Katalog zusammenzustellen. Der von *Berthel/Moews* konzipierte Katalog von Planungsdaten kann dabei wertvolle Hilfe leisten. Er berücksichtigt Informationen über das Unternehmen, die Marktpartner, die Konkurrenten und die übrige Umwelt. Der Katalog stellt eine unter mehreren Möglichkeiten dar und läßt sich selbstverständlich branchen- und betriebsindividuell umgestalten:

- **Unternehmensinformationen:**

  Absatzbereich
  Vergangenheitsabsatz
  - absolute Höhe und Trend
  - saisonale Verteilung
  - Aufgliederung nach Erzeugnissen
  - Aufgliederung nach Abnehmern oder Abnehmergruppen
  - Aufgliederung nach regionalen Absatzgebieten
  - eigene und fremde Sondereinflüsse
  - Begründung für Planabweichungen
  - Entwicklung des eigenen Marktanteils

  Absatzerwartungen
  - zeitlich früher erstellter Plan für die gleiche Periode
  - der vorhergehende revolvierende Plan
  - die Planungsperiode umgreifende längerfristige Absatzpläne
  - Beurteilung der zukünftigen Absatzentwicklung durch nichtplanende Stellen innerhalb und außerhalb des Unternehmens
  - Erwartungen über den eigenen Marktanteil
  - Zielvorstellungen über die Umsatzentwicklung

  Absatz-Anbahnungen
  - Anfragen und schwebende Verkaufsverhandlungen
  - Auftragseingänge und Auftragsbestände
  - eigene Lieferfristen

  Absatzbeeinflussende Maßnahmen
  - Veränderungen der eigenen Verkaufspreise
  - Werbung
  - Service
  - Produkt- und Sortimentsgestaltung
  - Verkaufstechnik (Einsatz des Personals, Akquisitionsreisen usw.)

  Fertigungsbereich
  Beschaffungsbereich
  Lagerbereich
  Finanzbereich
  Gesamtunternehmen.

  Die Informationen über die einzelnen Funktionsbereiche betreffen in erster Linie die vorhandenen Möglichkeiten und Engpässe, die Informationen über das Gesamtunternehmen, die Deckungsbeiträge der einzelnen Erzeugnisse und Erzeugnisgruppen.

  Die Informationen über das eigene Unternehmen sind ohne große Probleme zu beschaffen, wenn Teilinformationssysteme wie Umsatzstatistik, Marketingkosten und -erfolgsrechnung und Außendienst-Berichtssysteme existieren. Die folgenden Informationen zielen auf das Umfeld.

- **Informationen über die Marktpartner**

  Informationen über die Endabnehmer
  Gesamtnachfrage nach der Produktart (Vergangenheit und Prognose)
  - absolute Höhe und Trend
  - saisonale Verteilung
  - regionale Verteilung

  Entwicklung der die Gesamtnachfrage bestimmenden Faktoren
  - Produktpreis (sowie dessen Einfluß auf die Nachfrage)
  - Angebotsgestaltung für Substitutionsgüter
  - Wirtschaftliche Situation der Endabnehmer
    - Kaufkraft der Haushalte
      - Einkommenshöhe
      - Einkommenserwartungen
      - Einkommensverwendung in Abhängigkeit von der Einkommenshöhe und dem allgemeinen Preisniveau

  - Wirtschaftliche Situation der Unternehmungen
    - Absatzentwicklung
    - Absatzpreise
    - Erfolgsentwicklung
    - Erwartungen über die wirtschaftliche Entwicklung des Unternehmens, der Branche und der allgemeinen Konjunktur

  - Verwendungszweck und Verwendungsmöglichkeiten der Produktart
  - Gründe für den Bedarfswandel
    - Veränderung der ästhetischen Anforderungen an das Produkt (Mode, Geschmack)
    - Änderungen des Produktionsprogramms der Abnehmer
    - Technischer Fortschritt

  - Gesamtnachfragebeeinflussende Maßnahmen von Anbietern (Werbung, insbesondere Gemeinschaftswerbung, Gemeinschaftsberatung usw.)

- **Informationen über den Handel**

  Gesamtnachfrage nach der Produktart (Vergangenheit und Prognose)
  - absolute Höhe, Trend
  - saisonale Verteilung
  - regionale Verteilung

  Lagerhaltung und Eindeckungsgewohnheiten des Handels

- **Informationen über die Konkurrenten**

  Inländisches Produktionsvolumen
  - Marktanteile der inländischen Konkurrenten
  - Anteil der Importe auf dem Inlandsmarkt
  - Marktanteile wichtiger Konkurrenten auf Exportmärkten

Bildung der Aufbaustufen

Angebotsgestaltung der Konkurrenten
- Verkaufspreise
- Werbung
- Produktgestaltung
- Service
- Verkaufstechnik
- Lieferfähigkeit (Lieferfristen)

Erwartete Reaktionen der Konkurrenten auf die geplanten eigenen absatzbeeinflussenden Maßnahmen

Wirtschaftliche Situation der Konkurrenten
- Absatzmengen (Vergangenheit und Prognose)
- Auftragsbestände
- Lagerbestände
- Fertigungskapazitäten
- Beschäftigungsgrad
- Rentabilität und Verschuldungsgrad

• **Informationen über die übrige Umwelt**

Eigener Markt
- Verwendung der eigenen Produkte im Ausland
- Verwendungsgewohnheiten komplementärer Güter
- Substitutionsmöglichkeiten durch andere Güter
- Indikatoren für die eigene Absatzentwicklung

Branchenmarkt
- Umsatzentwicklung
- Auftrags- und Lagerbestände
- Beschäftigungslage
- Preisniveau

Volkswirtschaft (Inland und wichtige Exportländer)
- Entwicklung volkswirtschaftlicher Gesamtgrößen
- Konjunkturelle Gesamtlage
- Wirtschaftspolitische Maßnahmen und sonstige nachfragebeeinflussende politische Ereignisse.

1.4.2.2 Vorgehensweise bei der Informationsbeschaffung

Die Ermittlung des Informationsbedarfs und seine Dokumentation in einem Katalog bedeutet nicht unbedingt, daß der Bedarf, in diesem Zusammenhang mit Hilfe der Marketingforschung, auch befriedigt wird. Es genügt nicht, gelegentlich den Markt zu erkunden, "Markterkundungen" durchzuführen, vielmehr ist es erforderlich, systematisch vorzugehen, den Markt zu analysieren, fortlaufend zu beobachten und darauf Prognosen aufzubauen. Demnach besteht die Marketingforschung aus den Schritten:

- Marktanalyse
- Marktbeobachtung
- Marktprognosen.

Die **Marktanalyse** stellt die Struktur eines Marktes zu einem bestimmten Zeitpunkt fest. Sie ist also eine stichtagbezogene Momentaufnahme des Marktes. Die Gegebenheiten des Marktes und vor allem die Bedürfnisse des Kunden stehen im Mittelpunkt der Untersuchung. Hinzu kommt die Analyse der Konkurrenz und der Absatzwege. Die **Marktbeobachtung** verzichtet auf eine stichtagbezogene Betrachtung, sie ist eine Zeitraumbetrachtung, eine kontinuierliche Untersuchung des Marktes. Sie registriert das Geschehen auf dem Markt, seine Veränderungen, versucht sie zu begründen und offensichtliche Gesetzmäßigkeiten in ihrem Verlauf festzustellen. Sie begnügt sich aber nicht mit der Feststellung von Gegebenheiten; ihre Arbeit leitet über in die **Marktprognose**. Diese wird häufig nicht als eigenständiger Bereich der Marketingforschung angesiedelt, sondern wird in der Planung als eine besondere Methode angesehen. Unter Marktprognosen werden die bewußten und zielgerichteten Vorhersagen über zukünftige Marktgegebenheiten zusammengefaßt.

Die Marktprognose bedient sich verschiedener Verfahren, die wichtigsten seien hier skizziert:

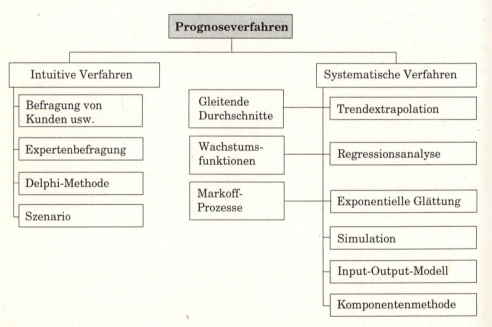

Quelle: *Weis*

Auf die Methoden der Marktprognose soll hier nicht weiter eingegangen werden, es kann auf die umfangreiche Literatur hingewiesen werden (z.B. *Weis, H. Ch./ Steinmetz, P.*, Marktforschung, *Rogge, H. J.*, Marktforschung, u.a.).

1.4.2.3 Methoden der Marktforschung

Die Aussagefähigkeit der mit Hilfe der Marktforschung gewonnenen Daten hängt zu einem großen Teil von der Handhabung der zur Verfügung stehenden Methoden ab.

Die Marktforschung arbeitet in erster Linie mit zwei grundlegenden Methoden, der **Sekundärforschung** und der **Primärforschung**. Sie unterscheiden sich hinsichtlich der Datenerhebung.

Die **Sekundärforschung** befaßt sich mit dem Zusammenstellen und Auswerten bereits vorliegender Informationen, die aus den unterschiedlichsten Gründen beschafft wurden. Der auch verwendete Begriff "desk research" bringt zum Ausdruck, daß diese Form der Marktforschung am Schreibtisch erfolgen kann. Voraussetzung für ein Funktionieren der Untersuchung ist die Kenntnis der Informationsquellen. Im Kapitel C 3 wurde bereits ausführlich auf diese eingegangen, so daß hier auf weitere Erörterungen dazu verzichtet werden kann.

Die **Primärforschung** gewinnt ihre Informationen an ihrem Ursprungsort, sie wird auch als "field research" bezeichnet. In den allermeisten Unternehmen setzt man zunächst die **Sekundärforschung** ein, die Gründe dafür liegen in erster Linie in

- dem gegenüber der Primärforschung geringeren Aufwand
- der raschen Beschaffung der benötigten Informationen
- der Tatsache, daß viele Entscheidungen auf Basis des Informationsmaterials der Sekundärforschung getroffen werden können.

Allerdings muß man unter Umständen auch einige Nachteile in Kauf nehmen wie

- Ungenauigkeit der Daten
- geringe Aktualität der Daten
- nicht ausreichende Detaillierung der Daten.

Erst wenn aufgrund der Sekundärerhebungen Entscheidungen nicht ausreichend fundiert getroffen werden können, wird die Primärforschung durchgeführt.

Bei der Entscheidung, ob und in welchem Ausmaße Primärerhebungen in Frage kommen, kann der Marketing-Controller wegen seiner genauen Kenntnis der Informationsquellen, des Schwierigkeitsgrades der Informationsbeschaffung und der damit verbundenen Kosten wertvolle Hilfe leisten.

Bedient man sich der **Primärforschung** erhält man die gewünschten Informationen durch verschiedene Erhebungsmethoden. Neben den **Grundformen**

- Befragung
- Beobachtung
- automatische Registrierung

existieren Erhebungsformen, die mit Hilfe technischer Einrichtungen praktiziert werden. Eine Auswahl der wichtigsten beinhaltet

- psychophysiologische Meßverfahren (Messung der elektrodermalen Reaktion, Blickaufzeichnung)
- Tachistoskopverfahren
- Schnellgreifverfahren
- computergestützte Verfahren (computergestützte Befragung, automatisierte Datenerfassung am Verkaufspunkt, dem Point of Sale).

Eine weitere Form der Datenerhebung im Rahmen der Primärforschung kann als **institutionalisierte** Form bezeichnet werden, sie umfaßt

- den Produkttest
- den Markttest
- den Store-Test
- die Panelerhebung.

Diese Tests, die sehr aufschlußreiche Resultate liefern und wichtige Planungs- und Entscheidungsgrundlagen darstellen, werden normalerweise von Marktforschungsinstituten durchgeführt, da sie mit sehr viel Aufwand verbunden sind.

Beim **Produkttest** werden Käufer ausgewählt, die entweder ein ganzes Produkt, einzelne Komponenten oder Attribute von Produkten wie Preis, Design, Verpackung usw. beurteilen sollen. Die im Rahmen des Produkttests möglichen Verfahren sind sehr unterschiedlich und reichen vom relativ einfachen Einzeltest bis zum Labor-Testmarkt.

Streng unterschieden werden muß der Produkttest, der von Unternehmen durchgeführt wird, häufig vor der Markteinführung liegt und dessen Ergebnisse selbstverständlich nicht bekannt gegeben werden, von dem Markttest, der ja im Interesse des Verbraucherschutzes erfolgt und dessen Resultate der Öffentlichkeit zur Verfügung gestellt werden.

Der **Markttest** als ein sehr umfangreicher und teurer Test, der jedoch bei Großunternehmen der Markenartikelproduktion sehr beliebt ist, hat das Ziel, auf Testmärkten die Effizienz von Marketing-Instrumenten bzw. den Markterfolg, der erwartet wird, festzustellen. Die Schwierigkeiten dieses Verfahrens liegen hauptsächlich darin, daß die ausgewählten Testmärkte die Grundgesamtheit repräsentieren müssen und der Handel mit einbezogen werden muß.

Der **Store-Test**, der ebenfalls auf die Mitwirkung des Handels angewiesen ist, liegt zeitlich oft vor Markttests. Die Repräsentanz des Verfahrens leidet darunter, daß nur 30 bis 50 Einzelhandelsgeschäfte in den bis zu drei Monaten reichenden Test einbezogen werden. Der Testverkauf wird durch die sogenannte experimentelle Beobachtung kontrolliert. Man versucht, bestimmte Variable durch den Test zu überprüfen, wobei sämtliche anderen Variablen konstant bleiben sollen.

Im Gegensatz zu den bisher erwähnten Tests handelt es sich bei der **Panel-Erhebung** um einen kontinuierlich durchgeführten Test. Bestimmte Personengruppen werden in regelmäßigen Zeitabständen über den gleichen Gegenstand befragt. Der Vorteil des Panel-Verfahrens besteht hauptsächlich darin, daß die Informationen schnell zur Verfügung stehen. Die Aufstellung des repräsentativen Querschnitts muß nur einmal erfolgen, der Teilnehmerkreis steht längere Zeit fest und gewöhnt sich so an ein von ihm verlangtes Verhalten z.B. Spontankäufe zu unterlassen u.ä..

Kennzeichnend für die Panel-Erhebung ist die Vielfalt der Erhebungsmethoden, die von der Beobachtung über die Befragung bis zum Experiment reichen können und die in Frage kommenden Teilnehmerkreise.

Zielgruppen bzw. Zielpersonen können

- Einzelpersonen, Personengruppen
- Haushalte
- Handel
- Industrie
- Handwerk
- bestimmte Branchen
- bestimmte Betriebe usw.

sein. Vielfach wird nach zwei Zielgruppen unterschieden, die weiter aufgegliedert werden. Es handelt sich dann um ein Konsumenten-Panel und ein Unternehmer-Panel.

Der Erhebungszeitraum kann sehr unterschiedlich sein und von täglich über wöchentlich bis jährlich festgelegt werden.

Die räumliche Verbreitung kann ebenfalls stark differieren. Panel-Erhebungen können regional, national und international durchgeführt werden. Die durch die Panels beschafften Informationen können sich auf die

- quantitative Erfassung von Einkäufen nach Produzenten, Marke, Packung, Design, Preis, Menge usw.
- Verhaltensweisen (z.B. Einschaltquoten)
- Meinungen u.ä.

beziehen.

Nieschlag, Dichtl, Hörschgen geben einen Überblick über die durch **Haushaltspanels** möglichen Informationen.

A. Gesamtmarkt

1. Anzahl der durchschnittlich einkaufenden Haushaltungen
2. Mengen, die von der betreffenden Artikelgruppe im Durchschnitt pro Haushalt in einer bestimmten Periode eingekauft werden
3. Höhe des finanziellen Aufwands pro kaufenden Haushalt in einer bestimmten Periode
4. Marken und Sorten, die auf dem Gesamtmarkt bzw. auf den Teilmärkten nachgefragt werden

5. Marktanteile der Hauptmarken
6. Einzelheiten über
   a) Verpackungsarten
   b) Packungsgrößen
   c) Preise
   d) bevorzugte Geschmacksrichtungen
7. Geschäftsarten, in denen Einkäufe getätigt werden
   a) Selbstbedienungs- und Bedienungsgeschäfte
   b) andere Betriebsformen

B. Unterschiede im Kaufverhalten der Haushaltungen nach

1. Bundesländern
2. Verkaufsgebieten
3. Ortsgrößenklassen
4. soziologischen Gruppen
5. Altersgruppen der einkaufenden Personen
6. Haushaltsgrößen

C. Produktspezifisches Kaufverhalten, so z.B.

1. Käuferwanderung
2. Markentreue
3. Einkaufshäufigkeit
4. gekaufte Mengen pro Einkauf
5. Mehrfachkäufe
6. Einkaufstage
7. Wirkungen bestimmter Werbemaßnahmen

Für **Handelspanels** kann die Informationsliste des Nielsen-Index herangezogen werden, die Informationen in den drei Gruppen

I.   Quantitative Daten
II. Daten über Distribution
III. Daten über Verkaufsförderungsmittel

gibt.

Beispielhaft seien unter I. quantitative Daten aufgeführte Informationen wiedergegeben:

1. Endverbraucherumsatz - absolut und relativ
2. Endverbraucherabsatz in Einheiten - absolut und relativ
3. Einkäufe des Einzelhandels - absolut und relativ
4. Lagerbestände des Einzelhandels - absolut und relativ
5. Lagerumschlagsgeschwindigkeiten im Einzelhandel
6. Durchschnittlicher Monatsabsatz im Geschäft, das die entsprechende Ware führt
7. Durchschnittlicher Lagerbestand je Geschäft, das die entsprechende Ware lagert
8. Anteil der Einkaufsmenge direkt vom Hersteller
9. Großhandelsbezug

Quelle: *Rogge, H.J.*

Die meisten von der Marktforschung regelmäßig erhobenen Marktdaten eignen sich besonders gut für differenzierte Auswertungen und münden in den Arbeitsbereich des Marketing-Managements und in der Vorbereitungsphase in den des Marketing-Controllings.

18

2. Datenaufbereitung und Datenauswertung

Bei der Auswertung des gewonnenen Datenmaterials ist hinsichtlich der angewandten Methoden im Prinzip kein Unterschied zwischen dem durch Primär- und Sekundärforschung ermittelten Material zu machen. Sekundärmaterial wurde in der Regel durch Primärforschung beschafft und ausgewertet, allerdings häufig zu einem anderen als dem gegenwärtigen Zweck, so daß oftmals eine nochmalige Anwendung der eingesetzten Auswertungsmethoden überflüssig wird; von Bedeutung sind diese Verfahren auch bei der Verarbeitung des Sekundärmaterials, da nur ihre Kenntnis die vorliegenden Daten beurteilbar macht und die weitere Vorgehensweise bestimmt.

Als wichtige Arbeitsschritte bei der Datenaufbereitung und Datenauswertung fallen an:

- Beurteilung der Daten auf ihre grundsätzliche Eignung
- Analyse, Interpretation der Daten, Prognose.

2.1 Datenbeurteilung

Dieser Arbeitsschritt ist vor allem für das durch die **Sekundärforschung** gewonnene Material von Bedeutung. Da, wie bereits erwähnt, viele Daten zu anderen Zwecken ermittelt wurden, ist die Überprüfung auf die Eignung für weitere Verwendungen wichtig. Sie erstreckt sich auf

- die Vollständigkeit der Daten
- die Übereinstimmung der Daten hinsichtlich Verwendungszweck und früherem Erhebungszweck
- die Glaubwürdigkeit der Daten.

Besondere Bedeutung kommt der Feststellung der Meßgenauigkeit von **Datenmaterial** und **Meßverfahren** zu, wobei auf das Vorhandensein folgender Eigenschaften zu achten ist:

- Objektivität (Fehlen subjektiver Einflüsse)
- Validität (Übereinstimmung von Meßergebnis und Untersuchungsziel)
- Reliabilität (Fehlerfreiheit, Zuverlässigkeit der Daten und Verfahren)

- Repräsentativität (Übertragbarkeit von Ergebnissen von Stichproben auf die Grundgesamtheit)

- Signifikanz (Überprüfung von Aussagen auf zufällige bzw. überzufällige Zusammenhänge).

Die Beurteilung der Daten und ihre Aufbereitung ergibt sich aus folgendem Bild:

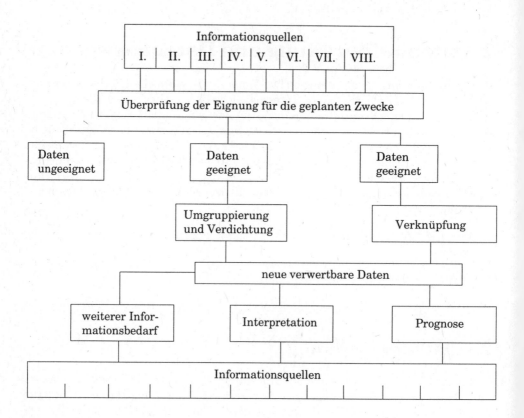

2.2 Analyse, Interpretation der Daten

Die erste Überprüfung der Daten kann zu dem Ergebnis führen, daß sie zwar grundsätzlich geeignet, dennoch in der gegenwärtigen Form noch nicht aussagefähig genug sind, sondern erst komprimiert, umgruppiert oder mit anderen Daten verknüpft werden müssen, um den Informationsgehalt zu haben, den man benötigt; es ist eine Datenanalyse vorzunehmen. Dazu bieten sich zwei Gruppen von Verfahren an

- deskriptive und
- analytische.

Zu den **deskriptiven** Verfahren zählen die Verfahren der **Mittelwertberechnungen**, der **Abweichungsberechnungen**, der Berechnung von **Meß-, Verhältnis- und Indexzahle**n.

Die **analytischen** Verfahren haben in den letzten Jahren stark an Bedeutung gewonnen und untersuchen die Dependenzen, also Abhängigkeiten bzw. Interdependenzen, die wechselseitigen Beziehungen der Variablen.

Es handelt sich um **multivariate** Verfahren, die eine Vielfalt von Variablen berücksichtigen und die die **variaten Verfahren** fast völlig abgelöst haben.

Es kann schon allein aus Platzgründen hier nicht die Aufgabe sein, die Arbeitstechniken der verwendeten mathematisch-statistischen Verfahren zu beschreiben, es wird auf die umfangreiche Fachliteratur verwiesen, es soll jedoch auf eine Auswahl der wichtigsten Verfahren kurz eingegangen werden, um zu zeigen, welche wichtigen Fragen mit Hilfe der einzelnen Analysen beantwortet werden können.

Die ersten Verfahren dienen der **Dependenzanalyse**:

- Regressionsanalyse

  Man will praktisch feststellen, wie stark der Zusammenhang zwischen mehreren Variablen ist und in welche Richtung er sich bewegt. Man kann damit Feststellungen treffen, wie

  - Einfluß von Preis und Werbeaufwand auf den Absatz und Auswirkungen einer Preissenkung auf den Absatz bei gleichbleibendem Werbeaufwand

  - Feststellung der Auswirkungen verschiedener Merkmale eines Produktes auf die Käufer in abgestufter Form (z.B. starke, weniger starke Wirkung)

  - Prognostizierung des Werbeerfolges bei einer bestimmten Zielgruppe bei bekannter Reaktion auf die Werbebotschaft und bei bekannter Kaufkraft.

- Varianzanalyse

  Mit Hilfe der Varianzanalyse will man den signifikanten Einfluß der unabhängigen Variablen in einzelner oder kombinierter Form auf die abhängigen Variablen feststellen. Beispielsweise will man erfahren, ob

  - Änderungen in der Preispolitik die Umsatzentwicklung und Markentreue der Käufer beeinflussen

  - die Faktoren Geschlecht und Alter die Markentreue unterschiedlich beeinflussen u.ä.

- Diskriminanzanalyse

  Sie versucht Gruppenunterschiede zu verdeutlichen, indem Gruppen durch lineare Kombinationen von unabhängigen Variablen getrennt werden. Die Abhängigkeit einer Variablen von metrischen Variablen wird untersucht. Man kann etwa

- die Käufer von Motorrädern in zwei Gruppen teilen, und zwar nach der Bevorzugung ihrer Motorradmarke und die Wahl eines Motorrades in Abhängigkeit von Alter und Einkommen untersuchen

- einen Zielkäufer entsprechend beurteilen, ob er ein pünktlicher oder schlechter Zahler ist.

Zu den **Interdependenzanalysen** gehören auch mehrere Verfahren u.a.

- die Clusteranalyse
- die mehrdimensionale Skalierung
- die Faktorenanalyse.

Letztere ist der Oberbegriff für eine Reihe von Verfahren, denen gemeinsam ist, daß sie die Absicht haben, die Zusammenhänge in größeren Gruppen von Variablen festzustellen. Im Grunde handelt es sich um eine Reduktion von Datenfaktoren. Man versucht eine kleine Zahl von Variablen zu finden, die einer größeren Anzahl von Variablen zugrunde liegt und ihre Interkorrelation zu erklären.

2.3 Fragen der Eingabe, Speicherung und des Abrufs von Informationen

Der Zeitpunkt der Informationsgewinnung und der Zeitpunkt der Informationsverwendung fallen häufig auseinander; dies macht eine Speicherung der Informationen erforderlich. Diese kann in mehreren Formen erfolgen z.B.:

- in Listen
- in Karten
- in Büchern
- in Dateien
- in Datenbanken.

2.3.1 Richtige Datenerfassung

Eine verwendergerechte Speicherung der Informationen ist nur denkbar, wenn die Daten richtig, wenn möglich optimal, erfaßt werden. Dies gilt sowohl für die konventionelle Verfahrensweise als auch für die Verwendung der EDV. "Die Konzeption einer optimalen Datenerfassung ist im Regelfall weniger ein Hardwareproblem, als eine Frage einer betriebsoptimalen Organisation" *(Schwarze)*. Im Vorfeld ist zu klären,

- wo
- wann
- in welcher Form
- in welchen Mengen
- in welchen zeitlichen Abständen

die Daten anfallen.

Bei der Datenerfassung sind einige wichtige Grundsätze zu beachten:

- Daten sollen möglichst automatisch und nicht manuell erfaßt werden, um Kosten, Fehler und Zeitverluste zu vermeiden
- regelmäßig sich ergebende Daten sollen in Kurzform eingegeben werden
- Urbelege sind so zu gestalten, daß sie direkt für die Dateneingabe verwendbar sind
- mit der Dateneingabe sollte eine unmittelbare Fehlerprüfung erfolgen *(Schwarze)*.

2.3.1.1 Eingabearten

Die Dateneingabe kann auf mehreren Wegen erfolgen, bei Verwendung von EDV-Systemen unterscheidet man die

1) direkte Eingabe
2) indirekte Eingabe.

- Direkte Eingabe

    Von der direkten Eingabe spricht man, wenn die Daten unmittelbar in das EDV-System eingegeben werden, und zwar

    - manuell
    - automatisch
    - akustisch.

    Im betriebswirtschaftlichen Bereich ist die manuelle Dateneingabe über Tastaturen von Bildschirmterminals wohl am stärksten verbreitet, doch gibt es auch Eingabetastaturen an anderen DV-Anlagen.

- Indirekte Eingabe

    Eine indirekte Dateneingabe liegt vor, wenn die Daten vor der Eingabe erst auf bestimmten Datenträgern erfaßt und dann in die EDV-Anlagen übertragen werden. Als Datenträger kommen in erster Linie **Magnetbänder** und **Disketten**, heute nicht mehr Lochkarten und Lochstreifen in Frage.

2.3.1.2 Organisation der Datenerfassung

Die Organisation der Datenerfassung kann nach mehreren Kriterien erfolgen. Man unterscheidet:

- dezentrale Datenerfassung vs. zentrale Datenerfassung
- stationäre Datenerfassung vs. mobile Datenerfassung
- Offline-Datenerfassung vs. Online-Datenerfassung
- intelligente Datenerfassung vs. nicht-intelligente Datenerfassung.

In der letzten Zeit haben die **dezentrale Datenerfassung** und die **mobile Datenerfassung** gerade im Marketing besonders an Bedeutung gewonnen. Die dezentrale Erfassung bietet die Möglichkeit, die Daten dort wo sie entstehen festzustellen, was in Verbindung mit der mobilen Datenerfassung mit Hilfe transportabler handlicher Computer zu Zeit- und Kosteneinsparungen führt.

Die **Online-Datenerfassung** ist charakterisiert durch die Integration der Datenerfassung in die Verarbeitung der Daten.

Von einer **intelligenten Datenerfassung** ist die Rede, wenn eine Anlage verwendet wird, die eine Datenvorverarbeitung ermöglicht.

2.3.2 Datenfluß

Beim Aufbau von Informationssystemen kommt der Darstellung des Datenflusses besondere Bedeutung zu. Sie gibt in übersichtlicher Form einen Überblick über die erhobenen Daten, deren Verarbeitung und Speicherung und zeigt die Schnittstellen auf.

Das folgende Bild (s. S. 137) soll einen solchen Datenfluß verdeutlichen, der die Informationssysteme

- Marketingstatistik
- Marketingkostenrechnung
- Außendienst-Berichte
- Marktforschung

enthält.

2.3.3 Datenbanken

Umfangreiche Datenbestände wie sie bei Marketing-Informationssystemen anzutreffen sind, werden bei EDV-gestützten Systemen in der Regel in **Dateien** gespeichert. Datei-Systeme bergen einige Nachteile in sich, vor allem besteht die Gefahr, daß die gleichen Daten in mehreren Dateien gespeichert werden. **Datenbank-Systeme** versuchen die Nachteile der Datei-Systeme zu vermeiden. Datenbank-Systeme sind nach *Kaier* durch folgende Merkmale gekennzeichnet:

1. Jedes Datum ist nur einmal gespeichert:
   Keine Redundanz von Daten.

2. Programme arbeiten datenunabhängig:
   Keine Programmänderung bei Änderung der Daten.

3. Gleichzeitiger Zugriff mehrerer Benutzer möglich:
   Zugriffssteuerung durch Datenzugriffssysteme.

Datenaufbereitung und Datenauswertung

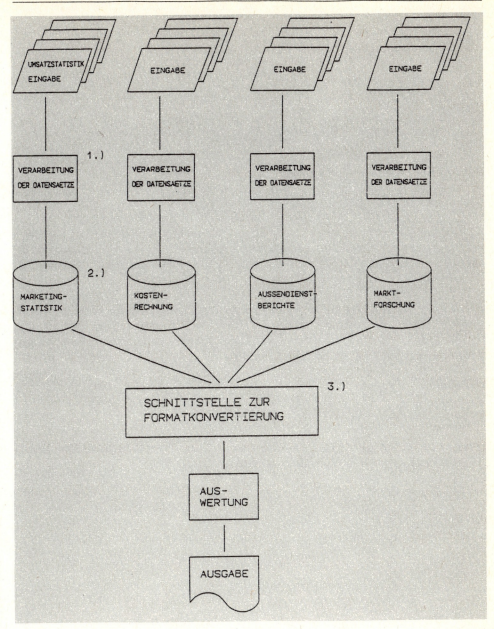

1.) Die eingegebenen Daten werden in Datensätze umgewandelt, die anschließend in 2.) abgespeichert werden.

3.) Um verschiedene Datenprotokolle aneinander anzupassen, wird die Format-Konvertierung durchgeführt.

Daraus ergibt sich:

Zusammenfassung mehrerer Dateien zu einer Datenbank
↓
Trennung von Daten und Programm
↓
Zugriff zu Daten nicht über Programme, sondern über das Datenzugriffsystem
↓
Zentrale Speicherung und Verwaltung sämtlicher Daten

Quelle: *Kaier*

Datenbank-Systeme haben viel von ihrem Schrecken für Nicht-EDV-Fachleute verloren, da die Verwendung von Abfragesprachen, die starke Ähnlichkeit mit der "normalen" Sprache haben, nur geringe EDV-Spezialkenntnisse, insbesondere Programmierkenntnisse, vom Benutzer erfordern.

Es soll hier nicht näher auf Probleme des Aufbaus und der Benutzung von Datenbanken eingegangen werden, es wird der Hinweis auf die reichhaltige Fachliteratur gegeben, doch kann man feststellen, daß Datenbanken-Systeme immer mehr die an sie gestellten Forderungen erfüllen, nämlich

- Redundanzfreiheit

- Benutzerfreundlichkeit

- Datenunabhängigkeit (im Idealfal möglicher Zugriff des Benutzers ohne Kenntnisse der logischen und physischen Datenstruktur)

- Datenintegrität

- Datenschutz und Datensicherheit.

Kontrollfragen

(1) Welche Aufbaustufen eines Marketing-Informationssystems sind zu unterscheiden?

(2) Nach welchen Kriterien können Umsatzstatistiken differenziert werden?

(3) Welchen Inhalt hat die Umsatzanalyse?

(4) Was versteht man unter einer Marktanteilsanalyse?

(5) Wozu werden Anfragen-, Angebots- und Auftragseingangsstatistiken benötigt?

(6) Weshalb werden Reklamationsstatistiken erstellt?

(7) Wie sollte man die Statistiken über die Tätigkeiten des Außendienstes gliedern?

(8) Welche Aufgaben hat die Marketingkosten und -erfolgsrechnung?

(9) Welche wichtigen Marketingkosten kann man unterscheiden?

(10) Wie werden die Marketingkosten erfaßt?

(11) Wo liegen die Vorteile der Teilkostenbetrachtung?

(12) Weshalb kann auf eine Vollkostenbetrachtung nicht verzichtet werden?

(13) Auf welche Bereiche erstreckt sich die Absatzerfolgsrechnung?

(14) Welche Methoden der Vertriebserfolgsrechnung sind zu unterscheiden?

(15) Welche Aussagen sind von einer Kundenerfolgsrechnung zu erwarten?

(16) Welche Anlässe zur Ermittlung von Preisuntergrenzen sind denkbar?

(17) Welche wichtigen Methoden zur Ermittlung von Preisuntergrenzen sind verbreitet?

(18) Nach welchen Kriterien lassen sich Berichtsarten unterscheiden?

(19) Aus welchen Gründen werden Außendienst-Berichtssysteme aufgebaut?

(20) Worüber soll in den Außendienst-Berichten Aufschluß gegeben werden?

(21) Wer soll im einzelnen berichten?

(22) Wer sind die Berichtsempfänger?

(23) Wie werden Außendienst-Berichte aufgebaut?

(24) Wie lassen sich Außendienst-Berichte verbessern?

(25) Was versteht man unter Marktforschung?

(26) Welche Aufgaben hat der Marketing-Controller im Rahmen der Marktforschung?

(27) Aus welchen Bereichen besteht die Marktforschung?

(28) Wodurch unterscheiden sich Marktanalyse, Marktbeobachtung und Marktprognose?

(29) Welche Hauptmethoden der Marktforschung sind zu unterscheiden?

(30) Wodurch unterscheiden sich Primärforschung und Sekundärforschung?

(31) Was ist ein Produkttest?

32) Welche Ergebnisse sind von einem Markttest zu erwarten?

(33) Was versteht man unter einem Store-Test?

(34) Welche Aufgaben haben Panelerhebungen?

(35) Welche Panelarten sind zu unterscheiden?

(36) Welche Arbeitsschritte ergeben sich bei der Datenaufbereitung?

(37) Was versteht man unter einer deskriptiven Analyse?

(38) Welche Vorteile bieten die Verfahren der analytischen Datenanalyse?

Lösungshinweise

Frage	Seite	Frage	Seite
(1)	75	(20)	110 f.
(2)	77	(21)	110
(3)	79	(22)	111
(4)	81	(23)	112 f.
(5)	82 f.	(24)	115
(6)	83	(25)	120
(7)	84	(26)	121
(8)	85 f.	(27)	120
(9)	86 f.	(28)	126 f.
(10)	87 f.	(29)	127 f.
(11)	89 f.	(30)	127
(12)	89	(31)	128
(13)	91 f.	(32)	128
(14)	95 f.	(33)	128
(15)	99 f.	(34)	129
(16)	104 f.	(35)	129
(17)	104 f.	(36)	131 f.
(18)	107 f.	(37)	133
(19)	108	(38)	133

Literatur

Berthel, J./Moews, D., Information und Planung in industriellen Unternehmen, Berlin 1970
Behrens, K., Ch., Demoskopische Marktforschung, Wiesbaden 1986
Berekoven/Eckert/Ellenrieder, Marktforschung, 2. Auflage, Wiesbaden 1986
Blohm, H., Berichtswesen, betriebliches, in: Management Enzyklopädie, Band 1, München 1969, S. 829 - 904
Ehrmann, H., Aufdecken von Schwachstellen im Vertriebsbereich mit Hilfe von Deckungsbeitragsrechnung, ABC-Analyse und Kennziffernrechnung, in: Holl, H.-G., Hrsg.: Controlling - das Unternehmen mit Zahlen führen, Kissing 1988
Geist, M., Selektive Absatzpolitik auf der Grundlage der Absatzsegmentrechnung, 2. Auflage, Stuttgart 1974
Green/Tull, Methoden und Techniken der Marketingforschung, deutsche Übersetzung von Köhler, R. und Mitarb., Stuttgart 1982
Hansen, J., Das Panel. Zur Analyse von Verhaltens- und Einstellungswandel, Opladen 1982
Heinen E./Sabathil P., Informationswirtschaft, in: Heinen, E., Hrsg.: Industriebetriebslehre, 6. Aufl., Wiesbaden 1978
Heinzelbecker, K., Marketing-Informationssysteme, Stuttgart/Berlin/Köln/Mainz 1985
Horvath, P., Controlling, 5. Auflage, München 1994
Hüttner, M.;, Markt- und Absatzprognosen, Stuttgart 1982
Kaier, E., Datenverarbeitung im Dialog zwischen Mensch und Computer. Allgemeine Grundlagen der Datenverarbeitung, Darmstadt 1982
Kiener, J., Marketing-Controlling, Darmstadt 1980
Kotler, Ph., Marketing-Management, 4. völlig neubearb. Auflage in deutscher Übersetzung, Stuttgart 1989
Meffert, H., Marketing, 7. Auflage, Wiesbaden 1986
Merk, G., Wissenschaftliche Marktforschung, Berlin 1962
Michel R./Torspecken H.D., Neuere Formen der Kostenrechnung, Kostenrechnung II, 3. Auflage, München/Wien 1990
Nieschlag R./Dichtl E./Hörschgen H., Marketing, 17. Auflage, Berlin 1994
Reichmann, Th., Controlling mit Kennzahlen, 3. Auflage, München 1993
Riebel, P., Die Deckungsbeitragsrechnung als Instrument der Absatzanalyse, in: Hessenmüller, B./Schnaufer E., Hrsg.: Absatzwirtschaft, Baden-Baden 1964
Riebel, P., Einzelkosten- und Deckungsbeitragsrechnung, Opladen 1972
Riebel, P., Einzelkosten- und Deckungsbeitragsrechnung, 5. verb. und erg. Auflage, Wiesbaden 1985
Rogge, H.-J., Marktforschung, 2. Auflage, München/Wien 1992
Schäfer/Knoblich, Grundlagen der Marktforschung, 5. Auflage, Stuttgart 1978
Schwalbe H./Zander E., Schneller, besser, mehr verkaufen, Heidelberg 1986
Schwarze, J., Einführung in die Wirtschaftsinformatik, 3. Aufl., Herne/Berlin 1994
Weis, H. Ch., Verkauf, 3. Auflage, Ludwigshafen 1995
Weis, H. Ch./Steinmetz, P., Marktforschung, Ludwigshafen 1991
Wolter, F.H., Steuerung und Kontrolle des Außendienstes, Gernsbach 1978
Zahn, E.; Außendienst-Berichtssysteme aufbauen und verkaufswirksam nutzen, München 1979

E. Marketingplanung

1. Grundsätzliches zur Planung

1.1 Planungsbegriff

Planung ist der Entwurf einer Ordnung, nach der sich das betriebliche Geschehen in der Zukunft vollziehen soll *(Gutenberg)*. Sie ist folglich das gedankliche, systematische Gestalten des zukünftigen Handelns.

Die Komplexität, Kompliziertheit und Dynamik der Abläufe in den Unternehmen und der Geschehnisse in der Umwelt machen eine systematische Planung für alle Unternehmensbereiche erforderlich, bedingen das Festlegen der angestrebten Aktionen und Zustände für überschaubare Zeiträume und die dafür einzusetzenden Maßnahmen.

1.2 Planarten

Eine einheitliche Planung im Unternehmen gibt es nicht; man plant in den wichtigsten Bereichen, auf verschiedenen Ebenen, aus unterschiedlichen Anlässen, für unterschiedliche Zeiträume bei unterschiedlichen Eintrittswahrscheinlichkeiten. Daraus resultieren unterschiedliche Planungstätigkeiten und unterschiedliche Einteilungsgesichtspunkte für die betrieblichen Pläne.

- **Planung nach dem Zeitraum**

    Die Planung läßt sich einteilen in

    - langfristige Planung für Zeiträume über fünf Jahre
    - mittelfristige Planung für Zeiträume von ca. zwei bis fünf Jahren
    - kurzfristige Planung für Zeiträume bis zu einem Jahr.

    Im Zusammenhang mit diesem Einteilungsgesichtspunkt sind die betrieblichen **Engpässe** von besonderer Bedeutung. Je kurzfristiger eine Planung ist, um so mehr hat sie sich an den Engpässen zu orientieren. Der Ausgangspunkt der Planung ist dabei der **Minimumsektor**, nach dem sich alle kurz- bis mittelfristigen Pläne ausrichten müssen. *Gutenberg* spricht vom **Ausgangsgesetz der Planung**.

    Die langfristige Planung darf hingegen nicht vom Minimumsektor ausgehen, sondern muß danach trachten Engpässe zu beseitigen.

- **Planung nach dem hierarchischen Überordnungsverhältnis der Planungsstufen**

Man unterscheidet die

- strategische Planung
- operative Planung
- taktische Planung.

Die **strategische Planung** umfaßt die Faktoren, Quellen und Fähigkeiten des Unternehmens, aus denen der Erfolg resultiert. Diese innerhalb und außerhalb des Unternehmens liegenden Potentiale werden **Erfolgspotentiale** genannt. Sie zu erkennen und nutzbar zu machen, kann als eine der wichtigsten Aufgaben der Unternehmensführung angesehen werden, sie in eine geeignete Form zu bringen und zu quantifizieren ist die Aufgabe der strategischen Planung.

Die strategische Planung legt die Strategien für das Unternehmen und für bestimmte Geschäftsfelder für die nächsten fünf bis zehn Jahre oder für noch längere Zeiträume fest.

Die strategische Planung ist gekennzeichnet durch "Richtungsdenken" und erfolgt deshalb auf der obersten Führungsebene.

Die **operative Planung** leitet man aus der strategischen Planung ab. Sie hat die Aufgabe dazu beizutragen, die geplanten Strategien zu realisieren. Die operative Planung ist eine detailliertere Planung als die strategische Planung, die zukünftigen Aktivitäten werden durchdacht und auf ihre Auswirkungen hin überprüft *(Bussiek)*, die Vorgaben der strategischen Planung werden konkretisiert.

Die operative Planung geschieht auf der **Führungsebene der Geschäftsbereiche**, die Ablaufphasen (Operationen) werden im Jahresmaßstab definiert, die Planung erstreckt sich auf einen Zeitraum bis zu etwa fünf Jahren.

Die **taktische Planung** geschieht auf der untersten hierarchischen Planungsstufe durch die **Leitung der Funktionsabteilungen**. Die Steuerung erfolgt durch die höheren Führungsebenen.

In der taktischen Planung werden die Aktionsprogramme bzw. Teilaktionen der einzelnen Funktionsabteilungen, wie Absatz, Fertigung, Lagerung usw. im Monatsmaßstab festgelegt; der Planungszeitraum umfaßt üblicherweise einen Monat.

Die operative und die taktische Planung werden in der betriebswirtschaftlichen Literatur nicht einheitlich dargestellt.

Autoren wie *Hammer* und *Olfert* ordnen die operative Planung der untersten hierarchischen Planungsstufe zu, während *Koch, Bramsemann* oder *Ehrmann* die taktische Planung der untersten Planungsebene zuordnen.

Eine Unterscheidung zwischen operativer und taktischer Planung wird in Theorie und Praxis vielfach nicht mehr vorgenommen.

Grundsätzliches zur Planung 145

Der Begriff der operativen Planung wird auch im folgenden als alleiniger Gegenbegriff zur strategischen Planung verwendet. Unter operativer Planung wird folglich jede Planung verstanden, die im Dienste der Ausführung der strategischen Planung steht (vgl. *Kreikebaum*).

- **Planung nach dem Bereich**

  Man versteht darunter

  - Beschaffungsplanung
  - Lagerplanung
  - Produktionsplanung
  - Absatzplanung
  - Finanzplanung
  - Kostenplanung
  - Ergebnisplanung
  - Bilanzplanung
  - Personalplanung usw..

- **Planung nach dem Integrationsgrad**

  Man faßt darunter zusammen die

  - integrierte Gesamtplanung
  - nichtintegrierte Teilplanung.

  Eine **integrierte Gesamtplanung** liegt vor, wenn die Planung aller Unternehmensbereiche unter völliger gegenseitiger Abstimmung in sachlicher und zeitlicher Sicht vorgenommen wird.

  Eine **nichtintegrierte Teilplanung** ist gegeben, wenn die einzelnen Unternehmensbereiche relativ isoliert geplant werden.

- **Planung nach der Datensituation**

  Man unterscheidet

  - Planung bei Sicherheit
  - Planung bei Unsicherheit.

  Die **Planung bei Unsicherheit** liegt vor, wenn mehrere Datensituationen denkbar sind, auf die sich die Planer einstellen müssen.

  Nicht nur eine Situation ist wahrscheinlich, mehrere Situationen sind durch entsprechende Planungsmethoden zu berücksichtigen.

- **Planung nach dem Inhalt**

Man unterscheidet die

- Grundsatzplanung
- Zielplanung
- Strategieplanung
- Maßnahmenplanung.

Das **Planungssystem** ergibt sich aus den Planarten, der Beziehung der Pläne untereinander, der Organisation der Planung und den Planungsträgern. Es ist die Ordnung der sich bei der Ausübung der Planungsfunktion ergebenden Haupttätigkeiten der Situationsanalyse, der Ziel-, Strategie- und Maßnahmenfestlegung.

1.3 Grundsätze der Planung

Die betriebliche Planung ist so komplex und in Teilbereichen auch so kompliziert, daß sie ohne Beachtung wichtiger Grundsätze nicht reibungslos ablaufen kann. Diese Grundsätze sind allerdings nur Mindestanforderungen an die Planung.

Die wichtigsten Planungsgrundsätze sind:

- Langfristigkeit (Kontinuität) der Planung
- Vollständigkeit der Planung
- Anpassungsfähigkeit der Planung
- Stabilität der Planung
- Verbindlichkeit der Planung
- Kontrollierbarkeit der Planung
- Realisierbarkeit der Planungsvorgaben.

2. Wesen der Marketingplanung

Die **Marketingplanung** ist ein Teilbereich der Unternehmensplanung, die an den Marketingzielen orientiert ist; sie enthält die Überlegungen, die erforderlich sind, um die Marketingziele zu erreichen sowie die zur Zielerreichung erforderlichen Mittel und Maßnahmen.

In Anlehnung an *Hörschgen* bedeutet Marketingplanung das systematische und rationale Durchdringen des zukünftigen Geschehens auf dem Markt und in dem Unternehmen, mit der Absicht, daraus Richtlinien für das Verhalten im Marketing-Bereich abzuleiten.

Im einzelnen ergibt sich die Notwendigkeit der Marketingplanung aus

- der raschen bis stürmischen Veränderung des Umwelt- und Marktgeschehens bedingt durch

Wesen der Marketingplanung

- Änderung der Bevölkerungs- und Nachfragestruktur
- zunehmende Internationalisierung des Wettbewerbs
- verstärkten Wettbewerb auf dem Binnenmarkt und den Zwang zur Rationalisierung
- Konzentrationsbestrebungen
- erhöhte Freizeit und sich änderndes Freizeitverhalten
- selbstbewußtes, qualitätsbewußtes und aufgeklärtes Verbraucherverhalten
- Umweltbewußtsein
- Liberalitätsstreben einerseits und Zunahme administrativer Eingriffe nationaler und übernationaler Institutionen andererseits
- schwankende Wachstumsraten
- sich ändernde Kaufkraft u.ä.

- dem schnellen technischen Fortschritt

- den zunehmend komplex und kompliziert werdenden betrieblichen Vorgängen mit der Erfordernis der Koordinierung

- den steigenden Führungsaufgaben in den Unternehmen

- den steigenden Kosten, auch der Marketingkosten

- dem steigenden Kapitalbedarf

- dem Zwang zu Innovation

- der zunehmenden Bedeutung von Marketingentscheidungen für das ganze Unternehmen usw..

Die **Marketingplanung** erleichtert bzw. ermöglicht

- Partizipation als Teilnahme von Führungskräften oder Planungsteams an der Aufstellung der Pläne als Basis für künftige Aktivitäten

- Kommunikation, da Planung ein formeller Weg der Information ist

- Koordination

- Terminisierung, da die Pläne angeben, welche Aktivitäten zu welchem Zeitpunkt erforderlich sind *(Preißler)*.

Darüber hinaus hat die Marketingplanung

- motivierende Wirkung und
- kann die Basis für Leistungsbeurteilungen und Kontrollen schaffen.

Die Marketingplanung erfolgt sowohl als strategische als auch als operative Planung.

Als **strategische Planung** enthält sie im wesentlichen folgende Bereiche:

- Analyse und Prognose gegenwärtiger und zukünftiger Stärken und Schwächen

- Festlegung von Marktsegmenten als Strategische Geschäftseinheiten (Produkte, Märkte)

- Festlegung der qualitativen und quantitativen Marketingziele

- Bildung von Strategien für das Marketing-Handeln

- Zuweisung von Ressourcen an die Handlungseinheiten.

Als **operative Planung** ist die Marketingplanung eine **Maßnahmenplanung** und gleichzeitig eine Detailplanung. Kurzfristig zu realisierende Planvorgaben und die Planung von Aktivitäten stehen im Mittelpunkt. Bei der Planung der Maßnahmen kommt den Planungstechniken, auf die noch einzugehen ist, besondere Bedeutung zu.

Geht man von anderen Einteilungsgesichtspunkten aus, kann die Marketingplanung noch in folgende Pläne eingeteilt werden:

- integrierte Gesamtpläne
- nichtintegrierte Teilpläne
- Zielpläne
- Maßnahmenpläne
- diverse Einzelpläne wie Absatzpläne, Personaleinsatzpläne usw.

Der Prozeß der Marketingplanung beginnt wie alle übrigen Planungsprozesse mit einer Analyse des Unternehmens und der Umwelt, es schließt sich an die Fixierung der Ziele und der zu ihrem Erreichen erforderlichen Strategien, und schließlich werden die Maßnahmen ausgewählt, mit deren Hilfe die zur Zielerfüllung erforderlichen Strategien eingesetzt werden sollen.

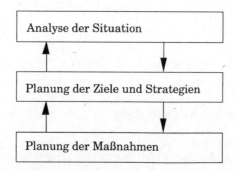

3. Controller-Aufgaben

Planungsaufgaben gehören zu den Kernbereichen der Controller-Tätigkeiten; dem Marketing-Controller speziell fallen wichtige Funktionen beim Aufbau, dem Ablauf und der Kontrolle des Marketingplanungs-Systems zu. Unter Planungssystem soll die Ordnung der bei der Ausübung der Planungsfunktionen sich ergebenden Haupttätigkeiten der Situationsanalyse, Ziel-, Strategien- und Maßnahmenfestlegung verstanden werden (vgl. E. 1.2).

Die wichtigsten Teilaufgaben bestehen aus der

- Mitwirkung bei der Situationsanalyse
- beratenden Mitwirkung bei der Formulierung von Zielen und Strategien
- Erarbeitung von Planungsrichtlinien
- Dokumentation der Planungsrichtlinien (Planungshandbuch)
- Festlegung der Planungsmethoden (bzw. Anregung dazu)
- Fixierung der Teilpläne der einzelnen Bereiche
- Hilfestellung bei den Planungsarbeiten selbst
- Koordinierung der Einzelpläne
- Festlegung des Terminplans für die Planungsaktivitäten
- Terminüberwachung der Planaufstellung
- Ermittlung von Planabweichungen
- Analyse von Planabweichungen
- ständigen Beobachtung der Planziele.

Je nach Größe, Struktur und Organisation des Unternehmens können dem Marketing-Controller noch weitere Aufgaben im Rahmen der Planung übertragen werden; auch können einzelne der aufgeführten Aufgaben von Planungsteams bestehend aus Mitgliedern des Marketing-Managements und dem Controller ausgeführt werden.

Die wichtigsten der genannten Controller-Aufgaben im Zusammenhang mit der Marketing-Planung finden ihren Niederschlag in den nächsten Kapiteln.

4. Entwurf und Dokumentation von Planungsrichtlinien

Der Controller muß eine seiner Hauptaufgaben darin sehen, mitzuwirken, daß alle Planungsarbeiten systematisch und abgestimmt erfolgen. Um dies zu gewährleisten, muß er in Kooperation mit der Marketingleitung Richtlinien entwerfen, die alle wesentlichen Planungsaktivitäten betreffen.

Diese Richtlinien haben die Aufgabe, die Planung

- zwangsläufig
- sachlich
- richtig
- vollständig
- pünktlich
- koordiniert

ablaufen zu lassen.

Diese Richtlinien werden sehr häufig in einem **Planungshandbuch** niedergelegt. Dieses hat u.a. auch die Aufgabe, alle an der Planung Beteiligten über die Ziele und Absichten zu informieren und über die Prinzipien, unter denen die Planung erfolgt, aufzuklären; damit ergibt sich eine wichtige **Motivationsfunktion** des Planungshandbuches.

Die Planungsrichtlinien umfassen die beiden Bereiche

- Aufbau der Marketingplanung und
- Ablauf der Marketingplanung.

4.1 Aufbau der Marketingplanung

Die Richtlinien zum Aufbau der Marketingplanung regeln in erster Linie die Bereiche

- Planungsträger und ihre Funktionen
- Aufstellung von Marketing-Teilplänen.

4.1.1 Planungsträger und ihre Funktionen

Ein Idealzustand der Planung läge vor, wenn jeder Mitarbeiter der Träger der Planung seines eigenen Aufgabenbereiches wäre. Die Interdependenz der einzelnen Teilpläne würde jedoch eine solche Vielzahl von Koordinierungsmaßnahmen erforderlich machen, daß eine solche Vorgehensweise zu langwierig und unwirtschaftlich wäre. Es muß folglich ein anderer Weg beschritten werden, um sinnvoll Planung betreiben zu können.

Als Planungsträger eignen sich prinzipiell

- übergeordnete und zentrale Funktionseinheiten wie die Unternehmensleitung, zentrale Planungsstellen auf Stabsebene oder das zentrale Controlling

- das Marketing-Management mit seinen Linieninstanzen, z.B. Marketing-Direktor, Vertriebsleiter usw.
- Produkt-Manager
- Marketing-Stabsstellen
- Marketing-Controller
- Planungsteams
- externe Stellen (z.B. Unternehmensberater)
- Planungsinstanzen von Unternehmenszusammenschlüssen.

Wer als Planungsträger jeweils in Frage kommt, hängt von

- der Art der Planung und
- der organisatorischen Struktur des Unternehmens ab.

Die **strategische Planung** ist eine typische Führungsaufgabe und wird deshalb vom Top-Management durchgeführt. Eine Delegation auf das oberste Marketing-Management ist möglich, insoweit die strategischen Marketing-Ziele und -Maßnahmen betroffen sind.

Die Komplexität der Planung macht in der Regel die Einschaltung von Linieninstanzen erforderlich. Je nach Organisation des Marketing werden Produktmanager, Kundenmanager usw. in den Planungsprozeß einbezogen.

Die besondere Bedeutung der Marketingplanung für das ganze Unternehmen läßt es angebracht erscheinen, auch Top-Manager anderer Unternehmensbereiche an der Planung zu beteiligen.

Eine Strategie-Planungskommission, der diese Funktionsträger angehören, verstärkt durch den Marketing-Controller, kann nicht nur bewirken, daß wichtige Planungsbereiche nicht außer Betracht bleiben, sondern erleichtert auch die Durchsetzung der strategischen Marketingziele und -maßnahmen und erleichtert die spätere Koordination der Einzelpläne.

Die **operative** Maßnahmenplanung ist Aufgabe der Funktionsbereichsleiter. Auch bei dieser Planung entscheidet die Organisationsform des Marketing darüber, welcher Bereichsleiter die inhaltliche Planaufstellung durchführt.

In der **funktionalen Marketing-Organisation** obliegt die Absatz- und Umsatzplanung und die Festlegung der durchzuführenden Maßnahmen im Bereich des Distributions-Mix dem Verkaufsleiter und seinem Apparat. Planungen im Bereiche des Kommunikations-Mix stellen in erster Linie Aufgaben etwa des Werbeleiters oder des Leiters der Verkaufsförderung dar.

In der **produktorientierten Marketing-Organisation** werden die Planungsaufgaben geteilt. Produktbezogene Planungen von Zielen und Maßnahmen fallen den Produkt-Managern zu, funktionsbezogene Planungen den Linieninstanzen Verkauf und Werbung bzw. Kommunikation.

Entscheidend für den Planungserfolg ist nicht nur die Fixierung der Planungsträger, sondern auch die richtige Übertragung der einzelnen Planungsfunktionen auf die Planungsträger. Die Planung, vor allem in größeren Unternehmen, ist in einigen Bereichen so umfangreich und auch kompliziert geworden, daß die ursprünglichen Planungsinstanzen durch Stabsstellen, Planungsteams, Planungsabteilungen oder Controller unterstützt werden müssen. Diese Unterstützung kann dadurch erfolgen, daß die Hauptfunktion Planung in mehrere Teilfunktionen gegliedert wird, und diese verschiedenen Stellen übertragen werden.

Als Teilfunktionen kommen in Frage

- die inhaltliche Planung
- Planungsentscheidungen
- Beratung bei der Planung
- Beschaffung von Informationen
- Analyse von Informationen
- Koordinierung
- Planüberprüfung.

Die **inhaltliche Planung** ist Gegenstand des Top-Managements für den strategischen Bereich und der entsprechenden Linieninstanzen des Marketing für die operative Ziel- und Maßnahmenplanung. Den gleichen Instanzen kommt auch die Entscheidung zu, insofern nicht bei der operativen Planung Entscheidungen höheren Instanzen vorbehalten bleiben.

Beratungsfunktion haben alle Ebenen der Funktionsbereiche des Marketing, insbesondere aber der Marketing-Controller und andere Marketing-Stabsstellen.

Die **Beschaffung** und **Analyse** von Informationen, die **Koordination** und **Planüberprüfung** sind vorrangig als Stabsfunktion zu sehen und im besonderen Maße vom Marketing-Controller zu übernehmen.

Die Institutionalisierung der Planung spielt eine immer größere Rolle. Je größer ein Unternehmen ist, je differenzierter sein Verkaufsprogramm, seine Aufbau- und Ablauforganisation sind, desto eher stellt sich die Frage der Institutionalisierung, der Bildung von

- eigenen Planungsabteilungen

- eigenen Planungsstabstellen

- zentralen Planungsbereichen

- Koordinierungsstellen

- Planungskommittees vor allem für die Bewältigung besonderer Planungsprobleme oder "interdisziplinärer" Probleme.

4.1.2 Aufstellung von Marketing-Teilplänen

Eine wichtige aufbauorganisatorische Aufgabe der Planung ist der Entwurf eines Planrahmens für die Aufstellung der Marketing-Teilpläne. Dieser Rahmen dient u.a. der Feststellung des zu planenden Spektrums, gibt also einen Überblick über die in die Planung einzubeziehenden Bereiche und zeigt gleichzeitig auf, wo Koordinationsbedarf besteht.

Jeder mit der Planung beauftragte Funktionsträger wird bemüht sein, seine Planungsaufgaben optimal zu erfüllen und für seinen Bereich ein optimales Planungsergebnis zu erreichen. Dieses Optimum bedeutet nicht unbedingt, daß dadurch auch das Gesamtziel in bester Weise erreicht wird. Dies kann normalerweise nur erreicht werden, wenn eine beauftragte Stelle, in der Regel der Controller, die Koordinierung im Sinne der strategischen Zielvorgaben vornimmt. Häufig muß die Koordinierung am Engpaß ausgerichtet sein. Das Ausgleichsgesetz der Planung erfordert zumindest kurz- und mittelfristig eine Anpassung der Teilpläne an den Minimumsektor.

Der Controller kann eine Koordination der Teilpläne nur durchführen, wenn die Planungsrichtlinien von allen Planungsinstanzen eingehalten werden und gewährleistet ist, daß

- die einzelnen Pläne tatsächlich nach einheitlichen Kriterien erstellt werden

- die vorgegebenen und erarbeiteten Vorgaben berücksichtigt werden

- die gesetzten Termine eingehalten werden

- die mit der Planung beauftragten Mitarbeiter und die mit der Planausführung befaßten Stellen Kooperationsbereitschaft zeigen. Hier kommen dem Controller wichtige Aufgaben der Überzeugung und Motivierung zu.

Bei der Fixierung von Richtlinien für den Aufbau der Marketingplanung muß unbedingt berücksichtigt werden, daß die Marketingpläne Teilbereiche der gesamten Unternehmensplanung sind und zwangsläufig Schnittstellen auftreten, die einen Koordinierungsbedarf erzeugen. Dies erfordert Abstimmung zwischen Zentral-Controller und Marketing-Controller.

Im Rahmen der Gesamtplanung ergeben sich genau wie bei der Marketingplanung je nach Vorhandensein bestimmter Prämissen unterschiedliche Präferenzen, die ebenfalls engpaßorientiert sein können.

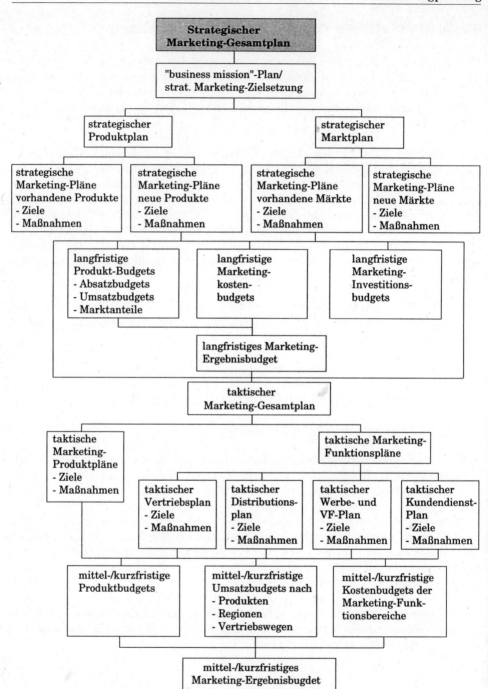

Quelle: *Kiener*

Die folgende Darstellung zeigt die Einordnung der Absatzplanung bei Dominanz des Finanzplanes.

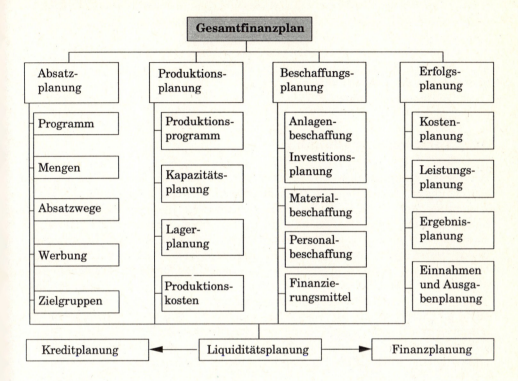

Stünde der Verkaufsplan im Mittelpunkt, müßte mit der Absatzplanung begonnen werden, die sich an den Möglichkeiten der Fertigung usw. orientieren müßte (*Preißler*).

4.2 Ablauf der Marketingplanung

Die Richtlinien für den Ablauf der Marketingplanung sollen dazu beitragen, daß der Planungsprozeß reibungslos und wirtschaftlich abläuft. Dazu ist es erforderlich, die einzelnen Teilschritte der Planungsabfolge festzulegen, sie aufeinander abzustimmen und einzelne Planungsaktivitäten zu bestimmen und zu beschreiben. Die dabei regelbedürftigen Komplexe sind

- die Planungsrichtung
- die Planungsabfolge.

4.2.1 Planungsrichtung

Die Planungsrichtung gibt an, wie die einzelnen Planungsprozesse den verschiedenen hierarchischen Ebenen zugeordnet werden. Folgende drei Planungsrichtungen sind möglich:

a) die retrograde oder top-down-Planung
b) die progressive oder bottom-up-Planung
c) die Gegenstromverfahren-Planung.

4.2.1.1 Retrograde Planung

Bei diesem Planungsweg von oben nach unten werden die Zielvorstellungen und Rahmendaten von der obersten Führungsebene bzw. dem oberen Marketing-Management ausgearbeitet und die Bedingungen festgelegt. Diese strategischen Zielpläne und Maßnahmenpläne stellen für die nachgeordneten Ebenen Fixdaten dar; sie sind die Basis für ihre jeweiligen Maßnahmenplanungen. Für jede hierarchische Ebene dienen die Plandaten der vorgelagerten Ebene als zwingend vorgeschriebene Unterlagen für ihre Bereichsplanung. Inwieweit der Marketing-Controller oder bestimmte Marketing-Stabsstellen bei dieser sich von oben nach unten erstreckenden Planung mitwirken, ist vor Planungsbeginn festzulegen. Diese Vorgehensweise mit typisch zentralistischen Zügen hat den Vorteil, daß kaum zeitraubende und kostenverursachende Koordinierungsarbeiten erforderlich werden. Dafür besteht jedoch die Gefahr einer schlechten Akzeptanz der Planung, da die untergeordneten Ebenen an der inhaltlichen Planung nicht beteiligt werden.

4.2.1.2 Progressive Planung

Die progressive Planung geht den umgekehrten Weg, der Ausgangspunkt der Planung liegt auf den unteren Ebenen. Diese entscheiden über den Inhalt der Planung auf Basis der ihnen relevant erscheinenden Daten. Auf den unteren und mittleren Ebenen werden die operativen Ziel- und Maßnahmenpläne erstellt, die von Ebene zu Ebene weiterentwickelt werden. Der Aggregationsgrad nimmt ständig zu, und aus der operativen Planung entwickelt sich die strategische Planung. Diese Planung von unten nach oben kann durchaus ihre Vorteile haben, die in erster Linie im Motivationsbereich liegen, der bei der retrograden Planung vernachlässigt wird.

Die Nachteile liegen auf der Hand. Da keine konkreten Zielvorgaben von oben gemacht werden, besteht zum einen die Gefahr, daß alte Pläne einfach fortgeschrieben werden, und zum anderen die Planer für ihre Abteilungen so viele Sicherheitszonen berücksichtigen, daß die Zielerreichung nahezu immer gewährleistet ist. Als zusätzliche Gefahr kann eine Vermischung des strategischen Bereichs mit dem operativ/taktischen Bereich gesehen werden.

4.2.1.3 Planung nach dem Gegenstromverfahren

Bei der Planung nach dem Gegenstromverfahren findet der Beginn des Planungsprozesses auf der oberen Führungsebene statt. Das Management entwickelt vorläufige strategische Ziel- und Maßnahmenpläne. Die darin enthaltenen Vorgaben für die Entwicklung der Planung sollen zwar anspruchsvoll aber realistisch sein. Die Vorgaben stellen für die nächste hierarchische Ebene den Planrahmen dar, der durch Alternativpläne und ebenfalls vorläufige operativ/taktische Maßnahmenpläne ausgefüllt wird. Dieses Vorgehen setzt sich bis zur untersten Ebene fort. Es schließt sich die nun ganz konkrete Planung durch ein bottom-up-Vorgehen an. Jetzt stellt sich heraus, ob die vorgegebenen Einzelziele erreicht werden können. Eine Korrektur von Teilzielen auf der nächsthöheren Ebene ist jederzeit möglich, insofern nicht wichtige Hauptziele dadurch in Gefahr geraten. Wird das Hauptziel trotz dieser Korrekturen nicht erreicht, müssen auf der nächst höheren Ebene Koordinierungshandlungen vorgenommen werden. Es ist auch möglich, daß die unteren Ebenen wieder in die Planung eingeschaltet werden müssen, um alternative Maßnahmen zur Zielerreichung zu entwickeln. Die Planung nach dem Gegenstromverfahren ist somit durch eine ständige Rückkoppelung gekennzeichnet.

Das Verfahren erfordert zwar einen hohen Zeitaufwand, dürfte jedoch eine sehr hohe Akzeptanz bei den Planenden erreichen und zu einer starken Motivation beitragen, die Planung ist ja ihr Ergebnis.

Die Vorgabe des Planrahmens erfolgt häufig in Gestalt eines sogenannten Planungsbriefes, er enthält die wichtigsten Orientierungsgrößen des Planungszeitraums.

4.2.2 Planungsabfolge

Die Richtlinien über die Planungsabfolge sollen den funktionalen Prozeßablauf regeln; Hauptaufgabengebiete sind dabei

- die Herstellung einer zwingenden ablauforganisatorischen Reihenfolge
- die terminliche Ablauffolge der Marketingplanung
- die Festlegung und Beschreibung der Planungstechnik.

Da im folgenden Kapitel ausführlich auf den Planungsprozeß eingegangen wird, soll in diesem Zusammenhang lediglich auf die Bedeutung der Richtlinien für die Planungsabfolge hingewiesen werden. Sie sollen bewirken, daß

- die einzelnen Planungsschritte einen logischen und zwingenden Planungsprozeß ergeben
- der Planungsprozeß übersichtlich gestaltet wird
- Rückkoppelungsmöglichkeiten sichtbar werden
- die Notwendigkeit aber auch die Möglichkeit zu Planrevidierungen aufgezeigt werden

- gesetzte Termine eingehalten werden
- der Zeitraum der Planaufstellung niedrig gehalten werden kann
- die Kosten der Planung gering gehalten werden.

Die Dokumentation der Planungsrichtlinien erfolgt zweckmäßigerweise in dem bereits erwähnten "Planungshandbuch". Dieses könnte in Anlehnung an das von *Berschin* dargestellte Schema folgende Gliederung haben:

1. Planungsgrundsätze
 - Ziel und Zweck der Planung
 - Führungsgrundsätze

2. Inhalt und Umfang der Planung
 - Planrahmen (Gesamtplan und Teilpläne)
 - Planungshorizont
 - Produkte, Projekte, Märkte, Länder, Geschäftsfelder
 - Checklisten
 - Planbericht (Hinweis zur verbalen Erläuterung der Pläne)
 - Computermodell für die Planungsrechnung
 - Definitionen und Verzeichnisse

3. Planungsträger: Aufgaben und Arbeitsweise
 - Leitungsstellen
 - zentrale Planungsstellen
 - Linieninstanzen
 - Stabsstellen
 - Controller
 - Produktinstanzen
 - Besonderheiten der EDV-Aufgabenträger

4. Sachliche und zeitliche Abfolge der Aufgabenträger
 - Katalog der Planungsaufgaben (und Zuordnung auf Planungsträger)
 - Ablaufplan (logische Abfolge, Kapazitäten)
 - Zeitplan/Terminplan
 - Planungskonferenzen (Aufgabe, Zeit, Teilnehmer, Unterlagen)
 - Besonderheiten in der Abstimmung zwischen der zentralen Planung und den planenden Bereichen

5. Planungsmethoden und Verfahren
 - Übersicht
 - Erläuterungen der aktuell eingesetzten Verfahren

6. Grundtatbestände und Entwicklungstendenzen
 - allgemeine wirtschaftliche und politische Umweltbedingungen
 - spezielle Marktverhältnisse (Branche, Konkurrenz, Kunden,...)
 - technologische Trends
 - eigene Stärken und Schwächen (im Management, in den Funktionen, der Technik,...)
 - spezielle Prämissen (z.B. für Umsatz, Rentabilität, Personal, Finanzierung, Vertrieb,...).

Entwurf und Dokumentation von Planungsrichtlinien

Das Planungshandbuch enthält als einen wichtigen Bestandteil den Planungskalender, der die einzelnen Teilprozesse beinhaltet und die einzuhaltenden Anfangs- und Endtermine ausweist:

Planungskalender 1995 Planungsbereich:			
Planungsschritte	für die einzelnen Schritte verantwortliche Planer	Termine Beginn	Ende
1. 2. 3. . . .			

Im Planungshandbuch sollten auch sämtliche verwendeten Planungsformulare als Muster enthalten sein, ebenso eine Zusammenstellung der verwendeten organisatorischen Hilfsmittel wie

- Zielbilder
- Funktionsdiagramme usw.

Die Dokumentation kann sinnvoll ergänzt werden durch ein sogenanntes Kompetenzbild. Dieses enthält die Aufgaben und Zuständigkeiten des jeweiligen Planers innerhalb des Planungsprozesses und kann darüber hinaus die Stellen ausweisen, mit denen kooperiert werden muß. Außerdem sind Querverweise auf andere relevante Richtlinien möglich.

Die folgende Darstellung gibt das von *Kiener* entwickelte "Kompetenzbild für einen Produktmanager im taktischen Marketingplanungs- und Kontrollprozeß" wieder. In diesem Kompetenzbild kommen nicht nur die einzelnen Planungsschritte zum Ausdruck, sondern es werden auch die Interdependenzen mit anderen Bereichen und der dadurch erforderliche Koordinierungsbedarf ersichtlich.

Stelle: Produkt-Manager		Produkt/Produktgruppe	Name:	
Aufgaben	Kompetenz	Kooperierende Stellen	Gegenstand	Querverweise
Ständige Beobachtung und Analyse der allgemeinen Marktentwicklung für die betreuten Gebiete	I, A	- Stabsstelle Marketing-Service - Außendienst - Marketing-Controller	- Markttendenz - Konsumenten-Reports - Konkurrenten-Reports	Dokumentation zum Marketing-Informationssystem
Produkterfolgsanalyse	I, A	- Verkaufs- und Vertriebsleitung - Bereich Marketing-Kommunikation - Bereich Rechnungswesen - Marketing-Controller	- Umsatzanalyse - Deckungsbeitragsanalyse - Distributionsanalyse - Analyse qual. Erfolgsfaktoren	dto.
Absatzprognose für die betreuten Produkte	I, A	- Stabsstelle Marketing-Service - Verkaufsleitung - Außendienst	- Marktentwicklungsprognosen	dto.
Produkt-Zielplanung	V, EG, E	- Verkaufs- und Vertriebsleitung - Marketing-Direktor - Bereich Marketing-Kommunikation	- Umsatz-, Deckungsbeitrags- und Marktanteils-Ziele - Produkt-Image-Ziele	
Erstellung des Produktbudgets	V, EG	- Marketing-Direktor - Marketing-Controller	- Preise, Umsätze - Marketing-Kosten - Deckungsbeiträge	Marketing-Budget-Richtlinien
Detailplanung von Verkaufsmaßnahmen	I, V E G	- Verkaufsleitung	- produktbezogene Verkaufsmaßnahmen	
Detailplanung von Werbe- und Verkaufsförderungsmaßnahmen	I, E	- Leiter Werbung - Leiter Verkaufsförderung	- produktbezogene Werbe- u. Verkaufsförderungsmaßnahmen	
Produktergebnis-Kontrolle/ Abweichungsanalyse	I, K	- Vertriebsbereich - Bereich Marketing-Kommunikation - Rechnungswesen - Marketing-Controller	- Umsätze - Kosten - Deckungsbeiträge - qualitative Ergebnisgrößen	Marketing-Budget-Richtlinien

A = Auftragsrecht
I = Informationsrecht
E = Entscheidungsrecht

EG = Einspruchs- und Genehmigungsrecht
V = Vorschlags- und Beratungsrecht
K = Kontrollrecht

5. Ablaufprozeß

Als Start der Marketing-Planung ist sowohl die Situationsanalyse als auch die Planung und Formulierung der Marketing-Ziele denkbar. Für beide Vorgehensweisen werden Begründungen gegeben. Ein Streit über den günstigeren Weg erübrigt sich im Grunde, da zwischen beiden Bereichen enge Wechselbeziehungen bestehen. Zum einen wird jede Analyse unter bestimmten, konkreten Zielsetzungen erfolgen, und zum anderen geschieht eine Zielfestsetzung sinnvoll nur bei Kenntnis der Umwelt und des Unternehmens; also wird die Zielvorgabe von der Situationsanalyse und diese wiederum von der Zielfestlegung beeinflußt. Daraus läßt sich der Schluß ziehen, daß es gleichgültig ist, was bei der Organisation des Planungsprozesses an den Anfang gestellt wird, Zielplanung oder Analyse, eine vernünftige Planung wird jede sich ändernde Situation berücksichtigen und nicht auf den ursprünglich fixierten Zielen beharren.

Wenn bei den folgenden Ausführungen von der Situationsanalyse ausgegangen wird, dann geschieht dies unter der sicheren Annahme, daß die Analyse unter einer bestimmten Zielsetzung erfolgt, und diese durch die Analyseergebnisse konkretisiert oder auch revidiert wird.

Der Planungsprozeß läuft dann folgendermaßen ab:

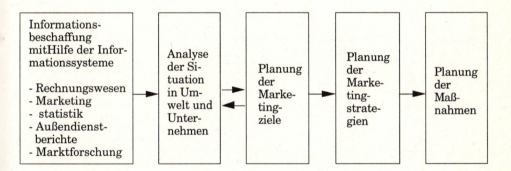

Gliedert man den Prozeß weiter auf, ergibt sich folgendes Bild *(Weis)*.

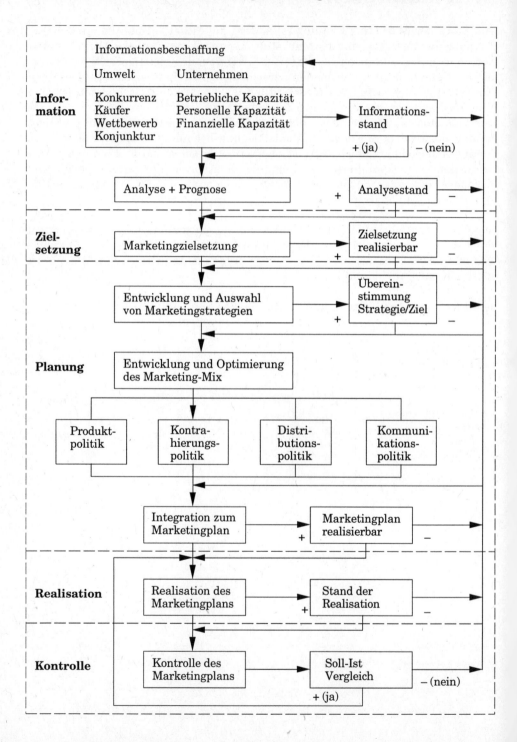

5.1 Analyse von Umwelt und Unternehmen

Die sich ständig ändernden Bedingungen sowohl in der Umwelt als auch in dem Unternehmen machen eine genaue Analyse aller relevanten Faktoren erforderlich. Erst die genaue Kenntnis der internen und externen Faktoren und ihrer Wirkungsweise läßt eine konkrete Zielsetzung zu und ermöglicht die Entwicklung von Strategien und Maßnahmen zur Zielerreichung.

Die Situationsanalyse basiert auf den von den Informationssystemen zur Verfügung gestellten Daten.

5.1.1 Umweltanalyse

Ein Unternehmen kann seine Ziele und Aktivitäten nur planen, wenn das politische, ökonomische, gesellschaftliche und technologische Umfeld bekannt ist. Neben recht stabilen Faktoren in einzelnen der genannten Bereiche sind wiederum andere festzustellen, die raschen Veränderungen unterliegen und deshalb ständig beobachtet werden müssen. Im einzelnen sollten folgende Bereiche in die Umweltanalyse einbezogen werden:

- Das politische Umfeld

Die politische Entwicklung in unserem Staat beeinflußt die Lage aller Unternehmen. Wenn auch die politische Situation in den letzten Jahren sehr stabil war, ergaben sich dennoch im nationalen Bereich wie auch in den Beziehungen zu anderen Staaten Entwicklungen, die von den Unternehmen sehr genau wahrgenommen werden mußten. Dies betrifft sowohl verschiedene binnenwirksame Gesetze als auch internationale Abmachungen. Zur Zeit verläuft die Entwicklung im Hinblick auf die politischen Ereignisse in Osteuropa aber auch in einigen außereuropäischen Staaten so rasant, daß eine genaue Beobachtung und Analyse (soweit überhaupt möglich) unumgänglich ist, um die eigenen Chancen und Risiken einschätzen zu können.

- Die gesellschaftliche Entwicklung

Die Analyse des gesellschaftlichen Umfeldes soll Auskünfte darüber erbringen, ob gesellschaftliche Veränderungen Rückwirkungen auf das eigene Unternehmen haben. Besonderes Augenmerk sollte gewidmet werden:

- der Bevölkerungsentwicklung mit der sich abzeichnenden Veränderung der Alterspyramide
- der Veränderung von Arbeitszeit und Freizeit
- dem Freizeitverhalten
- der Arbeitsmentalität
- dem Verhältnis zwischen den Tarifvertragsparteien
- dem Ausbildungswesen mit der damit verbundenen Qualifikation der Mitarbeiter

- den Einflüssen des technologischen Fortschritts
- dem sich ändernden Verbraucherverhalten bedingt durch den Zuzug von Übersiedlern und Ausländern
- der Akzeptanz von Maßnahmen, die auf Gesetzen und Verordnungen auf nationaler und internationaler Ebene basieren.

• Die volkswirtschaftliche Entwicklung

Die Analyse der volkswirtschaftlichen Entwicklung sollte auf drei zentrale Bereiche gerichtet sein, auf:

- die Entwicklung des gegenwärtigen Trends beim Wachstum des Bruttosozialproduktes und der verfügbaren Einkommen
- die Preisentwicklung, wobei besonderer Wert auf eine differenzierte Betrachtungsweise zu legen ist
- auf den europäischen Binnenmarkt, den Markt in den Ländern Osteuropas.

5.1.2 Marktanalyse

Die Marktanalyse, die die Struktur eines Marktes feststellt, erfaßt dabei alle relevanten Sachverhalte über die Marktpartner. Die Informationen, die für diese Analyse benötigt werden, entstammen den Außendienstberichten, der Marketingstatistik sowie den durch Primärforschung gewonnenen Erkenntnissen.

Bei der Darstellung des Aufbaues von Informationssystemen wurde bereits darauf eingegangen (vgl. D 1.4.2.2).

5.1.3 Konkurrentenanalyse

Der Konkurrentenanalyse fällt die Aufgabe zu, möglichst viele Informationen über die wichtigsten Mitbewerber zu erfassen und zu bewerten. Die Informationsgewinnung erstreckt sich auf alle Bereiche, die die Stärken und Schwächen der Konkurrenten erkennen lassen. Da die Konkurrentenanalyse unter anderem die Aufgabe hat, einen Vergleich der eigenen Möglichkeiten mit denen der Mitbewerber herzustellen, sollten auf jeden Fall auch die Informationen in die Analyse einbezogen werden, die Gegenstand der Potentialanalyse des eigenen Unternehmens sind.

Die Konkurrentenanalyse erstreckt sich auf

• die Anzahl der Mitbewerber
• die Betriebsgröße
• die Standorte
• die erkennbaren Strategien
• die Marktstellung
• die Absatzgebiete

- die Kundenstruktur
- das Sortiment
- die Umsatzgröße insgesamt
- die Umsätze relevanter Produkte
- die Ertragssituation
- die Kostenstruktur
- die innovative Leistungsfähigkeit
- die technische Leistungsfähigkeit
- die Qualität der Mitarbeiter
- die Organisation
- die Planung u.ä.

Eine Reihe von Informationen wird nur sehr schwer oder nicht mit dem gewünschten Präzisionsgrad beschaffbar sein. Als Informationsquellen kommen in erster Linie in Frage:

- Außendienstberichte
- Gesprächsnotizen leitender Mitarbeiter von Tagungen, Messen u.ä., bei denen Mitbewerber anwesend waren
- Zahlen aus Betriebsvergleichen
- Verbandsmitteilungen
- Kammermitteilungen
- Unternehmensberichte aus Fachzeitschriften
- Bankauskünfte
- veröffentlichte Jahresabschlüsse
- Hausmitteilungen der Mitbewerber
- Pressekonferenzen
- gezielte Befragungen
- Indiskretionen.

Die Konkurrentenanalyse soll sich nicht nur auf die gegenwärtigen, sondern auch auf die potentiellen Mitbewerber erstrecken, weil gerade auf chancenreichen Märkten mit Wettbewerbern zu rechnen ist, die über bestimmte Ressourcen verfügen, die dem eigenen Unternehmen zum gegenwärtien Zeitpunkt nicht zur Verfügung stehen. Durch eine sorgfältige Konkurrentenanalyse soll vermieden werden, daß Neulinge bestimmte Marktsegmente frequentieren; ebenso soll die Analyse verhindern, daß vom eigenen Unternehmen Anstrengungen in Marktsegmenten unternommen werden, die von leistungsfähigeren Konkurrenten beherrscht werden.

Die Konkurrentenanalyse bedient sich bei der Erfüllung ihrer Aufgaben Checklisten und Formularen und zeitigt als Ergebnis Konkurrenzprofile. Häufig verwendet wird die folgende Darstellungsform:

	Mitbewerber		
Analyseobjekte	Unternehmen A	Unternehmen B	Unternehmen C
Mitbewerber - Hauptanbieter - Marktanteil .			
Produktionsbereich - Produktionskapazität - Technologischer Stand - Anpassungsfähigkeit der Anlagen .			
Forschungs- und Entwicklungsbereich - Innovationsbereitschaft und - möglichkeit .			
Absatzbereich - Sortimentsstruktur - Absatzgebiete - Kunden - Umsatz gesamt - Umsatz Hauptprodukte - Preispolitik - Funktionieren des Marketing-Instrumentariums			
Finanzbereich - Eigenkapitalbasis - Kapitalstruktur - Verschuldungsgrad - Möglichkeiten der Kapitalbeschaffung .			
Personalbereich - Qualität der Mitarbeiter .			
Struktur und Qualität des Managements			
Firmendaten			

Ablaufprozeß 167

Analyseobjekte	Mitbewerber		
	Unternehmen A	Unternehmen B	Unternehmen C
Organisation . . . Ertragslage Kostenstruktur . .			

Kriterien	Die Wettbewerber sind im Vergleich zu unserem Unternehmen								
	besser			gleich			schlechter		
	1	2	3	4	5	6	7	8	9
Konkurrent A									
- Allgemeine Wettbewerbsfähigkeit							●		
- Einschätzung der Strategie							●		
- Erkennbare Marketingziele						●			
- Umsatzgröße insgesamt							●		
- Marktanteile insgesamt					●				
- Marktanteil an relevanten Produkten				●					
- Kundenbetreuung						●			
- Ertragskraft					●				
- Kostenstruktur							●		
- Finanzstruktur						●			
- Cash-flow						●			
- Produktivität				●					
- Umsatzrentabilität					●				
- Produktpolitik				●					
- Management					●				
. . . Konkurrent B . . . usw.									

Die Auswertung der Konkurrentenanalyse erfordert viele Fachkenntnisse und Einfühlungsvermögen. Es empfiehlt sich die Bewertung im Team vorzunehmen, in dem alle Funktionsbereiche des Marketing und der Marketing-Controller vertreten sein sollten. Externe Berater, die über gute Kenntnisse des Marktes und der in ihm auftretenden Bewerber verfügen, können die Bewertung der Analyseergebnisse erfolgreich gestalten.

5.1.4 Branchenanalyse

Die Branchenanalyse bedient sich der gleichen Techniken wie die Konkurrentenanalyse. In vorbereiteten Checklisten und Arbeitsblättern versucht man die entscheidenden Branchendaten zu erfassen wie

- Branchenstruktur
- Kundenstruktur
- Wettbewerbssituation
- Einsatz der Wettbewerbsinstrumente u.ä.

Die Bewertung ergibt das Branchenprofil. Seine Ermittlung kann auch als Teil der Marktanalyse angesehen werden. Das Profil der Branche wird wie folgt dargestellt:

Kriterien	schlecht				mittel			gut	
	1	2	3	4	5	6	7	8	9
Branchenstruktur - Anzahl der Anbieter - Anbietertypen - Verhaltensweise der Anbieter Organisation der Branche - Zusammenschlüsse - Absprachen - Verbände - Preisbindung Kundenstruktur - Anzahl der Kunden - Kundentypen - Auffälligkeiten Wettbewerbssituation Einsatz der Wettbewerbs- instrumente - Qualität - Preise - Lieferfristen - Service Einsatz Technologie Innovationstendenzen Eintrittsbarrieren Substituierbarkeit									

5.1.5 Unternehmensanalyse

Während die Umweltanalyse in erster Linie (aber nicht nur) Hinweise auf die Möglichkeiten des Unternehmens auf dem Markt gibt, zeigt die Unternehmensanalyse die Leistungsfähigkeit des Unternehmens, sein Potential, seine Stärken und Schwächen auf.

5.1.5.1 Potentialanalyse

Potentiale eines Unternehmens sind seine Stärken, seine Ressourcen und zeigen an, wo die Kompetenzen eines Unternehmens liegen. Eine aussagefähige Planung ist nur möglich bei Kenntnis dieser Möglichkeiten. Um sie exakt zu erkennen, müssen sämtliche Funktionsbereiche des Unternehmens wie

- die Produktion
- die Forschung und Entwicklung
- das Marketing
- der Personalbereich
- der Finanzbereich
- Bereiche mit Einflußmöglichkeiten auf externe Stellen

einer Analyse unterzogen werden.

Die Analyse der erfaßten Potentiale muß durch die Dokumentation ihrer Ergebnisse ergänzt werden, da die Analysearbeiten teilweise sehr aufwendig sind und deshalb nicht beliebig oft wiederholt werden können, bzw. sie sich auf Grundtatbestände beziehen, die nicht sehr häufig erhoben und beleuchtet werden müssen, auf die aber regelmäßig zurückgegriffen werden muß.

Die Analyse sollte die Bereiche und Faktoren enthalten, die auch Gegenstand der Konkurrentenanalyse sind. Die zu analysierenden Potentiale und die Bereiche, denen sie entstammen, ergeben sich beispielhaft aus der folgenden Darstellung:

Bereich	**zu analysierendes Potential**
Produktionsbereich	Art der Anlagen Modernisierungsgrad Kapazität der Anlagen Elastizität der Anlagen Qualität der Organisation der Fertigung
Forschungs- und Entwicklungsbereich	Intensität der Forschung und Entwicklung Personalausstattung Finanzielle Ausstattung Image Kooperationsmöglichkeiten national und international

Marketingbereich	Produktbezogen: - Sortiment - Produktzweck im Hinblick auf die Lösung von Kundenproblemen - Produktqualität - Produktgestaltung - Altersstruktur der Produkte - akquisitorische Wirkung des Produktionsprogramms Absatzbezogen: - Effizienz der Vertriebsorganisation - Werbungskonzeption - Kundendienst
Finanzbereich	Eigenkapitalbasis Kapitalstruktur Verschuldungsgrad Möglichkeiten der Kapitalbeschaffung
Kosten	Höhe und Zusammensetzung Abbaufähigkeit Qualität der Kostenrechnung
Personalbereich	Alters- und Geschlechtsstruktur Qualifikation Motivation Betriebsklima Lohnformen
Bereiche mit Einflußmöglichkeiten auf externe Stellen	Vertragsgestaltung Lobby

Informationsquellen der Potentialanalyse sind

- das betriebliche Rechnungswesen
- Controllerberichte und -auswertungen
- von den einzelnen Funktionsbereichen angeforderte Berichte
- Statistiken.

Wegen der Verschiedenartigkeit der Informationsquellen ergibt sich ein hoher Koordinationsbedarf für den Controller.

5.1.5.2 Stärken-/Schwächen-Analyse

Die Stärken-/Schwächen-Analyse ist eine wichtige Ergänzung der Potentialanalyse. Sie wird zweckmäßigerweise im Team vorgenommen, da die festgestellten Stärken und Schwächen mehrere Ursachen in den verschiedenen Funktionsbereichen haben und diese von Fachleuten bewertet werden müssen. Die Analyse versucht die in der Vergangenheit und Gegenwart festgestellten Stärken und Schwächen auf ihre Ursachen hin zu analysieren. Die Stärken-/Schwächen-Analyse beschränkt sich jedoch nicht auf eine Vergangenheits- und Gegenwartsbetrachtung, sondern bemüht sich auch, die zukünftigen Stärken und Schwächen zu erfassen. Eine Strategieentwicklung und eine darauf ausgerichtete Planung ist nur möglich, wenn das eigene Unternehmen im Vergleich

- zur Branche oder
- zu wichtigen Konkurrenten

gesehen wird. Die Stärken-/Schwächen-Analyse will diesen Vergleich bei der Bewertung ihrer Ergebnisse herstellen.

Die Arbeitstechnik der Analyse gleicht der der bisher beschriebenen; auch die Ergebnisse können wie bei der Konkurrenten- oder Branchenanalyse in Tabellen oder auf einer "Rating-Skala" dargestellt, wiedergegeben werden.

Nuancen in der Vorgehensweise sind durchaus möglich. Eine weit verbreitete Potential-Analyse mit Stärken-/Schwächen-Profil wird dergestalt vorgenommen, daß zunächst Bewertungsobjekte festgestellt werden, die typische Sachverhalte für das Unternehmen und die Branche oder die stärksten Konkurrenten darstellen. Im nächsten Arbeitsgang wird die Bedeutung der Bewertungsobjekte durch Zuteilung von Prozentwerten, deren Summe 100 Prozent ausmacht, präzisiert. Die sich anschließende Beurteilung geschieht mit Hilfe einer Fünferskala, die die Schulnoten eins bis fünf widerspiegelt. Dadurch ergeben sich fünf mögliche Fragestellungen mit entsprechenden Beurteilungen:

	Ist unser Unternehmen im Vergleich zu dem/den stärksten Unternehmen
	Beurteilung
viel besser	5
besser	4
gleich gut	3
schlechter	2
viel schlechter	1 ?

Die günstigste Potentialsumme, die erreicht werden kann, beträgt 500 (5 x 100 %) die ungünstigste 100 (1 x 100 %).

Im folgenden wird zunächst eine Stärken-/Schwächen-Analyse und anschließend eine Potentialanalyse mit Stärken-/Schwächen-Profil dargestellt:

Stärken-/Schwächen-Analyse

	Entwicklung der letzten 3 Jahre					Vergleich zur Konkurrenz				
	1	2	3	4	5	1	2	3	4	5
Ergebnisse: - monetär - quantitativ - qualitativ										
Potential: - finanziell - technisch - personell - innovativ										
Strategien: - Marketingstrategien - finanzwirtschaftliche Strategien - personalwirtschaftliche Strategien - Forschungs- und Entwicklungsstrategien										
Management: - Führungssystem - Führungsmethodik - organisatorisches Konzept										

1 = sehr schlecht
2 = schlecht
3 = mittelmäßig
4 = gut
5 = sehr gut

Ablaufprozeß

Potentialanalyse mit Stärken-/Schwächen-Profil (Quelle: *Bramsemann*)

Bewertungs-kriterium	Gewich-tungs-faktor	Wir beurteilen uns im Vergleich zum stärksten Konkurrenten mit					Potential-summe
		5	4	3	2	1	
Absatz-programm	10		●				40
Forschung und Entwicklung	5				●		10
Technologi-scher Stand der Fertigung	10				●		20
Anpassungs-fähigkeit der Produktion	10	●					50
Beschaffungs-situation	5			●			15
Finanzstruktur	15					●	15
Leistungsfä-higkeit der Belegschaft	10			●			30
Qualität der Führungs-mannschaft	15		●				60
Führungsstil	10				●		20
Organisation	10				●		20
					Gesamtpotential		280

Das Unternehmen erreicht 280 von 500 möglichen Potentialpunkten und steht damit nicht sehr gut da, es liegt unter dem Durchschnitt.

Die Schwächen des Unternehmens sind in den Bereichen

- Forschung und Entwicklung
- technologischer Stand der Fertigung
- Beschaffung
- Finanzstruktur
- Führungsstil
- Organisation

zu finden.

Daß die Qualität der Führungsmannschaft mit 60 Potentialpunkten unverhältnismäßig hoch ausgewiesen wird, kann zunächst als Widerspruch zu den ermittelten Schwächen angesehen werden. Eine Klarstellung ergibt sich, wenn man berücksichtigt, daß sich die Führungsmannschaft im Umbruch befindet, das Top-Management in der letzten Zeit stark verjüngt wurde, und es noch gilt, Fehler der Vergangenheit aufzuarbeiten.

Die Stärken-/Schwächenanalyse sollte, wie bereits erwähnt, im Team vorgenommen werden. Es kann dann so vorgegangen werden, daß jedes Teammitglied die seiner Meinung nach wichtigsten positiven und negativen Faktoren bewertet; durch die Berücksichtigung der Bewertungsergebnisse jedes Beteiligten ergibt sich dann das Gesamtprofil. Arbeitsblätter können die Arbeit des Planungsteams erleichtern. Sie sollten so gestaltet werden, daß in einer Spalte Verbesserungsvorschläge von jedem Teammitglied aufgenommen werden können.

Neben den Analysen, die sich auf mehrere Funktionsbereiche erstrecken und zu wichtigen Gesamtprofilen führen, kann eine Vielzahl von Einzelanalysen vorgenommen werden, um die Stärken und Schwächen des Unternehmens herauszuarbeiten. Die Vorgehensweise gleicht der vorher beschriebenen. Aus den Analysen erhält man eine Reihe von Einzelprofilen wie

- das Absatzprofil
- das Profil Entwicklungspotential
- das Profil Produktion und Logistik
- das Verwaltungsprofil
- das Profil Mitarbeiterpotential u.ä.

5.1.5.3 Chancen-Risiken-Analyse

Die Chancen-Risiken-Analyse faßt die Resultate der Umwelt-, Markt-, Branchen- und Stärken-/Schwächen-Analyse zusammen und versucht dadurch Strömungen und Tendenzen relativ früh festzustellen, die die Unternehmensziele gefährden können oder andererseits Chancen darstellen.

Es wird davon ausgegangen, daß ein Unternehmer gegenüber den Konkurrenten Vorteile erreicht, wenn Marktentwicklungen Stärken des Unternehmens tangieren, und besondere Aufmerksamkeit erforderlich ist, wenn die Entwicklungen auf Schwächen treffen. Nur bei rechtzeitiger Feststellung der Risiken kann wirksam eine Gegensteuerung in Angriff genommen werden.

5.1.6 Die Portfolio-Analyse

Die Portfolio-Analyse stammt aus dem Finanzbereich; dort kommt es bei der Festlegung eines optimalen Wertpapierportefeuilles darauf an, einzelne Gruppen von Wertpapieren so zu kombinieren, daß der Gesamtgewinn maximiert bzw. das Risiko minimiert wird. Das Portefeuille (Portfolio) bestehend aus soliden, sicheren, wachstumserwartenden und risikoreicheren Papieren soll ausgeglichen sein.

Dieser Grundgedanke läßt sich auch auf den Produktbereich übertragen.

Das Betätigungsfeld (Geschäftsfeld) eines Unternehmens besteht aus einer Vielzahl von selbständigen und abgrenzbaren Erfolgseinheiten, den **Strategischen Geschäftseinheiten**. Aufgabe der Unternehmensleitung ist es, diese so aufzubauen, abzubauen, zu erhalten, zu kombinieren, daß sich ein Mix, ein **Portfolio** ergibt, das ihrer Zielvorstellung hinsichtlich Gewinn, Umsätze, Deckungsbeiträge, Cash-flow u.ä. entspricht.

Strategische Geschäftseinheiten können Sparten, Produktgruppen, Produkte, Dienstleistungen usw. sein. Kennzeichnend für sie ist, daß

- sie ein relativ selbständiger Bereich sind
- sie eine Aufgabe haben, die sich wesentlich von anderen unterscheidet
- sie von einem Verantwortlichen geleitet werden
- Entscheidungen für sie relativ unabhängig von anderen Strategischen Geschäftseinheiten des Unternehmens getroffen werden
- sie relativ unabhängig von anderen Bereichen geplant werden können
- sie für einen spezifischen Markt bestimmt sind
- sie ihre eigenen Konkurrenten haben.

Die Portfolio-Analyse ist ein Instrument, das in besonderem Maße geeignet ist, Aussagen über das Unternehmen, seine Konkurrenten, Abnehmer und die Umwelt in gebündelter Form zu machen. Sie ist in der Lage, die Vielzahl der durchgeführten Einzelanalysen zu verarbeiten, die zahlreichen Informationen auf das Wesentliche zurückzuführen und die Resultate übersichtlich darzustellen. Sie gibt dem oberen Management die Möglichkeit, sich mit den gegenwärtigen und zukünftigen Chancen des Unternehmens zu befassen und steht damit im Dienste der Strategieplanung.

5.1.6.1 Entwicklung

5.1.6.1.1 Erfahrungskurvenkonzept

In den 60er Jahren beschrieb das amerikanische Unternehmensberatungsunternehmen Boston Consulting Group einen Effekt, der als Erfahrungskurven-Konzept (experience curve) bezeichnet wird. Als Ergebnis empirischer Untersuchungen konnte festgestellt werden, daß mit wachsenden Produktionsmengen und zunehmender Erfahrung die Kosten der Leistungserstellung gesenkt werden können. Bei jeder Verdoppelung der kumulierten Ausbringungsmenge lassen sich die Kosten um 20 % bis 30 % reduzieren. Dieser Effekt gilt nicht nur für ein Unternehmen, sondern für eine ganze Branche. Seine Wirkungen ergeben sich aus

- dem Degressionseffekt der fixen Kosten

- dem Lernkurveneffekt (degressive Abnahme des Zeitbedarfs für einzelne Arbeitsgänge durch zunehmende Übung der Mitarbeiter)

- der ständigen Rationalisierung und Technisierung.

Wird mit dem Erfahrungskurven-Konzept gearbeitet, müssen folgende Faktoren berücksichtigt werden:

- die Kostensenkung tritt nicht automatisch ein, sondern es wird nur das Senkungs-Potential aufgezeigt, das Hinweise zum Handeln gibt

- als Kosten sind hier lediglich die "Wertschöpfungskosten", nicht die Materialkosten zu verstehen

- die Kosten sind preissteigerungsbereinigt, stellen also konstante Geldwerte dar.

Das Erfahrungskurven-Konzept gibt eine Reihe von Hinweisen für strategische Maßnahmen:

- Konzentration auf Produkte mit hohen Stückzahlen mit der Aussicht auf Ertragssteigerung

- Erhöhung des kumulierten Absatzes, um dadurch bedingte Kostensenkungs-Potentiale ausschöpfen zu können

- Vornahme von Investitionen, die die Produktion großer Stückzahlen ermöglichen

- Gestaltung der Preise entsprechend der Kostensenkungsmöglichkeit, um Konkurrenz abzuwehren bzw. zu verhindern.

Außerdem können noch weitere strategisch relevante Erkenntnisse gewonnen werden, z.B., daß

- der erfahrenste Bewerber auf dem Markt die größte Chance zur Kosteneinsparung hat

- ein hoher Marktanteil zu Kostensenkungen führen kann.

Das Erfahrungskurven-Konzept stellt ein wichtiges Prognose-Instrument dar, da es die Kostensenkungsmöglichkeiten andeutet und somit Hinweise auf die Preis- und Ertragsentwicklung gibt. Darüber hinaus macht das Konzept Aussagen über kostenmäßige Auswirkungen von Veränderungen des eigenen Marktanteils und des Marktanteils der Mitbewerber.

Der Erfahrungskurven-Effekt muß allerdings nicht immer zu positiven Ergebnissen führen. Es muß berücksichtigt werden, daß das **Kostensenkungspotential** aufgezeigt wird, dieses jedoch nicht immer ausgenutzt werden kann. Dies ergibt sich aus mehreren Gründen. Die Produktion kann nicht ins Unermeßliche gesteigert werden, ohne daß man Markteinbußen riskiert. Oft fehlen auch die sachlichen und finanziellen Mittel, um den Marktanteil so auszudehnen, daß die anvisierten Kostensenkungen auch eintreten. Auch ist zu beachten, daß die homogenen Produkte durch den Effekt bevorzugt werden und eine Änderung der Produktpolitik im Hinblick auf eine Straffung der Produktpalette herbeigeführt werden muß, wenn die Kostensenkungspotentiale genutzt werden sollen. Schließlich ist noch festzustellen, daß die Kostenvorteile, die durch die Produktionssteigerung möglich werden, durch erhöhte Anstrengungen beim Absatz der Produkte kompensiert oder sogar überkompensiert werden können.

Das Erfahrungskurven-Konzept zeigt der Unternehmensleitung bestimmte Zusammenhänge und bietet Hilfestellung bei der Entwicklung von Strategien. Ein **Zahlenbeispiel** soll das Erfahrungskurven-Konzept verdeutlichen (Quelle: *Bussiek*):

zusätzliche Produktion	kumulierte Produktion	Kosten
1	1	1.000,- DM/Stück
1	2	800,- " "
2	4	640,- " "
4	8	512,- " "
8	16	410,- " "
16	32	328,- " "
32	64	262,- " "
87	151	.
.	.	.
193	512	134,- DM/Stück

Das Beispiel zeigt, daß die absolute Kostendegression nicht gleichmäßig erfolgt, die Verdoppelung verläuft bei größeren Stückzahlen langsamer und die Degression wird geringer.

Kosten/DM je Stück

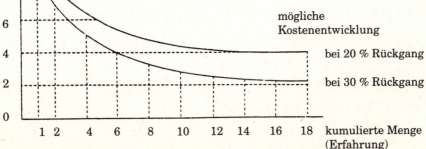

Die Auswirkungen der Kostendegression ergeben sich in erster Linie aus der eigenen Wachstumsrate. Es kann auch die Aussage getroffen werden, daß die Unternehmen, die sich bereits auf dem Markt befinden, gegenüber den später auftretenden Mitbewerbern solange einen Kostenvorsprung haben als die kumulierten Produktionsmengen höher sind als die der Konkurrenz. Selbst wenn Konkurrenten mit hohen Kapazitäten auftreten, haben diese nicht den Kostenvorteil wie das bereits auf dem Markt befindliche Unternehmen, das unter Umständen sogar nur niedrigere Kapazitäten zur Verfügung hat. Erst wenn Neulinge die gleichen kumulierten Mengen anbieten wie ihre "älteren" Mitbewerber, wird der Kostennachteil kompensiert und gegebenenfalls in einen Kostenvorteil umgewandelt.

5.1.6.1.2 PIMS-Projekt

Die PIMS-Studie (Profit Impact of Market Strategies) geht auf die Planungsabteilung der General Electric Corporation zurück. Später wurden die Arbeiten von der Harvard Business School übernommen und werden heute vom Strategic Planning Institute (SPI) in Cambridge, USA, ausgeführt. Inhalt des PIMS-Projektes ist die empirische Feststellung der Erfolgs- und Mißerfolgsfaktoren von wichtigen Strategischen Geschäftseinheiten. Außerdem soll ermittelt werden, wie der "Return-on-Investment" (ROI) und der Cash-flow auf sich ändernde Marktbedingungen und Veränderungen der Strategien reagieren. Dem Programm sind inzwischen an die 300 amerikanische und zahlreiche europäische Unternehmen angeschlossen. Die Unternehmen stellen in einem vom SPI entwickelten Fragebogen Daten für ca. 2.000 Strategische Geschäftseinheiten zur Verfügung, die vom Strategic Planning Institute ausgewertet werden. Jede Strategische Geschäftseinheit umfaßt mehr als 200 quantifizierbare Angaben u.a.

- Bilanz-, Gewinn- und Verlustdaten
- Forschungs- und Entwicklungsbemühungen
- Struktur des Produktionsprozesses
- Wettbewerbsposition
- Kundenprofil
- Beschreibung der Bedingungen der Strategischen Geschäftseinheiten.

Sidney Schoeffler hat aus den Auswertungsresultaten eine Reihe von Faktoren eruiert, die den Erfolg einer Strategischen Geschäftseinheit ausmachen und gibt als die wichtigsten neben anderen an:

- Marktattraktivität (Marktwachstum, Exportanteil, Konzentrationsgrad u.ä.)

- relative Wettbewerbsposition (absoluter Marktanteil, relativer Marktanteil, relative Produktqualität u.ä.)

- Investitionsattraktivität (Investitionsintensität, Wertschöpfung/Umsatz, Umsatz/Beschäftigte, Beschäftigungsgrad u.ä.)

- Kostenattraktivität (Marketingaufwand/Umsatz, Forschungs- und Entwicklungsaufwand/Umsatz, Produktneueinführungen u.ä.)

- allgemeine Unternehmensmerkmale (Unternehmensgröße, Diversifikationsgrad).

Das wichtigste Ergebnis des PIMS-Projektes ist der starke Einfluß des Marktanteils auf die Rentabilität. Es wird nachgewiesen, daß zwischen keinen anderen Größen so starke Wechselwirkungen bestehen wie zwischen dem hohen Marktanteil und einem günstigen Return-on-Investment und dem Cash-flow. Diese Wirkung gilt übrigens nicht zwischen Return-on-Investment und Investitionsintensität.

Die PIMS-Studie gibt zwar wichtige Hinweise auf die Wirkung von vielen strategischen Erfolgsfaktoren und leistet bei der Planung und Überprüfung von Strategien wichtige Hilfe, ist jedoch nicht in der Lage, die Einflußgrößen auf den Return-on-Investment und den Cash-flow zu isolieren, die nicht oder nur sehr schwer quantifizierbar sind und im Bereiche der Qualität von Management und Mitarbeitern, in der Organisation, im Betriebsklima u.ä. liegen.

5.1.6.2 Verschiedene Portfolio-Ansätze

In der Fachliteratur wird eine Vielzahl von Portfolio-Konzepten dargestellt, und auch in der Praxis sind unterschiedliche Ansätze zu finden. Allen gemeinsam ist die Zielsetzung, unterschiedlich werden in erster Linie die Einfluß- und Erfolgsfaktoren der Strategien bewertet.

Im folgenden werden einige der am stärksten verbreiteten Portfolio-Ansätze vorgestellt. Sie bedienen sich alle der **Portfolio-Matrix**. Auf den Achsen der Matrix werden die entsprechenden Meßkriterien aufgeführt, in die Matrix werden die Strategischen Geschäftseinheiten als Kreise eingetragen; die Kreisgröße drückt das jeweilige Marktvolumen aus. Die Matrix wird in mehrere Felder eingeteilt, am stärksten verbreitet sind die Vier-Felder- und Neun-Felder-Matrizen, sie charakterisieren bestimmte Situationen der Geschäftseinheit, häufig ausgedrückt in Cash-flow-Größen.

5.1.6.2.1 Marktwachstums-Marktanteils-Portfolio

Diese abgekürzt als Wachstumsanteils-Analyse bezeichnete Methode geht auf die Boston-Consulting-Group zurück und macht sich die Erkenntnisse, die durch Produkt-Lebenszyklus-Analysen, den Erfahrungskurven-Effekt und das PIMS-Projekt gewonnen wurden, zunutze.

Die Ordinatenachse stellt das Marktwachstum, die Abzissenachse den relativen Marktanteil dar.

Das Marktwachstum wird als Wachstumsrate in Prozenten ausgedrückt, der relative Marktanteil als Verhältnis von Marktanteil des eigenen Unternehmens zum Marktanteil des stärksten Konkurrenten.

```
                    hoch    | Stars      | Question   |
                            |            | Marks      |
    Markt-                  |            |            |
    wachstum                |------------|------------|
                            | Cash-Cows  | Poor Dogs  |
                    niedrig |            |            |
                              hoch         niedrig
                              relativer Marktanteil
```

Die obige Matrix zeigt den schematischen Aufbau des Portfolios. Die in die Matrix eingetragenen Strategischen Geschäftseinheiten (SGE) zeigen durch ihren jeweiligen Kreisumfang auf, welche Stellung hinsichtlich ihres Umsatzes, Deckungsbeitrages oder Cash-flow sie einnehmen. Ihre jeweilige Lage innerhalb der Vier-Felder-Matrix gibt an, in welcher Entwicklungsphase sie sich befinden.

Die SGE stellen vier Grundtypen mit folgenden Eigenschaften dar:

	Stars	**Question Marks**
hoch	- schnelles Wachstum - hohe Marktanteile - erwirtschaften Gewinne - erfordern zur Einhaltung ihrer Position hohe finanzielle Mittel - mit sich verlangsamendem Wachstum werden sie zu Cash-Cows und erwirtschaften Mittel zur Finanzierung anderer SGE	- sie sind die Nachwuchsprodukte, sie befinden sich noch in der Einführungsphase - hoher Einführungsaufwand - noch niedrige Marktanteile - mit Hilfe von Offensivstrategien soll der Marktanteil erhöht und damit der Erfahrungskurveneffekt erreicht werden - keine Rendite, negativer Cash-flow, jedoch aufstrebende Tendenz bei Umsatzzunahme - Förderung erforderlich, um ausgeglichenes Portfolio zu haben
	Cash-Cows	**Poor Dogs**
niedrig	- die Produkte haben die Reifephase erreicht - hoher Marktanteil mit dem damit verbundenen Kostensenkungspotential - kein Aufwand für das Wachstum erforderlich - positive bis durchschnittliche Rendite - hoher Cash-flow - mit den hohen Einnahmeüberschüssen wird das Wachstum anderer SGE finanziert - ein Anteil um 50 % des Umsatzes ist anstrebbar	- die Produkte befinden sich in der Sättigungsphase - niedriges Wachstum - niedriger Marktanteil - sie erwirtschaften nur noch geringe Überschüsse - sie sind eliminierungsverdächtig - Desinvestitionsstrategien sind u.U. erforderlich

(Marktwachstum)

         hoch   niedrig
relativer Marktanteil

Ablaufprozeß

Zu den vier Grundtypen müssen noch die Embryos hinzugezählt werden, also neue Produkte, die sich noch im Entwicklungszustand befinden. Die damit verbundenen Forschungs-, Entwicklungs- und Marktforschungskosten sind sehr hoch, zu ihrer Finanzierung ist das Vorhandensein von Cash-Cows erforderlich.

Als praktisches **Beispiel** soll die Portfolio-Matrix der Boston Consulting Group die Vorgehensweise und Aussagen der Portfolio-Analyse verdeutlichen (Quelle: *Kotler*).

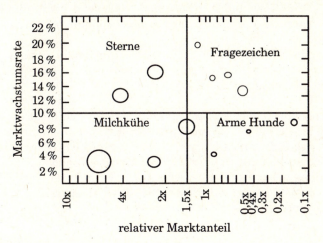

Folgende Fakten ergeben sich aus der Matrix:

(1) Die senkrechte Achse gibt an, wie schnell die Märkte der einzelnen SGE wachsen.

(2) Bei 10 % Wachstum wird die Grenze zwischen einem hohen und niedrigen Wachstum gesehen.

(3) Die waagrechte Achse gibt den relativen Marktanteil wieder, in diesem Falle den Anteil der einzelnen SGE im Verhältnis zu dem des stärksten Konkurrenten.

(4) Der relative Marktanteil macht Aussagen über die Marktführerschaft bzw. den Abstand zum stärksten Mitbewerber. Ein relativer Marktanteil von 0,4 drückt aus, daß der eigene Anteil 40 % des stärksten Konkurrenten ausmacht. Ein relativer Marktanteil von 2,0 besagt, daß bei der entsprechenden SGE eine Marktführungsposition besteht, der Anteil also das Doppelte des nächst starken Konkurrenten beträgt.

Die Relation vom eigenen Marktanteil zu dem des stärksten Konkurrenten ist wesentlich aussagefähiger als der absolute Marktanteil, dessen Aussage erst deutlich wird, wenn zusätzliche Beurteilungskriterien herangezogen werden. Von Bedeutung ist ein Marktanteil von 1,5. Empirische Untersuchungen haben ergeben, daß erst dann, wenn der Marktanteil um das 1 1/2-fache höher ist als der des nächststarken Konkurrenten, die Kostenvorteile deutlich relevant werden. Ein Unternehmensziel wird es also sein, für möglichst viele SGE einen Marktanteil von mehr als 1,5 zu erreichen.

Ein hoher Marktanteil einer SGE führt auch zu einer Schaffung liquider Mittel, wobei jedoch nicht vergessen werden darf, daß höhere Wachstumsraten auch einen hohen Liquiditätsbedarf zur Marktanteilssicherung erzeugen.

(5) Das betrachtete Unternehmen verfügt in ausreichendem Maße über Cash-Cows, die Defizite der Stars, Question Marks und Poor Dogs ausgleichen können. *Schröder* verwendet in diesem Sinne die Terminologie der Bewegungsbilanz und ordnet den Cash-Cow- und Dog-Bereich dem Gebiet der Mittelherkunft und die Stars und Question-Marks dem der Mittelverwendung zu.

(6) Die Stellung der SGE innerhalb der Matrix wird im Laufe der Zeit verändert. Was heute Fragezeichen ist, kann demnächst ein Stern werden, sich zur Milchkuh entwickeln, um als armer Hund zu enden.

(7) Die Unternehmens- oder Marketing-Leitung wird sich nicht damit begnügen, allein eine Ist-Aufnahme vorzunehmen, sondern bereits in dieser analytischen Phase Überlegungen anstellen, welche Positionen die SGE einnehmen werden, wenn die Strategien unverändert bleiben. Darüber hinaus wird in der strategischen Planung zu berücksichtigen sein, welche Grundstrategien verfolgt werden sollen, um eine "effiziente Allokation der Mittel" zu erreichen. *Kotler* führt vier Möglichkeiten an:

- Aufbauen,
um eine bessere Marktposition zu erreichen bei Inkaufnahme eines vorübergehend schlechten Ertrages. Forciert werden müssen insbesondere Fragezeichen, wenn sie Sterne werden sollen.

- Erhalten
Diese Strategie der Erhaltung von Marktanteilen richtet sich in erster Linie auf die Cash-Cows, deren positive Cash-flows dabei im Blickpunkt stehen.

- Ausmelken
Man will den Cash-flow kurzfristig erhöhen und läßt die Langzeitwirkung dabei außer Betracht. Hauptsächlich Cash-Cows mit abnehmender Tendenz sind von dieser Strategie betroffen, aber auch Question-Marks und Poor-Dogs können "ausgemolken" werden.

- Ablegen
Bestimmte SGE sollen aufgelöst oder verkauft werden, um andere Bereiche zu fördern. In erster Linie zielt diese Strategie auf chancenlos scheinende Poor-Dogs und Question-Marks.

Kritisch ist zum betrachteten Portfolio zu vermerken, daß die SGE nur unter dem Aspekt des Marktwachstums und Marktanteils betrachtet und gewürdigt werden, eine Vielzahl von Erfolgsfaktoren, wie sie etwa die PIMS-Studie nachgewiesen hat, nicht zum Zuge kommen. Auch muß kritisch festgestellt werden, daß eine Vierfelder-Matrix nur die Beurteilungskriterien hoch und niedrig, nicht aber eine weitere Differenzierung zuläßt. Diese Vereinfachung führt zu einer Vernachlässigung von SGE, die Zwischenpositionen einnehmen.

5.1.6.2.2 Marktattraktivitäts-Wettbewerbsvorteils-Portfolio

Das Marktattraktivitäts-Wettbewerbsvorteil-Portfolio ist das Ergebnis der Bemühungen der General Electric Company und der Unternehmensberatungsfirma McKinsey eine Methode zur differenzierteren Beurteilung der SGE zu finden.

Die Vierfelder-Matrix wird durch eine Neunfelder-Matrix ersetzt, und die Beurteilungsfaktoren Marktwachstum und Marktanteil gegen die Marktattraktivität und den Wettbewerbsvorteil ausgetauscht.

Die Marktattraktivität, vielfach auch als Branchenattraktivität bezeichnet, besteht aus den Hauptfaktoren Marktwachstum und Marktgröße, Marktqualität, Energie- und Rohstoffversorgung sowie Umweltsituation.

Hinterhuber gliedert diese Faktoren weiter auf und gelangt zu folgender Differenzierung:

---

1. Marktwachstum und Marktgröße

2. Marktqualität
   - Rentabilität der Branche
   - Spielraum für die Preispolitik
   - technologisches Niveau und Innovationspotential
   - Schutzfähigkeit des technischen Know-how
   - Investitionsintensität
   - Wettbewerbsintensität und -struktur
   - Anzahl und Struktur potentieller Abnehmer
   - Eintrittsbarrieren für neue Anbieter
   - Anforderungen an Distribution und Service
   - Variabilität der Wettbewerbsbedingungen
   - Substitutionsmöglichkeiten

3. Energie- und Rohstoffversorgung
   - Störanfälligkeit der Versorgung mit Energierohstoffen
   - Beeinträchtigung der Wirtschaftlichkeit des Produktionsprosesses durch Erhöhung der Energie- und Rohstoffpreise
   - Existenz von alternativen Rohstoffen und Energieträgern

4. Umweltsituation
   - Konjunkturabhängigkeit
   - Inflationsauswirkungen
   - Abhängigkeit von der Gesetzgebung
   - Abhängigkeit von den Einstellungen der Öffentlichkeit
   - Risiko staatlicher Eingriffe
   - Auswirkungen der zunehmenden Schadstoffbelastung auf die Natur.

Auch die Wettbewerbsvorteile werden mit Hilfe mehrerer Kriterien beurteilt wie relative Marktposition, relatives Produktionspotential, relatives Forschungs- und Entwicklungspotential und relative Qualifikation der Führungskräfte und Mitarbeiter. Die ebenfalls von *Hinterhuber* vorgenommene Differenzierung ergibt folgenden Kriterienkatalog:

1. Relative Marktposition (im Vergleich zum stärksten Konkurrenten)
   - Marktanteil und dessen Entwicklung
   - Größe und Finanzkraft der Unternehmung
   - Wachstumsrate
   - Rentabilität
   - Risiko (Grad der Etabliertheit am Markt)
   - Marketing-Potential (Image des Unernehmens und daraus resultierende Beziehungen und Vorteile)

2. Relatives Produktionspotential (in bezug auf die erreichte oder geplante Marktposition)
   - Prozeßwirtschaftlichkeit
     - Kostenvorteile aufgrund der Modernität der Produktionsanlagen, Kapazitätsausnutzung, Produktionsbedingungen, Größe der Produktionseinheiten usw.
     - Innovationsfähigkeit und technisches Know-how der Unternehmung
     - Lizenzbeziehungen
     - Anpassungsfähigkeit der Anlagen an wechselnde Marktbedingungen
   - Hardware
     - Erhaltung der Marktanteile mit der gegenwärtigen oder im Aufbau befindlichen Kapazität
     - Standortvorteile
     - Steigerungspotential der Produktivität
     - Umweltfreundlichkeit des Produktionsprozesses
     - Lieferbedingungen, Kundendienst usw.
   - Energie- und Rohstoffversorgung
     - Erhaltung der gegenwärtigen Marktanteile unter den voraussichtlichen Versorgungsbedingungen
     - Kostensituation bei der Energie- und Rohstoffversorgung

3. Relatives Forschungs- und Entwicklungspotential
   - Stand der Grundlagenforschung und angewandten Forschung
   - experimentelle und anwendungstechnische Entwicklung im Vergleich zur Marktposition der Unternehmung
   - Innovationspotential und -kontinuität

4. Relative Qualifikation der Führungskräfte und Mitarbeiter
   - Professionalität und Urteilsfähigkeit, Einsatz und Kultur der Kader
   - Innovationsklima
   - Qualität der Führungssysteme.

Ablaufprozeß

Das praktische Vorgehen bei der Erstellung der Portfolio-Matrix vollzieht sich in folgenden Schritten:

1. Ermittlung der Strategischen Geschäftseinheiten
2. Erfassung von Kriterien zur Messung der Marktattraktivität
3. Erfassung von Kriterien zur Messung der Wettbewerbsposition
4. Erstellung eines Bewertungs- und ggf. eines Gewichtungskatalogs
5. Bewertung der einzelnen SGE
6. Positionierung der SGE in der Portfolio-Matrix
7. Analyse der Beurteilungsergebnisse.

Wird die Portfolio-Matrix im Team erstellt, empfiehlt es sich, die Bewertung der einzelnen SGE von den Teammitgliedern unabhängig voneinander vornehmen zu lassen. Jedes Mitglied ist frei in der Vergabe der Bewertungspunkte im vorgegebenen Punkterahmen. Das Bewertungsergebnis der SGE wird dann als Mittelwert errechnet.

Erfahrungen zeigen, daß es von Vorteil ist, wenn für die Bewertung Formulare entwickelt werden, die für jeden am Verfahren Beteiligten verbindlich sind. Ein solches Formular könnte folgendes Aussehen haben:

Marktattraktivität

Kriterium	Gewichtung	Bewertung			gewichtete Punktezahl	stichworthafte verbale Beurteilung
		niedrig 0 - 33	mittel 34 - 66	hoch 67 - 100		
Marktwachstum und Größe						
Marktqualität - Rentabilität der Branche . . .						

Zur Ermittlung der relativen Wettbewerbsvorteile empfiehlt sich ebenfalls die Verwendung von Formblättern, die im Prinzip ähnlich aufgebaut sind wie das vorige.

Als praktisches **Beispiel** wird das von *Kotler* wiedergegebene und erläuterte neunzeilige SGE-Raster von General Electric vorgestellt:

Bei der **Positionierung** der **SGE** und der Analyse der Bewertungsergebnisse ist auf folgende Punkte zu achten:

(1) Die senkrechte Achse steht für die Marktattraktivität, in der Neunfelder-Matrix verkörpert jede SGE einen hohen, mittleren oder niedrigen Wert.

(2) Die waagrechte Achse spiegelt die relative Wettbewerbsstärke der SGE wider.

(3) Die drei Zonen, die im Raster ausgewiesen werden, bezeichnet man in den USA als **grüne**, **gelbe** und **rote** Zone.

Die **grüne** Zone enthält die drei Zellen oben links, die dort vertretenen Branchen haben einen hohen Attraktivitätswert, und die Wettbewerbsstärke der SGE ist ebenfalls hoch. Hier bestehen Wachstumschancen, und es kann eine Investitionsstrategie betrieben werden.

Die sogenannte **gelbe** Zone setzt sich aus den Zellen auf der Diagonalen, die von unten links nach oben rechts verläuft, zusammen. Dort werden die Branchen repräsentiert, deren Gesamtattraktivitätswert mittelgroß ist; der Marktanteil der hier positionierten SGE wird meistens gehalten, Wachstum oder Reduzierung wird vielfach nicht angestrebt.

Die **rote** Zone besteht aus den drei Zellen unten rechts, also den Branchen, die einen niedrigen Gesamtattraktivitätswert haben; eine Ernte- oder Aussteigestrategie ist hier wohl angebracht.

(4) Die Kreise in der Matrix sind die einzelnen SGE. Sie sind in der obigen Matrix proportional zu den Größen der Branche, in denen sie im Wettbewerb stehen, dargestellt. Die Größe der Segmente der Kreise verkörpert die Marktanteile der SGE.

G ist z.B. eine SGE mit einem kleinen Marktanteil, aber positioniert in einer großen Branche mit einem Attraktivitätswert, der sehr gering ist, in der das Unternehmen eine schwache Wettbewerbsstärke hat.

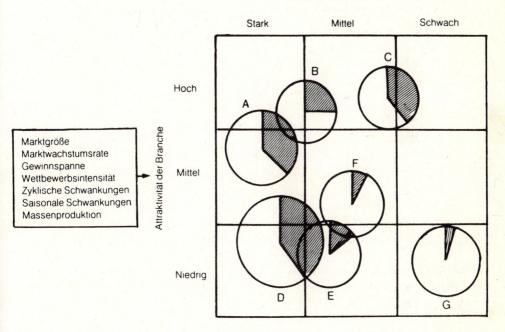

Die grundsätzlichen Aussagen lassen sich aus folgender Matrix ableiten (Quelle: *Schröder*):

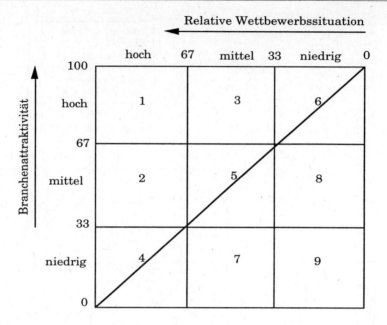

Die SGE, die sich oberhalb der zur linken Seite hin verlaufenden Risikolinie befinden, können vom Trend her günstig beurteilt werden, die SGE unterhalb der Linie können als möglicherweise gefährdet angesehen werden.

Das Management kann aus der Positionierung der SGE Schlüsse auf die Strategien ziehen, die zu planen sind. Für die SGE in den Feldern 1, 2, 3 sind jeweils andere Strategien in Erwägung zu ziehen als für die SGE in den Feldern 4, 5, 6 oder gar 7, 8, 9.

5.1.6.2.3 Weitere Portfolio-Konzepte

Neben dem erwähnten Marktwachstums-Marktanteils-Portfolio und dem Marktattraktivitäts-Wettbewerbs-Portfolio sind noch mehrere weitere Portfolio-Konzepte entwickelt worden, die sich im wesentlichen der gleichen Arbeitstechniken bedienen, wie in den vorangegangenen Ausführungen beschrieben wurde. Die verbreitetsten dieser Konzepte dürften

- das Produktlebenszyklus-Wettbewerbspositions-Portfolio und
- das Geschäftsfeld-Ressourcen-Portfolio

sein.

Das **Produktlebenszyklus-Wettbewerbspositions-Portfolio** will die Marktattraktivität nicht nur aus Wachstumsraten ableiten, sondern zieht zur Beurteilung der Wettbewerbsposition der SGE, soweit es sich dabei um einzelne Produkte oder Produktgruppen handelt, seine Stellung im Produktlebenszyklus mit heran. Die

Portfolio-Matrix wird dann auf 12 Felder erweitert, wenn man von vier Phasen im Produktlebenszyklus ausgeht:

	Produktlebenszyklus →			
	Einführung	Aufschwung	Reife	Abschwung
hoch				
mittel				
niedrig				

(Wettbewerbsposition ↑)

Im **Geschäftsfeld-Ressourcen-Portfolio** werden die Risiken des Beschaffungsbereiches mit berücksichtigt. Die einzelnen Produkte werden nach der Marktattraktivität und der Phase des Produktlebenszyklusses positioniert und mit dem Beschaffungsrisiko konfrontiert; die Produkt-Matrix wird also um eine Ressourcen-Matrix ergänzt. Aus der Gegenüberstellung erkennt man, welchen Zyklus-Phasen Risikoprobleme entgegenstehen. Eine äußerst günstige Situation ist beispielsweise gegeben, wenn in positiven Phasen (Aufschwung, Reife) keine Beschaffungsrisiken existieren.

5.1.6.3 Beurteilung

Die Portfolio-Konzepte stellen ein relativ gut handhabbares Verfahren zur Analyse des Betätigungsfeldes eines Unternehmens dar und bieten die Möglichkeit, daraus Strategien abzuleiten. Der Blick ist dabei nicht nur auf gegenwärtige Probleme in den Bereichen Kunde, Markt und Produkt gerichtet, sondern auch auf voraussichtlich eintretende Entwicklungen mit ihren Risiken und Chancen. Obwohl der Portfolio-Ansatz eine Reihe von Vorteilen bietet, sollte man die damit verbundenen Nachteile nicht außer Betracht lassen. Die wichtigsten davon sind:

- mangelnde Berücksichtigung der Interdependenzen zwischen einzelnen SGE

- die Vernachlässigung nicht oder nur sehr schwer quantifizierbarer Daten

- in der Regel zu starre Festlegung von Beurteilungskriterien

- die nicht ausreichende Berücksichtigung der Konkurrenz; die Beurteilung des eigenen Unternehmens im Verhältnis zu dem stärksten Konkurrenten berücksichtigt die potentielle Gefahr durch Außenseiter und Neulinge nicht

- der statische Charakter der Portfolio-Konzepte

- plötzliche Veränderungen der Wettbewerbssituation

- Zusammenhänge zu anderen wichtigen Instrumenten etwa zur Finanzplanung oder Ergebnisplanung werden nicht hergestellt

- die technologische Entwicklung wird nicht ausreichend berücksichtigt

- für kleinere Unternehmen ist der Portfolio-Ansatz wegen des hohen Aufwandes und der Schwierigkeiten bei der Informationsbeschaffung wenig geeignet.

In den letzten Jahren wurde versucht, den Portfolio-Ansatz zu verbessern, jedoch scheint der endgültige Durchbruch noch nicht gelungen zu sein. Die entwickelten Verfahren gehen entweder von nicht immer realistischen Voraussetzungen aus oder beleuchten nur Teilaspekte. Zu erwähnen sind unter den Neuentwicklungen

- Technologie-Portfolios
- die Wettbewerbs-Matrix von Porter
- das strategische Spielbrett von McKinsey.

Zusammenfassend kann festgestellt werden, daß der Portfolio-Ansatz als ein wichtiges Analyse- und Entscheidungsvorbereitungsinstrument angesehen werden kann, die Unternehmen aber nicht von der Notwendigkeit befreit, daneben auch andere Instrumente alternativ oder gemeinsam mit Portfolio-Analysen zum Zuge kommen zu lassen.

23   24   25   26   27

5.1.7 Operative Beurteilung von Produkten

Die im Rahmen der Portfolio-Analyse vorgenommene Bewertung von Produkten geschieht unter strategischen Aspekten und führt sehr oft zu anderen Ergebnissen als eine Einschätzung der Produkte unter operativen Gesichtspunkten etwa mit Hilfe der Produkterfolgsrechnung oder bestimmter Wirtschaftlichkeitsuntersuchungen unter Einsatz der Kostenrechnung (vgl. Kap. D. 1.2.2.1 Produkterfolgsrechnung).

Die Kostenrechnung berücksichtigt grundsätzlich nicht die Tatsache, daß sich ein Produkt in der Einführungs-, Aufschwungs-, Reife- oder Abschwungsphase befindet, ob es ein Star, Question Mark, Cash-Cow oder Poor Dog ist. Sie geht von den bei der Produktion und dem Absatz entstandenen Kosten der Produkte aus, führt Kostenzurechnungen durch und ermittelt Deckungsbeiträge und Erfolgsgrößen.

Zwischen der strategischen und operativen Betrachtungsweise darf jedoch kein Widerspruch konstruiert werden, beide ergänzen einander. Es ist nicht nur erforderlich, sich zu einem möglichst frühen Zeitpunkt den Kopf über Erfolg oder Mißerfolg einzelner Produkte und Produktgruppen in einem längeren, aber überschaubaren Zeitraum zu zerbrechen, die Chancen und Risiken rechtzeitig abzuschätzen, sondern es ist ebenso notwendig, festzustellen, welche Kosten die Erzeugnisse und Erzeugnisgruppen zum gegenwärtigen Zeitpunkt verursachen, in welchem Ausmaße sie zur Deckung der fixen Kosten beitragen und am Erfolg beteiligt sind. Auch sollten Überlegungen angestellt werden, welche kurzfristigen Maßnahmen möglich sind, um einzelne Produkte besonders zu fördern oder die Sortimentszusammensetzung unter rentabilitäts- oder deckungsbeitragsmaximierenden Gesichtspunkten zu ändern. Dadurch wird der Spielraum, den man gegenwärtig hat, klar, man weiß, welche kurzfristigen Reaktionen denkbar sind, auch wenn die strategische Beurteilung in eine andere Stoßrichtung zielt. Das gleiche gilt auch im umgekehrten Falle. Das Ergebnis einer kostenrechnerischen Betrachtung kann für ein Produkt sehr negativ sein und zu der Empfehlung führen, es zu eliminieren. Unter strategischen Gesichtspunkten kann das Erzeugnis jedoch sehr förderungswürdig sein, weil es in der Portfolio-Matrix eine aussichtsreiche Position einnimmt. Der strategischen Betrachtung gilt zwar der Vorzug, doch muß auch hier der gegenwärtige Stand bekannt sein, um nötigenfalls kurzfristig reagieren zu können.

5.1.7.1 Break-even-Analyse

Die Ermittlung des Break-even-Punktes wird sowohl zur Analyse als auch zu Kontrollzwecken eingesetzt. Der Break-even-Punkt oder die Gewinnschwelle gibt an, bei welchem Umsatz oder bei welcher Menge Kostendeckung besteht, also weder ein Gewinn noch ein Verlust eintritt. Graphisch wird er als Schnittpunkt der Erlös- mit der Gesamtkostenkurve dargestellt. Unterstellt man einen linearen Kostenverlauf, ergibt sich folgendes Bild:

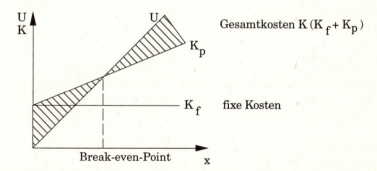

Die Zone vor dem Break-even-Punkt ist die Verlustzone, die nach dem Break-even-Punkt die Gewinnzone.

Rechnerisch wird der Break-even-Punkt durch die Division der fixen Kosten durch den relativen Deckungsbeitrag ermittelt.

$$BEP = \frac{K_f}{1 - \frac{K_p}{U}}$$

Es sei angenommen, daß ein Produkt einen Umsatz von 600.000 DM erreicht, die fixen Kosten 150.000 DM und die proportionalen Kosten 360.000 DM betragen. Der Break-even-Punkt liegt dann bei

$$BEP = \frac{150.000}{1 - \frac{360.000}{600.000}} \; ; \; BEP = 375.000,-- \; DM.$$

Der Umsatz, der die Kosten deckt, beläuft sich also auf 375.000 DM. Jede Umsatzgröße darunter ist mit einem Verlust, jede darüber mit einem Gewinn verbunden. Will man wissen, wie hoch der **Break-even-Beschäftigungsgrad** ist, muß man rechnen:

$$\frac{BEP}{U} \cdot 100; \quad \frac{375.000}{600.000} \cdot 100 = 62,50 \,\%.$$

Jede Umsatzhöhe unter 62,50 % des erzielten Umsatzes von 600.000 DM bringt einen Verlust mit sich. Bei 62,50 % existiert Kostendeckung, und ab 62,50 % Beschäftigung fängt die Gewinnzone an.

Die Differenz zwischen dem den Umsatz wiedergebenden Prozentsatz 100 und dem Beschäftigungsgrad von 62,50 %, also der Prozentsatz in Höhe von 37,50 %, wird als **Sicherheitskoeffizient** bezeichnet, er repräsentiert die Gewinnzone. Er sagt aus, um welchen Prozentsatz der Umsatz schrumpfen kann, ehe man die Verlustzone erreicht.

Die **Sicherheitsstrecke** ist die absolute Differenz zwischen Umsatz und Break-even-Umsatz, im Beispiel 600.000 DM − 375.000 DM = 225.000 DM, sie verkörpert die Ausdehnung der Gewinnzone.

Der Zusammenhang zwischen dem Break-even-Punkt und dem Deckungsbeitrag wird deutlich, wenn man die Stückzahl am Break-even-Punkt rechnerisch ermittelt. Der Deckungsbeitrag wird bekanntlich ermittelt, indem man vom Verkaufserlös die proportionalen Kosten subtrahiert; der Deckungsbeitrag enthält die fixen Kosten und den Gewinn:

Verkaufserlös (E)
./. proportionale Kosten (K_p)

= Deckungsbeitrag (DB)
./. fixe Kosten (K_f)

= Gewinn

Da am Break-even-Punkt kein Gewinn realisiert wird, entspricht an dieser Stelle der Deckungsbeitrag den fixen Kosten.

Der Gesamtdeckungsbeitrag (DB) setzt sich aus dem Stückdeckungsbeitrag (db) multipliziert mit der Stückzahl (x) zusammen, DB = db · x. Es kann folglich auch K_f = db · x geschrieben werden. Die Stückzahl x errechnet sich dann: x = K_f : db. Wird angenommen, daß der Verkaufspreis eines Erzeugnisses 200,— DM beträgt, die stückproportionalen Kosten 150,— DM ausmachen, und sich die fixen Kosten auf 500.000 DM belaufen, beträgt die Menge am Break-even-Punkt, die sogenannte

kritische Menge: $x = \dfrac{500.000}{50}$; x = 10.000 Stück.

Bei einer abgesetzten Stückzahl von 10.000 entsteht also kein Verlust und kein Gewinn, es herrscht Kostendeckung.

Exkurs:
Will man wissen, wieviel Stück abgesetzt werden müssen, um einen Gewinn von 200.000 DM zu erzielen, rechnet man:

$G = x \cdot db - K_f$; $x = \dfrac{G + K_f}{db}$; $x = \dfrac{200.000 + 500.000}{50}$

x = 14.000 Stück

Folgerungen, die aus einer Break-even-Analyse gezogen werden können, liegen auf

- der Preisseite
- der Absatzmengenseite
- der Kostenseite
- der Seite der Kombination der genannten Möglichkeiten.

Eine Variation der vorher verwendeten Daten soll dies verdeutlichen:

a) Es gelingt, die fixen Kosten aufgrund zwar nicht einfacher, aber doch möglicher Anpassungsmaßnahmen von 500.000 DM auf 440.000 DM zu reduzieren (Verminderung von Zinsen, Personalkosten u.ä.).

b) Bei konstanten Ursprungsdaten wird der Preis wegen Marktdrucks von 200,— DM/St. auf 190,— DM/St. gesenkt.

c) Lohn- und Preissteigerungen erhöhen die fixen Kosten auf 560.000 DM und die stückproportionalen Kosten auf 165,— DM.

Break-even-Umsatz und kritische Menge verändern sich dadurch wie folgt:

a) Die neue kritische Menge beträgt nun 440.000 : 50 = 8.000 Stück und der neue Break-even-Umsatz 1.760.000 DM.

b) Eine Preissenkung verändert die kritische Menge auf
500.000 : 40 = 12.500 Stück und den Break-even-Umsatz auf 2.375.000 DM.

c) Die angenommenen Kostensteigerungen führen auch zu einer Veränderung der kritischen Menge, nämlich auf 560.000 : 35 = 16.000 Stück und des Break-even-Umsatzes auf 3.200.000 DM.

Im Rahmen der Break-even-Analyse kann auch die Feststellung getroffen werden, welche Auftragsgröße kostendeckend ist. Die Kenntnis dieser Größe ist von besonderer Bedeutung, um **Verlustbringer** isolieren zu können. Bei der Annahme eines Kundenauftrages werden nicht nur stückproportionale Kosten, sondern auch auftragsfixe Kosten disponiert. Bei Kleinaufträgen kann dies dazu führen, daß durch die verbreitetste Form der Kalkulation, der Zuschlagskalkulation, die Ergebnisse verfälscht werden. Man kann sogar soweit gehen und die Behauptung aufstellen, daß durch diese Kalkulationsmethode Kleinaufträge geradezu gefördert werden. Sowohl Groß- als auch Kleinaufträge werden mit dem gleichen Zuschlagssatz kalkuliert; da für Kleinaufträge die Zuschlagsbasis niedriger ist als bei Großaufträgen, werden erstere im Vergleich zu gering mit Gemeinkosten belastet. Um so wichtiger ist die Kenntnis des Kostendeckungspunktes. Ein **Beispiel** soll dies verdeutlichen:

Bei einem Produkt, das ab Lager lieferbar ist, betragen die auftragsfixen Kosten u 45,— DM, die proportionalen Selbstkosten in % des Erlöses v 70 % und der angestrebte Gewinn w macht 20 % des Erlöses aus. Zu ermitteln ist die kostendeckende Auftragsgröße A und die Auftragsgröße B, bei der auch der angestrebte Gewinn realisiert wird. Es ist zu rechnen:

$$\text{Auftragsgröße A} = \frac{u}{1 - \frac{v\,\%}{100}} \;;\; A = \frac{45}{1 - \frac{70}{100}} \;;\; A = 150{,}-- \text{ DM}.$$

$$\text{Auftragsgröße B} = \frac{u}{1 - \frac{v\,\%}{100} - \frac{w\,\%}{100}} \;;\; B = \frac{45}{1 - \frac{70}{100} - \frac{20}{100}} \;;\; B = 450{,}-- \text{ DM}.$$

Die kostendeckende Auftragsgröße beträgt 150,— DM, jeder Auftrag darunter ist ein Verlustbringer, und erst bei einer Auftragsgröße von 450,— DM wird der angestrebte Gewinn realisiert.

Aufschlußreich kann eine Tabelle sein, die die Erfolgssituation bei einigen ausgesuchten Auftragsgrößen wiedergibt:

Ablaufprozeß

Auftragsgröße x in DM	db · Auftragsgröße (db · x)	Erfolg der Auftragsgröße
10,00	3,00	− 42,00
100,00	30,00	− 15,00
150,00	45,00	0
300,00	90,00	+ 45,00
450,00	135,00	+ 90,00
800,00	240,00	+ 195,00
1.000,00	300,00	+ 255,00
1.200,00	360,00	+ 315,00

Die Break-even-Analyse muß sich nicht unbedingt nur mit der Deckung der Gesamtkosten befassen, es kann beispielsweise auch der sogenannte Finanz-Break-even-Punkt ermittelt werden, der am Schnittpunkt von Erlöskurve und der Kurve der erlöswirksamen Kosten liegt:

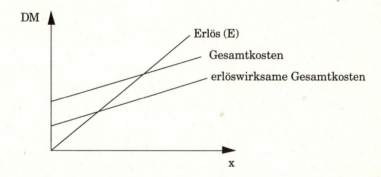

Die Ermittlung des Break-even-Punktes ist im Einprodukt-Betrieb bzw. für ein Einzelprodukt unproblematisch; kritischer ist seine Ermittlung im Mehrprodukt-Betrieb als gemeinsamer Break-even-Punkt. Bei mehreren vorhandenen Produkten ist eine Vielzahl von Umsatz- bzw. Absatzkombinationen möglich, um die Gewinnschwelle zu erreichen. Die Break-even-Analyse kann im Mehrproduktfall praktisch nur durchgeführt werden, wenn von festen Mengen- bzw. Umsatzrelationen der verschiedenen Produkte ausgegangen wird, und der Break-even-Punkt für den Umsatz-Mix berechnet wird. In diesem Falle ergibt sich die Ermittlung einer durchschnittlichen Break-even-Absatzmenge bzw. eines durchschnittlichen Break-even-Umsatzes.

Es kann zusammenfassend festgestellt werden, daß der Break-even-Punkt angibt,

- bei welchem Umsatz Kostendeckung besteht
- welches die kritische Menge ist
- bei welchen Auftragsgrößen Kostendeckung vorliegt
- wo die Verlustzone endet und die Gewinnzone beginnt

- bei welchem Absatz bzw. Umsatz die ausgabenwirksamen Gesamtkosten gedeckt sind

- bei welchem Absatz bzw. Umsatz das gesetzte Gewinnziel erreicht wird

- welche Auswirkungen Preisänderungen auf den kritischen Absatz und Umsatz haben.

- wie sich Verschiebungen der fixen und/oder proportionalen Kosten auf den Break-even-Punkt auswirken u.ä.

Kritisch ist zur Break-even-Analyse zu vermerken, daß sie

- die Kosten und Erlöse lediglich in Abhängigkeit von der Menge sieht
- Kosten und Erlöse als voneinander weitgehend unabhängige Größen sieht
- die Problematik der Kostenauflösung negiert
- sinnvoll in der Regel nur produktbezogen durchgeführt werden kann.

28   29

5.1.7.2 Gewinnänderungen bei Variierung der Sortimentszusammensetzung

Bei der Produktanalyse kann es interessant sein, zu erfahren, wie die Gewinne sich verändern, wenn die Sortimentszusammensetzung variiert wird. Diese unter operativem Aspekt durchgeführte Analyse berücksichtigt die Portfolio-Position der Produkte nicht und dient in erster Linie dazu, der Marketing- oder Unternehmensleitung kurzfristige Reaktionsmöglichkeiten aufzuzeigen, kann aber auch als wichtige Ergänzung der Portfolio-Analyse gesehen werden. Zwei **Beispiele** sollen die Vorgehensweise zeigen (Quelle: *Ehrmann*).

5.1.7.2.1 Situation bei Vorliegen eines Engpasses

In einem Unternehmen werden drei Erzeugnisse hergestellt und verkauft. Die drei Produkte A, B und C werden jeweils auf einer Maschine I, II, III hergestellt, die über ausreichende Kapazität verfügt; die Endarbeiten werden von einer Maschine IV ausgeführt, die Mehrzweckfunktionen ausübt; alle drei Produkte beanspruchen diese Anlage. Sie stellt mit 1.500 Stunden den Engpaß dar. Folgende Angaben liegen vor:

Ablaufprozeß

Produkt	Produzierte Stückzahl	Preis je Stück	Prop. Kosten je Stück	DB je Stück	Belastung der Maschine IV in Std./St.	Std./St. je Produkt auf Maschine IV
A	50	40.000	35.000	5.000	8	400
B	50	35.000	28.000	7.000	10	500
C	50	30.000	22.000	8.000	12	600
						1.500

Die fixen Kosten betragen 350.000 DM

Es wird überlegt, wie sich der Gewinn ändert, wenn die Sortimentszusammensetzung variiert wird unter Berücksichtigung der knappen Kapazität und folgender Absatzrestriktionen:

	Mindestmenge	Höchstmenge
Produkt A	10 Stück	63 Stück
Produkt B	13 Stück	76 Stück
Produkt C	16 Stück	50 Stück

Lösung:
1. Ermittlung des gegenwärtigen Gewinns:
Gewinn = 50 (DB 5.000 + DB 7.000 + DB 8.000) − K_f 350.000
Gewinn = 650.000 DM

2. Ermittlung der Rangfolge der drei Produkte nach den engpaßbezogenen Deckungsbeiträgen:

Produkt	DB/St.	Std/Maschine IV/St.	DB/Engpaßstunde	Rangfolge
A	5.000	8	625	3
B	7.000	10	700	1
C	8.000	12	666 2/3	2

3. Beanspruchung der Kapazität der Maschine IV durch die Produktion der Mindestmengen:

Produkt	Mindestmenge	Std/St. im Engpaß	Verwendete Engpaßzeit
A	10	8	80
B	13	10	130
C	16	12	192
			402

4. Ermittlung der noch verwendbaren Kapazität:
   1.500 Engpaßstunden - 402 verbrauchte Engpaßstunden
   = 1.098 noch verwendbare Stunden.

5. Ermittlung des neuen Sortiments

Produkt gemäß ermittelter Rangfolge	Zusätzliche Produktion	Benötigte Zeit für die Produktion	Noch verbleibende Zeit	Neues Sortiment
B	63	630	468	76
C	34	408	60	50
A	7	56	4	17

6. Ermittlung des Gewinns des neuen Sortiments
   Gewinn = (17 · DB 5.000 + 76 · DB 7.000 + 50 · DB 8.000) - K_f 350.000
   Gewinn = 667.000 DM

5.1.7.2.2 Situation bei Vorliegen mehrerer Engpässe

Existieren mehrere Engpässe, ist der Aufwand zur Ermittlung des gewinnoptimalen Mix zwar etwas größer, stellt aber den Controller, der die Berechnungen zweckmäßigerweise durchführt, vor keine Probleme; das folgende **Beispiel** soll dies verdeutlichen:

Ein Unternehmen stellt die beiden Produkte u und v her; sie erwirtschaften einen Deckungsbeitrag von 140,— DM bzw. 100,— DM; die fixen Kosten belaufen sich auf 6.000 DM. Für die Produktion der beiden Erzeugnisse benötigt man vier Maschinen, die alle ausgelastet werden, also den Engpaß darstellen. Folgende Zeiten fallen an:

Maschine	Std./Periode	Std. je St. u	Std. je St. v
I.	2.000	10,0	20,0
II.	2.160	28,8	12,0
III.	1.800	30,0	—
IV.	1.710	—	19,0

Ablaufprozeß

Lösung:
Beim Vorliegen mehrerer Engpässe kann bei zwei Produkten die Lösung graphisch oder rechnerisch ermittelt werden. Zuerst soll hier eine graphische Lösung herbeigeführt werden. Zunächst muß man die Kapazitätslinien der Maschinen ermitteln, sie ergeben sich aus den Gleichungen, die aussagen, wieviele Erzeugnisse von u und v jeweils mit den Engpaßzeiten hergestellt werden können, sie lauten:

2.000 = 10,0 xu + 20 xv   xu = Stückzahl des Produktes u
2.160 = 28,8 xu + 12 xv   xv = Stückzahl des Produktes v
1.800 = 30,0 xu
1.710 = 19,0 xv

Um die Kapazitätslinien graphisch darstellen zu können, wird aus den Gleichungen ermittelt, welche Stückzahlen anfallen, wenn entweder nur u oder nur v produziert würde:

Nur u wird produziert   Nur v wird produziert
2.000 : 10,0 = 200   2.000 : 20,0 = 100
2.160 : 28,8 = 75   2.160 : 12,0 = 180
1.800 : 30,0 = 60   —
       —   1.710 : 19,0 = 90

Die errechneten Werte werden in ein Koordinatenkreuz eingetragen, die xu-Werte auf die Abzisse und die xv-Werte auf die Ordinate. Die Geraden K_1 bis K_4 für die vier Maschinen umreißen die Möglichkeiten der Produktion. Das schraffierte Feld verdeutlicht die möglichen Mengenkombinationen, die sich aus den vorhandenen und von den Produkten beanspruchten Kapazitäten ergeben. Der dieses Feld umgebende Linienzug repräsentiert das Maximum der Kombinationen. Die Kombinationsmöglichkeiten stehen nun fest, nicht jedoch die Kombination, die den höchsten Gewinn erreicht. Erst mit Hilfe einer weiteren Größe, der Isogewinnlinie, ist die Feststellung der gewinnmaximalen Kombination möglich. Sie beinhaltet alle jene Mengenkombinationen von u und v, die den gleichen Gewinn ergeben.

Die Isogewinnlinie wird ermittelt durch die Bildung einer Relation zwischen den Deckungsbeiträgen der beiden Erzeugnisse; dies geschieht dadurch, daß man zuerst die Formel für die Ermittlung des Gesamtdeckungsbeitrages formuliert (der Gesamtdeckungsbeitrag wird auch häufig als Bruttogewinn G bezeichnet):

G = dbu · xu + dbv · xv und dann die Gleichung nach xv auflöst, dann erhält man:

$xv = \dfrac{G}{dbv} - \dfrac{dbu}{dbv} \cdot xu$ Der erste Teil der Gleichung ist der Ordinatenabschnitt.

Der zweite Teil der Gleichung ist das Steigungsmaß der Isogewinnlinie, das Verhältnis von Gegenkathete zu Ankathete. Es können nun beliebig viele Isogewinnlinien dargestellt werden, die alle parallel zueinander verlaufen, weil sie alle über das gleiche Steigungsmaß verfügen. Je weiter entfernt vom Nullpunkt eine Isogewinnlinie verläuft, um so höher ist der Gewinn, den sie widerspiegelt.

Wurden einige Isogewinnlinien eingezeichnet, liest man das Gewinnoptimum auf dem Punkt der Kapazitätslinie ab, der zu der Isogewinnlinie gehört, die am weitesten vom Angangspunkt entfernt verläuft.

Im Beispiel ergibt sich das Steigungsmaß der Isogewinnlinie durch das Verhältnis der Deckungsbeiträge $\frac{140}{100}$.

Man trägt mehrere Isogewinnlinien mit diesem Steigungsmaß in das Koordinatenkreuz ein. Man kann nun ablesen, daß sich der Eckpunkt E_3 auf der Isogewinnlinie befindet, die am weitesten vom Nullpunkt entfernt ist. Er hat die Koordinaten xu = 42 und xv = 79.

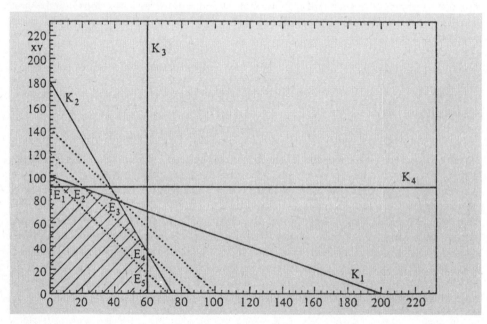

Dies kann auch rechnerisch nachgewiesen werden, die Ecke E_3 ist der Schnittpunkt der beiden Kapazitätslinien K_1 und K_2. Die zugehörigen Gleichungen lauten (s.o.):

2.000 = 10 xu + 20 xv

2.160 = 28,8 xu + 12 xv

Daraus läßt sich ablesen, daß xv = 78,9475 und durch Einsetzen dieses Wertes in die erste Gleichung, daß xu = 42,105; durch das erforderliche Abrunden ergibt xu 42 und xv 78.

Der optimale Gewinn, der jetzt noch errechnet werden muß, stellt sich wie folgt dar:

G = (42 · 140 + 78 · 100) − 6.000;

G = 7.680 TDM

In den beiden Beispielen liegt der Engpaß jeweils im Fertigungsbereich und ist maschinenbedingt; es ist durchaus möglich, daß sich die Engpässe in den verschiedensten Unternehmensbereichen befinden. Eine wesentliche Erschwerung der Lösung tritt dadurch nicht ein, mit Hilfe eines zu formulierenden Systems von Gleichungen läßt sich das Ergebnis ohne weiteres errechnen. Das Gleiche gilt für den Mehrproduktfall. Es wird auf das Beispiel in Kapitel E. 5.4.2.3.2 (Investitionsrechnung) hingewiesen.

5.1.8 Kennzahlenanalyse

Kennzahlen geben in verdichteter Form Informationen über betriebswirtschaftliche Fakten, Abläufe und Zusammenhänge. Sie sind Daten mit Erkenntniswert und ein aussagefähiges Meßinstrument. Sie stehen im Dienste der

- Analyse von Entwicklungen
- Zielvorgabe
- Kontrolle.

Kennzahlen sind ein wichtiges **Controller-Instrument**; mit ihrer Hilfe kann er wichtige Bereiche seiner Aufgaben erfüllen, wie die Lage des Unternehmens analysieren, mit der anderer Unternehmen und der Branche vergleichen, Zusammenhänge verdeutlichen, Schwachstellen aufdecken, Schlüsse auf künftige Entwicklungen ziehen und damit einen Beitrag bei der Fixierung von Zielvorgaben leisten und Abweichungen feststellen sowie bei deren Analyse mitwirken.

Eine sehr wichtige Controller-Aufgabe besteht darin, zu erreichen, daß nicht mehr oder weniger willkürlich Kennzahlen aus allen möglichen Gebieten ermittelt werden, die in keinem Zusammenhang stehen und keine große Aussagekraft besitzen. Er muß darauf achten, daß die zu ermittelnden Kennzahlen

- Tatbestände klar und interpretierbar erfassen

- ihre Zielsetzung eindeutig zu erkennen ist

- nur in begrenzter übersichtlicher Zahl ermittelt werden

- aktuell sind

- nicht nur einen Vergangenheitsbezug haben, sondern auch ein Zukunftsbezug hergestellt werden kann

- funktionsübergreifende Betrachtungen erlauben

- bei der Ermittlung und Auswertung dem Prinzip der Wirtschaftlichkeit entsprechen.

Kennzahlen können in mehreren Formen auftreten, hauptsächlich als

- Grundzahlen.

  Sie sind absolute Zahlen, die dadurch die Gestalt von Kennzahlen annehmen, daß sie in Vergleich zu Daten des eigenen Unternehmens oder der Konkurrenz gesetzt werden.

- Verhältniszahlen.

  Die Bezeichnung drückt aus, daß Zahlen in Relation zu anderen Größen gesetzt werden. Verhältniszahlen werden gebildet als

  a) Gliederungszahlen.
  Teilmassen werden in Relation zu einer Gesamtmasse gesetzt, beispielsweise die Umsätze einzelner Kunden zum Gesamtumsatz, wobei die Gesamtheit meistens als 100 % angesehen wird.

  b) Beziehungszahlen.
  Sie ergeben sich, wenn man einzelne Massen, zwischen denen logische Beziehungen bestehen, zueinander in Relation setzt, z.B. Umsatz je Vertreter, Kunde usw.

  c) Meßzahlen.
  Sie entstehen, wenn man gleichartige Größen bei zeitlicher oder örtlicher Folge auf eine Basis bezieht, die ihnen gemeinsam ist und vorher festgelegt wurde. Solche Meß- oder Indexzahlen verwendet man beispielsweise, wenn man mehrere aufeinanderfolgende Umsätze auf ein bestimmtes Ausgangsjahr bezieht.

Kennzahlen können für den gesamten Unternehmensbereich oder für einzelne Teilbereiche ermittelt werden.

Für das Gesamtunternehmen können

- Rentabilitätskennzahlen
- Cash-flow-Kennzahlen
- Wirtschaftlichkeitskennzahlen
- Produktivitätskennzahlen
- Finanzierungs- und Liquiditätskennzahlen
- Risikokennzahlen

errechnet werden. Die Bereichszahlen sollen bereichstypische Erscheinungen wiedergeben.

Viele Zentral- und Fachverbände (z.B. ZVEI-Zentralverband der Elektrotechnischen und Elektronischen Industrie) geben Verzeichnisse von Kennzahlen heraus, und auch in der Fachliteratur finden sich zahlreiche Hinweise zur Ermittlung von Kennzahlen.

Großes Augenmerk sollte den Kennzahlen gewidmet werden, die für das Unternehmen die wichtigsten Ertragsquellen kennzeichnen, sich etwa auf folgende Gebiete beziehen:

- den Marktanteil
- das Marktwachstum
- die Attraktivität des Marktes
- das Unternehmenspotential
- die Lebenszyklen erfolgreicher Produkte
- das langfristige finanzielle Gleichgewicht

(*Berschin*).

In der folgenden Übersicht werden wichtige Kennzahlen vorgestellt, die von Controllern häufig ermittelt werden und sich zur Beurteilung von Unternehmen und Unternehmensbereichen und zur Zielvorgabe eignen. Gleichzeitig wird eine Empfehlung gegeben, in welchem Rhythmus sie errechnet werden sollten. Die Zusammenstellung erhebt bei weitem keinen Anspruch auf Vollständigkeit.

Kennzahlen	zu ermitteln	
	jährl.	monatl.
1. Return-on-Investment = $\dfrac{\text{Gewinn}}{\text{Umsatz}} \cdot \dfrac{\text{Umsatz} \cdot 100}{\text{investiertes Kapital}}$ (Umsatzrentabilität · Kapitalumschlag)	x	
2. Gesamtkapital-Rentabilität = $\dfrac{\text{Gewinn} + \text{Fremdkapitalzinsen} \cdot 100}{\text{Gesamtkapital}}$	x	
3. Eigenkapital-Rentabilität = $\dfrac{\text{Gewinn}}{\text{Eigenkapital}} \cdot 100$	x	
4. Umsatzrentabilität = $\dfrac{\text{Gewinn}}{\text{Umsatz}} \cdot 100$	x	
5. Netto-Betriebsleistung = Getätigte Umsätze + ./. Bestandsveränderungen an FE und UE ./. Erlösschmälerungen	x	x
6. Cash-flow = Betriebsergebnis + kalkulatorische Abschreibungen + kalkulatorische Eigenkapitalzinsen + überhöhte Rückstellungen + sonstige ausgabenunwirksame Aufwendungen ./. einnahmeunwirksame Erträge	x	

Kennzahlen	zu ermitteln	
	jährl.	monatl.
7. Cash-flow-Rate = $\dfrac{\text{Cash-flow}}{\text{Umsatz}} \cdot 100$	x	
8. Cash-flow in % der Netto-Betriebsleistung = $\dfrac{\text{Cash-flow}}{\text{Netto-Betriebsleistung}} \cdot 100$	x	
9. Kapitalrate = $\dfrac{\text{Cash-flow}}{\text{Eigen-/Gesamtkapital}} \cdot 100$	x	
10. Deckungsbeitrag-Intensität = $\dfrac{\text{Deckungsbeitrag}}{\text{Umsatz}} \cdot 100$	x	x
11. Umschlagshäufigkeiten = $\dfrac{\text{Umsatz}}{\text{Kapitaleinsatz}}$; $\dfrac{\text{Umsatz}}{\text{Anlagevermögen}}$; $\dfrac{\text{Umsatz}}{\text{Umlaufvermögen}}$; $\dfrac{\text{Umsatz}}{\text{Vorratsvermögen}}$	x	
12. Umschlag der Forderungen = $\dfrac{\text{Umsatz}}{\text{Durchschnittliche Forderungen}}$	x	
13. Umschlagsdauer in Tagen = $\dfrac{360}{\text{Umschlagsziffer (s.o.)}}$	x	
14. Umschlag der Roh-, Hilfs- und Betriebsstoffe = $\dfrac{\text{Stoffeinsatz}}{\text{Durchschnittl. Lagerbestand}}$	x	x
15. Umschlag der Sachanlagen = $\dfrac{\text{Abschreibungen}}{\text{Sachanlagen}}$	x	

Kennzahlen	zu ermitteln	
	jährl.	monatl.
16. Verschuldungsgrad = $\dfrac{\text{Fremdkapital}}{\text{Eigenkapital}} \cdot 100$	x	
17. Anspannungsgrad = $\dfrac{\text{Fremdkapital}}{\text{Gesamtkapital}} \cdot 100$	x	
18. Anlagenintensität = $\dfrac{\text{Anlagevermögen}}{\text{Gesamtvermögen}} \cdot 100$	x	
19. Umlaufintensität = $\dfrac{\text{Umlaufvermögen/Vorratsvermögen}}{\text{Gesamtvermögen}} \cdot 100$	x	
20. Gewinn-/Umsatz-/Deckungsbeitrags- veränderung = $\dfrac{\text{Gewinn 1/Umsatz 1/Deckungsbeitrag 1}}{\text{Gewinn 2/ Umsatz 2/Deckungsbeitrag 2}}$	x	x
21. Ertragsergiebigkeit der Aufwendungen = $\dfrac{\text{Erträge}}{\text{Aufwendungen}} \cdot 100$	x	x
22. Leistungsergiebigkeit der Kosten = $\dfrac{\text{Leistung}}{\text{Kosten}} \cdot 100$	x	x
23. Arbeitsintensität = $\dfrac{\text{Umsatz}}{\text{Löhne und Gehälter}}$	x	x
24. Materialintensität = $\dfrac{\text{Umsatz}}{\text{Roh-, Hilfs- und Betriebsstoffe, Fremdleistungen, bezogene Waren}}$	x	x
25. Kostenintensitäten nach einzelnen Kostenarten = $\dfrac{\text{Entsprechende Kostenarten (Personal-kosten, Materialkosten usw.)}}{\text{Umsatz}} \cdot 100$	x	x

Kennzahlen	zu ermitteln	
	jährl.	monatl.
oder $$\frac{\text{Entsprechende Kostenarten}}{\text{Netto-Betriebsleistung}} \cdot 100$$ oder $$\frac{\text{Entsprechende Kostenarten}}{\text{Deckungsbeitrag}} \cdot 100$$		
26. Kostenveränderungen nach einzelnen Kostenarten = $$\frac{\text{Entsprechende Kostenarten 1}}{\text{Entsprechende Kostenarten 2}}$$	x	x
27. Break-even-Umsatz = $$\frac{\text{Fixe Kosten}}{\text{Deckungsbeitrag in \% des Umsatzes}}$$	x	
28. Out-of-Pocket-point = $$\frac{\text{Ausgabenwirksame fixe Kosten}}{\text{Deckungsbeitrag in \% des Umsatzes}}$$	x	
29. Wirtschaftlichkeitskennzahlen als Soll-/Istabweichungen bezogen auf - Gewinn - Umsatz - Deckungsbeitrag - Aufwendungen	x	x
30. Produktivitätskennzahlen a) Produktivität = $$\frac{\text{Produktionsleistung}}{\text{Produktionsfaktor (Arbeit, Material, Anlagen usw.)}}$$	x	x
b) Deckungsbeitrag je Fertigungsstunde	x	x
c) Arbeitserlös je Fertigungsstunde	x	x
d) Pro-Kopf-Leistung = $$\frac{\text{Netto-Betriebsleistung}}{\text{Zahl der Beschäftigten}}$$	x	x

Ablaufprozeß 207

Kennzahlen	zu ermitteln	
	jährl.	monatl.
e) Pro-Kopf-Wertschöpfung = Pro-Kopf-Leistung - Pro-Kopf-Materialverbrauch (zu berechnen für das Gesamtunternehmen und einzelne Sparten)	x	x
f) Ausschußquote = $\dfrac{\text{Abfallmenge}}{\text{Materialeinsatz}} \cdot 100$	x	x
31. Fixkostenstruktur = $\dfrac{\text{Fixe Kosten}}{\text{Umsatz}} \cdot 100$	x	
32. Mindestspanne = $\dfrac{\text{Umsatz}}{\text{Fixkosten}} \cdot 100$	x	
33. Konzentration bezogen auf Umsatz und Deckungsbeitrag = $\dfrac{\text{Anteil einzelner Produkte oder Kunden}}{\text{Gesamtumsatz}} \cdot 100$ oder $\dfrac{\text{Anteil einzelner Produkte oder Kunden}}{\text{Deckungsbeitrag}} \cdot 100$	x	
34. Reichweite des Auftragsbestandes = $\dfrac{\text{Anfangsbestand zu Ultimo}}{\text{Umsatz der letzten 12 Monate}} \cdot 360$	x	
35. Angebotserfolg = $\dfrac{\text{Erteilte Aufträge}}{\text{Abgegebene Angebote}}$	x	x
36. Marktanteile bezogen auf Produkte, Produktgruppen, Länder, Teilmärkte, Kundengruppen, Kunden, Vertriebswege u.ä. = $\dfrac{\text{Eigener Marktanteil z.B. 15 \%}}{\text{Marktanteil des nächstgrößten Konkurrenten, z.B. 30 \%}} = 0{,}5$	x	x

Kennzahlen	zu ermitteln	
	jährl.	monatl.
37. Veränderungen im Sortiment = $\dfrac{\text{Mengenumsatz des Artikels gem. Plan}}{\text{Gesamtmengenumsatz gem. Plan}} \cdot 100$	x	x
38. Kundenumsätze = $\dfrac{\text{Umsatz des Kunden gem. Plan}}{\text{Gesamtumsatz gem. Plan}}$	x	x
39. Innovationsgrad = a % aller Umsätze/Deckungsbeiträge werden mit b % aller Erzeugnisse erreicht, die jünger sind als x Jahre oder a % aller Umsätze/Deckungsbeiträge stellen Neu-Umsätze/Deckungsbeiträge dar infolge - neuer Kunden - neuer Produkte - neuer Märkte usw.	x	
40. Bekanntheitsgrad = $\dfrac{\text{Zahl der positiven Antworten}}{\text{Gesamtzahl der Kunden}}$	x	
41. Anteil der Stammkunden = $\dfrac{\text{Alter Kundenbestand}}{\text{Gesamter Kundenbestand}} \cdot 100$	x	
42. Exportmarktanteile = $\dfrac{\text{Exportumsatz}}{\text{Gesamtumsatz}} \cdot 100$ Der Exportumsatz ist nach Ländern, Kunden usw. zu differenzieren.	x	
43. Export-Kundenstuktur = $\dfrac{\text{Anzahl der Exportkunden}}{\text{Gesamtzahl der Kunden}}$	x	
44. Grad der Lagerhaltung = $\dfrac{\text{Fertigerzeugnisse}}{\text{Umlaufvermögen/Vorratsvermögen}} \cdot 100$	x	x

Kennzahlen	zu ermitteln	
	jährl.	monatl.
45. Beurteilung des Außendienstes = $\dfrac{\text{Umsatz/Deckungsbeitrag pro AD und Zeiteinheit}}{\text{Gesamtkosten des AD pro Zeiteinheit}}$	x	x
46. Break-even-Punkt des AD = $\dfrac{\text{Zuordenbare Kosten des AD}}{\% \text{ DB}}$	x	
47. Reklamationen = $\dfrac{\text{Zahl der Reklamationen gesamt/bereichsweise}}{\text{Zahl der Auslieferungen gesamt/bereichsweise}}$	x	x
48. Garantieleistungen = $\dfrac{\text{Zahl der Reklamationen gesamt/bereichsweise}}{\text{Netto-Umsatz gesamt/bereichsweise}}$	x	x
49. Gewinnpunkt im Handel = $\dfrac{100 \cdot \text{fixe Handelsbetriebskosten}}{\text{Handelsspanne - proportionale Handelsbetriebskosten in \% des Umsatzes}}$	x	
50. Intensität der Kundenbetreuung = $\dfrac{\text{Zahl der Kundenbesuche}}{\text{Zahl der Kunden}}$	x	x

Kennzahlen sagen isoliert betrachtet meistens nicht sehr viel aus, erst in einem zeitlichen oder sachlichen Zusammenhang steigt die Aussagekraft.

Die Herstellung eines **zeitlichen Zusammenhangs** erfolgt durch den Zeitvergleich, eine Reihe von zeitlich aufeinanderfolgenden Zahlen ergibt einen deutungsfähigen Trend.

Der **sachliche Zusammenhang** ergibt sich durch die Bildung eines **Kennzahlensystems**.

Ein Kennzahlensystem kann als eine geordnete Gesamtheit von Kennzahlen, die zueinander in Beziehung stehen, angesehen werden, die erst als Gesamtheit in der Lage sind, vollständig über Sachverhalte zu informieren (*Horwath*).

Das Kennzahlensystem wird gelegentlich als selbständiges Informationssystem angesehen, die Auffassung wird hier nicht vertreten, es handelt sich vielmehr um ein Subsystem, das sich die Daten der bereits besprochenen Informationssysteme zunutze macht.

In Theorie und Praxis werden bereits seit einigen Jahren zahlreiche Kennzahlensysteme entwickelt. Sie lassen sich im Grund auf zwei Formen reduzieren, auf

- Ordnungssysteme
- Rechensysteme.

Ordnungssysteme umfassen Kennzahlen bestimmter Sachverhalte, beziehen sich also auf bestimmte Aspekte der Unternehmen.

Rechensysteme zerlegen die Kennzahlen rechnerisch und führen eine Pyramidenbildung herbei, für Planungs- und Kontrollzwecke scheinen sie besonders geeignet.

Eine **Kennzahlen-Pyramide** hat folgenden Aufbau (*ZVEI*):

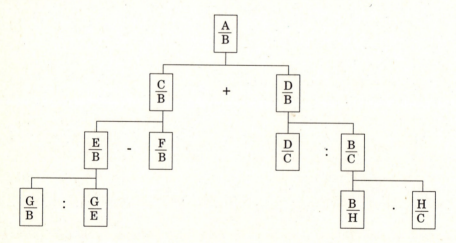

Der Erfolg eines solchen Kennzahlensystems steht und fällt mit der richtigen Wahl der Kennzahl an der Spitze der Pyramide. Sie soll ja eine entscheidende Aussage machen. Häufig wird als Spitzenkennzahl das Ergebnisziel eingesetzt. Große Sorgfalt muß auch dem Aufbau der einzelnen Kennzahlen-Gruppen im System gewidmet werden.

Von den in der Praxis am stärksten verbreiteten Systemen, dem

- Du Pont-System
- ZVEI-Kennzahlensystem
- Pyramid Structure of Ratios

soll auf das Du Pont-System eingegangen werden.

Das vom Chemie-Konzern Du Pont entworfene und wesentlich weiterentwickelte System geht von der **Spitzenkennzahl** Return-on-Investment aus, der sich aus der Umsatzrentabilität und dem Kapitalumschlag zusammensetzt. Diese beiden Größen werden in der Pyramide weiter zerlegt und bis zu ihren Ursprüngen zurückverfolgt. Die Aufspaltung der Umsatzrentabilität führt zu den Kosteneinflußgrößen, die des Kapitalumschlags zu der Zusammensetzung des Vermögens. Schrittweise kann auf diese Art das Unternehmensergebnis analysiert, können seine Hauptbestimmungsfaktoren isoliert werden.

Die **Vorteile** des Du Pont-Systems ergeben sich aus

- der besonderen Berücksichtigung des obersten Unternehmungsziels, der Rentabilität der Unternehmung an der Pyramidenspitze
- der besonderen Eignung als Planungsinstrument, wegen der guten Möglichkeit der Kennzahlenformulierung als Plandaten
- der Möglichkeit der Einräumung von Freiräumen für Funktionsleiter im Sinne des "management by objectives"
- der Anwendungsmöglichkeit in dezentralisierten Unternehmen
- den guten Analysemöglichkeiten von Teilbereichen
- der Übersichtlichkeit.

Als **Nachteil** anzusehen ist

- die mangelnde Berücksichtigung nicht aktivierter Aufwendungen für Innovation
- die nicht vorhandene Möglichkeit die Änderung von Zähler und Nenner des Return-on-Investment festzustellen
- die zu starke Protegierung der Gewinnmaximierung.

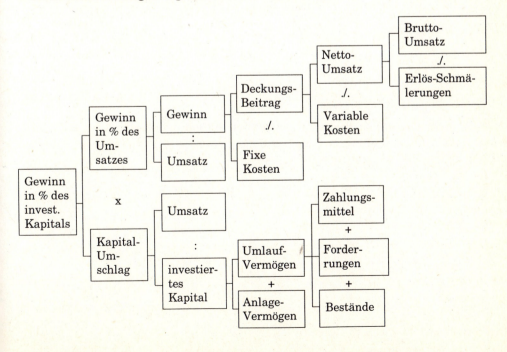

Die erwähnten Kennzahlensysteme sind allesamt geeignet, die Erfolgsfaktoren zu isolieren und analysieren, weisen allerdings den Nachteil auf, bei funktionalen Organisationsformen nur bedingt ohne zusätzlichen Aufwand verwendbar zu sein. Bereichsspezifische Faktoren sind nur schwer in die Systeme einzubauen und auf die entsprechenden Bereichsergebnisse zu beziehen.

Kiener hat den Versuch unternommen, ein Marketing-Kennzahlensystem zu entwickeln, das die genannten Mängel beseitigt. Er geht ebenfalls vom Return-on-Investment aus und leitet aus einer seiner Bestimmungsgrößen, der Umsatzrentabilität sein System ab:

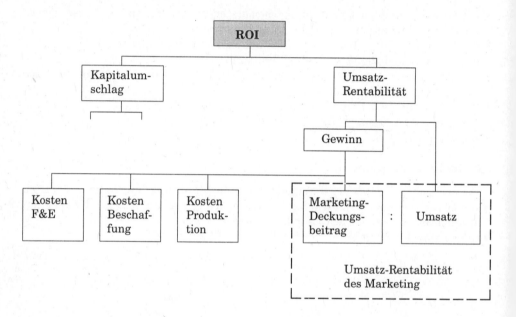

Kiener macht zwei Vorschläge:

Zum einen von der Umsatz-Rentabilität des Marketing ausgehend, zum anderen den Marketing-Ergebnis-Beitrag als neue Pyramiden-Spitzenkennzahl verwendend, wird das Kennzahlensystem aufgebaut.

Im folgenden wird das letztgenannte System vorgestellt:

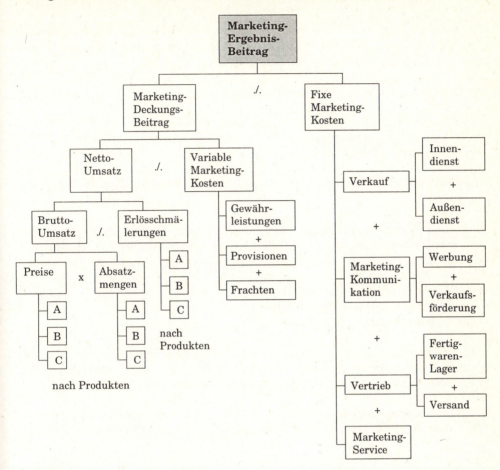

Bei aller Bedeutung der Kennzahlen und ihrem ohne Zweifel vorhandenen Informationswert darf die Problematik, die mit ihnen verbunden ist, nicht übersehen werden; sie besteht in erster Linie darin, daß

- nur quantitative Größen verwendet werden
- mögliche Zielkonflikte nicht berücksichtigbar sind
- vorgegebene Kennzahlen oder Kennzahlen-Systeme Ziele zu starr fixieren und nicht berücksichtigen, daß sich im Laufe von Entscheidungsprozessen neue Ziele herauskristallisieren können
- die in Kennzahlen-Systemen als Zielvorgaben genannten Größen häufig nicht den Vorstellungen einzelner Funktionsbereiche entsprechen.

5.2 Zielplanung

Ziele stellen Absichtserklärungen der Leitungsfunktionen eines Unternehmens dar, sie peilen einen künftigen Zustand an. Ohne klare Zielformulierung ist eine sinnvolle Planung und Steuerung nicht möglich.

Stark beeinflußt wird die Zielplanung von

- der Unternehmenskultur und Unternehmensphilosophie
- den Unternehmensgrundsätzen
- der Corporate Identity.

Die **Unternehmenskultur** ist die unverwechselbare Persönlichkeit des Unternehmens.

Die Unternehmenskultur wird entscheidend von den Führungspersönlichkeiten und deren externen Beratern gestaltet, sie ist sowohl von der Geschichte eines Unternehmens als auch von Umwelteinflüssen abhängig. Sie erstreckt sich auf

- die Tradition im Führungsverhalten
- die überlieferten Geschäftspraktiken
- die Organisationsstruktur *(Hauser)*.

Unternehmenskultur und Planung stehen in Wechselbeziehung zueinander. Die Unternehmenskultur beeinflußt die Planung nicht unwesentlich, andererseits sind viele Bestandteile der Unternehmenskultur Ergebnisse von Planungen.

Die **Unternehmensphilosophie** ist der Teil der Unternehmenskultur, der die Wertbasis unternehmerischen Denkens und Handelns umfaßt *(Nieschlag / Dichtl / Hörschgen)*.

Die **Unternehmensgrundsätze** konkretisieren die doch mit einem hohen Abstraktionsgrad verbundene Unternehmenskultur und Unternehmensphilosophie. Als Unternehmensgrundsätze kann "die Gesamtheit der Grundprinzipien, die den Maßnahmen zur Erreichung der Unternehmensziele gemeinsam zugrunde liegen" *(Koch)* verstanden werden.

Die Unternehmensgrundsätze drücken Einstellungen und Verhaltensweisen gegenüber dem Wirtschafts- und Gesellschaftssystem, gegenüber Mitarbeitern und Geschäftspartnern aus. Durch sie werden grundlegende Wertaussagen des Unternehmens definiert, die für das Unternehmen Verbindlichkeitscharakter haben *(Becker)*.

Eine bedeutende Zahl von Unternehmen formuliert ihre Unternehmensprinzipien recht ausführlich und präzise und konfrontiert ihre Mitarbeiter, Vertragspartner und die Öffentlichkeit mit ihnen.

Unternehmengrundsätze lassen sich wie folgt strukturieren:

Stellung in der Gesellschaft	Einstellung gegenüber Mitarbeitern	Verhalten gegenüber Kunden	Verhalten gegenüber Lieferanten	Umweltgrundsätze	Einstellung gegenüber der Konkurrenz	Entscheidungsgrundsätze
- Position zum Staat - Position zum Wirtschaftssystem - Position zur Wettbewerbsordnung - Position zur Mitbestimmung	- Führungsstil - Kommunikation - Humanisierung der Arbeit - Grad der Arbeitsteilung - Motivation - Gestaltung des Arbeitsplatzes - Gestaltung der Arbeitszeit - Förderung der Aus- und Weiterbildung - Förderung der persönlichen Bindungen - Förderung der Identifizierung mit den Unternehmen	- Art der Kommunikation - Vertragsgestaltung - Preispolitik	- Art der Kommunikation - Einfluß auf die Organisation - Vertragsgestaltung	- Maßnahmen, die über die gesetzlichen Normen hinausgehen - gesellschaftsfreundliches Marketing	- friedlicher Stil - kooperativer Stil - aggresiver Stil - konfliktärer Stil	- führungspolitische Grundsätze - Wachstumsgrundsätze - bereichsbezogene Grundsätze - Konfliktlösungsgrundsätze

Quelle: *Ehrmann*

Die **Corporate Identity** ist im Zusammenhang mit der Unternehmenskultur zu sehen. Sie stellt das Erscheinungsbild des Unternehmens dar. Durch sie soll erreicht werden, daß die Unternehmenspersönlichkeit wahrgenommen wird, daß Unternehmenskultur und Unternehmensphilosophie erkannt werden und die Unternehmensgrundsätze akzeptiert werden.

Mit der Corporate Identity will man in erster Linie die folgenden Adressaten erreichen:

Externe Adressaten	**Marktpartner**: - Kunden und ihre Organisation - Lieferanten und ihre Organisation - Konkurrenten - Banken - Potentielle Investoren - Versicherungen **Gesellschaftlich relevante Gruppen**: - Parteien - Staatliche Instanzen - Gewerkschaften - Arbeitgeberverbände - Kirchen **Medien**: - Funk und Fernsehen - Printmedien **Sonstige Zielgruppen**: - Hochschulen, Schulen - Sonstige Bildungseinrichtungen - Vereine und Verbände - Potentielle Multiplikatoren wie Persönlichkeiten mit großem Ansehen - die "interessierte Öffentlichkeit"
Interne Adressaten	Nicht CI-schaffende Gesellschafter Mitarbeiter Ehemalige Mitarbeiter Potentielle Mitarbeiter

Quelle: *Ehrmann*

Das Konzept der Corporate Identity stellt eine Weiterentwicklung der Public-Relations-Idee dar.

Nicht zu verwechseln mit der Corporate Identity ist das **Corporate Design**. Es handelt sich dabei um die Schaffung von sichtbaren Ausdrücken der Unternehmensgrundhaltung in Form von Symbolen, die ständig auf Briefbögen, Rechnungen, Fahrzeugen und verschiedenen Werbeträgern verwendet werden. Das Corporate Design umfaßt also designerische Maßnahmen, worauf die Bezeichnung ja hindeutet.

Die Zielplanung schließt an die Situationsanalyse an, wobei, wie bereits angeführt wurde, Wechselbeziehungen zwischen den beiden Komplexen bestehen.

Die Aufgaben des Controllers bei der Zielplanung können unterschiedlich gesehen werden. Die Sicht reicht von der Initiierung der Planung über die Mitwirkungspflicht bis zur reinen Beratungsaufgabe. Hier wird die Auffassung vertreten, daß der Controller bei der Zielaufstellung auf höchster Ebene lediglich beratend mitzuwirken hat, seine eigentlichen Aufgaben beginnen erst, nachdem die Unternehmensleitung ihre Zielvorstellungen geäußert hat. Schwerpunkte seiner Tätigkeit sind:

- Unterstützung bei der Konkretisierung und Darstellung der Ziele

- Überprüfung der Ziele auf ihre Realisierbarkeit, hier bietet sich die Mitwirkung des Controllers besonders an, weil er den höchsten Informationsstand haben dürfte

- Hinweis auf vorhandene Zielkonflikte und deren Konsequenzen

- Mitwirkung bei der Bildung von Zielhierarchien

- Ableitung der Einzelziele der Funktionsbereiche aus den Globalzielen und Präzisierung der Vorgaben

- Koordination der Ziele

- ständige Überprüfung der Ziele.

5.2.1 Zielbildungsprozeß

Die Zielinhalte hängen von einer Reihe von Faktoren ab, die nicht immer der landläufigen Meinung über Unternehmensziele entsprechen müssen, es werden durchaus häufig Ziele aufgestellt, die zumindest direkt nicht ohne weiteres mit der Rentabilitätsmaximierung in Verbindung gebracht werden. Verschafft man sich einen Überblick über mögliche Ziele wird dies verdeutlicht:

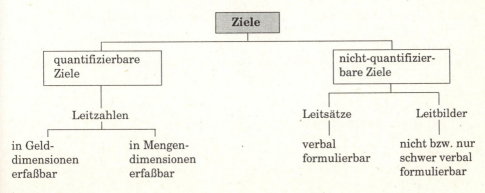

Quelle: *Heinen*

Quantifizierbar sind Ziele, wenn sie sich in Geld- oder Mengengrößen ausdrücken lassen. Als **monetäre** Ziele werden Ziele verstanden, die die Geldsphäre des Unternehmens betreffen, z.B. Gewinn, Umsatz, Rentabilität. Als **bonitär** bezeichnet man Ziele, wenn sie auf Mengengrößen ausgerichtet sind, wie etwa Produktivität oder Kostenwirtschaftlichkeit (*Heinen*).

Die Grenzen zwischen Quantifizierbarkeit und Nichtquantifizierbarkeit dürfen nicht zu eng gezogen werden. Ursprünglich als nicht quantifizierbar angesehene Ziele können quantifizierbar werden, wenn sie präzisiert werden. So kann etwa ein nichtquantifizierbares Ziel wie Unabhängigkeitsstreben quantifiziert werden, wenn man es etwa durch eine konkrete Vorgabe einer Relation von Eigenkapital zu Fremdkapital oder durch eine absolute Größe, die die Höchstverschuldung ausdrückt, präzisiert.

Nichtquantifizierbare Ziele als **Leitsätze** können verbal ohne weiteres formuliert werden, z.B. "Konkurrenz beseitigen", "Macht erreichen", während Leitbilder kaum formulierbar sind, sie drücken oft innere Einstellungen des Unternehmers aus, die noch nicht ganz ausgereift sind und erst allmählich konkretisiert werden; auch können sie den irrationalen Bereich verkörpern, der in Unternehmen durchaus eine Rolle spielen kann.

Nicht verwechselt werden dürfen die Begriffe quantifizierbar und nichtquantifizierbar mit operativ und nichtoperativ. Zwischen quantifizierbar und operativ besteht zwar eine enge Beziehung, doch keine Kongruenz. Ziele sind dann operational, wenn sie in klar definierten Größen ausgedrückt werden können. Das Kriterium der Meßbarkeit ist dabei von Bedeutung, es ist allerdings nicht nur auf quantifizierbare Ziele anzuwenden. Marketingziele müssen, wie andere wichtige Ziele auch, das Gebot der Operationalität erfüllen. Daneben müssen noch folgende **Anforderungen** an Ziele gestellt werden (*Wild, J.*):

- Realistik
  Die Ziele müssen mit normalen Anstrengungen erreicht werden können. Aufgabe der Planung ist es, dies sicherzustellen.

- Ordnung.
  Bei mehreren vorhandenen Zielen muß die Rangordnung ersichtlich sein.

- Konsistenz.
  Bei Inkaufnahme von Zielkonflikten sollen die Ziele aufeinander abgestimmt sein.

- Aktualität.
  Ziele müssen permanent auf ihre Aktualität überprüft werden; nicht mehr aktuelle Ziele sind zu eliminieren.

- Vollständigkeit.
  Nur dann können alle Betriebsvorgänge geplant werden, wenn auch alle möglichen Ziele formuliert werden.

- **Durchsetzbarkeit.**
  Ziele lassen sich nur erreichen, wenn sie von den einzelnen Funktionsbereichen akzeptiert werden.

- **Organisationskongruenz.**
  Die Ziele sollen den organisatorischen Einheiten zuordenbar sein.

- **Transparenz und Überprüfbarkeit.**
  Ziele müssen konkret, verständlich formuliert und überprüfbar sein.

Die Zielplanung, vor allem die auf der obersten Ebene, ist stark von der Persönlichkeit des Unternehmers oder des Top-Managers, von seiner Unternehmensphilosophie und von dem Problemlösungsmuster geprägt. Vielleicht ist es für den Controller manchmal angebracht, Hinweise auf das Tagesgeschehen und sich andeutende Entwicklungen zu geben, um die ständige Realitätsnähe bei der Zielplanung zu gewährleisten.

Ziele werden nicht isoliert geplant, sondern in den meisten Unternehmen existieren **Zielsysteme**.

Die Unternehmensziele, die sowohl materiellen als auch nichtmateriellen Charakter haben können, sind Globalziele, die weiter aufgegliedert und den Funktionsbereichen als Subziele vorgegeben werden müssen. Die zunächst sehr groben Unternehmensziele werden dabei immer weiter verfeinert. Die folgende Darstellung gibt in Anlehnung an *Berschin* einen Überblick über ein mögliches Zielsystem:

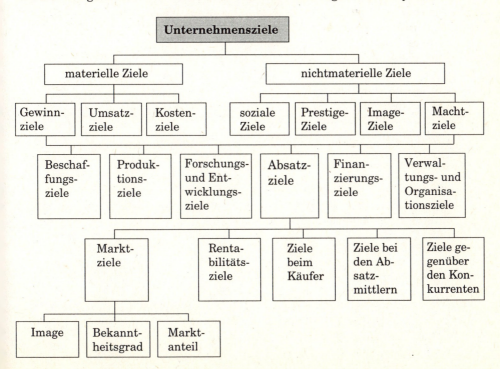

Wird eine Zielbildung nach der hierarchischen Struktur des Unternehmens vorgenommen, ergibt sich folgendes Bild:

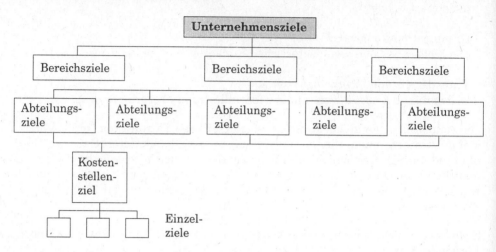

Bei der Zielfestlegung ist eine sehr planmäßige und systematische Vorgehensweise zu empfehlen. Um zu vermeiden, daß eine Vielfalt von unkoordinierten Zielen fixiert wird, sollte man das Hauptaugenmerk zunächst auf die Kernbereiche, die sogenannten "Schlüsselbereiche" des Unternehmens richten und für sie Ziele festlegen. Diese Vorgehensweise führt dann zur Bildung einer Zielhierarchie.

Als Schlüsselbereiche kommen in Anlehnung an *Berschin* in Frage:

(1) das Leitbild des Unternehmens
(2) die Ertragsquellen
(3) die Technologien
(4) der Finanzbereich
(5) die Mitarbeiter und das Management
(6) das Unternehmensimage
(7) grundsätzliche Überlegungen zum Überleben.

• Leitbild des Unternehmens

Das oft sehr schwer zu formulierende Leitbild gibt die Unternehmensphilosophie wieder, es deutet die Zielrichtung an. Alle Strategien und Vorgehensweisen orientieren sich am Leitbild. Dies könnte etwa lauten: "Wir stellen Herrenoberbekleidung für alle Bevölkerungsschichten her" oder umgekehrt, "Wir stellen Herrenoberbekleidung für den gehobeneren Anspruch her".

• Ertragsquellen

Die für die Ertragsquellen (Produkte, Dienstleistungen u.ä.) in Teilmärkten in Frage kommenden Zielsetzungen können lauten:

- neue Produkte anbieten
- Produkte eliminieren
- die Produktpalette erweitern/verkleinern
- neue Märkte erschließen
- kontinuierlich steigende Umsätze anstreben
- Mindestmarktanteile erreichen
- Mindeststückzahlen absetzen
- die Ertragsspannen um bestimmte Werte verbessern usw.

Wichtig ist, daß die Ziele quantifiziert und konkretisiert werden.

• Technologien

In diesen Bereich fallen Produktivitätssicherung und -steigerung sowie Innovation.

Ziele können sein:

- Festlegung der Innovationsrate
- Festlegung einer Rate oder eines Mindestaufwandes für Forschung und Entwicklung
- Festlegung von Produktivitätsraten für bestimmte Bereiche usw.

• Finanzbereich

Der in vielen Unternehmen dominierende Finanzbereich findet Berücksichtigung durch folgende Ziele:

- Festlegung eines bestimmten Cash-flow
- Verbesserung der Kapitalumschlagsgeschwindigkeit um x %
- Mindestverzinsung des Gesamt-/Eigenkapitals
- Festlegung eines Höchstwertes der Forderungsbestände etc.

• Mitarbeiter und Management

Die Qualität der Mitarbeiter ist ein entscheidendes Erfolgspotential, zu seiner Sicherung und Steigerung bieten sich als Zielsetzung an:

- Steigerung der Qualität der Mitarbeiter durch interne Schulungen und Entsendung zu externen Lehrgängen
- besondere Förderung des Führungsnachwuchses
- bessere Information der Mitarbeiter
- Einführung eines Beteiligungssystems etc.

• Unternehmensimage

Die Wirkung eines guten Unternehmensimages in der Öffentlichkeit wurde in den letzten Jahren immer deutlicher und u.a. durch folgende Ziele berücksichtigt:

- ständige Präsenz in der Öffentlichkeit
- Umweltschutzaktivitäten entfalten und publik machen
- Qualitätsverbesserung der Produkte und des Kundendienstes
- Einführung humanerer Arbeitsbedingungen und Verwertung der Ergebnisse in der Werbung (s. Volvo)
- Veröffentlichung einer Sozialbilanz usw.

• Überlebensfragen

Die für diesen Komplex zu formulierenden Ziele betreffen die Existenz des Unternehmens, sie entziehen sich zwar der Tagesroutine, dürfen aber dennoch nicht vernachlässigt werden, um möglichen Krisen nicht unvorbereitet zu begegnen. Solche Ziele können sein:

- Festlegung eines Verschuldungslimits
- Festlegung von Untergrenzen bei Gewinn, Umsatz, Deckungsbeitrag u.ä. und Obergrenzen bei Kosten
- Festlegung der Reaktion auf Börsennotierungen unterhalb einer bestimmten Grenze usw.

Nach der Feststellung der Ziele in den Schlüsselbereichen kann sich eine Zielhierarchie des Unternehmens herausbilden, die etwa folgende Stufen umfaßt:

• Unternehmensleitbild - generelle Unternehmensphilosophie
• Strategische Ziele
• Ziele der Funktionsbereiche des Unternehmens
• Funktionale Ziele für Produkte und Produktgruppen
• Finanzwirtschaftliche Einzelziele
• Einzelziel Gewinn und dessen Verwendung
(*Scheffler*).

Die bei der Untersuchung der Schlüsselbereiche ermittelten und in eine hierarchische Gliederung gebrachten Ziele umfassen auch die Marketingziele.

Leitet man aus dem Unternehmensziel z.B. einen Return-on-Investment von 16 % zu erreichen, das Marketinghauptziel und einzelne Subziele ab, kann sich folgende Zielhierarchie ergeben:

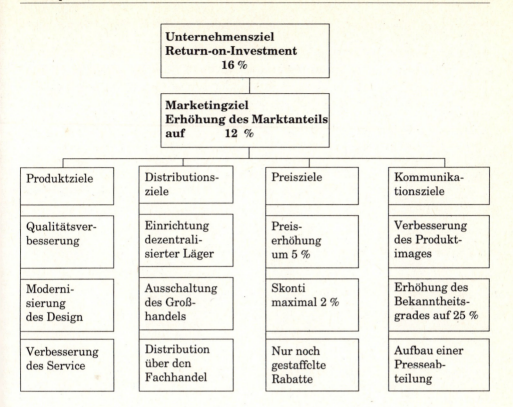

5.2.2 Zielbeziehungen

5.2.2.1 Formen von Zielbeziehungen

Es wurde bereits darauf hingewiesen, daß Ziele in der Regel nicht unabhängig voneinander gesehen werden können, sondern daß häufig Verknüpfungen mit anderen Zielen berücksichtigt werden müssen. Das Erreichen eines Zieles tangiert sehr oft andere Ziele. Zwischen den einzelnen Zielen können dabei mehrere Beziehungen bestehen.

5.2.2.1.1 Komplementäre, konkurrierende und indifferente Ziele

Ziele stehen in **komplementärer Beziehung** zueinander, wenn das Erreichen eines Zieles auch zur Erfüllung eines anderen Zieles führt. Solche komplementären Ziele sind beispielsweise das Gewinn- und Rentabilitätsstreben oder das Gewinn- und das Umsatzstreben.

Konkurrierend sind Ziele, wenn das Erreichen eines Zieles das Erreichen eines anderen verhindert oder den Zielerreichungsgrad vermindert. Ein häufig angeführtes Beispiel ist die Konkurrenz zwischen dem Rentabilitäts- und dem Liquiditätsziel. Ziele verhalten sich **indifferent**, wenn die Erfüllung eines Zieles keine Auswirkungen auf die Erreichung eines anderen Zieles hat. Indifferente Ziele sind in den Betrieben kaum auszumachen; betrachtet man die Zielsysteme der Unternehmen, wird man feststellen, daß kein Ziel zu finden ist, das nicht in einer Beziehung zu einem anderen Ziel steht. Indifferent verhalten sich Ziele zueinander normalerweise nur, wenn man sie isoliert betrachtet. Die folgenden beiden Bilder sollen die Beziehungen der Ziele zueinander verdeutlichen, dabei bedeuten bei der Darstellung der Komplementärbeziehungen:

Z_1 = Umsatzziel $\qquad$ S_1, S_2, S_3 = Entscheidungssituationen
Z_2 = Gewinnziel $\qquad$ $a_1 - a_5$ = Leistungsalternativen

und bei der Darstellung der Konkurrenzbeziehungen:

Z_1 = Rentabilitätsziel $\qquad$ S_1, S_2, S_3 = Entscheidungssituationen
Z_2 = Liquiditätsziel $\qquad$ $b_1 - b_5$ = Investitionsalternativen.

D = Differenzen

	S_1				S_2				S_3			
	Z_1	DZ_1	Z_2	DZ_2	Z_1	DZ_1	Z_2	DZ_2	Z_1	DZ_1	Z_2	DZ_2
a_1	10		6		10		1		10		6	
		10		6		10		7		10		4
a_2	20		12		20		8		20		10	
		10		6		10		6		10		5
a_3	30		18		30		14		30		15	
		10		6		10		5		10		6
a_4	40		24		40		19		40		21	
		10		6		10		4		10		7
a_5	50		30		50		23		50		28	

Komplementäre Beziehungen zwischen den Zielen

Die Darstellung zeigt, daß die komplementären Beziehungen unterschiedlicher Natur sein können. In der Situation S_1 wird sowohl das Umsatzziel als auch das Gewinnziel mit konstanten Zuwachsraten erfüllt, man spricht von der linearen oder konstanten Komplementarität. Die Situationen S_2 und S_3 unterscheiden sich von S_1 dadurch, daß den konstanten Umsatzsteigerungen sinkende Gewinnzuwachsraten (S_2) bzw. steigende Gewinnzuwachsraten (S_3) gegenüberstehen. Derartige Zielbeziehungen entsprechen der sogenannten "variablen Komplementarität". Ob lineare oder variable Komplementarität vorliegt, hängt davon ab, wie im Unternehmen die Kosten- und Erlösfunktionen verlaufen, linear oder nichtlinear.

Auch bei den konkurrierenden Zielen lassen sich konstante und variable Zuwachsraten feststellen.

	S_1				S_2				S_3			
	Z_1	DZ_1	Z_2	DZ_2	Z_1	DZ_1	Z_2	DZ_2	Z_1	DZ_1	Z_2	DZ_2
b_1	10		20		10		25		10		28	
		+5		-4		+5		-5		+5		-2
b_2	15		16		15		20		15		26	
		+5		-4		+5		-4		+5		-3
b_3	20		12		20		16		20		23	
		+5		-4		+5		-3		+5		-4
b_4	25		8		25		13		25		19	
		+5		-4		+5		-2		+5		-5
b_5	30		4		30		11		30		14	

Konkurrierende Beziehungen zwischen den Zielen

In der Situation S_1 sind die Konkurrenzbeziehungen konstant; das Erreichen des Rentabilitätszieles geht mit der konstanten Minderung des Liquiditätszieles einher.

Die Situationen S_2 und S_3 sind wiederum durch variable Konkurrenzbeziehungen gekennzeichnet.

Die Zielbeziehungen können durch das Austauschverhältnis der Zielerfüllung i = DZ_1 / DZ_2 ausgedrückt werden. Die Austauschrate $i_{z1; z2;}$ gibt das Verhältnis der Zunahme der Zielerfüllung des Zieles Z_1 beim Wechsel zur nächstgünstigen Alternative zur Zu- bzw. Abnahme des Zielerfüllungsgrades Z_2 wieder. Komplementäre Zielbeziehungen haben positive, konkurrierende Zielbeziehungen negative Austauschraten der Zielerfüllungsgrade *(Heinen)*.

Die folgende graphische Darstellung verdeutlicht die drei Typen der Zielbeziehungen.

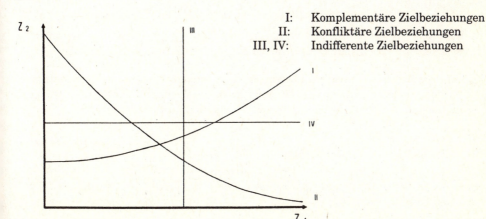

I: Komplementäre Zielbeziehungen
II: Konfliktäre Zielbeziehungen
III, IV: Indifferente Zielbeziehungen

5.2.2.1.2 Haupt- und Nebenziele

Wenn Ziele vorhanden sind, zwischen denen Konkurrenzbeziehungen bestehen, muß eine Gewichtung der Ziele vorgenommen werden. Die Zielplanungsinstanz muß entscheiden, welchem Ziel sie größere Bedeutung beimißt, sie muß also eine Rangordnung der Ziele herbeiführen. Die Ziele, denen ein höherer Rang zugewiesen wird, die also stärker gewichtet werden, sind Hauptziele, die niedriger eingestuften Ziele sind Nebenziele. Eine durchgeführte Gewichtung hat keinesfalls "Ewigkeitswert", sie gilt für bestimmte Perioden bzw. Situationen. Gewichtungsänderungen in Unternehmen sind häufig festzustellen.

5.2.2.1.3 Ober- und Unterziele

Die Bestimmung von Ober- und Unterzielen ist der Ausgangspunkt für die Entwicklung einer Zielhierarchie. Durch die Formulierung von Ober- und Unterzielen will man den Entscheidungsprozeß so steuern, daß das Oberziel beim Erfüllen der Teilziele stets angepeilt wird. Dies setzt jedoch voraus, daß zwischen den Haupt- und den Nebenzielen keine Konkurrenzbeziehungen bestehen, sondern Komplementarität vorliegt.

Drückt man die Ziele in Form von Kennziffern aus, kann eine Kennzahlenpyramide ein Zielsystem mit Ober- und Unterzielen darstellen.

5.2.2.2 Einsatz der Nutzwertanalyse bei mehrfacher Zielsetzung

Die Gewichtung der Ziele bei mehrfacher Zielsetzung stellt manche Planer vor große Probleme. Die Problemlösung kann erleichtert werden, wenn man sich der Nutzwertanalyse bedient. Wegen der besonderen Bedeutung dieses Verfahrens für die gesamte Planung im Marketingbereich soll eine Variante der Nutzwertanalyse vorgestellt werden.

In der Literatur werden zur Bewältigung von Planungsproblemen bei mehrfacher Zielsetzung im wesentlichen drei Komplexe von Verfahren genannt *(Diller)*:

(1) Vorauswahl effizienter Handlungsmöglichkeiten durch Aussonderung ineffizienter Alternativen. Dieses Verfahren ist besonders geeignet beim Vorliegen einer großen Anzahl von Alternativen (z.B. Auswahl von Werbeträgern).

(2) Rangreihung der möglichen Alternativen mit Hilfe lexikographischer Rangreihungen, Punktebewertungsmodellen oder graphischer Lösungsmethoden.

(3) Einsatz besonderer Entscheidungsregeln (z.B. MAXIMIN-Regel oder Goal-Programmierung u.ä.).

Ablaufprozeß

Wegen der guten Eignung soll auf die Nutzwertermittlung mit Hilfe von Punktbewertungsmodellen eingegangen werden. Die anstehende Problematik und der Lösungsweg können besonders gut dargestellt werden, wenn man von einem **praktischen Fall** ausgeht (Quelle: *Diller*).

Ein mittelständischer Hersteller von Herrenoberbekleidung will sein Produktionsprogramm infolge Konkurrenzdrucks umstrukturieren und erweitern. Die zuständigen Abteilungsleiter erarbeiten als Alternativen fünf neue Produktlinien:

A_1: Tennisbekleidung für Herren
A_2: Jeans-Anzüge für Damen und Herren
A_3: Damenröcke
A_4: Bademodenprogramm
A_5: Wandererprogramm (Bundhosen u.ä.)

Wegen der gravierenden Programmänderungen müssen sechs Ziele berücksichtigt werden:

Z_1: Langfristige Absatzsicherung
 (Umsatzpotential in drei Jahren in Mio DM)
Z_2: Ausreichende Umsatzrendite
 (Konkurrenzdruck sehr hoch, hoch, mittel, gering, sehr gering)
Z_3: Vorhandenes Produktions-Know-how
 (sehr hoch, hoch, mittel, gering, sehr gering)
Z_4: Investitionsvolumen in Mio DM
Z_5: Zugang zu Beschaffungsmärkten
 (sehr gut, gut, mittel, schlecht, sehr schlecht)
Z_6: Zugang zu Absatzmärkten
 (sehr gut, gut, mittel, schlecht, sehr schlecht).

Die erwarteten Zielerreichungsgrade, die in einer Ergebnismatrix zusammengestellt werden, zeigen keine deutliche Priorität; Vorteile einzelner Alternativen stehen Nachteile gegenüber:

Ergebnismatrix

Z_j / A_i	Z_1 Umsatzpotential	Z_2 Konkurrenzdruck	Z_3 Know-how	Z_4 Investitionsvolumen	Z_5 Beschaffungsmarkt	Z_6 Absatzmarkt
A_1	10	hoch	hoch	0,5	gut	mittel
A_2	20	sehr hoch	sehr hoch	0,3	sehr gut	gut
A_3	20	mittel	mittel	0,8	mittel	mittel
A_4	10	mittel	gering	1,5	schlecht	sehr schlecht
A_5	15	mittel	mittel	0,3	gut	gut

Wird eine Nutzwertanalyse mit Hilfe von Punktbewertungs- oder Scoring-Modellen durchgeführt, wird die "Wertschätzung einer Alternative im Hinblick auf alle relevanten Beurteilungskriterien durch inhaltlich nicht interpretierte und gegenseitig aufrechenbare Punkte" zum Ausdruck gebracht. Bei der Vergabe der Punktwerte müssen die folgenden Prinzipien berücksichtigt werden:

(1) Die Punkteskala muß für alle Kriterien gleich sein.

(2) Die Punkteskala sollte nicht bei 0 beginnen, um extrem niedrige Punktwerte berücksichtigen zu können.

(3) Die Bewertungsrichtung muß bei allen Kriterien die gleiche sein.

(4) Die Punkteskala muß so breit sein, daß eine ausreichende Differenzierung möglich ist.

(5) Die Punkteskala sollte in der Regel wenig Bewertungssprünge enthalten.

(6) Die Umwandlung der Punktwerte in Prozentpunkte ist anzustreben, um die Anschaulichkeit zu verbessern.

(7) Eine Transformationsmatrix sollte aufgestellt werden, die die Regelung der Punktevergabe enthält.

Transformationsmatrix

Kriterien \ Punkte	1	2	3	4	5
Z_1: Umsatzpotential	bis 4,9	5 - 7,9	8 - 11,9	12 - 15,9	16 und mehr
Z_2: Konkurrenzdruck	sehr hoch	hoch	mittel	gering	sehr gering
Z_3: Know-how	sehr gering	gering	mittel	hoch	sehr hoch
Z_4: Investitionsvolumen	1,5 und mehr	1,0 - 1,49	0,75 - 0,99	0,5 - 0,74	bis 0,49
Z_5: Beschaffungsmarktzugang	sehr schlecht	schlecht	mittel	gut	sehr gut
Z_6: Absatzmarktzugang	sehr schlecht	schlecht	mittel	gut	sehr gut

Die Transformation der in der Ergebnismatrix geschätzten Erwartungen führt zu der folgenden ungewichteten Punktematrix:

Z_j \ A_i	Z_1	Z_2	Z_3	Z_4	Z_5	Z_6
A_1	3	2	4	4	4	3
A_2	5	1	5	5	5	4
A_3	5	3	3	3	3	3
A_4	ineffizient					
A_5	4	3	3	5	4	4

Die Matrix gibt Hinweise darauf, daß die Alternative A_2 (Jeans-Anzüge) besonders günstig ist. Zu berücksichtigen ist jedoch, daß noch nicht abgeklärt ist, welche Wichtigkeit dem Kriterium Konkurrenzdruck beizumessen ist; dabei sieht Alternative A_2 besonders schlecht aus.

Alternative A_4 konnte als ineffizient bereits ausgeschieden werden (Vorauswahl), bei ihr liegen die Kennzeichen der Ineffizienz vor, nämlich das Bestehen eines geringen Zielerreichungsgrades gegenüber mindestens einer anderen Alternativen und keines höheren bei allen übrigen Alternativen. Um die Bedeutsamkeit der einzelnen Kriterien herauszuarbeiten, ist eine **Gewichtung** erforderlich. Es muß für jedes Kriterium ein Gewichtungsfaktor W gefunden werden, der von 0 bis 1 reicht, die Summe aller Faktoren muß 1 ergeben. Die Multiplikation der ungewichteten Punktwerte mit den korrespondierenden Gewichten und die anschließende Summierung der Werte je Alternative führt zu **gewichteten Mittelwerten**. Diese drücken die **Wertschätzung**, die man jeder Alternativen entgegenbringt, in einer einzigen Zahl aus.

Mit der Bildung von Zielgewichten überträgt man praktisch subjektive Wertvorstellungen in ein quantitatives Gewichtungsschema. Formal werden dadurch Zielkonflikte geregelt, jedoch nicht die Wurzeln des Konflikts, die in den unterschiedlichen Werteinschätzungen liegen, ausgerottet.

Im vorliegenden Fall wird mit zwei Gewichtungsfaktoren gearbeitet, die naturgemäß zu zwei Ergebnissen führen. Durch den Einsatz von zwei stark voneinander abweichenden Faktoren soll die Bedeutung der Gewichtung gezeigt werden.

Punktwertmatrix mit zwei alternativen Gewichtungsfaktoren

A_i	P_1	Z_1 W_{11} 0,3	W_{12} 0,1	P_2	Z_2 W_{21} 0,3	W_{22} 0,7	P_3	Z_3 W_{31} 0,1	W_{32} 0,05	P_4	Z_4 W_{41} 0,1	W_{42} 0,05	P_5	Z_5 W_{51} 0,1	W_{52} 0,05	P_6	Z_6 W_{61} 0,1	W_{62} 0,05	$\Sigma P_1 \cdot W_1$ 1,0	$P_2 \cdot W_2$ 1,0
A_1	3	0,9	0,3	2	0,6	1,4	4	0,4	0,2	4	0,4	0,2	4	0,4	0,2	3	0,3	0,15	3,0	2,45
A_2	5	1,5	0,5	1	0,3	0,7	5	0,5	0,25	5	0,5	0,25	5	0,5	0,25	4	0,4	0,2	3,7	2,15
A_3	5	1,5	0,5	3	0,9	2,1	3	0,3	0,15	3	0,3	0,15	3	0,3	0,15	3	0,3	0,15	3,6	3,2
A_5	4	1,2	0,4	3	0,9	2,1	3	0,3	0,15	5	0,5	0,25	4	0,4	0,2	4	0,4	0,2	3,7	2,8

Bei Anwendung des Gewichtungsfaktors W_1 sind Alternative A_2 und A_5 gemeinsam Spitzenreiter; wird mit dem Faktor W_2 gearbeitet, liegt Alternative A_3 an der Spitze und A_5 an zweiter Stelle, womit die Bedeutung des Gewichtungsfaktors besonders dokumentiert wird.

Diller führt mehrere Verfahren auf, mit deren Hilfe die Zielgewichte einwandfrei abgeleitet werden können:

- Rangreihung
- wechselseitiger Präferenzenvergleich
- Delphitechniken
- Psychometrische Verfahren.

Das Punktbewertungsmodell als eine Methode der Nutzwertanalyse ist ein Verfahren, das bei Zielentscheidungen wertvolle Hilfestellung leisten, die Entscheidungen selbst jedoch nicht treffen kann. Welchen Zielen der Vorzug zu geben ist, muß von den Verantwortlichen nach Berücksichtigung aller in Frage kommenden Komponenten festgelegt werden. Der große Vorteil der Nutzwertanalyse liegt u.a. in der Möglichkeit, Probleme und Konflikte zu erkennen, deutlich darzustellen und zu diskutieren.

Beachtet werden muß bei der Anwendung solcher Rechnungen, daß immer nur eine begrenzte Zahl von Zielen berücksichtigt werden kann; die Interdependenz mit anderen Bereichen muß vernachlässigt werden. Daß Entscheidungen im Marketingbereich stets auch andere Bereiche und deren Ziele berühren, muß außer acht gelassen werden. Dennoch sind Scoring-Modelle gut geeignet, Rangfolgen von Zielen zu bilden, wenn man den Umfang der Ziele einschränkt und sich auf wichtige Ziele konzentriert.

32

5.3 Strategieplanung

Strategien zu entwickeln bedeutet, Grundsatzentscheidungen zu treffen, die alle Unternehmensbereiche berühren, die unternehmerischen Absichten gedanklich in die Realität umzusetzen.

Es gilt

- Chancen zu erkennen und zu nutzen
- Risiken zu vermeiden
- Stärken zu erhalten und auszubauen
- Schwächen zu mindern und zu beseitigen.

Ablaufprozeß

Die strategische Planung ist also auf die Faktoren, Quellen und Fähigkeiten des Unternehmens, aus denen der Erfolg resultiert gerichtet (vgl. Kap. E. 1.2). Diese **Erfolgsfaktoren** sind sowohl im Unternehmen als auch außerhalb des Unternehmens zu finden. Sie resultieren aus

- dem Geschen auf den Märkten
- den von Staat und Gesellschaft geschaffenen vom Unternehmenen nutzbar zu machenden Bedingungen
- der Qualität der Unternehmensführung
- dem Personal
- der Organisation
- den angewandten Verfahren
- der Investitionsintensität
- dem Forschungs- und Entwicklungsaufwand u. ä..

Die nicht statischen, sondern auch stetigen Wandlungen unterworfenen Erfolgsfaktoren können sowohl ökonomische als auch vorökonomische Größen wie etwa der Bekanntheitsgrad, die Markentreue, Wiedererkennungswerte u. ä. sein *(Becker)*.

Die Erfolgsfaktoren lassen sich schneller erkennen, wenn mit **Strategischen Geschäftseinheiten** operiert wird.

Unter Strategischen Geschäftseinheiten (SGE) sind voneinander weitgehend unabhängige Tätigkeitsfelder der Unternehmung zu verstehen. Sie sind durch eine eigenständige, kundenbezogene Marktaufgabe, durch gegenüber den anderen SGE klar abgrenzbare Produkte bzw. Produktgruppen und durch einen eindeutig bestimmbaren Kreis von Wettbewerbern gekennzeichnet; darüber hinaus weisen die SGE im allgemeinen unterschiedliche Marktchancen und Risiken auf *(Nieschlag / Dichtl / Hörschgen)*.

Für jede Strategische Geschäftseinheit lassen sich Strategien zur Schaffung und Erhaltung von Erfolgspotentialen selbständig planen und realisieren, ohne andere SGE zu tangieren oder von ihnen tangiert zu werden.

Eine **Marketingstrategie** ist nach *Kotler* "eine Zusammenstellung konsistenter, angemessener und praktisch anwendbarer Grundsätze, mit deren Hilfe das Unternehmen seine langfristigen Kunden- und Gewinnziele in einer vorgegebenen konkurrierenden Umwelt zu erreichen hofft". Marketing-Strategien werden aus den Unternehmenszielen abgeleitet und stehen in Abhängigkeit der Möglichkeiten, die das Unternehmen und die Umwelt einräumen. Strategien zu planen setzt neben der Kenntnis dieser Möglichkeiten kreatives Denken und die Fähigkeit Zukunftsvisionen zu entwickeln voraus.

Die Planung der Strategien hat folgende Ausmaße:

- das Leistungsprogramm (Sortiment, Qualität, Preis)
- die grundsätzliche Art und der Umfang der Marktbearbeitung
- die grundsätzlichen Absichten im Hinblick auf die Marktstellung

- die Gewinn- und Risikopolitik (Gewinn, Umsatz, Rentabilität, ROI)
- die Wachstumspolitik (Expansion, Erhaltung des Potentials, Schrumpfung)
- die grundsätzliche Einstellung zur Innovation
- die grundsätzliche Haltung zur Kooperation
- die grundsätzliche Haltung gegenüber Konkurrenten
- die grundsätzlichen Aussagen zur Führung, Personalpolitik und Organisation.

Die Mitwirkung des Controllers bei der Planung von Marketing-Strategien erstreckt sich auf folgende Aktivitäten:

- er stellt die durch die Situationsanalyse gewonnenen Daten zur Verfügung
- er wirkt bei der Formulierung der Strategien mit
- er wirkt maßgeblich bei der Festellung der Geschäftsstrategien, der Detaillierung der Grundstrategien in Bezug auf die einzelnen Strategischen Geschäftseinheiten mit
- er entwickelt Entscheidungshilfen für die Planung der Strategien
- er koordiniert den Einsatz der Entscheidungshilfen bzw. er stellt sie zur Verfügung.

5.3.1 Entscheidungshilfen bei der Marketing-Strategieplanung

Auch der Prozeß der Marketing-Strategien muß systematisch und möglichst reibungslos verlaufen. Um dies zu gewährleisten, empfiehlt sich die Verwendung bewährter Entscheidungshilfen. In Frage kommen in erster Linie

- Kreativitätstechniken
- Produkt- und Portfolio-Matrix.

5.3.1.1 Kreativitätstechniken

Die Kreativitätstechniken wollen schöpferische Denkprozesse in Gang setzen und unkonventionelle Ideen entwickeln oder durch die lückenlose Erfassung eines umfangreichen, meist komplizierten Problembereichs möglichst viele Lösungen finden. Von den zahlreichen entwickelten Verfahren seien die folgenden erwähnt:

- der morphologische Kasten (morphologische Matrix)
- die Problemkreisanalyse
- die Verfahren des Brainstorming
- die Brainwriting-Methoden
- die Synektik

und ähnliche Verfahren.

In diesem Zusammenhang soll auf diese recht vielseitig einsetzbaren Techniken nicht näher eingegangen werden, es kann auf die reichhaltige Literatur hingewiesen werden, etwa auf *Bramsemann*, *Nieschlag / Dichtl / Hörschgen* oder *Ehrmann*.

5.3.1.2 Produkt- und Portfolio-Matrix

Im Rahmen der Situationsanalyse wurde bereits ausführlich auf die Produkt- bzw. Portfolio-Analyse und die Darstellung ihrer Ergebnisse in Matrizenform eingegangen. Auch wurde erwähnt, daß sie der Ausgangspunkt für Strategieentwicklungen sein können. Wenn auch berücksichtigt werden muß, daß die genannten Analysen ursprünglich für ganz bestimmte Marktsituationen entwickelt wurden, die für ein Unternehmen, das eine Strategieplanung durchführt, zum gegenwärtigen Zeitpunkt nicht unbedingt zutreffen, sind die Matrix-Darstellungen dennoch ein geeignetes Hilfsmittel bei der Planung, erlauben sie doch, die komplexen und komplizierten Zusammenhänge gedanklich zu durchdringen und zu strukturieren.

Zunächst soll auf die **Produkt-Matrix** von *Ansoff* eingegangen werden, aus der sich wichtige Grundstrategien ergeben. *Ansoff* geht von dem Gedanken aus, daß zwischen der Soll-Entwicklung und der tatsächlichen Entwicklung eines Unternehmens eine **Ziellücke** (Gap) entstehen kann, die Veranlassung gibt, die bisherigen Strategien zu überdenken. Vorausgesetzt wird, daß das Unternehmen Wachstumsabsichten verfolgt und produkt- und marktrelevante Gestaltungsspielräume bestehen.

Märkte Produkte	gegenwärtige	neue
gegenwärtige	Marktdurchdringung	Marktentwicklung
neue	Produktentwicklung	Diversifikation

Die **Marktdurchdringung**, auch **Marktpenetration** genannt, will bereits auf dem Markt befindliche Produkte forcieren. Maßnahmen, die Marktanteil und Marktvolumen vergrößern, sind

- Verbesserungen im Bereich des Distributions-Mix, etwa bei der Struktur der Absatzwege oder den Niederlassungen

- verstärkte Werbung, Preisänderungen, gewisse Produktänderungen (geringfügige Änderungen am Produkt selbst, Design, Verpackung u.ä.).

Durch die **Marktentwicklung** sollen mit vorhandenen Produkten neue Anwendungsmöglichkeiten und neue Märkte erschlossen werden.

Im Zuge der **Produktentwicklung** werden neue Erzeugnisse auf bestehenden Märkten angeboten, um das Unternehmenswachstum zu sichern.

Bei der **Diversifikation** werden neue Märkte mit neuen Produkten erschlossen; meistens ist eine Diversifikations-Strategie erforderlich, wenn Stagnation auf bestehenden Märkten festgestellt wird (nähere Ausführungen zu den genannten Strategien s. 5.3.2).

Auch aus der Marktanteils-, Marktwachstums-Matrix lassen sich bestimmte Marketing-Strategien, die sogenannten Normstrategien, ableiten, die in der folgenden Tabelle wiedergegeben werden (Quelle: *Kiener*):

Strategie-Elemente	Portfolio-Kategorien			
	"Nachwuchs"	"Stars"	"Cash-Kühe"	"Probleme"
	relevante Marketing-Strategien			
	Offensiv-Strategien	Investitions-Strategien	Abschöpfungs-Strategien	Desinvestitions-Strategien
1. Programm-Politik	Produktspezialisierung	Sortiment ausbauen, diversifizieren	Imitation	Programmbegrenzung (keine neuen Produkte, Aufgeben ganzer Linien)
2. Abnehmermärkte und Marktanteile	gezielt vergrößern	gewinnen, Basis verbreitern: - neue Regionen, - neue Anwendungen	Position verteidigen, Konkurrenzabwehr	aufgeben zugunsten von Erträgen: - Kundenselektion, - regionaler Rückzug
3. Preispolitik	tendenzielle Niedrigpreise	Anstreben von Preisführerschaft	Preisstabilisierung	tendenzielle Hochpreispolitik
4. Vertriebspolitik (Werbung und Absatzkanäle)	stark forcieren	aktiver Einsatz von - Werbemitteln, - Zweitmarken	gezielte Produktwerbung, Verbesserung des Kundendienstes	zurückgehender Einsatz des vertriebspolitischen Instrumentariums
5. Risiko	akzeptieren	akzeptieren	begrenzen	vermeiden
6. Investitionen	hoch, Erweiterungs-Investitionen	vertretbares Maximum, Reinvestitionen	beschränkte Ersatzinvestitionen	Minimum bzw. Stillegen

Ebenso wie die Vier-Felder-Matrix stellt auch die Neun-Felder-Matrix eine Basis für die Entwicklung von Marketing-Strategien dar. *Bussiek* gibt darüber die folgende Übersicht:

Investition oder Aufgabe	Investition	Wachstum
selektive Investition/ Desinvestition	Wachstum oder Abschöpfung	selektives Wachstum/ Abschöpfung
Desinvestition	selektive Desinvestition	Abschöpfung

Sowohl die Produkt-Markt-Matrix von *Ansoff* als auch die einzelnen Portfolio-Konzepte, die Normstrategien für die einzelnen Matrixfelder fixieren, können nur globale Pauschalaussagen machen, die lediglich Empfehlungscharakter haben können und Anstoß zur Entwicklung situations- und problembedingter Strategien geben.

5.3.2 Leitgedanken für die Marketing-Strategieentwicklung

Bei der Planung von Strategien stehen häufig die Leitsätze und Leitbilder, die der Unternehmensleitung vorschweben, im Vordergrund. Die Unternehmensphilosophie, die grundsätzlichen unternehmerischen Vorstellungen, die entwickelt wurden, will man in die Realität umsetzen. Häufig gelingt es auch tatsächlich, diese Grundvorstellungen zu realisieren, aber genauso oft zwingen im Bereich des Unternehmens und/oder in der Umwelt sich ergebende Ereignisse zu einem Umleiten der ursprünglichen Ideen. Strategien beziehen sich zwar auf das Fundamentale im Unternehmen, sie haben meistens Langzeitwirkung, jedoch keinen "Ewigkeitswert", auch sie unterliegen der Bewährungsprobe und müssen regelmäßig überprüft werden. Gesellschaftliche oder technologische Entwicklungen können Anlaß zur Überprüfung und Änderung von Strategien sein.

Es wurden bereits die Ausmaße der Strategieplanung genannt, die einzelnen Dimensionen reichen vom Leistungsprogramm über die grundsätzlichen Absichten bezüglich der Marktstellung bis zu den prinzipiellen Aussagen über Führung und Personalpolitik. Jede einzelne der erwähnten strategischen Dimensionen kann die zu planenden Strategien entscheidend prägen; andererseits kann auch eine Kombination sämtlicher Dimensionen die Strategien gestalten. Welche Strategien letztendlich in den Unternehmen dominieren, hängt auch von den Erfolgen ab, die ihr Einsatz bewirkt hat *(Nieschlag/Dichtl/Hörschgen)*.

Die konkrete Ausgestaltung der Strategien differiert naturgemäß von Unternehmen zu Unternehmen, doch existiert eine Reihe von Leitgedanken für Marketing-Strategien, die sich in sämtlichen strategieplanenden Unternehmen wiederfindet. Bei der unternehmensspezifischen Ausgestaltung dieser **Leitgedanken** kommt dem Controller eine wichtige Mitwirkungsfunktion zu.

5.3.2.1 Marktsegmentierung

Die Erkenntnis, daß die Marktpartner nicht einheitlich reagieren, daß es auf der Käuferseite sehr unterschiedliche Verhaltensweisen und Bedürfnisse, aber auch eine stark differierende Kaufkraft gibt, führte zu der Strategie der Marktsegmentierung.

Unter Marktsegmentierung kann man eine Aufspaltung des Marktes in eindeutig abgrenzbare Bereiche, die bestimmte Käufergruppen darstellen, sehen, von denen jeder einzelne ein Zielmarkt ist, auf dem ein für diesen Markt entwickelter Marketing-Mix eingesetzt wird. Bei der Marktsegmentierung ist eine Vielfalt von Punkten zu beachten, von denen die wichtigsten kurz dargestellt werden sollen:

- Voraussetzungen für eine erfolgversprechende Segmentierung

  Soll eine Segmentierung den beabsichtigten Erfolg auch erreichen, müssen einige wichtige Voraussetzungen erfüllt werden:

  - die Segmentierung muß sinnvoll sein, zwischen Segment und Produkt muß eine direkte Beziehung bestehen
  - es muß Meßbarkeit vorliegen
  - es müssen Unterschiede zwischen den Segmenten vorliegen
  - die Segmente müssen eine wirtschaftlich vertretbare Größe aufweisen
  - die Segmente müssen dem Unternehmen zugänglich sein
  - es müssen dem Unternehmen Instrumente zur Verfügung stehen, mit deren Hilfe die Merkmale der Segmente erkannt werden können.

- Vorgehensweise

  Das Ziel der Marktsegmentierung ist es, Abnehmerschichten ausfindig zu machen, deren marketingrelevanten Eigenschaften differieren. Praktisch kann jeder Markt, der über mehr als einen Abnehmer verfügt, segmentiert werden; der andere Extremfall ist gegeben, wenn jeder Käufer als ein eigenes Segment angesehen wird.

  Die Schwierigkeit bei der Bildung von Marktsegmenten liegt darin zu erkennen, wie sich die zahlreichen Unterschiede zwischen den Abnehmern bzw. Abnehmerschichten auf den Erfolg des Unternehmens auswirken. Die Anzahl der Kunden, ihre Kaufgepflogenheiten, die Art der Bereitschaft über das Einkommen zu verfügen, das Geschlecht, das Alter, die geographische Lage sind Variablen, die entscheidend den Marketingerfolg bewirken und somit auch Kriterien für die Bildung von Segmenten sein können. Es kommt also darauf an zu erkennen, welche Präferenzen bei den Käufern vorliegen.

  Sehr häufig wird man sich nicht damit begnügen, die Segmentierung nach einem Kriterium durchzuführen, sondern die Aufteilung des Marktes in mehreren Schritten mit einem jeweils neu hinzukommenden Kriterium vorzunehmen. Hat man sich beispielsweise entschlossen, als Hauptkriterium das Einkommen heranzuziehen, wird man in einem nächsten Schritt eine weitere Segmentierung etwa nach bestimmten Einstellungen oder Gewohnheiten durchführen. Mit Mitteln der Marktforschung kann man versuchen, eine **Kriterienhierarchie** herzustellen.

Ein Unternehmen wird sich nur für ein bestimmtes Marktsegment entscheiden, wenn es dessen Ertragspotential zu erkennen vermag. Daten wie die Zahl der Käufer, die erwartete durchschnittliche Kaufrate, die Zahl und die Marktstellung der Konkurrenten etwa müssen zu diesem Zweck geschätzt werden.

- Einige wichtige Segmentierungskriterien

Bereits vor mehreren Jahren wurden Segmentierungskriterien verwendet, die durchaus erfolgversprechend waren, sich langfristig jedoch nicht bewährten. Ein Segmentierungskriterium wie Alter oder Geschlecht gibt den Unternehmen die Möglichkeit, sich jeweils auf bestimmte Zielgruppen, auf junge Leute, auf alte Leute, auf Kinder, auf Männer und Frauen zu konzentrieren, entsprechende Produkte und entsprechende Werbekonzepte zu entwickeln, kann aber dennoch zu Mißerfolgen führen, wenn sich die Kaufgewohnheiten nicht in der erwarteten Richtung entwickeln. Sportliche Autos, die für Twens entwickelt wurden, werden von diesen nicht angenommen, sondern unerwartet von Senioren nachgefragt, und das Kaufverhalten der Geschlechter verläuft auch nicht in der angenommenen geschlechtsspezifischen Art. Für die Segmentierung nach dem Einkommen trifft diese Differenz zwischen Erwartung und Realität häufig in verstärktem Maße zu. Dennoch darf die Bedeutung der genannten und im folgenden noch angeführten Kriterien nicht unterschätzt werden, dies gilt besonders dann, wenn einzelne Variablen mit dem Verbrauch der Käufer korrelieren.

Die wohl am meisten angewandten Segmentierungen sind:

- die geographische Segmentierung

- die demographische Segmentierung;
  hier werden demographische Variablen berücksichtigt wie
   - Alter
   - Geschlecht
   - Familienstand
   - Größe der Familien
   - Bildungsstand
   - Beruf
   - Einkommen
   - Religionszugehörigkeit
   - Kulturangehörigkeit.

(Der Grund für die starke Verbreitung der demographischen Segmentierung dürfte in der häufig vorkommenden Korrelation zwischen Käuferwünschen und demographischen Variablen liegen, aber vielleicht genauso stark in ihrer guten Meßbarkeit.)

- die psychographische Segmentierung
  sie zielt auf den Lebensstil und die verschiedenen Persönlichkeitsvariablen

- die Segmentierung nach dem Verhalten
  diese Form der Segmentierung führt dazu, daß Märkte psychologisch segmentiert werden. Man versucht, das Kaufverhalten zu erfassen und zu analysieren. Die Nutzenerwartungen der Käufer sollen in Erfahrung gebracht werden.

Die Marktsegmentierung wird als eigenständige Strategie angesehen, die das Unternehmen in die Lage versetzt, Marktchancen zu erkennen und auszunutzen, die Produkte und Maßnahmen zu differenzieren und damit auch die Planung zu verfeinern. Andererseits kann die Marktsegmentierung auch als Voraussetzung für andere wichtige Strategien betrachtet werden, so für die Innovation oder Diversifikation.

Als **Ergebnis** der Segmentbildung muß die Unternehmensleitung die Entscheidung treffen, ob **Single-Segment-Strategien** oder **Multi-Segment-Strategien** eingeschlagen werden sollen.

5.3.2.2 Produktinnovation

Kaum ein betriebswirtschaftlicher Begriff wird in letzter Zeit so häufig verwendet wie **Produktinnovation**, doch handelt es sich dabei nicht um ein aus Modetrends resultierendes Schlagwort, sondern dahinter verbirgt sich ein Tatbestand, der für viele Unternehmen von existenzieller Bedeutung ist. Wollen Unternehmen vieler Branchen konkurrenzfähig bleiben, sind sie zu innovativem Handeln gezwungen. Infolge

- der steigenden und sich in einem raschen Wandel befindlichen Konsumentenbedürfnisse
- des technischen Fortschritts, der immer schneller wird
- des Zwangs zur Auslastung von Kapazitäten

sind Unternehmen gezwungen, entweder neue oder zumindest verbesserte Leistungen zu erbringen.

Produzierende Unternehmen entwickeln entweder selbst neue Produkte oder nehmen bereits von Mitbewerbern angebotene Erzeugnisse in ihr Produktionsprogramm auf. Die Entwicklung führt in Unternehmen dazu, daß der Schwerpunkt Bedarfsweckung immer mehr an Bedeutung gewinnt.

In immer mehr Unternehmen ist der Umsatzanteil neu entwickelter Produkte höher als der der vor längerer Zeit eingeführten. Diese Entwicklung beinhaltet auch **Risiken**. Die Forschungs- und Entwicklungsbudgets steigen immer mehr, und der Finanzbedarf wird größer. Bringen neue Produkte nicht den gewünschten Erfolg, entstehen Verlustquellen. Innovation erfordert gründliche Vorbereitung durch

- permanente Information über technische Entwicklungen und Markttrends
- intensive Analyse des eigenen Unternehmens

- ständige Verbesserung des technischen Know-how
- Schaffung guter Zugangsmöglichkeiten zu den Finanzmärkten u.a. durch Verbesserung des Image
- dauernde Überprüfung der Ziel- und Strategieplanung
- rechtzeitige Heranbildung von Führungsnachwuchs
- Schulung der Mitarbeiter.

Beim Einsatz dieser Maßnahmen kommt es darauf an, Zukunftschancen und die damit verbundenen Risiken so rechtzeitig zu erkennen und zu bewerten, daß eine rasche Reaktion möglich wird.

5.3.2.3 Diversifikation

Von Diversifikation spricht man, wenn ein Unternehmen neue Produkte oder Leistungen in sein Programm aufnimmt, die in keinem **unmittelbaren** Zusammenhang mit dem bisherigen Leistungsprogramm stehen. Wie sich aus der Produkt-Markt-Matrix ablesen läßt, begibt sich das Unternehmen mit neuen Produkten auf neue Märkte.

Die Diversifikations-Strategie eröffnet dem Unternehmen neue Chancen, erfordert allerdings auch eine gewisse Risikobereitschaft wie bei anderen Neuerungen auch.

Diversifikation ist angebracht,

- wenn mit dem gegenwärtigen Programm auf den bearbeiteten Märkten keine Wachstums- oder Gewinnchancen mehr existieren
- wenn die Chance besteht, außerhalb des bisherigen Betätigungsfeldes die eigenen Erfahrungen und Möglichkeiten besser einsetzen zu können.

Die einzusetzenden Mittel aber auch das einzugehende Risiko hängt von der Diversifikationsart ab. Man unterscheidet:

5.3.2.3.1 Horizontale Diversifikation

Die Aktivitäten werden auf der gleichen Wirtschafts- bzw. Produktionsstufe ausgeweitet. Horizontale Diversifikation bedeutet entweder neue Produkte auf den Markt bringen, die in einem gewissen sachlichen Zusammenhang mit den bisherigen stehen oder neue Produkte an die vorhandenen Kunden liefern. Es wird erkannt, daß man dem angestammten Kundenkreis neue Produkte verkaufen kann. Ein typisches Beispiel dafür ist die Aufnahme von Limonadengetränken in das Sortiment einer Brauerei. Es wird nicht nur die Chance gesehen, mit einem neuen Produkt Gewinne zu erzielen, sondern auch bisher angefallene Distributionskosten durch bessere Kapazitätsauslastungen (etwa im Transportwesen) zu senken. Diesen Effekt zu erkennen und auszurechnen ist Aufgabe des Controllers.

5.3.2.3.2 Vertikale Diversifikation

Bei der vertikalen Diversifikation dehnt das Unternehmen seine Aktivitäten auf vorgelagerte oder nachgeschaltete Produktionsstufen aus. Für die Textilindustrie, die chemische Industrie, die Eisen- und Stahlindustrie u.a. ist diese Diversifikationsform typisch.

Grund für die vertikale Diversifikation ist das Streben nach Unabhängigkeit von Lieferanten, nach verstärkter Einflußnahme auf die Preise oder allgemein nach verstärkter Macht.

5.3.2.3.3 Laterale Diversifikation

Bei der lateralen Diversifikation kann ein sachlicher Zusammenhang mit dem bisherigen Programm nicht mehr gesehen werden.

Unternehmen betreiben die Strategie der lateralen Diversifikation in erster Linie

- aus Gründen der Risikostreuung
- wegen der Möglichkeit, die Chancen von Wachstumsbranchen zu nutzen
- um Kapital rentabel anzulegen
- aus persönlichen Neigungen heraus
- aus steuerlichen Gründen.

5.3.2.4 Auslandsmarktbezogene Strategien

Die Erfolge zahlreicher deutscher Unternehmen resultieren zu beachtlichen Teilen aus den Auslandsmärkten. Eine ständig wachsende Zahl von Unternehmen - selbst kleinere - engagieren sich international; die Gründe dafür sind vielschichtig:

- bessere Auslastung der Kapazitäten
- Plazierungsmöglichkeit eliminationsgefährdeter Produkte des Binnenmarktes
- Marktsättigung auf dem angestammten Binnenmarkt
- starker Konkurrenzdruck im Inland
- Risikostreuung
- Kapitalanlage
- steuerliche Gründe
- hohe Kapital- und Personalkosten im Inland u. ä.

Voraussetzung für erfolgreiche internationale Aktivitäten ist die genaue Kenntnis der einzelnen **Ländermärkte**, der politischen, wirtschaftlichen, sozialen und kulturellen Situation. Darüber hinaus muß das Unternehmen, das sich auf Auslandsmärkten engagieren will, dafür Sorge tragen, daß das geeignete Mitarbeiterpotential zur Verfügung steht. Auch muß bekannt sein, welche Hilfen staatlicher Stellen von Wirtschaftsverbänden usw. bereitgestellt werden.

Erst auf einer sehr gründlichen Situationsanalyse aufbauend können Strategien für Auslandsmärkte entwickelt werden. Man trifft mittlerweile in diesem Zusammenhang bereits auf den Ausdruck **Internationalisierungsstrategie**. Davon betroffen sind auch die **Joint-Ventures** als Gemeinschaftsunternehmen inländischer und ausländischer Partner oder die Kooperationsform der **strategischen Partnerschaften**. In Großunternehmen werden Controller eingesetzt, die sich mit dem Exportmarketing befassen.

5.3.2.5 Kooperation

Die Bedeutung der Kooperation hat stark zugenommen. Sowohl auf dem Binnenmarkt als auch auf den Auslandsmärkten ist immer häufiger die Kooperation mehrerer Unternehmen zu beobachten. Manche Aufgaben haben einen derartigen Umfang angenommen, daß sie mit einem vertretbaren Aufwand von zahlreichen Unternehmen kaum noch wahrgenommen werden können. Das Motiv zur Kooperation liegt häufig auch darin, von dem Know-how und auch von dem Image anderer Unternehmen zu profitieren. Die Kooperation kann in mehreren Formen erfolgen; stark frequentiert werden

- Forschungs- und Entwicklungsgemeinschaften
- Werbegemeinschaften
- Gemeinschaftsmarken
- Rationalisierungsgemeinschaften
- gemeinsame Einkaufs- und Verkaufsorganisationen u.ä.

Der Vorteil solcher Kooperationen liegt u.a. darin, daß die kooperierenden Unternehmen ihre eigene Selbständigkeit behalten, und in der Regel Konflikte mit nationalen und internationalen Wettbewerbsregeln nicht zu befürchten sind. Beabsichtigt man die Zusammenarbeit systematisch durchzuführen und steuert man damit konkrete Unternehmensziele an, sind im Unternehmen Kooperationsstrategien zu entwickeln.

5.3.2.6 Strategie der Technologieorientierung

Die rasante technologische Entwicklung in einigen Bereichen bietet Anlaß zur Entwicklung einer **Strategie der Technologieorientierung,** wenn Wettbewerbsvorteile gegenüber der Konkurrenz wahrgenommen werden sollen; es ist für die Unternehmen wichtig, auch ihr technisches Potential an den Erfordernissen des Marktes zu orientieren.

Ohne auf die einzelnen Technologieniveaus einzugehen, dies würde den Rahmen dieses Buches bei weitem sprengen, können die folgenden Strategien genannt werden:

- ein Unternehmen strebt die technologische Führerschaft an, etwa um sich den Erfahrungskurveneffekt nutzbar zu machen

- ein Unternehmen wartet so lange ab, bis ein anderes Unternehmen seine Erfahrungen mit einer neuen Technologie gemacht hat und baut dann auf dessen Erfahrungen bei Innovationen auf

- ein Unternehmen basiert zwar auf eingeführten Technologien, entwickelt aber für bestimmte Segmente eigene neue segmentspezifische Technologien

- ein Unternehmen wartet so lange ab, bis ein anderes Unternehmen Erfahrungen mit neuen Technologien gemacht hat und entwickelt darauf aufbauend segmentspezifische Technologien

- ein Unternehmen entwickelt keine eigenen Technologien, sondern kopiert von anderen Unternehmen entwickelte Lösungen.

Welche Strategie im einzelnen verfolgt wird, hängt häufig von den finanziellen Möglichkeiten, dem verfügbaren Know-how und dem Prestigedenken ab.

5.3.2.7 Verhaltensstrategien gegenüber Konkurrenten

Betrachtet man die Strategien im Hinblick auf das Verhalten zu den Konkurrenten auf dem Markt, unterscheidet man

- die Angriffsstrategie
- die Verdrängungsstrategie
- die Status-Quo-Strategie
- die Vermeidungsstrategie.

Die **Angriffsstrategien** bedeuten einen aggressiven Konkurrenzstil, bei dem Konflikte mit den Wettbewerbern bewußt in Kauf genommen werden. Angriffsstrategien treten auf als

- Strategie des Direktangriffs, die auf die Kernprodukte der Konkurrenten gerichtet ist (z. B. Preissenkung, neue Produkte)

- Umzingelungsstrategie, bei der die Marktstellung von Konkurrenten von mehreren Seiten angegriffen wird (z. B. Einführung von Billigprodukten und Spitzenprodukten)

- Strategie des Flankenangriffs mit dem Angriff auf ungeschützte Stellen von Konkurrenten (z. B. neues Design, neue Verpackung)

- Guerillastrategie, die einen Abnutzungskampf mit Konkurrenten bedeutet (z. B. Abmahnungen, Prozesse) vgl. *Becker*.

Die **Verdrängungsstrategien** verstärken den aggressiven Konkurrenzstil noch, es besteht die Absicht Marktanteile von Wettbewerbern abzuziehen.

Status-Quo-Strategien sollen, nachdem die angestrebte Marktposition erreicht ist das Eindringen von Konkurrenten verhindern.

Konfliktvermeidungsstrategien haben ein Ausweichen vor der Konkurrenz zum Inhalt, man besetzt Marktnischen.

5.3.2.8 Wettbewerbsstrategien

Durch Wettbewerbsstrategien soll

- dem Unternehmen eine Marktposition gesichert werden, die ihm eine optimale Vorbereitung gegen den Wettbewerb gewährleistet

- dazu beigetragen werden, daß Veränderungen auf dem Markt rechtzeitig erkannt werden und das Unternehmen schneller als die Konkurrenz mit neuen Strategien reagiert

- erreicht werden, daß die Position des Unternehmens durch strategische Maßnahmen verbessert wird *(Weis)*.

Porter unterscheidet folgende drei Strategien:
- Strategie der umfassenden Kostenführerschaft
- Strategie der Differenzierung
- Strategie der Konzentration.

Die **Strategie der umfassenden Kostenführerschaft** will erreichen, daß niedrigere Kosten als bei der Konkurrenz verursacht werden, und zwar stückzahl- und marktanteilsabhängig.

Die **Strategie der Differenzierung** bedeutet, daß die Leistungen des Unternehmens als einzigartig für die ganze Branche gestaltet werden.

Die **Konzentrationsstrategie** zielt auf die Erreichung des Erfolges durch bestimmte Leistungen und/oder Käufer. Auf maximale Erfolge verzichtet man u. U.

33

5.4 Maßnahmenplanung

Um die Ziele möglichst optimal erfüllen zu können, müssen die Maßnahmen ausgesucht werden, die dafür am besten geeignet sind; die vorgesehenen Strategien sind also zu konkretisieren. Es geht dabei um die Festlegung von

- Aktivitäten
- Terminen
- Mengengrößen
- Wertgrößen.

Die Maßnahmenplanung befaßt sich also mit dem Einsatz der Marketing-Instrumente; auf kurzfristiger Ebene handelt es sich dabei in der Regel um eine Überprüfung des Einsatzes einzelner Instrumente und ihrer Kombination bzw. um deren Neukonzipierung.

Eine einheitliche Vorgehensweise bei der Maßnahmenplanung ist nicht festzustellen; in Theorie und Praxis werden mehrere Möglichkeiten vorgefunden.

Die Maßnahmenplanung wird vielfach dem operativen Planungsbereich zugeordnet, jedoch ist eine differenziertere Betrachtungsweise angebracht.

Legen die Instanzen, die die Strategien festlegen, auch die grundlegenden langfristigen Maßnahmen fest, wobei die Geschäftsbereiche oder Funktionsbereiche ein Vorschlagsrecht haben können, ist die Maßnahmenplanung der strategischen Planung zuzurechnen.

Kreikebaum nennt beispielsweise für die Strategie der **Marktdurchdringung** als "strategische" Maßnahmen den Aufbau eines Informationssystems zur differenzierten Erfassung von Kundenwünschen oder die Veränderung der Werbeträger. Für die Strategie der **Marktentwicklung** kann u. a. die Veränderung der bisherigen Werbekonzeption entsprechend der vorgesehenen Marktsegmentierung, die Bereitstellung zusätzlicher finanzieller Mittel oder die Erweiterung der Außendienstorganisation als grundlegende Maßnahme angesehen werden.

Von diesen strategischen Maßnahmen werden die sich aus operativen Plänen ergebenden Handlungen unterschieden. Die Grenzen zwischen den beiden Gruppen von Maßnahmen sind fließend.

Die folgenden Ausführungen erstrecken sich auf sämtliche Maßnahmen, die zur Durchsetzung der Strategien eingesetzt werden können.

5.4.1 Faktoren

Bei der Planung von Maßnahmen muß berücksichtigt werden, daß in aller Regel die wenigsten Maßnahmen eine isolierte Betrachtungsweise erlauben. Fast jede Maßnahme steht in einer Beziehung zu anderen, ergänzt oder erschwert deren Realisation, macht sie manchmal sogar unmöglich oder löst Reaktionen im eigenen Bereich oder in benachbarten Bereichen aus, an die vielleicht ursprünglich nicht gedacht wurde. Es gibt eine Reihe von Faktoren, deren Auswirkungen auf die Maßnahmen-Planung erkannt werden muß, wenn die geplanten Maßnahmen den beabsichtigten Zweck voll und ganz erfüllen sollen:

- Die richtige Wahl der Instrumente

Die Vielzahl der verfügbaren Marketing-Instrumente, auf deren Beschreibung hier aus naheliegenden Gründen nicht eingegangen werden kann, zwingt zu einer Auswahl. Das Marketing-Management muß sich darüber im klaren sein, daß zahlreiche Variablen zur Verfügung stehen, die je nach Einsatzgebiet, Situation und Kombination mit anderen unterschiedliche Wirkungen haben können. Der Controller hat die Aufgabe, im Rahmen der Maßnahmenplanung immer wieder darauf hinzuweisen, daß bei der Wahl der Instrumente sachliche Momente dominieren sollen und Kriterien wie persönliche Neigungen oder Tradition nicht die Hauptrolle spielen dürfen.

- Zeitliche Wirkung von Maßnahmen

Die zeitliche Wirkung mancher Maßnahmen ist nur schwer einzuschätzen. Insbesondere Maßnahmen im Rahmen des Kommunikations-Mix müssen im Hinblick auf ihre zeitliche Wirkung betrachtet werden. Die sogenannten Carry-over-Effekte müssen in Planungsüberlegungen einbezogen werden.

- Der Wirkungsverbund der Marketing-Instrumente

Bei der Planung von Marketing-Maßnahmen ist das Interdependenzproblem zu beachten. Zwischen den meisten Marketing-Instrumenten bestehen Wechselbeziehungen. Manche Instrumente entfalten ihre Wirkung erst zufriedenstellend, wenn sie durch andere ergänzt werden, man spricht von der komplementären Wirkung. Eine Preisänderung ist beispielsweise nicht durchzusetzen, wenn sie nicht durch andere Maßnahmen, etwa im Bereich der Werbung, ergänzt wird.

Marketinginstrumente können sich auch gegenseitig substituieren, entweder teilweise oder völlig ersetzen. Auch ist zu berücksichtigen, daß der Einsatz von Instrumenten Potenzierungswirkung haben kann.

Dem Marketing-Controller kann die Aufgabe zugewiesen werden, diese Wirkungsweisen zu ermitteln.

Das Interdependenzproblem zwingt zu einer möglichst guten Abstimmung des Marketing-Mix, ist also eine Frage der Optimierung.

- Der Ausstrahlungseffekt von Marketing-Maßnahmen

Der Wirkungsbereich von Marketing-Maßnahmen spielt in der Planung eine nicht zu unterschätzende Rolle. Viele Maßnahmen strahlen aus dem Zielbereich auf weitere Bereiche aus und werden dort wirksam. Dieser Effekt kann sehr erwünscht sein, wenn er positiv ist, etwa im Rahmen einer Diversifikation, oder zu Problemen führen, wenn er negative Ergebnisse bewirkt z.B., wenn Maßnahmen zur Absatzsteigerung zu einer Kostenprogression führen.

- Auswirkungen von Marketing-Maßnahmen auf andere Unternehmensbereiche

    Jeder Planer von Marketing-Maßnahmen muß sich darüber im klaren sein, daß der Marketing-Bereich einen Ausstrahlungseffekt auf nahezu alle übrigen Bereiche hat. Werden bestimmte Maßnahmen geplant, ist immer zu fragen, wie sich diese Planung auf die übrigen Bereiche auswirkt. Dadurch wird die Dominanz der Marketingplanung für Beschaffung, Produktion, Finanzen usw. sehr deutlich, sieht man einmal von längerfristigen Engpässen in anderen Bereichen ab, und die Forderung verstärkt, Bereichsplanungen aufeinander abzustimmen.

5.4.2 Vorgehensweise

Es wurde bereits erwähnt, daß bei der Maßnahmenplanung in den Unternehmen nicht einheitlich vorgegangen wird; mehrere Ansätze sind denkbar. Dennoch werden sich unabhängig von allen Verfahrensfragen folgende Schritte herausstellen:

(1) Zusammenstellung der Aktivitäten in sachlicher und zeitlicher Hinsicht
(2) Bewertung der Maßnahmen
(3) Prüfung der Wirtschaftlichkeit
(4) Entscheidung und Ressourcenzuweisung.

5.4.2.1 Sachliche und zeitliche Zusammenstellung

Es geht bei diesem Planungsschritt um die Frage, welche Maßnahmen zu welchem Zeitpunkt ergriffen werden sollen. Erfahrene Marketing-Manager kennen das Marketing-Instrumentarium so gut, daß sie ohne weiteres eine Auflistung der in Frage kommenden Instrumente vornehmen können. Problematischer wird es jedoch, wenn die günstigsten Marketing-Mix-Kombinationen entwickelt werden sollen, wenn die Optimierungsfrage im Raume steht.

Die zahlreichen Kombinationsmöglichkeiten der Marketing-Instrumente, ihr Ausstrahlungseffekt, das Interdependenzproblem und ihre zeitliche Wirkungsweise erschweren die Zusammenstellung des Marketing-Mix.

In den letzten Jahren wurde eine Reihe von Modellen für den Einsatz der Marketing-Instrumente entwickelt, die sich allerdings auf breiter Front (noch) nicht durchgesetzt haben. Dabei handelt es sich um **Partialmodelle**, die nur einen Teil des relevanten Entscheidungsfeldes erfassen oder um **Totalmodelle**, die sämtliche Variablen berücksichtigen können, aber einen derartigen Umfang annehmen, daß ihre Handhabung sinnvoll kaum noch möglich ist. Allerdings existieren mittlerweile auch Verfahren, die den simultanen Einsatz mehrerer Instrumente behandeln, die ohne zu großen Aufwand eingesetzt werden können; auf einige davon wird noch eingegangen.

Eine Reihe von Modellen wird heute für Teilentscheidungen im Marketing eingesetzt, in der Regel in größeren Unternehmen.

Eine Klassifikation von Modellen kann folgendes Aussehen haben (Quelle: *Kotler*):

I. Nach dem Zweck
   A. Deskriptive Modelle
      1. Markow-Prozeß
      2. Warteschlangenmodell
      3. Simulation
   B. Entscheidungsmodelle
      1. Differentialrechnung
      2. Mathematische Programmierung
      3. Statistische Entscheidungsmodelle
      4. Spieltheorie

II. Nach Techniken
   A. Verbale Modelle

   B. Graphische Modelle
      1. Flußdiagramme
      2. Netzplantechnik
      3. Kausalanalyse
      4. Entscheidungsbaum-Modelle
      5. Diagramme funktionaler Beziehungen
      6. Feedbacksysteme

   C. Mathematische Modelle
      1. Lineares vs. nichtlineares Modell
      2. Statisches vs. dynamisches Modell
      3. Deterministisches vs. stochastisches Modell.

Unter dem Begriff "Operations Research" haben sich in den letzten Jahren mathematische Verfahren etabliert, die zwar das Problem des optimalen Mix nicht lösen, jedoch in einigen Teilbereichen wertvolle Dienste leisten können.

Die Vorgehensweise bei dem Einsatz des "Operations Research" ist in etwa folgende (in Anlehnung an *Korndörfer*):

(1) Formulierung des Problems

(2) Logische Strukturierung der Planungsprobleme durch den Entwurf eines mathematischen Modells

(3) Ausarbeitung von Lösungen für das Modell

(4) Überprüfung des Modells, seiner zugrundegelegten Prämissen und der aus dem Modell abgeleiteten Lösungen an Tatbeständen der Realität

(5) Berücksichtigung der Überwachung und Kontrolle der Veränderungen einzelner Modellvariablen

(6) Transferierung der optimalen Lösung auf die Realität

(7) Erprobung anderer Modelle.

Die Arten und Anwendungsbereiche der Verfahren des "Operations Research" ergeben sich aus der folgenden Darstellung (*Korndörfer*, in verkürzter Wiedergabe):

Mathematische Optimierungsverfahren	
Verfahren	**Anwendungsbereich**
1. Lineare Programmierung Zielfunktion und Restriktionen werden als lineare Funktion dargestellt. Im Lösungsverfahren wird damit eine lineare Zielfunktion bei ebenfalls linearen Nebendingungen optimiert (maximiert oder minimiert). Das üblicherweise angewandte Verfahren (Algorithmus) ist die Simplex-Methode.	Bestimmung des optimalen Produktionsprogramms. Kostengünstige Zuordnung von Arbeitsgängen auf verschiedene Maschinen. Kostengünstiger Transport. Abstimmung der kostenminimalen und kapazitätsgerechten Produktions- und Einkaufsplanung.
2. Nichtlineare Programmierung Mathematisch noch relativ wenig ausgebaut, ein eindeutiges methodisches Rechenverfahren fehlt noch; Zielfunktion und Nebenbedingungen bestehen aus nichtlinearen Beziehungen. Es wird eine stückweise Linearisierung auf der Basis von Näherungsverfahren (Iteration) durchgeführt.	Detaillierte Produktionsplanung unter Berücksichtigung technischer Beziehungen. Bestimmung und Verteilung des "optimalen" Werbebudgets. "Optimale" Wertpapierauswahl (Portfolio-Selektion).
3. Dynamische Programmierung Rechentechnik zur Lösung komplexer mehrstufiger Programme, bei der die Optimierung nicht für alle Variablen gleichzeitig, sondern in mehreren, aufeinanderfolgenden Schritten vor sich geht.	Mehrperiodige Produktions- und Investitionsplanung. Mehrperiodiges Budgetierungsproblem bei der Werbeplanung. Mehrperiodige Planung von Lagerhaltungs- und Ersatzproblemen.
4. Parametrische und stochastische Programmierung Es werden entweder die in das Modell eingehenden Daten als Funktion eines "Parameters" (parametrische Programmierung) oder als "zufällige Variable" (stochastische Programmierung) erfaßt. Die beiden Programmierungsverfahren gelten als Ergänzung der linearen Programmierung. Dadurch, daß die Größen im Modellfall nicht mehr eindeutig vorgeben werden, sondern als Variable eingehen, ist eine Mehrfachrechnung notwendig, die dann nicht mehr zu einer Optimallösung, sondern zu optimalen Lösungsbereichen führt.	Anwendungsgebiete entsprechen denen der linearen Programmierung

Liegen für mathematische Optimierungsverfahren keine Algorithmen vor, bzw. ist bei den Optimierungsverfahren der Rechenaufwand zu groß, werden **experimentelle Verfahren** des "Operations Research" angewandt, die sich gerade im Marketing bewährt haben.

Experimentelle Verfahren des Operations Research	
Verfahren	**Anwendungsbereich**
5. Heuristische Programmierung Die Verfahren sind empirisch orientiert und versuchen, den enormen Rechenaufwand der mathematischen Programmierung durch detaillierte Analyse des Entscheidungssystems zu verkürzen. Dabei wird durch eine bewußte Beschränkung des "Suchgebiets" der möglichen Lösungen in Kauf genommen, daß nicht die optimale, sondern irgendeine sinnvolle Lösung des Problems erreicht wird. In der Praxis existieren eine Reihe von Anwendungsregeln (u.a. "Näherungsregeln", "Prioritätsregeln") und computerisierte heuristische Programme.	Planung des Produktionsablaufs. Bestimmung des innerbetrieblichen Standorts. Lagerhaus-Standortplanung. Probleme der "Mediaselektion". Ansätze zur Lösung des "Rundreiseproblems" von Vertretern. Bestimmung des "optimalen" Wertpapierportefeuilles.
6. Simulation Mit Hilfe von Experimenten werden reale Vorgänge an einem Abbild der Wirklichkeit (= Modell) "durchgespielt". Durch das "Probieren am Modell" versucht man darüber Anhaltspunkte zu gewinnen, wie sich alternative Modellkonstruktionen (Frage: "Was ist, wenn...?") in der Wirklichkeit auswirken.	Unternehmensplanspiele. Lagerhaltungs- und Ersatzprobleme. Prognosen des Käuferverhaltens. Probleme der Planung von Organisationsstrukturen.

Man muß sich darüber im klaren sein, daß die Verwendung von Verfahren des "Operations Research" nicht bereits eine bestimmte Entscheidung vorwegnimmt. Die Verfahren gestatten ein gutes Durchdenken der Planung, die Ergebnisse der Rechnungen zeigen Lösungsmöglichkeiten, die Entscheidungen selbst müssen von den Verantwortlichen getroffen werden.

Jeder Planer wird davon ausgehen, daß er eine optimale Abstimmung der Marketing-Instrumente anzustreben hat, daß das Optimum allerdings selten erreichbar ist. Er kann versuchen, sich einer optimalen Lösung schrittweise zu nähern und wird dabei insofern erfolgreich sein, als er ein Problemlösungsverhalten entwickelt, das in der Regel zu einem guten Ergebnis führt.

Im Zusammenhang mit der Diskussion um einen optimalen Mix darf nicht vergessen werden, daß vielfach die Qualität des Einsatzes der Instrumente den Erfolg bewirkt und nicht die Quantität und Intensität.

Die **praktische Vorgehensweise** bei der Zusammenstellung der Maßnahmen wird in der Regel wie folgt sein:

- Überprüfung der in Frage kommenden Instrumente für die einzelnen Segmente ausgerichtet an den geplanten Strategien

- Feststellung der erforderlichen Nutzungsintensität der Instrumente

- Auswahl der Maßnahmen aus den folgenden (in einer zusammenfassenden Darstellung wiedergegebenen) Instrumenten und Festlegung, in welchem Umfang und zu welcher Zeit sie zur bestmöglichen Zielerreichung einzusetzen sind:

Im Rahmen des Produkt-Mix:

- Produktgestaltung
- Programmpolitik
- Markenpolitik
- Qualitätspolitik
- Kundendienstpolitik.

Die Maßnahmenplanung in diesem Bereich könnte etwa in der Einführung neuer Produkte oder Eliminierung alter bestehen oder in Produktqualitätsverbesserungen, Ändern der Verpackung u.ä.

Im Bereich des Kontrahierungs-Mix:

- Preispolitik
- Rabattpolitik
- Lieferungs- und Zahlungsbedingungen
- Ziel-(Kredit)-politik.

Geplante Maßnahmen könnten hier z.B. auf eine Änderung der Rabattpolitik zielen.

Im Bereich des Distributions-Mix:

- Absatzwegepolitik
- Lagerpolitik
- Marketing-Logistik.

Maßnahmenplanungen können zum Ergebnis führen, daß vom Lkw- auf den Bahntransport umgestiegen oder von dezentralen Lägern auf Zentralläger übergegangen wird.

Im Bereich des Kommunikations-Mix:

- Werbung
- Verkaufsförderung
- Öffentlichkeitsarbeit
- Persönlicher Verkauf.

Werbeaktionen für bestimmte Produkte oder eine Imagewerbung könnten sich als Maßnahmen aus dem Kommunikations-Mix ergeben.

Ein **Beispiel** aus dem kurzfristigen Bereich soll die Vorgehensweise verdeutlichen (vgl. *Bussiek*):

In einem Unternehmen der Herrenbekleidungs-Industrie erfüllt die Entwicklung des Absatzes in Freizeitkleidung nicht die Zielvorstellungen. Das Image des Unternehmens auf dem Freizeitsektor ist nicht besonders gut und bedarf einer Verbesserung.

Maßnahmen: Die geplanten Modelle werden während einer zusätzlichen Verkaufsreise angeboten und zu Saisonschluß produziert und geliefert. Es werden spezielle Werbeträger für den Einzelhandel entwickelt und diesem teils gratis, teils mit Kostenbeteiligung angeboten. Daraus ergibt sich folgende Einzelplanung der Maßnahmen:

Vorgang	verantwortliche Stelle/Person	Termin
Vertrag Werbeagentur	V/WA	1.10.
Konzeptionsentwicklung	WA	10.11.
Entwicklung Spezialmodelle	V	15.11.
Fotos fertig	WA	30.11.
Fertigstellung Werbe-Konzeption	WA	15.12.
Erläuterung Außendienst	V	20.12.
Sonderreise Außendienst	V	2.1.-15.2.
Angebot bei regulärer Reise	V	16.2.-31.5.
Produktion	P	10.4.-20.4
Versand	V	15.4.-30.4.
weiterer Versand	V	nach Auftragserteilung

Die Aktion setzt eine entsprechende werbemäßige Unterstützung voraus. Geplant sind 5.000 Werbeträger für die Kunden sowie 50.000 Prospekte für den Endverbraucher, darüber hinaus 100 Fotos für besondere Wünsche. Es wird den Vertretern ein Zuschlag für die Sonderreise bewilligt, da die Provisionen die Reisekosten nicht decken.

Ressourcen:
Personelle und betriebliche Mittel sind vorhanden, die finanziellen Mittel durch den Erlös zu decken.

Mengen- und Wertermittlung der Maßnahmen:
Werbeträger nach Abzug der Kundenbeteiligung	30.000,— DM
Entwicklung Sondermodelle, zusätzliche Kosten	3.000,— DM
Zuschlag Sonderreise für Außendienst	6.000,— DM
Gesamt	39.000,— DM

Ertragsplanung		
	Freizeitjacken	Freizeithosen
Stück	1.000	1.200
Durchschnittspreis	100,— DM	58,— DM
Umsatz	100.000,— DM	70.000,— DM
Provision/Skonto	9.500,— DM	6.600,— DM
Materialeinsatz	39.500,— DM	24.400,— DM
Lohn	25.000,— DM	12.000,— DM
Deckungsbeitrag I	26.000,— DM	27.000,— DM
Gesamt		53.000,— DM
Sonderkosten		39.000,— DM
Deckungsbeitrag II		14.000,— DM
sonstige zusätzliche Kosten (Überstundenzuschläge, Transport u.ä.)		13.500,— DM
Endgültiger Deckungsbeitrag		500,— DM

Das Ziel eines kostendeckenden Ablaufs der Aktion wird erreicht. Die Imageverbesserung aufgrund attraktiver Freizeitkleidungsangebote ist zur Zeit noch nicht meßbar. Der Erfolg im regulären Absatz wird im nächsten Jahr erwartet.

Die Vorgehensweise, die im Beispiel gezeigt wurde, kann als typisch für die Maßnahmenplanung angesehen werden. Bei der Maßnahmenplanung muß unterschieden werden, ob es sich um die Planung von

- Sondermaßnahmen oder
- Routinemaßnahmen

handelt. Die Routinetätigkeiten ergeben sich aus der Ablauforganisation; im Rahmen der Maßnahmenplanung muß geprüft werden, ob die ablauforganisatorischen Regeln beibehalten werden können oder zu ändern sind. Sind Änderungen nicht erforderlich, kann auf die Ablaufplanung hingewiesen werden. Es kann allerdings auch bei der Berücksichtigung von Routinemaßnahmen in der Planung zu Änderungen kommen, wenn Mengen und Werte Schwankungen unterworfen waren. Die Wertänderungen sind dann bei der Gesamtplanung zu berücksichtigen. Bei der Überprüfung der Routinemaßnahmen werden auch die Stellenbesetzungen überprüft und Änderungen in die Gesamtplanung aufgenommen.

Wirken sich Sondermaßnahmen auf mehrere Bereiche aus, müssen die bereichsrelevanten Maßnahmen jeweils in den Bereichsplänen ihren Niederschlag finden, wovon die Erfassung jeder Sondermaßnahme in einem eigenen Gesamtplan unberührt bleibt.

5.4.2.2 Bewertung der Maßnahmen

Wie in dem Beispiel aus der Bekleidungsindustrie gezeigt wurde, müssen die geplanten Maßnahmen quantifiziert und bewertet werden. Erst durch die Ermittlung der Mengengrößen, die für die Maßnahmenrealisierung vorgesehen sind und deren Bewertung, ergeben sich die einzelnen Bereichspläne und der Gesamtplan.

Die **Mengenplanung** gibt die **quantitativen Konsequenzen** der geplanten Maßnahmen an, und zwar bezogen auf den Einsatz und die Leistung des jeweiligen Prozesses. Man führt also eine Einsatzmengen- und Leistungsmengenplanung durch. Auf Basis dieser Planungen erfolgt die Wertplanung durch Multiplikation mit den erwarteten Preisen der Mengen (erwarteter Marktpreis für die Leistungsmengen). Auf dieser Grundlage entstehen die einzelnen Pläne in Orientierung an den Planungsrichtlinien des Unternehmens (vgl. Kap. E 4 Entwurf und Dokumentation von Planungsrichtlinien).

Auf einzelne Pläne und Planungsprobleme wird in dem Abschnitt über die Mitwirkung des Controllers bei der laufenden Planung noch eingegangen. Die zeitliche Planung wird bei der Behandlung ausgesuchter Planungstechniken behandelt.

5.4.2.3 Prüfung der Wirtschaftlichkeit

Alle Maßnahmen im Unternehmen sollten unter dem Primat der Wirtschaftlichkeit stehen. Wenn auch zahlreiche Maßnahmen zwangsläufig erforderlich sind und unabhängig von dem Wirtschaftlichkeitsprinzip durchgeführt werden müssen, sollte generell von dem Prinzip nicht abgewichen werden. Für alle wesentlichen Maßnahmen sollten Prognosen erstellt und soweit möglich, Untersuchungen über ihre Wirtschaftlichkeit angestellt werden. Solche Untersuchungen sind eine typische Domäne des Controllers.

Im folgenden soll auf einige Verfahren der Wirtschaftlichkeitsuntersuchungen kurz eingegangen werden.

5.4.2.3.1 Break-even-Analyse

Die Break-even-Analyse wurde bereits als Instrument im Rahmen der operativen Beurteilung von Produkten vorgestellt (vgl. E 5.1.7.1), kann aber auch zur Überprüfung der Wirtschaftlichkeit geplanter Maßnahmen eingesetzt werden. Jedesmal, wenn das Management wissen will, bei welchem Umsatz, mengenmäßigen Absatz oder Beschäftigungsgrad Kostendeckung vorliegt, wo die Verlustzone endet oder die Gewinnzone beginnt, ist der Break-even-Punkt zu ermitteln. Maßnahmen, für die die Berechnung durchgeführt werden kann, sind u.a.

- Preissenkungsmaßnahmen
- Einführung neuer Produkte
- Produktänderungen mit Preisauswirkungen
- Änderungen der Auftragsgrößen.

Im übrigen wird auf die Ausführungen im Kapitel E 5.1.7 hingewiesen.

5.4.2.3.2 Investitionsrechnung

Die Investitionsrechnung hat für das Marketing zweierlei Bedeutung. Zum einen, wenn Investitionen im eigenen Unternehmen getätigt werden, um neue Produkte herzustellen oder um bereits eingeführte Produkte auf neuen Anlagen kostengünstiger bzw. in einer besseren Qualität zu produzieren und die Wirtschaftlichkeit der Investitionsmaßnahme zu überprüfen ist, und zum anderen beim Verkauf von Investitionsgütern, wenn neben den Anlagen vom herstellenden Unternehmen auch Verfahren der Wirtschaftlichkeitsermittlung angeboten werden.

Werden Investitionsrechnungen erstellt, um die Wirtschaftlichkeit eigener Investitionsmaßnahmen zu überprüfen, steht die Beantwortung von vier Fragen im Mittelpunkt:

- ist es günstiger, eine neue Anlage anzuschaffen oder soll weiter auf der bereits vorhandenen Anlage produziert werden?
- welche von mehreren in Frage kommenden Anlagen ist die günstigste?
- in welchem Zeitraum hat sich die Anlage amortisiert?
- wann ist der günstigste Ersatzzeitpunkt?

Für die Beantwortung dieser Fragen stehen im wesentlichen zwei Gruppen von Rechenverfahren zur Verfügung,

- die statischen Verfahren der Investitionsrechnung und
- die dynamischen Verfahren der Investitionsrechnung.

Die **statischen Verfahren** basieren auf Informationen der Gegenwart und Vergangenheit, berücksichtigen den Nutzungsverlauf einer geplanten Investitionsrechnung nicht. Statische Verfahren sind

- die Kostenvergleichsrechnung
- die Gewinnvergleichsrechnung
- die Rentabilitätsrechnung
- die Amortisationsrechnung.

Von diesen sehr leicht zu handhabenden, aber in der Aussagekraft eingeschränkten Methoden, soll kurz auf die **Amortisationsrechnung** eingegangen werden. Diese Rechnung will die Frage beantworten, wann das eingesetzte Kapital wieder in das Unternehmen zurückgeflossen ist. Die Amortisationsperiode oder pay-off-Periode wird entweder berechnet als Quotient aus Netto-Kapitalaufwand und Einnahmenüberschuß (Überschuß der kumulierten Einnahmen über die kumulierten Ausgaben)

$$n = \frac{\text{Netto-Kapitalaufwand}}{\text{Einnahmenüberschuß}}$$

oder als das Verhältnis von Netto-Kapitalaufwand und Betriebskostenvorteil ausgedrückt. Dieser ist der Kostenvorteil einer alten gegenüber einer neuen Anlage oder beim Vergleich zweier neuer Anlagen der sich dort ergebende Vorteil

$$n = \frac{\text{Netto-Kapitalaufwand}}{\text{Betriebskostenvorteil}} .$$

Der Netto-Kapitalaufwand enthält nicht nur das für die Investition erforderliche Kapital, sondern ggfs. auch die Kosten für die Entwicklung und Einführung neuer Produkte.

Die **dynamischen Verfahren** der Investitionsrechnung berücksichtigen im Gegensatz zu den statischen den Zeitfaktor. Diese Verfahren verwenden nur die Auszahlungen und Einzahlungen im Nutzungsverlauf des Investitionsobjektes, nicht die Kosten und Erträge und zinsen diese mittels eines Kalkulationszinsfußes ab. Dieser stellt die angestrebte Rendite der Investition dar. Die dynamischen Verfahren bestehen aus

- der Kapitalwertmethode
- der Annuitätsmethode
- der Methode des internen Zinsfußes
- der dynamischen Amortisationsrechnung.

Werden bei der Inanspruchnahme dynamischer Verfahren neben den Recheninstrumenten der Finanzmathematik auch moderne mathematische Verfahren (z.B. Verfahren des Operations Research) eingesetzt, spricht man im Gegensatz zu den bisher genannten klassischen Verfahren der Investitionsrechnung von den "modernen Verfahren".

Ein solches Verfahren sei im folgenden **Beispiel** vorgestellt:

Die beiden Produkte A und B werden auf den Maschinen MA_1 und MA_2 für Produkt A und MB_1 und MB_2 für Produkt B gefertigt.

Absatzdaten: Produkt A: max. 160 St/Jahr; Produkt B: max. 80 St/Jahr

Kapazitäten der Maschinen: $KMA_1 = 20$; $KMA_2 = 8$; $KMB_1 = 4$; $KMB_2 = 3$

Kapitalwerte der Maschinen: $CMA_1 = 800$; $CMA_2 = 200$; $CMB_1 = 500$; $CMB_2 = 150$

Auszahlungen der 1. Periode: $AMA_1 = 500$; $AMA_2 = 100$; $AMB_1 = 100$; $AMB_2 = 50$

Auszahlungen der 2. Periode: $AMA_1 = 100$; $AMA_2 = 30$; $AMB_1 = 40$; $AMB_2 = 25$

Zur Verfügung stehende flüssige Mittel: Periode 1 : 5.000; Periode 2: 2.000;

Gesucht: die Anzahl der Anlagen x_1, x_2, x_3, x_4, die angeschafft werden sollen, damit das Programm einen maximalen Kapitalwert hat.

Anmerkungen: Die Wertangaben sind TDM, die Kapazitätsangaben St.

Der Kapitalwert gibt an, in welchem Ausmaß die angestrebte Verzinsung erreicht wurde. Ist der Kapitalwert 0, ist diese erreicht, ist der Kapitalwert größer als 0, wurde die Verzinsung um diesen Betrag überschritten.

Lösung:

Zielfunktion:

$$800x_1 + 200x_2 + 500x_3 + 150x_4 \longrightarrow \max!$$

Finanzierungsnebenbedingungen:

$$500x_1 + 100x_2 + 100x_3 + 50x_4 \leq 5.000$$
$$100x_1 + 30x_2 + 40x_3 + 25x_4 \leq 2.000$$

Absatznebenbedingungen:

$$20x_1 + 8x_2 \leq 160; \quad 4x_3 + 3x_4 \leq 80$$

Vernachlässigbare Nebenbedingungen:

x_1; x_2; x_3; $x_4 \geq 0$ und ganzzahlig.

Dies ergibt folgenden Ansatz eines Systems von Ungleichungen:

$$500x_1 + 100x_2 + 100x_3 + 50x_4 \leq 5.000$$
$$100x_1 + 30x_2 + 40x_3 + 25x_4 \leq 2.000$$
$$20x_1 + 8x_2 \leq 160$$
$$4x_3 + 3x_4 \leq 80$$
$$800x_1 + 200x_2 + 500x_3 + 150x_4 = Z$$

Ablaufprozeß

Durch Einsetzen von Schlupfvariablen werden die Ungleichungen in Gleichungen umgeformt:

$500x_1 + 100x_2 + 100x_3 + 50x_4 + 1x_5 + 0x_6 + 0x_7 + 0x_8 = 5.000$
$100x_1 + 30x_2 + 40x_3 + 25x_4 + 0x_5 + 1x_6 + 0x_7 + 0x_8 = 2.000$
$20x_1 + 8x_2 + 0x_3 + 0x_4 + 0x_5 + 0x_6 + 1x_7 + 0x_8 = 160$
$0x_1 + 0x_2 + 4x_3 + 3x_4 + 0x_5 + 0x_6 + 0x_7 + 1x_8 = 80$
$800x_1 + 200x_2 + 500x_3 + 150x_4 + 0\quad 0\quad 0\quad 0 = Z$

Darstellung als Matrix

500	100	100	50	1	0	0	0	5.000
100	30	40	25	0	1	0	0	2.000
20	8	0	0	0	0	1	0	160
0	0	4	3	0	0	0	1	80
−800	−200	−500	−150	0	0	0	0	0

Die Aufgabe wird mit der Simplex-Methode gelöst. Die obige Systemmatrix wird unter Anwendung der Äquivalenzumformung solange verändert, bis die negativen Vorzeichen der Zielfunktionszeile nicht mehr vorhanden sind, und das letzte Simplex-Tableau ohne die Zielfunktionen soviel Spalten wie Zeilen aufweist. Die Spalten werden normiert, außer 1 enthalten sie nur Nullen.

Das letzte Tableau hat folgendes Aussehen:

0	0	1	0,75	0	0	0	0,25	20
0	0	0	17,50	−0,9	1	17,50	12,50	1.300
1	0	0	−0,10	0,01	0	−0,05	−0,1	4
0	1	0	0,25	−0,01	0	0,25	0,25	10
0	0	0	195	1,20	0	10	95	15.200

Aus der Matrix kann abgelesen werden, daß das Investitionsprogramm aus folgenden Maschinen besteht:

4 Maschinen MA_1 (x_1)
10 Maschinen MA_2 (x_2)
20 Maschinen MB_1 (x_3)
0 Maschinen MB_2 (x_4)

Der Kapitalwert beträgt 15.200.

Durch Einsetzen der Werte in die Ausgangsfunktionen kann festgestellt werden, daß sämtliche Nebenbedingungen erfüllt werden.

Sämtliche dynamische Verfahren der Investitionsrechnung sind mit Unsicherheiten behaftet, da eine Ermittlung der Auszahlungen und Einzahlungen über einen längeren Zeitraum sehr schwierig ist. Diese Unsicherheiten versucht man durch den Einsatz bestimmter Verfahren zu verkleinern; am häufigsten verwendet werden:

- das Korrekturverfahren, das mit Auf- bzw. Abschlägen auf die verwendeten Daten operiert
- die Sensitivitätsanalyse (lokale und globale Sensitivitätsanalyse)
- die Risikoanalyse
- die Ereignisbaumtechnik
- die Rechnung mit Eintrittswahrscheinlichkeiten.

5.4.2.3.3 Nutzwertrechnung

Immer, wenn bei bestimmten Maßnahmen mehrere Zielsetzungen zu berücksichtigen sind, fällt eine Quantifizierung sämtlicher Bewertungskriterien schwer oder ist vom Aufwand her nicht vertretbar. In solchen Fällen kann die Nutzwertrechnung herangezogen werden; sie ermittelt den in Zahlen ausgedrückten subjektiven Wert von Maßnahmen im Hinblick auf die Zielvorgaben. Mehrere Alternativen können durch Nutzenzuweisung miteinander verglichen werden. Kernpunkt der Rechnung ist die Bestimmung der Bewertungskriterien; folgende vier Gruppen von Kriterien, die jeweils noch weiter aufgegliedert werden können, werden in der Regel herangezogen:

- wirtschaftliche Kriterien
- technische Kriterien
- rechtliche Kriterien
- soziale Kriterien.

Um den Nutzen der einzelnen Kriterien richtig einschätzen zu können, müssen Bewertungsmaßstäbe gesucht und angewandt werden. Als Meßinstrumente eignen sich die nominalen, ordinalen und kardinalen Skalierungen.

Ist es gelungen, den Nutzen zu messen, ist es angebracht, eine Kriteriengewichtung durchzuführen, auf die nicht verzichtet werden kann, wenn die Bewertungskriterien nicht den gleichen Rang für die zu treffenden Entscheidungen haben. Es wird in diesem Zusammenhang auf die Ausführungen im Kapitel E 5.2.2.2 und das dort gebrachte Zahlenbeispiel hingewiesen.

5.4.2.4 Entscheidung und Ressourcenzuweisung

Ist die Beurteilung der Maßnahmen zufriedenstellend ausgefallen, können diese in die Planung aufgenommen und für die Durchführung freigegeben werden. Die Realisierung der Maßnahmen ist allerdings nur möglich, wenn den damit befaßten Stellen die erforderlichen finanziellen Ressourcen zugeteilt werden. Die Höhe der Ressourcen ergibt sich aus dem **Budget**. Wie bereits dargelegt wurde, wird für jede Maßnahme eine Einsatzmengen- und eine Leistungsmengenplanung durchgeführt, die nach Berücksichtigung der erwarteten Preise zur Wertplanung wird. Es ist also für jede Maßnahme zumindest annäherungsweise bekannt, welche Kosten sie verursacht, und mit welchem Ertrag zu rechnen ist. Diese Auswirkungen finden ihren Niederschlag im Budget.

Budgets enthalten mithin die Kosten- und Ertragsauswirkungen aller Marketingmaßnahmen primär unter **finanzwirtschaftlichem Aspekt**.

Wird für jeden Bereich ein Budget aufgestellt und faßt man alle Einzelbudgets unter Einbeziehung der Kosten der Marketingabteilungen, die noch nicht verrechnet wurden, zusammen, erhält man das **Marketingbudget**. Es ist ein sehr aussagefähiges Instrument, es umfaßt die finanziellen Auswirkungen sämtlicher Marketingmaßnahmen und enthält gleichzeitig "konsolidierte" Zahlen.

Die **Leistungsvorgaben**, die Budgets enthalten, werden in Form von

- Umsätzen
- Gewinnen
- Deckungsbeiträgen
- Marktanteilsgrößen
- Kennzahlen

gemacht.

Die **Kostenvorgaben** orientieren sich in der betrieblichen Praxis häufig am erwarteten Umsatz (Prozentwerte des Umsatzes). Diese Vorgehensweise ist nicht ungefährlich, da rückläufige Umsätze dringend erforderliche Aktivitäten einschränken oder unmöglich machen, stehen ja die absatzabhängigen Ressourcen jetzt nicht mehr in ausreichender Höhe zur Verfügung.

Die oben dargestellte zielorientierte Vorgehensweise, die die Richtung Ziele - Strategien - Maßnahmen - Mittel anzeigt, scheint besser geeignet, auch wenn sie die Gefahr zu hoch angesetzter Budgets in sich birgt. Eine Kombination beider Vorgehensweisen wird vielfach als Kompromißlösung angeboten.

Die konkrete Vorgehensweise bei der Aufstellung von Budgets hängt von der jeweiligen Organisationsform ab; liegen relativ geschlossene, eindeutig abgrenzbare Bereiche vor, fällt die Budgetierung um so leichter.

Liegt beispielsweise eine **produktorientierte** Organisation mit Produktmanagern vor, kann das Budget folgendes Aussehen haben:

Produkt-Budget

| Produkt: | Produktmanager | Datum: |

I. Produkt-Erlöse

	Jahr	Jan.	Feb.	März	...

1. Umsatz-Erlöse
2. Erlösschmälerungen
   Rabatte
   Boni
   Sonstige Nachlässe
   Rücksendungen
   Skonti
3. Netto-Erlöse
4. Netto-Erlöse nach
   - Kundengruppen
   - Verkaufsgebieten
   - Vertriebswegen

II. Kosten des Produktmanagement
   1. Gehälter inkl. Sozialabgaben
   2. Büromaterial
   3. Raumkosten
   4. Telefon, Fax
   5. Portokosten
   6. Reisekosten
   7. Bücher, Zeitschriften
   8. Beratungskosten
   9. Gemeinkostenumlage
   10. Summe der Kosten

III. Produktkosten in anderen Abteilungen
     als anteilige variable Kosten
   1. Bereich Marketing
      1.1 Marktforschung
         - Marktanalysen
         - spez. Tests
         - Umfragen
      1.2 Werbung
         - Werbemaßnahmen/-medien
         - Sachmittel
         - Muster, Kataloge etc.
         - Werbeforschung
      1.3 Verkaufsförderung
         - Verkaufsförderungsmaßnahmen
         - Verpackungsmuster
         - Displaymaterial
      1.4 Vertrieb
         - Dienstleistungen
         - Verkäuferschulung
      1.5 Summe

Ablaufprozeß 261

	Jahr	Jan.	Feb.	März	...
2. Bereich Forschung/Entwicklung					
2.1 Entwicklungsaufträge					
3. Bereich Beschaffung					
3.1 Beschaffungsaufträge					
4. Bereich Produktion					
4.1 Sondereinzelkosten					
5. Summe					

IV. Kennzahlen
    Gewinnspanne, Umsatzrentabilität,
    Kosten-Umsatz-Relationen etc.

34   35

5.4.3 Ausgewählte Planungstechniken

5.4.3.1 Überblick

Die Planungstechniken sollen die Planer bei ihrer Gesamtfunktion unterstützen. Sie können eingesetzt werden bei

- der Analyse
- der Prognose
- der Ziel- und Strategieplanung
- der Maßnahmenplanung.

In der Fachliteratur wird eine Fülle von Planungstechniken angegeben, von ihnen seien nur einige wichtige und häufig angewandte aufgeführt.

Planungstechniken	
Qualitative Planungstechniken	**Quantitative Planungstechniken**

• Entscheidungsbaumverfahren
• Entscheidungstabellen
• Delphi-Modelle
• Szenario-Technik
• Kreativitätstechniken
  - Brainstorming
  - Methode 635
  - Synektik
  - Morphologische Analyse
	• Zeitreihenanalysen
	  - Exponentielle Glättung
	  - Trendextrapolation
	  - Technik der gleitenden Durchschnitte
	• Regressionsanalyse
	• Mathematische Optimierungsverfahren
	  - Lineare Programmierung
	  - Nichtlineare Programmierung
	  - Dynamische Programmierung
	  - Parametrische und stochastische Programmierung
	• Experimentelle Verfahren des Operations Research
	  - Heuristische Programmierung
	  - Simulation
	• Spezielle Optimierungsverfahren
	• Netzplantechnik
	• Nutzwertanalyse

Im folgenden wird auf einige ausgesuchte wichtge Planungstechniken eingegangen. Ausführlichere Darstellungen finden sich in der reichlich vorhandenen Fachliteratur (u. a. *Kahn, von Reibnitz, Geschka, Weis, Nieschlag / Dichtl / Hörschgen, Bramsemann, Ehrmann*).

5.4.3.2 Qualitative Planungstechniken

5.4.3.2.1 Entscheidungsbaumtechnik

Die Entscheidungsbaumtechnik wird eingesetzt, wenn komplexe und unsichere Entscheidungssituationen mehrerer Lösungen bedingen. Die verschiedenen Lösungswege mit ihren Konsequenzen werden als Äste eines Baumes dargestellt. Man geht von einem Entscheidungspunkt, der die zu treffende Entscheidung markiert, aus und gibt die Lösungsalternativen als Verästelungen (Entscheidungsäste) an. Von jedem Knotenpunkt aus können je nach Zahl der Alternativen und deren Folgen neue Verästelungen entstehen. Die Anzahl der eingebauten Parameter und der möglichen Konsequenzen gibt die Form des Entscheidungsbaumes an:

Ablaufprozeß   263

```
                                    ┌── Konkurrent reagiert
                     Rezession ─────┤
                                    └── Konkurrent reagiert nicht
     Preis erhöhen                  ┌── Konkurrent reagiert
                     Hochkon-  ─────┤
                     junktur        └── Konkurrent reagiert nicht
                     Rezession ─────┌── Konkurrent reagiert
     Preis beibehalten              └── Konkurrent reagiert nicht
                                    ┌── Konkurrent reagiert
                     Hochkonjunktur ┤
                                    └── Konkurrent reagiert nicht
```

Im obigen Beispiel *(Kotler)* wird dargestellt, welche Konsequenzen einer möglichen Preiserhöhung sich ergeben können. Die Folgen einer Preiserhöhung hängen von der wirtschaftlichen Lage (Hochkonjunktur oder Rezession) und der Reaktion des Konkurrenten ab. Will man weitere Parameter einbeziehen, die die Konsequenzen beeinflussen, ergeben sich weitere Verästelungen des Entscheidungsbaumes. Durch Einbau der monetären Konsequenzen und der Eintrittswahrscheinlichkeiten wird die Entscheidung über die Maßnahme dann möglich.

Ein **Beispiel** soll die Vorgehensweise verdeutlichen: Für ein neues Produkt stehen zwei alternative Produktionsverfahren zur Verfügung, die den Einsatz zweier unterschiedlicher Maschinen erfordern. Folgende Daten liegen vor:

	Anlage A	Anlage B
Anschaffungskosten	62.500,— DM	62.500,— DM
Nutzungsdauer in Jahren	2	2
Einzahlungsüberschuß bei		
Hochkonjunktur	125.000,— DM	100.000,— DM
bei Rezession	12.500,— DM	50.000,— DM

Die Übergangswahrscheinlichkeiten für die wirtschaftliche Entwicklung werden angenommen mit:

	1. Jahr	2. Jahr
Hochkonjunktur	60 %	40 %
Rezession	40 %	60 %

Der Kalkulationszinsfuß beträgt 10 %.

Aus den Angaben wird folgender Entscheidungsbaum entwickelt:

Planungs-zeitpunkt	1. Jahr	2. Jahr	Alternative	Summen-wahrscheinlichkeit
		Hochkonj. 125.000	1	24 %
	Hochkonj. 125.000 (60%)			
		Rezession 12.500	2	36 %
Zahlung		Hochkonj. 125.000	3	16 %
	Rezession 12.500 (40%)			
		Rezession 12.500	4	24 %

Für die vier Alternativen werden folgende Kapitalwerte zunächst für die Anlage A berechnet:

$C_1 = -62.500 + 125.000 \cdot 0{,}9091 + 125.000 \cdot 0{,}8264 = 154.437{,}50$
$C_2 = -62.500 + 125.000 \cdot 0{,}9091 + 12.500 \cdot 0{,}8264 = 61.467{,}50$
$C_3 = -62.500 + 12.500 \cdot 0{,}9091 + 125.000 \cdot 0{,}8264 = 52.163{,}75$
$C_4 = -62.500 + 12.500 \cdot 0{,}9091 + 12.500 \cdot 0{,}8264 = -40.806{,}25$

Werden die Kapitalwerte mit den Summenwahrscheinlichkeiten multipliziert, ergibt sich:

154.437,50 · 24 % = 37.065
 61.467,50 · 36 % = 22.128,30
 52.163,75 · 16 % = 8.346,20
- 40.806,25 · 24 % = – 9.793,50

Der durchschnittlich erwartete Kapitalwert beträgt danach 57.746,— DM.

Auf die gleiche Weise wird der Kapitalwert für die Anlage B ermittelt, er beläuft sich auf rd. 68.100,— DM.

Die Anlage B ist somit unter den angewandten Kriterien günstiger zu beurteilen.

5.4.3.2.2 Entscheidungstabellentechnik

Die Entscheidungstabellentechnik ist ein unkompliziertes, aber häufig sehr wirkungsvolles Planungsinstrument. In einer Matrix werden die Bedingungen und Aktionen von Alternativen formuliert. In den Zeilen werden die Voraussetzungen und Konsequenzen, die Wenn- und Dann-Komponenten der Alternativen, in den Spalten die Regeln für die Bedingungskombinationen eingesetzt. Durch Ankreuzen der einzelnen Felder wird klargestellt, welche Maßnahmen unter welchen Bedingungen durchgeführt werden können.

Die Entscheidungstabelle hat folgendes Aussehen:

		Regel 1	Regel 2	Regel 3	Regel 4	
Bedingungen (Wenn-Komponente)	B 1	ja	ja	nein	nein	Bedingungsanzeige
	B 2	ja	nein	ja	nein	
Aktionen (Dann-Komponente)	A 1	x		x	x	Aktionsanzeige
	A 2		x			

5.4.3.2.3 Delphi-Methode

Bei der Delphi-Methode werden Experten aufgeboten, deren Urteil man im Rahmen einer schriftlichen Befragung einholt. Aus abgegebenen Einzelurteilen bildet man ein Gruppenurteil.

Die Expertengrupe kann sich sowohl aus unternehmensinternen als auch aus externen Fachleuten zusammensetzen. Begrenzungen der Gruppengröße gibt es nicht. Die Anonymität muß gewahrt bleiben. Die Befragung erfolgt in mehreren Phasen. Die Befragungsphasen werden so oft wiederholt, bis eine Stabilität des Gruppenurteils festgestellt wird.

Die statistischen Gruppenurteile der einzelnen Phasen werden normalerweise durch den Median der Einzelurteile und den Interquartilbereich beschrieben.

5.4.3.2.4 Szenario-Technik

Die Szenario-Technik versucht, ausgehend von der gegenwärtigen Unternehmenssituation, alle erwägbaren Entwicklungen zu erfassen. Man analysiert das gesamte Untersuchungsfeld und leitet auf Grund der Analyse zukünftige Situationen ab.

Nach *von Reibnitz* ergeben sich folgende Schritte bei der Szenario-Technik:

- Definition und Gliederung des Untersuchungsfeldes

- Identifizierung und Strukturierung der wichtigsten das Untersuchungsfeld beeinflussenden Faktoren

- Ermittlung von Entwicklungstendenzen und kritischen Deskriptoren für die Umfelder

- Bildung und Auswahl alternativer konsistenter Annahmebündel

- Interpretation der ausgewählten Umfeld-Szenarien

- Einführung und Analyse der Auswirkungen signifikanter Störereignisse

- Auswerten der Szenarien bzw. Ableiten von Konsequenzen für das Untersuchungsfeld

- Konzipieren von Maßnahmen und Erstellen von Plänen für das Unternehmen.

Die gewonnenen Ergebnisse sind Zukunftsvorstellungen der Szenariogruppe.

Die Szenario-Technik setzt man in erster Linie in der langfristigen Planung ein; sie dient häufig der Ziel- und Strategienfindung.

5.4.3.2.5 Brainstorming

Beim Brainstorming werden in kleinen Gruppen Ideen geäußert, diskutiert, weitergesponnen. Spontaneität und Lockerheit sollen im Vordergrund stehen.

An das Brainstorming werden im allgemeinen folgende Forderungen gestellt:

- die Gruppen sollen aus gleichberechtigten Mitgliedern bestehen
- die Gruppen sollen sich aus nicht mehr als 12 Mitgliedern zusammensetzen
- die Sitzungsdauer sollte nicht länger als 30 Minuten sein
- jedes Gruppenmitglied kann Vorstellungen äußern und Ideen anderer Mitglieder weiterentwickeln
- kritische Äußerungen zu Ideen anderer sind unerwünscht
- Spontaneität ist zu fördern.

Die Ergebnisse der Sitzungen der Brainstorming-Gruppe werden protokolliert und, soweit sie realisierbar sind, im Anschluß daran ausgewertet.

5.4.3.3 Quantitative Planungstechniken

Quantitative Planungstechniken werden vor allem in der Prognose, bei der Festlegung von Bewertungskriterien (z. B. bei der Nutzwertanalyse) und bei der Festsetzung von Terminen verwendet.

Die quantitativen Planungstechniken basieren auf mathematisch-statistischen Verfahren; sie reichen von sehr einfachen Verfahren der Zeitreihenanalyse (z. B.

Technik des gleitenden Durchschnitts) bis zu mathematisch anspruchsvollen Optimierungsverfahren.

5.4.3.3.1 Zeitreihenanalysen

Zeitreihen liegen vor, wenn Daten über den gleichen Sachverhalt für eine Reihe von Zeitpunkten oder Zeiträumen verfügbar sind *(Kellerer)*.

Die Zeitreihenanalysen nehmen eine Analyse der Komponenten vor, die die Zeitreihen bestimmen und führen darüber hinaus eine Extrapolation durch.

- **Freihandmethode**

    Die Freihandmethode ist die einfachste Form der Trendextrapolation und wird grafisch vorgenommen. Sie ist eine grafische Verlängerung von einer festgestellten Entwicklung in die Zukunft; sie wird als Extrapolation der Entwicklung angesehen, die sich aus dem Kurvenbild ergibt.

    Das Verfahren ist nicht sehr genau; es wird vor allem in der kurz- bis mittelfristigen Prognose eingesetzt.

- **Technik des gleitenden Durchschnitts**

    Auch die Technik des gleitenden Durchschnitts ist eine recht einfache Planungstechnik. Man ersetzt bei der Mittelwertbildung aus einer stets gleichen Zeitreihe den jeweils ältesten Periodenwert durch einen neuen.

    Beispiel:

    In einem Unternehmen will man den Materialbedarfsplan aus einer Zeitreihe ermitteln. Die Zahlen sind jeweils TDM.

Periode	1	2	3	4	5	6	7	8	9	10
Materialbedarf	480	420	510	630	540	540	690	780	720	708
Gleitender Durchschnitt							520[1]	555[2]	615	650

    [1] (480 + 420 + 510 + 630 + 540 + 540) : 6 = 520
    [2] (3.120 − 480 + 690) : 6 = 555

- **Trendextrapolation**

    Die Trendextrapolation basiert auf Zahlen der Vergangenheit und führt eine Extrapolation in die Zukunft durch. Man geht davon aus, daß die Gesetzmäßigkeiten der Vergangenheit in der Zukunft fortgesetzt werden. Solange nicht mit dynamischen Entwicklungen zu rechnen ist, kann diese Unterstellung akzeptiert werden.

Die am meisten angewandte Methode der Trendextrapolation ist die **Methode der kleinsten Quadrate**. Es wird mathematisch eine Ausgleichsgerade

$$y = a + bx$$

der zu messenden Geraden so bestimmt, daß die Summe der Abweichungsquadrate von der Geraden minimal wird.

Beispiel:

Für die Jahre 1987 bis 1995 liegen Exportzahlen vor. Für das Jahr 1996 ist der Umsatz mit Hilfe der Trendextrapolation zu ermitteln.

a = Anfangstrend
b = Trendwinkel (Steigungsmaß)
x = Periodenabstände
y = Exportumsatz in TDM
n = Anzahl der Perioden

Jahr	x	Exportumsatz y	x^2	x · y
1987	1	100	1	100
1988	2	110	4	220
1989	3	130	9	390
1990	4	150	16	600
1991	5	160	25	800
1992	6	180	36	1.080
1993	7	210	49	1.470
1994	8	230	64	1.840
1995	9	240	81	2.160
	45	1.510	285	8.660

Σy = n · a + b · Σx
Σxy = a · Σx + b · Σx^2
1.510 = 9 · a + b · 45 | · 5
8.660 = 45 · a + b · 285 | · −1

  7.550 =   45 a + b · 225
− 8.660 = − 45 a − b · 285
─────────────────────────
− 1.110 =   0 − b · 60

  b = 18,5

1.510 = 9 a + 18,5 · 45
1.510 = 9 a + 832,5
   9a = 677,50
    a = 75,28

Für das Jahr 1996 berechnet man den Exportumsatz wie folgt:

$y = a + b \cdot x$
$y = 75{,}28 + 18{,}5 \cdot 10$
$y = \underline{\underline{260{,}28}}$

5.4.3.3.2 Mathematische Optimierungsverfahren

Es wird auf die Ausführungen im Kapitel E. 5.4.2.1 und das Beispiel zur Investitionsrechnung im Kapitel E. 5.4.2.3.2 verwiesen.

5.4.3.3.3 Netzplantechnik

Die Netzplantechnik hat die Aufgabe, die Maßnahmenplanung möglichst überschaubar zu gestalten. Im einzelnen verfolgt sie die Ziele,

- den zeitlichen Ablauf einzelner Aktivitäten und des gesamten Geschehens darzustellen
- den sachlichen Zusammenhang der Teilaktivitäten zu verdeutlichen
- die kritischen Vorgänge als Aktivitäten ohne Zeitreserven zu erkennen
- den kritischen Weg als die Abfolge der kritischen Vorgänge zu zeigen
- die vorhandenen Reserven im Plan darzustellen.

Die Vorzüge der Netzplantechnik bestehen in:

- der transparenten Darstellung eines Gesamtobjektes und seiner einzelnen Aktivitäten
- der universellen Einsatzmöglichkeit in der Projektplanung
- der Möglichkeit und dem Zwang zum gedanklichen Durchdringen auch komplexer Projekte
- der schnellen Erkennbarkeit von Planabweichungen
- der Möglichkeit des EDV-Einsatzes.

Von den während des Zweiten Weltkrieges in den USA entwickelten Verfahren dürfte das CPM-Verfahren (Critical Path-Method), das Verfahren des kritischen Weges, das den folgenden Ausführungen zu Grunde gelegt wird, am verbreitetsten sein.

Die Netzplantechnik bedient sich als Darstellungsform des Diagramms und umfaßt die **Ablaufplanung** und die **Zeitplanung**.

Die CPM-Methode arbeitet mit folgenden Begriffen und Darstellungsformen:

Knoten, Ereignisse: Anfangsereignis = i; Schlußereignis = j
Aktivitäten: v (v = A, B ...)
Termine: t; Anfangstermin = t_0; Endtermin = t_z
Tätigkeitszeiten = T (u, v) m

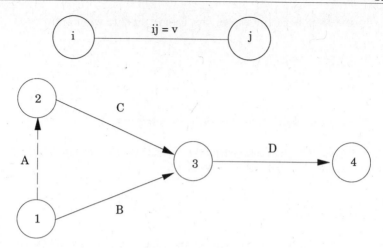

Die Aktivitäten B und C beginnen im Zeitpunkt 1 und können im Zeitpunkt 3 beendet sein, dann kann erst die Aktivität D gestartet werden. A ist eine "Scheinaktivität", sie gibt an, daß die Ereignisse 1 und 2 zeitgleich sind. A hat einen Zeitbedarf von 0. Jedes Ereignis kann erst gestartet werden, wenn das vorhergehende beendet ist, außer, es liegen Überlappungen vor. Es bedeuten:

FAZ = Frühester Anfang einer Aktivität
FEZ = Frühestes Ende einer Aktivität
SAZ = Spätester Anfang einer Aktivität
SEZ = Spätestes Ende einer Aktivität
P   = Puffer- oder Schlupfzeiten

Die Berechnung der in Frage kommenden Termine geschieht nach den folgenden Regeln:

$FAZ = t_0 + T(u, v) m$, die sich auf dem zeitlängsten Weg durch den Netzplan zwischen Anfangsereignis und dem Anfang der entsprechenden Aktivität befinden
$FEZ = FAZ + T(u, v) m$
$SAZ = SEZ - T(u, v) m$
$SEZ = t_z - T(u, v) m$, die auf dem zeitlängsten Weg vom vorgegebenen Endtermin tz zum Endtermin der entsprechenden Aktivität führen
$P = SEZ - FAZ - T(u, v) m$, oder: $SEZ - FEZ$

Der kritische Weg ist der Weg durch das Netz, dessen Aktivitäten den größten Zeitbedarf haben. Er ist dadurch gekennzeichnet, daß der frühestmögliche Zeitpunkt für die Beendigung der Aktivität, die auf dem zeitlängsten Weg zum Schlußereignis führt, gleichzeitig der frühestmögliche Termin für die Beendigung des gesamten Projektes ist.

Ein fiktives **Beispiel** (unter Verwendung der Zahlen von *v. Wysocki*) soll die Vorgehensweise verdeutlichen:

Sachbearbeiter Arbeitsgebiet	I T(u,v)m	A(u,v)m	II T(u,v)m	A(u,v)m	III T(u,v)m	A(u,v)m
A	13	1.950	10	1.000	9	1.080
B	12	1.800	14	1.400	10	1.200
C	3	450	6	600	7	840
D	6	900	8	800	9	1.080
E	7	1.050	6	600	5	600
F	3	450	4	400	5	600
G	1	150	2	200	3	360
	45	6.750	50	5.000	48	5.760

T (u, v)m = Aktivitätszeit in Tagen
A (u, v)m = Ausgaben je Arbeitsgebiet.

Im Beispiel können die Aktivitäten nur in einer bestimmten Reihenfolge vorgenommen werden, es gilt folgendes Reihenfolgengesetz:

1. D kann erst nach A bearbeitet werden
2. E kann erst nach D bearbeitet werden
3. F kann erst nach B bearbeitet werden
4. G kann erst nach F bearbeitet werden
5. C kann vor oder nach jedem Arbeitsgang bearbeitet werden.

Die Sachbearbeiter können nach mehreren Kriterien eingesetzt werden,

1. nach Belieben des Managers
2. nach der geringsten erreichbaren Gesamtzeit
3. nach den geringsten Aktivitätszeiten
4. nach den niedrigsten Kosten.

Im vorliegenden Fall soll nach dem dritten Kriterium vorgegangen werden, um die Sachbearbeiter rasch für andere Arbeitseinsätze verfügbar zu haben.

Unter diesem Aspekt ergibt sich folgender Einsatzplan:

Arbeitsgebiet	A	B	C	D	E	F	G	Summe
Sachbearbeiter	III	III	I	I	III	I	I	
Aktivitätszeiten	9	10	3	6	5	3	1	37

Dem Sachbearbeiter I werden die Arbeitsgebiete C, D, F, G und dem Sachbearbeiter III die Arbeitsgebiete A, B, E übertragen. Der Sachbearbeiter II wird nicht eingesetzt, weil er bei der Bearbeitung eines jeden Gebietes langsamer ist als seine beiden Kollegen.

Unter Berücksichtigung dieser Faktoren gelangt man zu folgender Termintabelle und zu dem Netzplan:

1. Arbeitsgebiet	A	B	C	D	E	F	G
2. Sachbearbeiter	III	III	I	I	III	I	I
3. T (u, v) m	9	10	3	6	5	3	1
4. FAZ	0	9	0	9	19	19	22
5. SAZ	9	19	3	15	24	22	23
6. FEZ	0	9	11	14	19	20	23
7. SEZ	9	19	14	20	24	23	24
8. P	0	0	11	5	0	1	1

Die Aktivitäten sind nach frühestens 24 Tagen beendet.

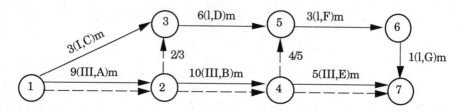

Dem Netzplan kann man entnehmen, daß Sachbearbeiter I das Arbeitsgebiet D erst bearbeiten kann, wenn Sachbearbeiter III die Arbeit im Gebiet A abgeschlossen hat und seine Aktivitäten in F erst einsetzen können, wenn Gebiet B bearbeitet wurde. Dies wird durch die Scheinaktivitäten ausgedrückt.

Alle Arbeitsgebiete von Sachbearbeiter III befinden sich auf dem kritischen Weg, demnach sind Zeiteinsparungen nicht möglich.

Der nächste Netzplan soll die Phasenfolge bei der Einführung eines neuen Produktes verdeutlichen (Quelle: *Nieschlag / Dichtl / Hörschgen*):

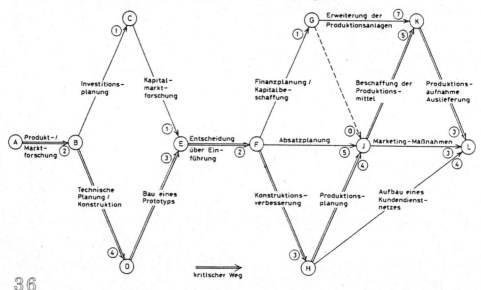

5.5 Fragen der Marketing-Logistik

5.5.1 Logistik-Aufgabe

Unter Logistik werden "alle Aktivitäten zur Planung, Steuerung, Kontrolle der Lagerhaltung, des Handlings und des Transportes logistischer Objekte innerhalb des Betriebes sowie zwischen dem Betrieb und seiner Umwelt" verstanden *(Reichmann)*.

Nach DIN 69 906 lautet die allgemeine Logistikdefinition: "Unter Logisitik versteht man die Gesamtheit der Aktivitäten zum Herstellen, Sichern und Verbessern der Verfügbarkeit aller Personen und Mittel, die Voraussetzungen, begleitende Unterstützung oder Sicherung für Abläufe innerhalb eines Systems sind."

Die Logistik betrifft die Gesamtheit der Maßnahmen, die zur optimalen Gestaltung des Material-, Werte- und Informationsflusses im Rahmen des betrieblichen Leistungserstellungsprozesses zu ergreifen sind.

Im einzelnen besteht die Logistik-Aufgabe darin zu gewährleisten, daß im genannten Leistungserstellungsprozeß

- die richtige Menge
- die richtigen Gegenstände
- zur richtigen Zeit
- in der richtigen Qualität
- am richtigen Ort
- in der richtigen Reihenfolge
- zu den richtigen Kosten

verfügbar sind.

5.5.2 Logistik-Konzept

Logistik kann nicht isoliert für einen eng begrenzten Bereich betrieben werden, vielmehr bedingt Logistik ein ganzheitliches Denken und Handeln, eine bereichsübergreifende Abstimmung und Optimierung. Ein Logistikkonzept kann folglich nur als ein integriertes Konzept geschaffen werden.

Rupper stellt folgende inhaltlichen Anforderungen an ein Logistikkonzept:

- Grundsätze zur Produktgestaltung aus logistischer Sicht

- Grundsätzliche Aussagen zur Produktionsstruktur und -organisation (wie Anzahl der Fertigungsstufen, Bevorratungsebenen, Lieferbereitschaftsgrade etc.)

- Umfang der Eigen- und Fremdfertigung sowie Grundsätze zur Fertigungstechnik aus der Sicht des Logistikers

- Planung und Steuerung Gesamtbetrieb ab Kunde/Einkauf über Produktion bis zur Auslieferung

- Beschaffungslogistik: Grundsätze des Was, Wie, Wieviel und Wann der Materialanlieferung

- Anzahl und Standorte von Produktionseinheiten und Lägern

- Lager-, Kommissionier- und Verteilsysteme

- Art des internen und externen Transportes

- Logistik-Informationssystem

- Aufbauorganisation, Regelung der Zuständigkeiten

- Kostenvorgaben für den Bereich Logistik.

Beim Aufbau eines integrierten Logistikkonzeptes sollten folgende **Anforderungen** berücksichtigt werden:

- Vollständigkeit
- Transparenz
- Durchsetzungsvermögen
- Kontroll-Möglichkeiten
- Kostengerechtigkeit.

Das Logistikkonzept ist wie erwähnt ein ganzheitliches Konzept, was allerdings nicht ausschließt, daß aus organisatorischen Gründen Bereichslogistiken entwickelt werden. In dem Unternehmen findet man

- eine Beschaffungslogistik
- eine Produktionslogistik
- eine Distributionslogistik
- eine Lagerlogistik.

Es sollte eine Selbstverständlichkeit sein, daß diese "Bereichslogistiken" jeweils Bestandteil eines Gesamtkonzeptes und damit aufeinander abgestimmt sind.

5.5.3 Marketing-Logistik

5.5.3.1 Allgemeine Überlegungen

In der Literatur wird die Marketing-Logistik vielfach mit der Distributionslogistik gleichgesetzt. Diese Betrachtungsweise ist eng und steht im Widerspruch zum Marketing-Gedanken, da die Distributionslogistik in erster Linie auf die physischen Distributionstätigkeiten wie Lagerung, Transport und Übergabe der Produkte an die Abnehmer gerichtet ist.

Eine Gleichsetzung von Marketing-Logistik und Distributionslogistik ist nur dann gerechtfertigt, wenn letztere sich nicht nur mit den rein physischen Distributionstätigkeiten befaßt, sondern auch die grundsätzlichen Überlegungen und Entscheidungen einschließt, die die Grundlagen für die physischen Tätigkeiten sind. Dabei ist es selbstverständlich, daß die Logistik so zu gestalten ist, daß die Kundeninteressen möglichst optimal erfüllt werden.

Die Marketing-Logistik erstreckt sich auf eine Vielzahl von Bereichen, von denen die wichtigsten die folgenden sind:

- Standortwahl
- Einrichtung von Eigen- oder Fremdlägern
- Lagerhaltung
- Auftragsabwicklung, Kommissionierung
- Verpackung
- Warenausgang
- Transport
- Auftragsgröße
- Service
- Make or buy-Überlegungen (gemeinsam mit Produktion und Beschaffung).

Auf die Fülle der Logistikaufgaben kann im einzelnen nicht eingegangen werden, sondern es wird eine Auswahl getroffen. Es kann auf die reichhaltige Marketing- und Logistikliteratur hingewiesen werden, für den Logistikbereich u. a. auf *Rupper, Schmidt, Schulte*.

In den nächsten Kapiteln sollen folgende wichtige Fragen der Marketing-Logistik kurz behandelt werden:

- Einsatz von Vertretern oder Reisenden
- Lagerdezentralisation, Eigenlager/Fremdlager
- Eigen- oder Fremdtransport
- wirtschaftlich vertretbare Auftragsgröße (Mindestauftragsgröße)
- Make-or-buy-Überlegungen.

5.5.3.2 Controller-Aufgaben im Rahmen der Marketing-Logistik

Die Aufgaben des Controllers im Bereich der Marketing-Logistik werden nicht einheitlich gesehen.

In großen Unternehmen werden eigene Logistik-Abteilungen eingerichtet, zu deren Aufgaben auch die Marketing-Logistik gehört. Diesen Abteilungen wird vielfach ein Controller zugeordnet. In Unternehmen, in denen der Aufbau einer Logistik-Abteilung unwirtschaftlich wäre oder Fragen der Logistik nicht von zentraler Bedeutung sind, wird die Marketing-Logistik der Marketing-Abteilung übertragen.

Aufgabe des Marketing-Controllers im Rahmen der Marketing-Logistik ist in erster Linie die **Wirtschaftlichkeitskontrolle**. Sie besteht vor allem darin festzustellen,

- ob die relevanten Kosten erfaßt werden
- ob die vorgegebenen Logistikkosten eingehalten werden
- ob bei der Auswahl der Logistikleistungen das Kostenminimierungsprinzip eingehalten wird
- ob Logistikaufgaben vernachlässigt werden
- ob neue Trends berücksichtigt werden.

Logistikentscheidungen werden zwar stark von Kosten beeinflußt, beruhen jedoch häufig nicht nur auf Kostenüberlegungen. Eine umgehende zufriedenstellende Belieferung eines Kunden kann von so großer Bedeutung sein, daß die Kostenminimierung, zumindest kurzfristig, vernachlässigt werden muß.

5.5.3.3 Vertreter oder Reisende

Will man die Entscheidung zwischen dem Einsatz von Vertretern oder Reisenden unter Kostenaspekten treffen, muß bekannt sein, wie hoch ihr Anteil am Verkaufserfolg jeweils ist und welche fixen und proportionalen Kosten sie verursachen. Wird unterstellt, daß beide ungefähr die gleichen Verkaufserfolge erzielen, ist bei bekannten Distributionskosten eine grafische Entscheidungshilfe möglich, die Ähnlichkeit mit dem Break-even-Diagramm hat. Vertreter verursachen normalerweise geringere fixe Kosten als ihre fest angestellten Kollegen, dafür ist der Anteil der proportionalen Kosten in der Regel höher, da ihnen ein höherer Verkaufserfolg, mithin auch höhere Provisionen zugetraut werden.

Ablaufprozeß

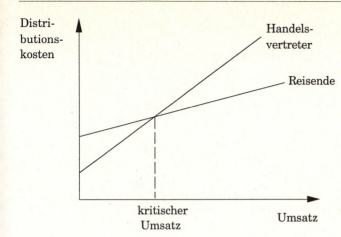

Der kritische Umsatz gibt die Kostengleichheit der beiden Umsatzmittler an

Geht man davon aus, daß Vertreter und Reisende stark voneinander abweichende Verkaufserfolge haben, kann mit Hilfe der Deckungsbeitragsrechnung der wirtschaftliche Einsatz ermittelt werden. Der Deckungsbeitrag wird errechnet durch Abzug der geplanten Distributionskosten von dem prognostizierten Umsatz. Durch den Vergleich der Deckungsbeiträge ergibt sich die Priorität für Reisende oder Handelsvertreter.

5.5.3.4 Lagerdezentralisation, Eigenlager/Fremdlager

In vielen Unternehmen ergibt sich die Frage, ob durch die Installierung eines Lagers in weiter räumlicher Distanz vom eigenen Standort eine raschere Belieferung der Abnehmer möglich wird und gleichzeitig Kosten durch Benutzung kostengünstigerer, dafür aber langsamerer Transportmittel eingespart werden können; dabei müssen die Transportkosteneinsparungen selbstverständlich die hinzukommenden Lagerkosten überkompensieren.

In diesem Zusammenhang entsteht auch das Entscheidungsproblem Eigenlager/Fremdlager. Wiederum unter Kostenaspekten kann folgendes Diagramm Entscheidungshilfe bieten:

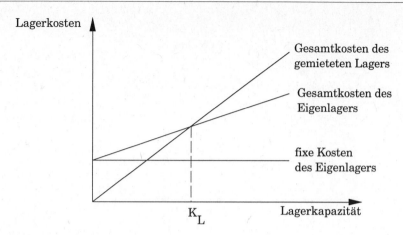

Nach der obigen Darstellung lohnt sich ein Eigenlager erst, wenn die Lagerkapazität den Schnittpunkt K_L (nachhaltig) überschreitet. Wird die Frage mehrerer Lagerstandorte angeschnitten, geht man zwar ebenso vor wie bei einem Lager, die Entscheidung wird aber wesentlich schwerer, da eine Vielzahl von Alternativen berücksichtigt werden muß. Eine "optimale Lageranzahl" läßt sich grafisch ermitteln, wenn man von der Prämisse ausgeht, daß Läger und Abnehmer sich geografisch gleich verteilen:

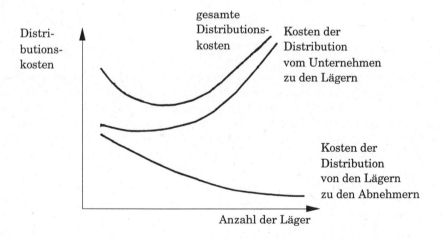

Zur Lösung der "optimalen Lageranzahl" und der optimalen geografischen Verteilung wurden mehrere quantitative Verfahren entwickelt, die unter dem Oberbegriff "experimentelle Verfahren des Operations research" zusammengefaßt werden. Es wird in diesem Zusammenhang auf die Zusammenstellung der Verfahren des Operations research in Kapitel E 5.4.2.1 hingewiesen.

5.5.3.5 Eigen-/Fremdtransport

Die Frage, ob die Produkte mit eigenen Beförderungsmitteln oder durch den Einsatz von Spediteuren zum Kunden transportiert werden sollen, macht eine Reihe von Überlegungen erforderlich, die die entstehenden Kosten nicht unmittelbar tangieren, und auf die hier nicht eingegangen werden soll. Neben diesen wichtigen Überlegungen spielt allerdings die Kostenfrage eine entscheidende Rolle und kann bei der Entscheidung dominieren.

Der Aufbau eines eigenen Fuhrparks ist mit einem hohen Kapitalbedarf und damit zusammenhängenden Finanzierungskosten verbunden. Eine günstige Kostensituation im Hinblick auf die Betriebskosten läßt sich nur erreichen, wenn die geschaffenen Kapazitäten gut genutzt werden, um fixe Kosten der nicht beanspruchten Kapazität (Leerkosten) zu vermeiden. Dazu sind Untersuchungen anzustellen, die auch das Problem der Leerfahrten auf dem Rückweg enthalten müssen.

5.5.3.6 Wirtschaftlich vertretbare Auftragsgröße

Über die Bedeutung der Mindestauftragsgröße und ihre Ermittlung wurden bereits an mehreren Stellen dieses Buches Aussagen gemacht, so daß sich weitere Ausführungen an dieser Stelle erübrigen.

Wenn Kostenüberlegungen im Rahmen der Marketing-Logistik angestellt werden, muß berücksichtigt werden, daß viele Kosten der physischen Distribution in Wechselbeziehungen zueinander stehen. *Kotler* gibt dafür ausgezeichnete Beispiele:

1) Es wird dem Transport per Eisenbahn der Vorzug gegenüber dem Flugtransport gegeben, um die Versandkosten zu sparen. Der Bahntransport ist langsamer, folglich bleibt ein Teil des Kapitals länger gebunden, die Zahlungseingänge von den Kunden erfolgen später und die Kunden wandern unter Umständen zu der schnelleren Konkurrenz ab.

2) Es werden Transportbehälter verwendet, um die Versandkosten zu minimieren; ein großer Teil der Ware kann beschädigt werden, dies kann zu teuren Nachlieferungen oder Schadenersatz führen.

3) Der Lagerbestand wird aus wirtschaftlichen Gründen möglichst niedrig gehalten. Aufträge können zum Teil nur mit Verzögerung ausgeführt werden, es fällt zusätzliche Verwaltungsarbeit an, Sonderproduktionen werden erforderlich und teure Schnellversandmaßnahmen sind die mögliche Folge.

5.5.3.7 Make-or-buy-Überlegungen

Überlegungen über Eigenfertigung oder Fremdbezug von Leistungen sind in der letzten Zeit in vielen Betrieben stark in den Vordergrund gerückt.

Diese Überlegungen tangieren nicht nur den Beschaffungs- und Produktionsbereich, sondern auch den Marketingbereich.

Wie bereits ausgeführt wurde (vgl. A. 2.2), ist das Markting nicht mehr am Ende des Leistungserstellungsprozesses im Sinne einer Marktbearbeitung für die Aufnahmefähigkeit der angebotenen Erzeugnisse positioniert, sondern durchdringt alle wesentlichen Entscheidungen des Prozesses vom Beginn bis zum Ende.

Es wäre nahezu paradox, würden Entscheidungen, wie Preisfragen, Fragen der Produktqualität, der Lieferpünktlichkeit, der Lagerhaltung oder des Service ohne maßgebliche Beteiligung des Marketings und der damit verbundenen Logistik getroffen werden.

Die Lösung des Problems Eigenfertigung/Fremdbezug kann als ein Musterbeispiel für eine ganzheitliche Betrachtung auch logistischer Aufgaben gesehen werden.

Die Entscheidung make oder buy betreffen folgende Bereiche:

- Fertigerzeugnisse und unfertige Erzeugnisse
- Energie
- Reparatur- und Wartungsleistungen
- die Verkaufsorganisation (in Deutschland und den anderen deutschsprachigen Ländern allerdings nicht sehr häufig)
- das Mahn- und Inkassowesen
- die Werksverpflegung
- Organisations- und Revisionsleistungen uva..

Da die Fertigerzeugnisse und unfertigen Erzeugnisse unmittelbar den Marketingbereich betreffen, wird im folgenden lediglich darauf eingegangen.

Die Controlleraufgaben bei Eigenfertigung/Fremdbezug-Überlegungen bestehen in erster Linie in der Überprüfung der Wirtschaftlichkeit. Es stehen folglich Kostenüberlegungen beim Controller im Vordergrund.

Die anderen wichtigen mit der Frage Eigenfertigung oder Fremdbezug verbundenen Komplexe, wie Abhängigkeit von Zulieferern, die Elastizität, Qualitätsaspekte oder personalpolitische Fragen zählen nicht primär zum Zuständigkeitsbereich des Marketing-Controllers.

Im folgenden werden **drei Fälle** zur Problematik make oder buy behandelt.

Fall 1: Kurzfristige Entscheidung bei Unterbeschäftigung

Bei ausreichend vorhandenen Kapazitäten wird eine einfache Rechnung durchgeführt: **man vergleicht den Einstandspreis der Fremdleistungen mit den eigenen proportionalen Kosten**. Sind diese niedriger als der Einstandspreis, ist die Eigenfertigung vorzuziehen.

Einstandspreis als Fremdbezugskosten		675 DM
Proportionale Kosten der Eigenfertigung		
Materialkosten	250 DM	
Fertigungskosten	388 DM	
anteilige Verwaltungskosten	12 DM	650 DM
Vorteil der Eigenfertigung		25 DM

Fall 2: Kurzfristige Entscheidung bei Vorliegen von Engpässen

Die Vorgehensweise unterscheidet sich von der beim Vorliegen von einem bzw. von mehreren Engpässen.

Besteht lediglich **ein Engpaß**, können sämtliche Erzeugnisse, deren proportionale Kosten unter dem Einstandspreis des Vergleichproduktes liegen, selbst hergestellt werden. Die Erzeugnisse, deren proportionale Stückkosten höher sind als der Einstandspreis, wird man auf jeden Fall fremd fertigen lassen. Die Reihenfolge der weiteren Fremdfertigung ergibt sich aus dem Grad der Kapazitätsbelastung. Die Produkte, die die Kapazität am stärksten belasten, werden als nächste nicht selbst gefertigt.

In einem Unternehmen werden die Produkte A-F hergestellt. Am Produktionsvorgang sind mehrere Maschinen beteiligt; eine von ihnen bearbeitet alle sechs Produkte, sie stellt den Engpaß dar.

Folgende Daten liegen vor:

Produkt	Absetzbare Stückzahl x	Proportionale Kosten bei Eigenfertigung je Stück in DM	Einstandspreis bei Fremdbezug je Stück in DM
A	600	90	100
B	648	55	70
C	576	115	120
D	612	50	80
E	420	118	110
F	360	102	90
	3.216		

Produkt	Bearbeitungszeit in ZE je Stück t	Bearbeitungszeit je Produktart x · t
A	33	19.800
B	35	22.680
C	30	17.280
D	40	24.480
E	25	10.500
F	36	12.960
Erforderliche Kapazität		107.700
Vorhandene Kapazität (ZE = Zeiteinheiten)		72.000

Die Einstandspreise werden mit den proportionalen Stückkosten verglichen. Der sich ergebende Kostenvorteil wird auf die Engpaßzeiten bezogen; daraus kann man die Rangfolge für den "Verbleib" des Produktes im Betrieb ableiten.

Produkt	Kostenvorteil (p – k) in DM	Bearbeitungszeit je Stück in ZE	Engpaßbezogener Eigenfertigungsvorteil $\frac{p-k}{t}$	Rang
A	10	33	0,3030	3
B	15	35	0,4286	2
C	5	30	0,1667	4
D	30	40	0,7500	1
E	– 8	25	–	
F	– 12	36	–	

Der Tabelle kann entnommen werden, daß die Produkte E und F fremdzubeziehen sind, da ihre Einstandspreise unter den stückproportionalen Kosten liegen. Die Rangfolge für die Eigenfertigung ist in der letzten Spalte ausgewiesen.

Im nächsten Arbeitsschritt wird festgestellt, wieviel Kapazität für die Bearbeitung der vier Erzeugnisse benötigt wird; daraus ergibt sich auch die Stückzahl für den Fremdbezug.

Produkt	Eigenfertigung in Stück	Verbrauchte Kapazität in ZE	Verbleibende Kapazität in ZE
D	612	24.480	47.520
B	648	22.680	24.840
A	600	19.800	5.040
C	168	5.040	–
		72.000	

Ablaufprozeß

Im letzten Arbeitsschritt werden die Eigenfertigungsmengen den Fremdbezugsmengen gegenübergestellt.

Produkt	Gesamte Produktmenge in Stück	Eigenfertigung in Stück	Fremdbezug in Stück
A	600	600	
B	648	648	
C	576	168	408
D	612	612	
E	420		420
F	360		360
	3.216	2.028	1.188

Bei Vorliegen mehrerer Engpässe wird ein Vorgehen mit der Methode der linearen Optimiertung empfohlen. Es wird auf das Beispiel im Kapitel E. 5.4.2.3.2 hingewiesen.

Fall 3: Langfristige Entscheidungen

Langfristige make-or-buy-Entscheidungen sind in der Regel auch Investitionsentscheidungen. Die Überlegungen gehen dahin, entweder Produkte von außen zu beziehen oder eine Investition vorzunehmen und selbst zu fertigen.

Die Entscheidungsträger möchten wissen, ab welchem Preis des Produktes sich die Eigenfertigung und damit die Investition lohnt und ab welcher produzierten Stückzahl die Eigenfertigung dem Fremdbezug vorzuziehen ist. Die in diesem Zusammenhang anzustellenden Berechnungen tangieren sowohl den Bereich der Kostenrechnung als auch den der Investitionsrechnung. Man operiert mit Methoden der Kostenrechnung (z. B. mit der Break-even-Analyse), ermittelt die relevanten Daten jedoch unter dem Aspekt der Investitionsrechnung.

In einem Unternehmen wird ein Fertigteil, das in ein Produkt eingebaut wird, in einer Stückzahl von 1.000 von außen bezogen; sein Einstandspreis beläuft sich auf 1.224 DM je Stück. Würde man das Teilstück selbst herstellen, müßte man eine Investition vornehmen. Die Anschaffungskosten des Investitionsobjektes belaufen sich auf 2,16 Mio. DM. Die mit Ausgaben verbundenen stückbezogenen Kosten machen 864 DM aus. Die neue Anlage ist mit zusätzlichen Kosten (in erster Linie Personalkosten) in Höhe von 43.200 DM verbunden.

Die Nutzungsdauer der Anlage nimmt man mit sechs Jahren an; es wird mit einem Kalkulationszinsfuß von 10 % operiert.

Man ermittelt den kritischen Preis und die kritische Menge; dabei geht man von den durchschnittlich anfallenden Auszahlungen aus. Zu diesem Zwecke muß man die Investitionsauszahlungen mit Hilfe des Annuitätsfaktors in konstante Zahlungen umwandeln. Im vorliegenden Fall beträgt der Annuitätsfaktor 0,229607.

Der **kritische Preis** wird ermittelt, indem die im Periodendurchschnitt anfallenden Auszahlungen mit dem Preis für das fremdbezogene Produkt gleichgesetzt werden:

$2.160.000 \cdot 0{,}229607 + 43.200 + 1.000 \cdot 864 = \text{Kritischer Preis} \cdot 1.000$

$$\text{Kritischer Preis} = \frac{1.403.151{,}12}{1.000}$$

Kritischer Preis = 1.403,15 DM/Stück.

Der gegenwärtige Fremdbezugspreis in Höhe von 1.224 DM liegt um 179,15 DM unter dem kritischen Preis, somit ist der Fremdbezug wesentlich günstiger.

Die **kritische Menge** erhält man durch Gleichsetzung der formulierten Daten für die Eigenfertigung und den Fremdbezug:

$2.160.000 \cdot 0{,}229607 + 43.200 + \text{kritische Menge} \cdot 864 = \text{Kritische Menge} \cdot 1.224$

$$\text{Kritische Menge} = \frac{539.151{,}12}{360}$$

Kritische Menge = 1.497 Stück.

Ab einer Produktion von 1.497 Stück ist die Eigenfertigung dem Fremdbezug vorzuziehen, also bei einer Absatzausweitung um 497 Stück.

5.6 Mitwirkung des Controllers bei der laufenden Marketing-Planung

Die Marketing-Planung ist Aufgabe der Marketing-Abteilung. Entsprechend den Planungsrichtlinien und deren Dokumentation im Planungshandbuch werden die einzelnen Pläne aufgestellt und aufeinander abgestimmt. Der Marketing-Controller, der für den Entwurf der Planungsrichtlinien zuständig ist, begleitet die laufende Planung

- beobachtend
- koordinierend
- korrigierend
- ergänzend
- analysierend
- unterstützend.

5.6.1 Feststellung der Vollständigkeit der Planung

Der Marketing-Controller stellt fest, ob die vorgesehenen Planarten entsprechend den fixierten Kriterien

- Fristigkeit
- Detailliertheit
- Flexibilität
- Umfang

vollständig erstellt wurden.

Die folgende Tabelle gibt einen Überblick über die Planarten entsprechend den genannten Kriterien (Quelle: *Niegel*):

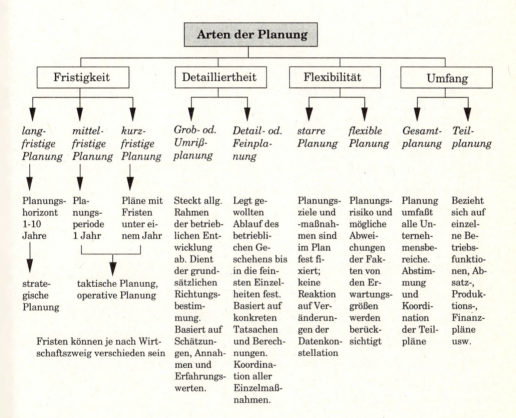

Im Rahmen der laufenden Planung wird der Controller sein Hauptaugenmerk auf die mittel- bis kurzfristige taktisch/operative Planung richten. Mit Hilfe von Checklisten kann er feststellen, ob die Pläne die vorgesehenen erforderlichen Komponenten enthalten. Eine Checkliste könnte folgenden Inhalt haben, wobei hier nur die Hauptpunkte aufgeführt sind:

1. Marketingplan

    a) Basisinformationen

      - gegenwärtige Situation auf dem Gesamtmarkt nach Produkten und Abnehmern
      - Entwicklung der eigenen Branche und der bedeutendsten Abnehmerbranchen
      - Stärken und Schwächen des eigenen Unternehmens
      - Stärken und Schwächen der Konkurrenz
      - Konditionen

    b) Marketingziele

      - Unternehmensziele
      - globale Marketingziele wie Marktanteil usw.
      - bereichsspezifische Marketingziele

    c) Marketingstrategien

    d) Marketingmaßnahmen

      - im Bereich des Produkt-Mix
      - im Bereich des Kontrahierungs-Mix
      - im Bereich des Distributions-Mix
      - im Bereich des Kommunikations-Mix

2. Absatzplan
    a) zeitliche Gliederung (jährliche, quartalsweise, monatliche Planaufstellung)

    b) sachliche Gliederung nach Produkten

      - Produktarten
      - Produktmengen
      - Produktpreise

    c) räumliche Gliederung nach Verkaufsgebieten

3. Kostenplan

    a) umsatzerzielende Kosten (Werbung, Verkaufsförderung u.ä.)
    b) umsatzdurchführende Kosten (Fakturierung, Versand, Auftragsbearbeitung u.ä.)
    c) Administrationskosten (Leitungskosten, Kosten der Planung und Kontrolle, Verkaufsanalyse u.ä.)

4. Ergebnisplan
    a) Planung mit Vollkosten
    b) Planung mit Teilkosten

5. Absatzorganisationsplan
    a) Verkäufereinsatz
    b) Filialnetz

c) Transport
   d) Lagerhaltung

6. Schulungs- und Informationsplan
   a) Verkaufstraining
   b) Kundeninformation

7. Werbeetatplan

Die Checklisten sollen dem Controller Hilfestellung leisten, wenn er feststellt, ob die Planung die voraussichtlich richtigen Antworten auf die Fragen gibt

- was soll
- wo
- wem
- wann
- wie
- zu welchem Preis

verkauft werden?

5.6.2 Gewährleistung von Flexibilität und Aktualität der Planung

Pläne unterliegen der Gefahr zu unbeweglich zu sein und schnell zu veralten. Eine wichtige Aufgabe des Controllers muß es sein, diese Risiken zu vermeiden, bzw. so gering wie möglich zu halten, dies geschieht durch laufende Plananpassungen. Mittel dazu sind die

1) rollierende Planung
2) Alternativ-Planung
3) Not-Planung

zu 1) Rollierende Planung
Die rollierende Planung benutzt neue und konkretere Informationen zu einer Verbesserung und Detaillierung der Pläne. Charakteristikum dieses Verfahrens ist die Permanenz der Planung, die ständige Planfortschreibung. Es wird praktisch eine Kombination von kurz-, mittel- und langfristiger Planung vorgenommen.

Plant man einen längeren Zeitraum von 5 oder 6 Jahren, wird die Planung des ersten Jahres sehr konkret und ins Detail gehend ausfallen, die Planung für die folgenden Jahre wird noch recht grob sein. Im Laufe des ersten Planungsjahres wird die Planung für das zweite Planungsjahr verfeinert und der gesamte Planungszeitraum um ein weiteres Jahr verlängert. Durch diese Vorgehensweise kommt es zu einer ständigen Planverbesserung bei Überlappung der Planabschnitte und Verlängerung des Planungshorizontes. Dabei ergibt sich folgendes Bild:

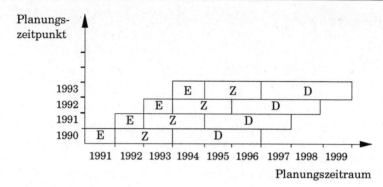

E = Einjahresplanung
Z = Zweijahresplanung
D = Dreijahresplanung

zu 2) Alternativ-Planung
Ein Plan geht von bestimmten Voraussetzungen und Erwartungen aus, die häufig nicht sehr sicher sind. Aus diesem Grunde werden in den Unternehmen Alternativ-Planungen vorgenommen, die von jeweils unterschiedlichen Prämissen ausgehen. Aufgabe des Controllers ist es dafür zu sorgen, daß einerseits ausreichende Informationen für die Alternativ-Planung zur Verfügung stehen, und andererseits die Bestimmungsgrößen der Pläne ständig überprüft werden.

zu 3) Not-Planung
Not-Pläne stellen eine besondere Form der Alternativ-Planung dar. Sie werden immer dann aufgestellt, wenn unerwartete Ereignisse, meist negativen Charakters, auftreten. Sie sollen dem Management eine schnelle Reaktion und Gegensteuerung erlauben.

5.6.3 Koordinierung der Pläne

Es wurde bereits mehrfach darauf hingewiesen, daß der Controller wichtige Funktionen bei der Koordinierung der Planung hat. Sein Informationsstand und seine Kenntnis der Planung prädestinieren ihn dazu. Koordinierung bedeutet dabei:

- Planaufstellung nach einheitlichen Kriterien

- Einbeziehung der Ergebnisse der Teilpläne in einen Gesamtplan

- sachliche und terminmäßige Abstimmung der Teilpläne unter sich und mit dem Gesamtplan

- Verknüpfung der Teilpläne unter sich, damit Rückwirkungen und andere Einflüsse berücksichtigt werden können *(Horvath)*.

Die Intensität der Koordinierung hängt von dem Integrationsgrad der Planung ab. Aufgabe des Controllers ist die ständige Überprüfung der Beachtung der o.g. wichtigen Punkte.

5.6.4 Beratung in Fragen der Planungstechnik

Der Controller ist ständiger Ansprechpartner in Fragen des technischen Aufbaus und der Ausgestaltung der einzelnen Marketingpläne. Er gibt Hilfestellung beim Einsatz der jeweils erforderlichen Planungstechniken und berät in Fragen der Darstellungsform der Plandaten. Einen Hinweis zur Ausgestaltung des Ergebnisplanes gibt die folgende Darstellung (Quelle: *Weis*).

	HCW-AG	Produktgruppe A			Produktgruppe B			Produktgruppe C
	(1.000 DM)	Soll	Ist	Abw. %	Soll	Ist	Abw. %	
1	Bruttoumsatz	290	319	+ 10 %				
2	./. Rabatte	10	12	+ 20 %				
3	./. Skonti und sonstige Erlöse	10	11	+ 10 %				
4	Nettoumsatz	270	296	+ 10 %				
5	./. Herstellkosten	110	131	+ 19 %				
6	Deckungsbeitrag I	160	165	+ 3 %				
7	./. direkt zurechenbare Kosten des Verkaufs	30	30	± 0 %				
8	./. direkt zurechenbare Werbekosten	5	4	- 20 %				
9	./. direkt zurechenbare Kosten der Verkaufsförderung	10	12	+ 20 %				
10	./. direkt zurechenbare Verpackungskosten	10	15	+ 50 %				
11	./. direkt zurechenbare Frachtkosten	15	12	- 20 %				
12	./. direkt zurechenbare Provisionen	5	6	+ 20 %				
13	./. direkt zurechenbare sonstige Vertriebskosten	15	12	- 20 %				
14	Deckungsbeitrag II	70	74	- 5 %				

Kontrollfragen

(1) Welche Stellung nimmt die Marketingplanung im Rahmen der Unternehmensplanung ein?

(2) Welche Hauptaufgaben hat die Marketingplanung?

(3) Nach welchen Kriterien können Marketingpläne erstellt werden?

(4) Welche Aufgaben hat der Marketing-Controller im Rahmen der Marketingplanung?

(5) Was bezwecken Planungsrichtlinien?

(6) Welche beiden Teilbereiche enthalten die Planungsrichtlinien?

(7) Wer kommt als Planungsträger im Marketing in Frage?

(8) Aus welchen Teilplänen besteht die Marketingplanung?

(9) Was versteht man unter einer top-down-Planung?

(10) Wie ist die Vorgehensweise bei der bottom-up-Planung?

(11) Was versteht man unter einer Planung nach dem Gegenstromverfahren?

(12) Weshalb wird ein Planungshandbuch empfohlen?

(13) Aus welchen Phasen besteht der Prozeß der Marketingplanung?

(14) Welche Aufgaben hat die Umweltanalyse?

(15) Worauf bezieht sich die Umweltanalyse?

(16) Worauf erstreckt sich die Konkurrentenanalyse?

(17) Welcher Instrumente bedient sich die Konkurrentenanalyse?

(18) Was bezweckt die Branchenanalyse?

(19) Was versteht man unter einer Potentialanalyse?

(20) Welchen Inhalt hat die Stärken-/Schwächenanalyse?

(21) Wo liegen die Grenzen der Stärken-/Schwächenanalyse?

(22) Was will man mit einer Chancen-/Risikenanalyse erreichen?

(23) Was versteht man unter einem Portfolio?

(24) Welche Erkenntnisse kann man dem Erfahrungskurvenkonzept entnehmen?

(25) Was versteht man unter dem PIMS-Projekt?

(26) Was sind Strategische Geschäftseinheiten?

(27) Wie ist das Marktwachstums-Marktanteils-Portfolio aufgebaut?

(28) Welche Hauptaussagen sind vom Marktwachstums-Marktanteils-Portfolio zu erwarten?

(29) Was versteht man unter der Marktattraktivität?

(30) Aus welchen Faktoren setzt sich die Marktattraktivität zusammen?

(31) Welche zusätzlichen Erkenntnisse vermittelt das Marktattraktivitäts-Wettbewerbsvorteils-Portfolio gegenüber dem Marktwachstums-Marktanteils-Portfolio?

(32) Welche weiteren Portfolio-Ansätze gibt es?

(33) Welche Kritikpunkte kann man gegenüber dem Portfolio-Ansatz geltend machen?

(34) Mit welchen Methoden kann man Produkte unter operativen Aspekten beurteilen?

(35) Was beabsichtigt die Break-even-Analyse?

(36) Wie wird der Break-even-Umsatz ermittelt?

(37) Was versteht man unter dem Sicherheitskoeffizienten?

(38) Was sagt die Sicherheitsstrecke aus?

(39) Was versteht man unter der kritischen Stückzahl?

(40) Welche Bedeutung hat die Kenntnis der Mindestauftragsgröße?

(41) Wie ist die Vorgehensweise, wenn man die gewinnoptimale Sortimentszusammensetzung ermitteln will?

(42) Welche Rolle spielt der engpaßbezogene Deckungsbeitrag?

(43) Was versteht man unter einer Kennzahl?

(44) Welche Kennzahlen kann man ihrer Form nach unterscheiden?

(45) Was versteht man unter dem Return-on-Investment?

(46) Was sagt der Cash-flow aus?

(47) Welche Bedeutung haben Umschlagskennzahlen?

(48) Was versteht man unter Kennzahlensystemen?

(49) Wodurch unterscheiden sich Ordnungssysteme und Rechensysteme?

(50) Wie ist das Du Pont-Kennzahlensystem aufgebaut?

(51) Welche Größe sollte an der Pyramidenspitze eines Marketing-Kennzahlensystems stehen?

(52) Nach welchen Kriterien kann man die Unternehmensziele einteilen?

(53) Welche Anforderungen müssen an Ziele gestellt werden?

(54) Welchen Inhalt haben Zielsysteme?

(55) Nach welchen Gesichtspunkten kann man Zielhierarchien bilden?

(56) Welche Zielbeziehungen lassen sich feststellen?

(57) Was versteht man unter einer Nutzwertanalyse?

(58) Was versteht man unter einer Marketingstrategie?

(59) Welche wichtigen Entscheidungshilfen werden bei der Planung von Marketingstrategien eingesetzt?

(60) Welche Voraussetzungen müssen für eine erfolgversprechende Marktsegmentierung erfüllt werden?

(61) Nach welchen Kriterien können Marktsegmentierungen vorgenommen werden?

(62) Was beabsichtigt die Produktinnovation?

(63) Was bedeutet Diversifikation?

(64) Welche Formen der Diversifikation sind zu unterscheiden?

(65) Was versteht man unter Joint-Ventures?

(66) Was versteht man unter dem Begriff Strategische Partnerschaften?

(67) In welchen Formen erfolgt Kooperation?

(68) Wann kann von Technologieorientierung gesprochen werden?

(69) Welche Größen legt die Maßnahmenplanung fest?

(70) Wodurch unterscheiden sich Partialmodelle und Totalmodelle?

(71) Welche wichtigen Verfahren des Operations Research werden im Rahmen der Maßnahmenplanung eingesetzt?

(72) Welche Verfahren der Investitionsrechnung sind zu unterscheiden?

(73) Wie wird die Amortisationszeit einer Investition ermittelt?

(74) Mit welchen Mitteln kann die Wirtschaftlichkeit geplanter Maßnahmen festgestellt werden?

(75) Wofür wird die Netzplantechnik im Rahmen der Maßnahmenplanung eingesetzt?

(76) Was versteht man unter dem kritischen Weg?

(77) Wie sind Schlupfzeiten zu erklären?

(78) Was ist das Wesensmerkmal der Entscheidungsbaumtechnik?

(79) Welche Aufgaben haben Entscheidungstabellen?

(80) Wo liegen die Grenzen der Entscheidungstabellen-Technik?

(81) Was versteht man unter Marketing-Logistik?

(82) Auf welche Bereiche erstreckt sich die Marketing-Logistik?

(83) Welche Kriterien müssen bei der Entscheidung Vertreter oder Reisende berücksichtigt werden?

Kontrollfragen

(84) Was sagt der kritische Umsatz aus?

(85) Darf die Entscheidung Eigenlager/Fremdlager allein unter Kostengesichtspunkten getroffen werden?

(86) Was versteht man unter der optimalen Lageranzahl?

(87) Welches sind die wichtigsten Entscheidungskriterien bei der Frage Eigen- oder Fremdtransport?

(88) Wie hoch ist das Kriterium Unabhängigkeit in diesem Zusammenhang zu bewerten?

(89) Wie wird die wirtschaftlich vertretbare Auftragsgröße ermittelt?

(90) Welche Wechselbeziehungen bestehen zwischen den Kosten der einzelnen logistischen Maßnahmen?

(91) Mit welchen Maßnahmen begleitet der Marketing-Controller die laufende Marketingplanung?

(92) Welche Pläne werden nach dem Kriterium Fristigkeit aufgestellt?

(93) Welche Pläne ergeben sich nach dem Kriterium Detailliertheit?

(94) Was bedeutet in diesem Zusammenhang der Begriff Flexibilität?

(95) Wie funktioniert die rollierende Planung?

(96) Was soll die Alternativ-Planung bezwecken?

(97) Wann werden Notpläne erforderlich?

(98) Was bedeutet Koordinierung der Pläne?

(99) Wovon hängt die Intensität der Koordinierung ab?

(100) Inwieweit kann der Marketing-Controller in Fragen der Planungstechnik beratend mitwirken?

Lösungshinweise

Frage	Seite	Frage	Seite	Frage	Seite
(1)	146	(35)	191	(69)	244
(2)	147	(36)	192	(70)	246
(3)	148	(37)	192	(71)	247 f.
(4)	149	(38)	192	(72)	254
(5)	149 f.	(39)	193	(73)	255
(6)	150	(40)	194	(74)	253
(7)	150 f.	(41)	196 f.	(75)	269
(8)	153 f.	(42)	197	(76)	270
(9)	156	(43)	201	(77)	271
(10)	156	(44)	202	(78)	262
(11)	157	(45)	203	(79)	265
(12)	158	46)	203	(80)	265
(13)	161	(47)	204	(81)	275
(14)	163	(48)	209	(82)	275
(15)	163 f.	(49)	210	(83)	276
(16)	164	(50	211	(84)	277
(17)	165	(51)	212	(85)	277
(18)	168	(52)	217	(86)	278
(19)	169	(53)	218	(87)	279
(20)	171	(54)	219	(88)	279
(21)	174	(55)	220	(89)	279
(22)	174	(56)	223	(90)	279
(23)	175	(57)	226	(91)	284
(24)	175 f.	(58)	231	(92)	285
(25)	178	(59)	232 f.	(93)	285
(26)	178	(60)	236	(94)	285
(27)	179	(61)	237 f.	(95)	287
(28)	180	(62)	238	(96)	288
(29)	183	(63)	239	(97)	288
(30)	183	(64)	239 f.	(98)	288
(31)	185	(65)	241	(99)	289
(32)	188	(66)	241	(100)	289 f.
(33)	189	(67)	241		
(34)	190 f.	(68)	241		

Literatur

Aaker, A.D., Strategisches Markt-Management, Wiesbaden 1989
Al-Ani, A., Optimale Projektplanung mit der Netzplantechnik, Absatzwirtschaft 1973, Heft 3, Seite 52-60
Ansoff, H.J., Management-Strategie, München 1966
Ansoff, H.J., Strategic Management, London 1979
Becker, J., Marketing-Konzeption, 5. Auflage, München 1993
Berschin, H.H., Wie entwickle ich eine Unternehmensstrategie? Portfolio-Analyse und Portfolio-Planung, Wiesbaden 1982
Berschin, H.H., Handbuch Controlling, München 1989
Blohm, H./Lüder, K., Investition, 7. Auflage, München 1991
Bramsemann, R., Handbuch Controlling, Methoden und Techniken, 3. Auflage, München/ Wien 1993
Bussiek, J., Wie entsteht eine Unternehmensplanung? 2. Auflage, Wiesbaden 1991
Diller, H., Marketingplanung, München 1980
Dunst, K.H., Portfolio Management, Berlin/New York 1979
Ehrmann, H., Aufdecken von Schwachstellen im Vertriebsbereich mit Hilfe von Deckungsbeitragsrechnung, ABC - Analyse und Kennziffernrechnung, in: Holl, H.-G., Hrsg.: Controlling - das Unternehmen mit Zahlen führen, Kissing 1988
Ehrmann, H., Planung, Ludwigshafen 1995
Fries, H.P./Otto, G.C., Industrielle Betriebswirtschaftslehre, Braunschweig/Wiesbaden 1982
Geschka, H., Innovationsmanagement, in: Pfohl, H.-Ch. (Hrsg.), Betriebswirtschaftslehre der Klein- und Mittelbetriebe, Größenspezifische Probleme und Möglichkeiten zu ihrer Lösung, Berlin 1982, S. 107-122
Hammer, R.M., Unternehmensplanung, 6. Auflage, München 1995
Hauser, E., Unternehmenskultur. Analyse und Sichtbarmachung an einem praktischen Beispiel, Bern 1985
Heinen, E./Sabathil, P., Informationswirtschaft, in: Heinen, E., Hrsg.: Industriebetriebslehre, 6. Auflage, Wiesbaden 1978
Heinen, E., Unternehmenskultur, Perspektiven für Wissenschaft und Praxis, München/Wien 1987
Hill, W., Unternehmensplanung, 2. Auflage, Stuttgart 1972
Hinterhuber, H.H., Strategische Unternehmensführung, 3. verb. und erw. Auflage, Berlin/New York 1984
Hörschgen, H., Internationale Unternehmenstätigkeit Baden-Württembergischer Unternehmer, Stuttgart 1983
Horvath, P., Controlling, 5. Auflage, München 1994
Hüttel, K., Produktpolitik, 2. Auflage, Ludwigshafen 1992
Kahn, W., World Economic Development, London 1979
Kellerer, H., Statistik im modernen Wirtschafts- und Sozialleben, Reinbeck 1976
Kiener, J., Marketing-Controlling, Darmstadt 1980
Koch, H., Aufbau der Unternehmensplanung, Wiesbaden 1977
Koch, H., Integrierte Unternehmensplanung, Wiesbaden 1982
Korndörfer, W., Unternehmensführungslehre, Einführung, Entscheidungslogik, Soziale Komponenten im Entscheidungsprozeß, 7. Auflage, Wiesbaden 1989

Kotler, Ph.:, Marketing - Management, 4. völlig neubearb. Auflage in deutscher Übersetzung, Stuttgart 1989
Kreikebaum, H., Strategische Unternehmensplanung, 5. Auflage, Stuttgart 1993
Luger, A. E., Allgemeine Betriebswirtschaftslehre, Band 1, der Aufbau des Betriebes, 2. Auflage, München/Wien 1987
Luger, A. E./Geisbüsch, H.-G./Neumann, J.M., Allgemeine Betriebswirtschaftslehre, Band 2, Funktionsbereiche des betrieblichen Ablaufs, 2. Auflage, München/ Wien 1987
McMurry, R., The Mystique of Super Salesmanship, Harvard Business Review Nr. 39, 1961
Niegel, H., Angewandte Betriebswirtschaftslehre I. Betrieb, Materialwirtschaft, Produktion und Absatz, Heidelberg/Hamburg 1982
Nieschlag, R./Dichtl, E./Hörschgen, H., Marketing, 16. Auflage, Berlin 1991
Olfert, K./Rahn, H.-J., Einführung in die Betriebswirtschaftslehre, 2. Auflage, Ludwigshafen 1994
Porter, M.E., Wettbewerbsstrategie, Frankfurt/New York 1983
Porter, M.E., Wettbewerbsvorteile: Spitzenleistungen erreichen und behaupten, Frankfurt 1986
Preißler, P.R., Controlling, 5. Auflage, München/Wien 1995
Pümpin, C., Langfristige Marketingplanung - Konzeption und Formalisierung, Bern/Stuttgart 1986
v. Reibnitz, U./Geschka, H./Seibert, S., Die Szenario-Technik als Grundlage von Planungen, Batelle-Institut e.V., Frankfurt 1982
Reichmann, Th., Controlling mit Kennzahlen, 3. Auflage, München 1993
Rupper, R., Logistik – Eine neue Unternehmensdimension, in: Rupper, P., Unternehmenslogistik. Ein Handbuch für Einführung und Ausbau der Logistik im Unternehmen, Zürich
Schlegel, H.:, Produktbewertungsmodelle, in: Böcker, F./Dichtl, E., Hrsg.: Erfolgskontrolle im Marketing, Berlin 1975
Schmidt, K.-J., Logistik. Grundlagen, Konzepte, Realisierung, Braunschweig/Wiesbaden 1993
Schröder, E.F., Modernes Unternehmens-Controlling, 5. Aufl., Ludwigshafen 1992
Schulte, Ch., Logistik. Wege zur Optimierung des Material- und Informationsflusses, München 1991
Weis, H.Ch., Verkauf, 3. Auflage, Ludwigshafen 1995
Weis, H.Ch., Marketing, 9. Auflage, Ludwigshafen 1995
Wieselhuber, N./Töpfer, A. (Hrsg.): Handbuch Strategisches Marketing, 2. Auflage, Landsberg am Lech 1984
Wild, J., Grundlagen der Unternehmensplanung, Reinbek 1974
Wild, J., Budgetierung, in: Marketing Enzyklopädie, Band 1, München 1974, S. 325-340
Wittek, B.F., Strategische Unternehmensführung bei Diversifikation, Berlin/New York 1980
v. Wysocki, K., Grundlagen des betriebswirtschaftlichen Prüfungswesens, 3. überarbeitete Auflage, München 1988
Ziegenbein, K.: Controlling, 5. Auflage, Ludwigshafen 1995

F. Marketing-Kontrolle

1. Begriff

In manchen Unternehmen kann beobachtet werden, daß offensichtlich eine gewisse Scheu vor dem Wort Kontrolle existiert. Die verantwortlichen Manager sind sich zwar darüber im klaren, daß in ihrem Unternehmen ein Kontrollsystem vorhanden sein muß, auch bestehen Vorstellungen über dessen Inhalt, doch wird durch mancherlei Umschreibungen bei Mitarbeitern der Eindruck erweckt, eine Kontrolle fände gar nicht statt. Ursache für ein solches Vorgehen ist häufig die Angst, Kontrolle könne als eine Art Bespitzelung empfunden werden. In einem solchen Falle hat man es mit einem Management-Fehler zu tun; es ist den Mitarbeitern auf allen Ebenen nicht verdeutlicht worden, daß Kontrolle ein Vorgang ist, der den gesamten Betriebsablauf betrifft und unumgänglich ist, wenn beurteilt werden soll, ob das, was geplant und getan wurde, effizient war.

Kontrolle bedeutet **Fehler aufdecken und feststellen, was besser gemacht werden kann,** aber auch was gut gemacht wurde und damit auch Entlastung. Darüber hinaus hat die Kontrolle auch noch die sehr wichtige **Anregungsfunktion.**

Im Marketing-Management-Prozeß steht die Kontrolle zwar an letzter Stelle der Folge Zielplanung - Strategie -Planung - Maßnahmenplanung - Realisation - Kontrolle, hat aber einen gleich hohen Rang wie die vorgeschalteten Phasen.

In den Schritten

- Festlegung von Soll-Größen (Standard, Kontrollgrößen)
- Bestimmung der Ist-Größen (Ist-Werte, Leistungsergebnisse)
- Vergleich der Ist- mit den Soll-Größen
- Analyse der aufgetretenen Abweichungen
- Anregung neuer Maßnahmen

soll der Marketing-Bereich objektiv beurteilt werden. Sowohl die Zielsetzung und die Strategien als auch die Maßnahmen und die Art und Weise ihrer Realisation stehen ständig auf dem Prüfstand.

2. Arten

Wenn ein so komplexer Bereich wie der des Marketing kontrolliert werden soll, kann dies erfolgreich nur geschehen, wenn systematisch vorgegangen wird. Jedes Unternehmen wird dabei ein Konzept entwickeln, das dem eigenen Bedarf angepaßt ist und die betriebsindividuellen Gelegenheiten berücksichtigt. Hilfestellung können die zahlreichen bisher entwickelten Kontroll-Konzepte leisten, von denen die von *Kotler* und *Nieschlag / Dichtl / Hörschgen* am effektivsten sein dürften.

Kotler unterscheidet vier verschiedene Arten der Marketing-Kontrolle und ordnet ihnen entsprechende Instrumente zu. Die folgende Übersicht geht auf seinen sehr praktikablen Vorschlag zurück:

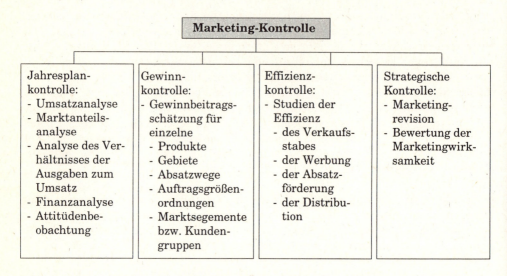

Nieschlag / Dichtl / Hörschgen unterscheiden zwischen der **ergebnisorientierten Marketing-Kontrolle** und dem **Marketing-Audit:**

Vergleicht man beide Konzepte, kann man feststellen, daß in den wesentlichen Fragen Übereinstimmung besteht. Sowohl *Kotler* als auch *Nieschlag / Dichtl / Hörschgen* unterscheiden zwischen der primär ergebnisorientierten Kontrolle als Überprüfung von marketingpolitischen Aktivitäten wie Umsatz, Marktanteil, Gewinn, Deckungsbeitrag und Image und dem Marketing-Audit als Beurteilung der Arbeitsweise des Marketing-Management, durch Überprüfung des Entstehens bzw. des Ablaufes von Marketing-Maßnahmen *(Nieschlag / Dichtl / Hörschgen).*

3. Organisation

Eine systematische Marketing-Kontrolle läßt sich am zweckmäßigsten durchführen, wenn sie institutionalisiert ist, d.h. Einrichtungen geschaffen werden, die sich hauptsächlich mit Kontroll-Aufgaben befassen. Dabei stellt sich die Frage nach dem Unterstellungs-Verhältnis. Vier Lösungswege sind prinzipiell denkbar:

(1) Die Kontrolle wird vom Marketing-Bereich selbst durchgeführt.
(2) Die Kontrolle wird von anderen Unternehmensbereichen durchgeführt.
(3) Die Kontrolle wird von externen Stellen durchgeführt.
(4) Die Kontrolle wird gemeinsam von Personen aus unterschiedlichen Bereichen durchgeführt.

Von den genannten Vorschlägen, für die sich jeweils Pro- und Contraargumente finden lassen, wird der erste bevorzugt.

Die Marketing-Kontrolle wird als eine Marketing-Aufgabe angesehen. Der Klärung bedarf allerdings die Frage, welcher Stelle innerhalb des Marketing-Bereiches Kontroll-Funktionen übertragen werden sollen. Da für jede Kontrollaufgabe das Prinzip der Unabhängigkeit gilt, müssen die Kontrollen von Personen durchgeführt werden, die nicht mit der Wahrnehmung der zu überprüfenden Aufgaben betraut waren oder noch sind. Die "Kontrolleure" müssen sowohl über gute Marketing-Kenntnisse verfügen als auch die Abläufe des eigenen Unternehmens gut kennen, es empfiehlt sich deshalb für Kontroll-Aufgaben Stabsstellen einzurichten, die der obersten Marketing-Leitung unterstehen, und diese mit Mitarbeitern zu besetzen, die sich in der Linie bewährt haben.

4. Marketing-Controller und Marketing-Kontrolle

Der Gleichklang der Begriffe verleitet manche dazu, in dem Controller den Kontrolleur zu sehen, Marketing-Kontrolleur ist der Marketing-Controller jedoch auf keinen Fall.

Der Controller hat zwar im Rahmen der Marketing-Kontrolle wichtige Funktionen inne, doch nicht die eines Revisors; dies gilt insbesondere für die ergebnisorientierte Marketing-Kontrolle. Er sorgt dafür, daß die zur Kontrolle erforderlichen Informationen

- zur richtigen Zeit
- im richtigen Ausmaß
- an der richtigen Stelle

zur Verfügung stehen (vgl. C und D Aufbau von Marketing-Informationssystemen), hilft beim Aufbau von Kontrollabteilungen (Revision), koordiniert Prüfungshandlungen, unterweist Prüfer, unterstützt sie bei ihrer Tätigkeit, ist aber nicht selbst der eigentliche Prüfer.

Der Marketing-Controller trägt dafür Sorge, daß die Daten für die Soll-Ist-Vergleiche verfügbar sind und analysefähige Abweichungen ermittelt werden können. Erst wenn die Abweichungen festgestellt wurden, setzt die eigentliche Controller-Tätigkeit ein, nämlich

- die Analyse der Abweichungen und
- die Anregung neuer Maßnahmen als Ergebnis der Analyse.

Die Analysetätigkeit erstreckt sich auf

- Kostenanalysen
- Deckungsbeitragsanalysen
- Umsatzanalysen
- Marktanteilsanalysen
- Kennzahlenanalysen
- diverse Einzelanalysen.

Im Bereich des Marketing-Audit können dem Controller wichtige Überprüfungsaufgaben zugewiesen werden; sie erstrecken sich auf

- die Überprüfung von Zielen und Strategien
- die Überprüfung der ergriffenen Maßnahmen, insbesondere
  - den Inhalt des Marketing-Mix, bzw. der Sub-Mixe
  - die Angemessenheit der Budgets
  - die angewandten Methoden
- die Organisation des Marketing-Bereichs
- die Effizienz der einzelnen Teilbereiche.

Auch bei der Wahrnehmung dieser Aufgaben muß das Prinzip der Unabhängigkeit gewahrt werden. Je mehr der Controller an der Konzipierung von Zielen, Strategien und Maßnahmen, der Aufstellung von Budgets, an der Aufbauorganisation usw. beteiligt war, desto eher muß die Frage gestellt werden, ob der Controller in der Überprüfung der genannten Komplexe noch völlig unabhängig bzw. objektiv sein kann.

Die vom Controller in vielen Unternehmen durchgeführte Schwachstellenanalyse kann auch unter dem Aspekt der Marketing-Kontrolle gesehen oder als eigenständiger Komplex betrachtet werden.

5. Kontroll-Instrumente

Die im Rahmen der Marketing-Kontrolle einzusetzenden Instrumente sind in erster Linie die

- Marketingkosten und -erfolgsrechnung, insbesondere als Deckungsbeitragsrechnung
- Marketing-Statistik
- Kennzahlen-Rechnung (Kennzahlen-Analyse)
- Break-even-Analyse
- Außendienstberichte
- Marktforschungs-Berichte
- Mitarbeiterbeurteilungen u.ä.

Der Aufbau und die Wirkungsweise dieser Instrumente wurden bereits in den Kapiteln C und D, die sich mit dem Aufbau von Marketing-Informationssystemen befassen, ausführlich behandelt, so daß auf diese Ausführungen hingewiesen werden kann. Zusätzliche Beschreibungen der Instrumente finden sich im Kapitel E 5.1 "Analyse der Situation in Umwelt und Unternehmung".

Als repräsentative Beispiele für mögliche Vorgehensweisen im Rahmen der Marketing-Kontrolle mögen folgende beiden Tabellen dienen (Quelle: *Huch*).

6. Schwachstellenanalyse

Unabhängig von der Marketing-Kontrolle die, wie dargestellt wurde, nicht primär eine Controller-Aufgabe ist, kann in den Unternehmen eine Schwachstellenanalyse durchgeführt werden, die für den Marketing-Bereich dem Marketing-Controller zu übertragen ist.

Während in zahlreichen Unternehmen Kontrollen erst an den Endpunkten von Perioden, Projekten, Aktivitäten usw. stattfinden, sollten Schwachstellenanalysen praktisch permanent erfolgen, sie zählen damit zu den ablaufbedingten Controller-Aufgaben.

Unter Schwachstellen sollen Störungen und Verlustquellen verstanden werden; sie rechtzeitig zu erkennen und zu deuten ist der Gegenstand der Schwachstellenanalyse, also eine Aufgabe der "Problemerkennung".

Störungen und Verlustquellen können mehrere Ursachen haben, die im Unternehmen selbst oder in der Umwelt begründet sein können.

Externe Ursachen sind u.a. staatliche Maßnahmen und Unterlassungen und Marktentwicklungen. Sie sollen im folgenden weitgehend vernachlässigt werden; es kann in diesem Zusammenhang auf die Ausführungen über die Situationsanalyse (vgl. E 5.1) hingewiesen werden. Die internen Ursachen für Schwachstellen können recht zahlreich sein, etwa

Monat: Januar - Juni	Plan Mio. DM	Plan %	Ergebniswertigkeit Basis	Ergebniswertigkeit Wert	Ist Mio. DM	Ist %	Abweichung %	Abweichungswertigkeit +	Abweichungswertigkeit -	Bedeutung von Negativabweichungen
Brutto-Umsatz	240,0	100,0	Deckungsbeitrag	34,5	230,0	100,0	- 4,2		145	1
- Erlösschmälerungen	24,0	10,0		10,0	25,3	11,0	- 10,0		100	2
= Netto-Umsatz	216,0	90,0			204,7	89,0				
- var. Vertriebskosten	9,0	3,8		3,8	9,2	4,0	- 5,3		20	7
- var. Herstellkosten	124,3	51,8		51,8	115,0	50,0	+ 3,5	181		
= Deckungsbeitrag Artikel	82,7	34,5			80,5	35,0	- 2,7			
- Fixkosten Vertriebsw.	12,5	5,2		5,2	13,0	5,7	- 4,0		21	6
= Deckungsbeitrag Vertriebsw.	70,2	29,3		29,3	67,5		- 3,8		111	
± Kostenabweichungen					+ 3,0		+ 2,6			
• Einkauf: Preis	–	–	Rohstoffanteil	30,0	(+ 1,0)		+ 1,4	42		
• Produktion • Ausbeute	–	–	Rohstoffanteil	30,0	(+ 1,5)		+ 2,1	63		
• Fertigungsleistung	–	–	Fertig.-kosten	15,0	(– 0,5)		- 1,4		21	5
• sonstiges	–	–	var. Herstellkost.	51,8	(+ 1,0)		+ 0,8	41		
- Fixkosten Werke	31,7	13,2		13,2	33,0		- 4,1		54	4
- Fixk. Verkauf/Werbung	9,6	4,0		4,0	8,0		- 16,7		67	3
- Fixk. Verkehr/Distrib.	5,3	2,2		2,2	5,0		+ 5,7	14		
- Fixk. Verwaltung	19,2	8,0		8,0	18,0		+ 6,3	50		
± sonst. Aufw./Erträge	+ 2,4	1,0		1,0	+ 2,0		- 16,7	17		
± Zinsaufw./Erträge	- 2,4	1,0		1,0	- 2,8		- 16,7		17	8
= Betriebsergebnis	+ 4,4	1,8			+ 5,7			408	345	

Schwachstellenanalyse

Monat: Januar - Juni	Plan Mio. DM	Plan %	Ist Mio. DM	Ist %	Abweichung Mio. DM	Abweichung %	Verantwortung Verkauf	Verantwortung Produktion	Verantwortung Einkauf	Verantwortung sonstiges
Brutto-Umsatz	240,0	100,0	230,0	100,0	- 10,0	- 4,2				
- Erlösschmälerungen	24,0	10,0	25,3	11,0		- 10,0				
= Netto-Umsatz	216,0	90,0	204,7	89,0						
- var. Vertriebskosten	9,0	3,8	9,2	4,0		- 5,3				
- var. Herstellkosten	124,3	51,8	115,0	50,0		+ 3,5				
= Deckungsbeitrag Artikel	82,7	34,5	80,5	35,0	- 2,2	- 2,7	- 2,2			
- Fixkosten Vertriebsw.	12,5	5,2	13,0	5,7	- 0,5	- 4,0	- 0,5			
= Deckungsbeitrag Vertriebsw.	70,2	29,3	67,5		- 2,7	- 3,8	- 2,7			
± Kostenabweichungen			+ 3,0		+ 3,0	+ 2,6				
• Einkauf: Preis	–	–	(+ 1,0)						+ 1,0	
• Produktion:										
• Ausbeute	–	–	(+ 1,5)					+ 1,5		
• Fertigungsleistung	–	–	(- 0,5)					- 0,5		
• sonstiges	–	–	(+ 1,0)					+ 1,0		
- Fixkosten Werke	31,7	13,2	33,0		- 1,3	- 4,1		- 1,3		
- Fixk. Verkauf/Werbung	9,6	4,0	8,0		+ 1,6	+ 16,7	+ 1,6			
- Fixk. Verkehr/Distrib.	5,3	2,2	5,0		+ 0,3	+ 5,7	+ 0,3			
- Fixk. Verwaltung	19,2	8,0	18,0		+ 1,2	+ 6,3				+ 1,2
± sonst. Aufw./Erträge	+ 2,4	1,0	+ 2,0		- 0,4	- 16,7				- 0,4
± Zinsaufw./Erträge	- 2,4	1,0	- 2,8		- 0,4	- 16,7				- 0,4
= Betriebsergebnis	+ 4,4	1,8	+ 5,7		+ 1,3	+ 33,3	- 0,8	+ 0,7	+ 1,0	+ 0,4
± Beteiligungsergebnis	+ 0,6		+ 0,8		+ 0,2	+ 33,3				+ 0,2
± Gewerbeertragsteuer	- 0,8		- 1,0		- 0,2	- 25,0				- 0,2
= Operatives Ergebnis	+ 4,2		+ 5,5		+ 1,3		- 0,8	+ 0,7	+ 1,0	+ 0,4
± Neutrales Ergebnis	+ 0,2		+ 0,3		+ 0,1	+ 50,0			- 1,0	+ 0,1
= Bilanzergebnis	+ 4,4	1,8	+ 5,8		+ 1,4		- 0,8	+ 0,7		+ 0,5

- unklar formulierte Ziele
- ein schlechter Führungsstil
- mangelhafte Mitarbeiterauswahl
- mangelhafte Mitarbeiterführung
- nicht ausreichende oder falsche Planung
- schlechte Organisation
- mangelhafte Kontrolle
- zu wenig oder zu stark ausgeprägte Risikobereitschaft
- schlechte oder fehlende Marktforschung
- Nichtbeachtung wichtiger betriebswirtschaftlicher Grundsätze
- Nichtbeachtung wichtiger Interdependenzen
- schlecht vorbereitete oder intuitive Entscheidungen
- falsche Investitionspolitik
- schlechtes Rechnungswesen
- falsche Kapazitätsbelegung
- zu starkes Umsatzdenken
- zu geringer Einsatz technischer Hilfsmittel u.ä.

Schwachstellen im Marketingbereich liegen vor, wenn neben anderen folgende Mängel existieren:

- der Break-even-Punkt ist nicht bekannt

- kurzfristige Preisuntergrenzen als Limit bei Preisverhandlungen können nicht ermittelt werden

- noch erfolgbringende Mindestauftragsgrößen sind nicht ermittelbar

- die gewinnoptimale Produktzusammensetzung ist nicht bekannt

- Konkurrenzbeziehungen zwischen wichtigen Größen, etwa zwischen Gewinn und Umsatz sind nicht ermittelbar

- es ist nicht ermittelbar, in welchem Ausmaß einzelne Produkte, Produktgruppen, Käufer, Käufergruppen, Verkaufsgebiete u.ä. am Erfolg beteiligt sind

- Maßstäbe, mit deren Hilfe Beurteilungen über das Ausmaß der erforderlichen Pflege oder Forcierung einzelner Produkte, Produktgruppen, Käufer, Käufergruppen und Verkaufsgebiete möglich sind, fehlen

- Umsatzänderungen als Reaktion auf produkt- oder preisgestalterische Maßnahmen sind mit dem vorhandenen Instrumentarium nicht planbar

- der Umsatz oder Deckungsbeitrag eines bestimmten Absatzsegments ist nicht ohne weiteres feststellbar

- konkrete Vorstellungen über den Aufbau einer effektiveren Verkaufsorganisation fehlen

- die Spielräume für die Rabattpolitik sind unbekannt

- günstige Verhältnisse zwischen Umsatz und Betriebskosten sind nicht bekannt

- die Marketingkosten bestimmter Projekte, Zeiträume, Aktivitäten u.a. können nicht in Erfahrung gebracht werden

- Werbeaufwendungen für bestimmte Zielgruppen werden nicht geplant oder kontrolliert u.ä.

Wenn die genannten Schwachstellen möglichst frühzeitig entdeckt werden sollen, müssen Indikatoren vorhanden sein und erkannt werden, die auf Störungen und Fehlerquellen hinweisen, sind Instrumente zu schaffen, die Schwächen ans Tageslicht bringen. Solche sind u.a.:

- Schwachstellenkataloge
- Checklisten
- Mängel- und Wunschlisten
- die ABC-Analyse
- die Deckungsbeitragsrechnung
- betriebswirtschaftliche Kennzahlen.

Schwachstellenkatalogen, **Checklisten** und **Mängel- und Wunschlisten** ist gemeinsam, daß die Stichworte bzw. Fragen, die sie enthalten, auf Tatbestände und Ereignisse der einzelnen Unternehmensbereiche gerichtet sind, mit dem Ziel, Schwachstellen aufzudecken, indem Abweichungen vom Soll-Zustand ermittelt werden. Voraussetzung für das Funktionieren dieser Instrumente ist die genaue Formulierung der Soll-Zustände. Da diese Mittel sehr leicht zu handhaben sind, soll nicht näher darauf eingegangen werden.

6.1 ABC-Analyse

Die ABC-Analyse ist eine Technik zur Feststellung des Verlaufs der Konzentration bestimmter Daten. Die ursprünglich für den Materialbereich entwickelte Analyse berücksichtigt die Tatsache, daß bei den gelagerten Materialien ein niedriger Mengenanteil einem hohen Wertanteil und umgekehrt einem hohen mengenmäßigen Verbrauch an Gütern ein niedriger Wertanteil entsprechen kann. Es werden somit Güter verbraucht, die mengenmäßig keine große Rolle spielen, jedoch einen hohen Wert repräsentieren und umgekehrt. Es hat sich die Gepflogenheit herausgebildet, eine Dreiteilung vorzunehmen, die allerdings nicht verbindlich ist und ohne weiteres ausgedehnt werden kann.

Eine ABC-Einteilung könnte etwa wie folgt vorgenommen werden:

A-Güter: 75 % bis 80 % des Gesamtwertes mit einem mengenmäßig geringen Anteil
B-Güter: ca. 15 % des Wertes, 30 % bis 50 % der Menge
C-Güter: 5 % bis 10 % Wertanteil, 40 % bis 45 % Mengenanteil.

Aus der Kategorienbildung lassen sich die Konzentrationsschwerpunkte ablesen mit einer möglichen Schlußfolgerung, daß den A-Artikeln besondere Sorgfalt zu widmen ist, und C-Artikel nicht im gleichen Ausmaß betreut werden müssen.

Die ABC-Analyse, mit deren Hilfe man Stärken konstatieren und Schwächen aufdecken will, wird in weiteren Unternehmensbereichen, so auch im Marketing-Bereich, eingesetzt.

Die Vorgehensweise ist so, daß man zunächst den entsprechenden Mengenanfall (Bestand, Verbrauch, Verkauf) erfaßt und danach die korrespondierenden Werte ermittelt. Es folgt die Feststellung der Rangfolge der Werte und anschließend die Aufstellung der Werte nach dem Rang und die Bildung von Rangklassen; sie entstehen durch die Kumulierung der absoluten und relativen Daten. Abschließend werden die ermittelten Daten den einzelnen Rangklassen zugeordnet.

Ein **Zahlenbeispiel**, in dem die abgesetzten Mengen und die daraus resultierenden wertmäßigen Umsatzzahlen in eine Rangordnung gebracht werden, soll die Vorgehensweise verdeutlichen:

Produkt	Verkauf in Stück	Stückpreis	Verkauf in DM	Rang
1	22.500	8	180.000	6
2	11.250	38	427.500	4
3	36.900	4	147.600	9
4	23.400	76	1.778.400	1
5	49.500	7	346.500	5
6	4.050	42	170.100	8
7	8.100	84	680.400	3
8	14.400	12	172.800	7
9	36.000	3,20	115.200	10
10	22.050	78	1.719.900	2
	228.150		5.738.400	

Produkt	kumulierter Absatz St.	%	Absatz je Klasse	Umsatz in DM	kumulierter Umsatz DM	%	Umsatz je Klasse	Klasse
4	23.400	10,26		1.778.400	1.778.400	30,99		A
10	45.450	19,92		1.719.900	3.498.300	60,96		A
7	53.550	23,47	23,47	680.400	4.178.700	72,82	72,82	A
2	64.800	28,40		427.500	4.606.200	80,27		B
5	114.300	50,10		346.500	4.952.700	86,31		B
1	136.800	59,96	36,49	180.000	5.132.700	89,44	16,62	B
8	151.200	66,27		172.800	5.305.500	92,46		C
6	155.250	68,05		170.100	5.475.600	95,42		C
3	192.150	84,22		147.600	5.623.200	97,99		C
9	228.150	100,00	40,04	115.200	5.738.400	100,00	10,56	C

Schwachstellenanalyse

Die ABC-Analyse gibt darüber Auskunft, daß 23,47 % der verkauften Produkte einen Umsatz von 72,82 %, 36,49 % der Artikel einen Umsatz von 16,62 % und 40,04 % der Artikel einen Umsatz von 10,56 % erbrachten. Daraus resultierte die Einteilung in ABC-Produkte. Die Konsequenzen aus dieser Klassenbildung müssen nun sehr sorgfältig gezogen werden; insbesondere ist zu untersuchen, ob die festgestellten Mengen-/Wertrelationen auch tatsächlich Schwachstellen bedeuten und welche Folgerungen sich daraus ergeben.

Nach dieser Darstellung der Vorgehensweise soll eine weitere Anwendung der ABC-Analyse gezeigt werden, die in einem Unternehmen durchgeführt wurde, wo die Konzentration der Kundenbearbeitung auf einzelne Verkaufsbezirke beobachtet, und eine Rangordnung nach den erzielten Deckungsbeiträgen hergestellt wurde. Die für die Analyse relevanten Daten ergeben sich aus der folgenden Tabelle (Quelle: *Ehrmann*):

Bezirk	Deckungsbeitrag in TDM	Anzahl der Kundenbesuche	Deckungsbeitrag je Kundenbesuch in TDM	Rangfolge der Deckungsbeiträge
A	5.208	925	5,630	4
B	45.833	438	104,641	1
C	3.750	800	4,688	5
D	1.031	1.375	0,750	8
E	7.031	113	62,221	3
F	39.375	788	49,968	2
G	1.552	1.250	1,242	7
H	2.760	438	6,301	6
	106.540	6.127		

Es folgt die Kumulierung der Daten, Klassenbildung und Zuordnung der Daten zu den Klassen:

Bezirk	Kumulierter Deckungsbeitrag DM	%	Deckungsbeitrag je Klasse	Kumulierte Kundenbesuche Anzahl	%	Kundenbesuche je Klasse	Klasse
B	45.833	43,02		438	7,15		A
F	85.208	79,88	80,0	1.226	20,01	20,0	A
E	92.239	86,58		1.339	21,85		B
A	97.447	91,46		2.264	36,95		B
C	101.197	94,98	15,0	3.064	50,01	30,0	B
H	103.957	97,58		3.502	57,16		C
G	105.509	99,03		4.752	77,56		C
D	106.540	100,00	5,0	6.127	100,00	50,0	C

Es wurde auf die Kumulierung der Deckungsbeiträge je Kundenbesuch verzichtet. Die Tabelle zeigt, daß in den Bezirken

B und F	bei nur 20 % der Kundenbesuche 80 % der Deckungsbeiträge
E, A und C	bei 30 % der Kundenbesuche 15 % der Deckungsbeiträge
H, G und D	bei 50 % der Kundenbesuche 5 % der Deckungsbeiträge

festzustellen sind.

Gegebenenfalls müssen zusätzliche Analysen durchgeführt werden, um zu klären, ob zwischen der Intensität der Kundenbesuche und den Deckungsbeiträgen eine Korrelation besteht bzw. welche weiteren Faktoren die ermittelten Daten beeinflussen.

Im vorliegenden Fall werden lediglich Tendenzen aufgezeigt. Es ist auffällig, daß in zwei Bezirken nur 20 % der durchgeführten Kundenbesuche 80 % der erwirtschafteten Deckungsbeiträge gegenüberstehen, hingegen in drei Bezirken 50 % der Besuche nur einen Anteil der Deckungsbeiträge von 5 % ergeben. Hier scheint eine größere Schwachstelle vorzuliegen, die Anlaß zu intensiven Überlegungen geben muß.

6.2 Deckungsbeitragsrechnung

Der Aufbau und die Anwendungsmöglichkeiten der Deckungsbeitragsrechnung wurden bereits ausführlich dargestellt (vgl. C 1.3.1 und D 1.2.2); sie eignet sich auch vorzüglich zur Aufdeckung von Schwachstellen im Unternehmen. Im einzelnen kann sie u.a. eingesetzt werden um

- den Break-even-Punkt festzustellen, bzw. zu ermitteln, ob die diversen Auftragsgrößen kostendeckend sind

- festzustellen, ob die kurzfristigen Preisuntergrenzen noch vertretbar sind

- festzustellen, in welchem Ausmaße die einzelnen Absatzsegmente am Erfolg beteiligt sind

- zu überprüfen, inwieweit einzelne Absatzsegmente zur Abdeckung der fixen Kosten beitragen

- festzustellen, ob das Sortiment gewinnoptimal ist.

6.3 Betriebswirtschaftliche Kennzahlen

Betriebswirtschaftliche Kennzahlen können nicht nur im Rahmen der Situationsanalyse als Vorbereitung der Marketing-Planung eingesetzt werden, sondern spie-

Schwachstellenanalyse

len auch bei dem Aufdecken von Schwachstellen eine Rolle. Ein kleiner **praktischer Fall** soll als Nachweis dafür dienen.

Ein Unternehmen der Haushaltsgeräteindustrie (kleinere Haushaltsgeräte) erzielte im Betrachtungsjahr einen Umsatz in Höhe von 13.500.000 DM. Die gesamten Selbstkosten betrugen 12.937.500 DM, davon waren 4.837.500 DM fix und 8.100.000 DM proportional; der Jahresgewinn belief sich demnach auf 562.500 DM.

Die Umsatzrentabilität von 4,17 % und der absolute Gewinn lagen bei stabilem Lohn- und Preisniveau unter den Werten des Vorjahres.

Eine erste Analyse des Controllers zeigte, daß der Artikel 5 mit 6.075.000 DM Umsatz = 45 % Anteil am Gesamtumsatz eine Schwachstelle darstellt.

Für weitere Analysen ermittelte der Controller folgende Daten:

Verkaufserlös des Produktes: 337,50 DM pro Stück
Proportionale Kosten: 247,50 DM pro Stück
Verkaufszahl: 18.000 Stück
Auftragszahl: 600
Fixe Kosten des Produktes: 1.800.000 DM

Die Kennzahlenberechnung führte zu folgenden Werten:

(1) Break-even-Punkt:

- Break-even-Stückzahl: 20.000
- Break-even-Umsatz: 6.750.000 DM

Der getätigte Umsatz beträgt hingegen 6.075.000 DM bei einer Absatzzahl von 18.000 Stück, dies ergibt einen Verlust von 180.000 DM.

(2) Produktdeckungsbeitrag
Der Artikel 5 erwirtschaftet einen Deckungsbeitrag in Höhe von 1.620.000 DM ist gleich 26,67 % von seinem Umsatz und deckt damit die fixen Kosten nur zu 90 %, während der Deckungsbeitrag der übrigen Produkte von 3.780.000 DM 50,91 % ihres Umsatzes bedeuten und die fixen Kosten zu 24,44 % überdeckt.

(3) Anteil der Produktkosten an den Gesamtkosten
Der Anteil der fixen Kosten an den fixen Gesamtkosten beträgt 37,2 % und der der proportionalen Kosten an den proportionalen Gesamtkosten 55 %. Der Anteil der Gesamtkosten des Artikel 5 an den insgesamt entstandenen Kosten macht 48,35 % aus.

(4) Kundenstruktur
Der Anteil der Stammkunden an den Gesamtkunden wurde mit 94 % ermittelt.

(5) Intensität der Kundenbetreuung
Die Auswertung der Außendienst-Berichte ergibt, daß die 50 Kunden im Betrachtungszeitraum 40 mal besucht wurden, dies bedeutet 0,8 Besuche je

Kunden. Der Umsatz je Besuch beläuft sich auf 151.875 DM, der Deckungsbeitrag auf 40.500 DM. Dies bedeutet in beiden Fällen eine Verschlechterung gegenüber dem Vorjahr. Die Vorjahreszahlen sind hier nicht angegeben.

(6) Bekanntheitsgrad des Artikels
Eine bei 1.250 Verbrauchern durchgeführte Umfrage ergibt 650 positive Antworten. Der Bekanntheitsgrad des Artikels beträgt 52 %.

(7) Zahl der Reklamationen
Die Zahl der Reklamationen hat sich gegenüber dem Vorjahr negativ entwickelt. Mit 9 % ergibt sich ein Anstieg von 125 %.

(8) Diverse Kostenanalysen
Verschiedene Kostenberechnungen zeigen auf fast allen Feldern eine Verschlechterung gegenüber dem Vorjahr. Besonders ungünstig stellt sich die Relation der Personalkosten zu den Gesamtkosten und die Relation der Personalkosten zu dem Umsatz dar: 6.075.000 DM Umsatz : 1.350.000 DM Personalkosten = 4,5.

Es läßt sich folgendes Fazit ziehen:

(1) Der Artikel 5 ist eine Schwachstelle im Sortiment.

(2) Die Zahl der verkauften Produkte liegt unter der kritischen Menge (Break-even-Punkt).

(3) Die Kostensituation stellt sich sehr ungünstig dar. Der Anteil des betrachteten Artikels 5 am Gesamtumsatz macht 45 % aus, der Kostenanteil jedoch 48,35 %. Besonders fällt auf, daß die proportionalen Artikelkosten 55 % der gesamten proportionalen Kosten betragen, der relative Anteil der fixen Kosten 37,2 % ausmacht. Der Personalkostenanteil liegt unverhältnismäßig hoch.

(4) Die Kundenbetreuung ist unter den Betrachtungsgesichtspunkten unbefriedigend.

(5) Der Artikel ist zu wenig bekannt.

(6) Der Zugang an Neukunden ist unbefriedigend.

(7) Die Anzahl der Reklamationen ist unvertretbar hoch.

Kontrollfragen

(1) Welche Funktionen erfüllt die Marketing-Kontrolle?

(2) Welche Arten der Marketing-Kontrolle kann man unterscheiden?

(3) Wodurch unterscheiden sich ergebnisorientierte Marketing-Kontrolle und Marketing-Audit?

(4) Auf welche Bereiche soll sich die Marketing-Kontrolle erstrecken?

(5) Welche Stelle soll die Marketing-Kontrolle durchführen?

(6) Soll der Controller auch die Marketing-Kontrolle übernehmen?

(7) Was bedeutet das Prinzip der Unabhängigkeit im Rahmen der Marketing-Kontrolle?

(8) Soll die Marketing-Kontrolle in die Unternehmens-Revision integriert werden?

(9) Welche Instrumente können zu Kontrollzwecken eingesetzt werden?

(10) Welche besondere Rolle spielt die Deckungsbeitragsrechnung bei der Marketing-Kontrolle?

(11) Was versteht man unter einer Schwachstellenanalyse?

(12) Was können externe Ursachen von Schwachstellen sein?

(13) Wo ergeben sich im Unternehmen selbst Schwachstellen?

(14) Aus welchen Gründen entstehen Schwachstellen im Marketing-Bereich?

(15) Wie kann man Schwachstellenkataloge aufbauen?

(16) Welchen Inhalt können Checklisten zur Aufdeckung von Schwachstellen haben?

(17) Was sind Mängel- und Wunschlisten?

(18) Was bedeutet der Begriff ABC-Analyse?

(19) Wie ist die Vorgehensweise bei der ABC-Analyse?

(20) Stimmt die Aussage, daß die C-Faktoren vernachlässigt werden können?

(21) In welchen weiteren Bereichen kann die ABC-Analyse eingesetzt werden?

(22) In welchen Bereichen eignet sich die Deckungsbeitragsrechnung besonders zur Aufdeckung von Schwachstellen?

(23) Welche Kennzahlen sind zur Schwachstellenaufdeckung heranzuziehen?

(24) Können sämtliche Schwachstellen aufgedeckt werden?

Lösungshinweise

Frage	Seite	Frage	Seite
(1)	297	(13)	304
(2)	297 f.	(14)	304
(3)	298	(15)	305
(4)	298	(16)	305
(5)	299	(17)	305
(6)	299	(18)	305
(7)	299	(19)	306
(8)	299	(20)	306
(9)	301	(21)	307
(10)	301	(22)	308
(11)	301	(23)	308 f.
(12)	304	(24)	301

Literatur

Böcker, F., Marketing-Kontrolle, Stuttgart/Berlin/Köln/Mainz 1988
Bramsemann, R., Handbuch Controlling, Methoden und Techniken, 3. Auflage, München/Wien 1993
Ehrmann, H., Aufdecken von Schwachstellen im Vertriebsbereich mit Hilfe von Deckungsbeitragsrechnung, ABC-Analyse und Kennziffernrechnung, in: Holl, H.-G., Hrsg.: Controlling - das Unternehmen mit Zahlen führen, Kissing 1988
Hahn, D., Planungs- und Kontrollrechnung, 3., völlig überarbeitete Auflage, Wiesbaden 1985
Heigl, A., Controlling - Interne Revision, Stuttgart 1990
Heinzelbecker, K., Marketing-Informationssysteme, Stuttgart/Berlin/Köln/Mainz 1985
Horvath, P., Controlling, 5. Auflage, München 1994
Huch, B., Informationssysteme im operativen Controlling - Rechnungswesen und Berichtswesen, in: Kostenrechnungspraxis, Zeitschrift für Kostenrechnung und Controlling, 3/1984
Kiener, J., Marketing-Controlling, Darmstadt 1980
Nieschlag, R./Dichtl, E./Hörschgen, H., Marketing, 17. Auflage, Berlin 1994
Reichmann, Th., Controlling mit Kennzahlen, 3. Auflage, München 1993
Sommer, K., Marketing-Audit, Bern 1984
Schröder, E.F., Modernes Unternehmens-Controlling, 5. Auflage, Ludwigshafen 1992
Weis, H.C., Marketing, 9. Auflage, Ludwigshafen 1995
Zahn, E., Marketing- und Vertriebscontrolling, Landsberg am Lech 1986
Ziegenbein, K., Controlling, 5. Auflage, Ludwigshafen 1995

Übungsteil

Aufgaben/Fälle

	Seite
1: Controlling-Begriff	315
2: Controlling in der Unternehmens-Hierarchie	315
3: Zentrales und dezentrales Controlling	315
4: Marketingorganisation	315
5: Stellung des Controlling in der Marketingorganisation	315
6: Gliederung der Kostenrechnung	316
7: Kosten und Beschäftigung	316
8: Informationen der Deckungsbeitragsrechnung	316
9: Strategien beim Aufbau von Marketing-Informationssystemen	316
10: Anforderungen an Informationssysteme	316
11: Vorgehensweise bei der Ermittlung des Informationsbedarfs	317
12: Ermittlung des Marktanteils	317
13: Produkterfolgsrechnung - Entwurf eines Abrechnungsschemas	317
14: Kundenerfolgsrechnung	317
15: Ermittlung von Preisuntergrenzen	317
16: Anforderungen an Außendienst-Berichte	318
17: Berichtsarten	318
18: Controller-Aufgaben im Rahmen der Marktforschung	318
19: Marketingplanung - Übersicht über den Prozeß der Marketingplanung	318
20: Controller und Marketingplanung	318
21: Entwurf und Dokumentation von Planungsrichtlinien	319
22: Planungsrichtung	319
23: Situationsanalyse	319
24: Branchenanalyse	319
25: Potentialanalyse	319
26: Stärken-/Schwächenanalyse	320
27: Portfolio-Analyse	320
28: Ermittlung des Break-even-Punktes	320
29: Ermittlung der Mindestauftragsgröße	320
30: Kennzahlenanalyse - Bedeutung der Kennzahlen	321
31: Kennzahlenanalyse - Ermittlung einiger Kennzahlen	321
32: Zielbeziehungen	321
33: Marketing-Strategien - Entscheidungshilfen bei der Planung von Strategien	321
34: Maßnahmenplanung	322
35: Investitionsrechnung	322
36: Netzplantechnik	322
37: Marketing-Logistik	322
38: Logistikkosten	322
39: Aufstellen eines Absatzplanes	323
40: Schwachstellenanalyse	323
41: Deckungsbeitragsrechnung als Instrument der Schwachstellenanalyse	323

Aufgaben/Fälle

1 : Controlling-Begriff

Man hört gelegentlich die Auffassung, Controlling beschäftige sich in erster Linie mit Fragen der Unternehmenskontrolle und sei im Grunde nichts anderes als die Interne Revision.

Stimmt diese Aussage?

2 : Controlling in der Unternehmens-Hierarchie

Während einer Diskussion behauptet ein junger Controller, das Controlling müsse wegen seiner besonderen Bedeutung in der obersten Führungsspitze angesiedelt werden.

Kann man dieser Behauptung zustimmen?

3 : Zentrales und dezentrales Controlling

In einer Besprechung der Geschäftsleitung wird beraten, ob neben dem zentralen Controlling Sub-Controller-Stellen für die wichtigsten Funktionsbereiche eingerichtet werden sollen. Der Leiter der Organisationsabteilung spricht sich dagegen aus und argumentiert, damit käme es zu einer Zersplitterung der Controller-Aufgaben.

Ist diese Argumentation zutreffend?

4 : Marketingorganisation

Stellen Sie dar, welche Hauptunterschiede zwischen der funktionsorientierten, produktorientierten, gebietsorientierten und abnehmerorientierten Marketingorganisation bestehen.

5 : Stellung des Controlling in der Marketingorganisation

Es wird im Rahmen der Organisation vom Fachpromotor und vom Machtpromotor gesprochen; was versteht man darunter und wie kann der Marketing-Controller in diesem Zusammenhang gesehen werden?

6 : Gliederung der Kostenrechnung

Aus welchen Teilbereichen besteht die Kostenrechnung?

Skizzieren Sie kurz den Inhalt dieser Bereiche.

7 : Kosten und Beschäftigung

Nennen Sie die Reaktionsmöglichkeiten der Kosten auf Beschäftigungsänderungen.

8 : Informationen der Deckungsbeitragsrechnung

Die Deckungsbeitragsrechnung wird als ein wichtiges Instrument angesehen, das dem Marketing-Controller eine Reihe von entscheidungsrelevanten Informationen zur Verfügung stellen kann.

Nennen Sie einige wichtige Informationen.

9 : Strategien beim Aufbau von Marketing-Informationssystemen

Beim Aufbau von Marketing-Informationssystemen können mehrere Strategien verfolgt werden.

Worauf beziehen sich diese Strategien?

10 : Anforderungen an Informationssysteme

Ein Controller erhält den Auftrag ein Informationssystem aufzubauen mit der Auflage es empfängerorientiert und aktuell zu gestalten.

Müssen noch weitere Anforderungen gestellt werden?

11: Vorgehensweise bei der Ermittlung des Informationsbedarfs

Bei der Ermittlung des Informationsbedarfs kann induktiv und deduktiv vorgegangen werden.

Was bedeutet dies?

12: Ermittlung des Marktanteils

In einem Unternehmen wurden folgende Informationen ermittelt:

- Kundenpenetration 56 %
- Kundentreue 50 %
- Kundenselektivität 70 %
- Preisselektivität 115 %.

Ermitteln Sie den Marktanteil.

13: Produkterfolgsrechnung - Entwurf eines Abrechnungsschemas

Entwerfen Sie ein Schema für die Produkterfolgsrechnung.

14: Kundenerfolgsrechnung

Stellen Sie dar, wie eine Kundenerfolgsrechnung aufgebaut werden kann.

15: Ermittlung von Preisuntergrenzen

In einem Unternehmen wurden für ein bestimmtes Produkt 2.500,- DM Selbstkosten ermittelt, darüber hinaus strebte man einen Gewinn von 10 % an. Es stellt sich nun heraus, daß der kalkulierte Verkaufspreis gegenwärtig nicht zu erzielen ist und sogar die Gefahr besteht, daß nicht die vollen Selbstkosten erlöst werden können.

Wie kann im Unternehmen vorgegangen werden, um die Preisuntergrenze, die gerade noch vertretbar ist, zu ermitteln?

16 : Anforderungen an Außendienst-Berichte

Es wird immer wieder gefordert, Außendienst-Berichte müßten empfängerorientiert sein.

Was ist darunter zu verstehen?

17 : Berichtsarten

Man unterscheidet mehrere Arten von Außendienst-Berichten.

Nennen Sie die wichtigsten Berichtsarten.

18 : Controller-Aufgaben im Rahmen der Marktforschung

Die Marktforschung ist ein Spezialgebiet des Marketing, das von mathematisch/statistisch besonders versierten Fachleuten bearbeitet wird.

Welche Aufgaben hat der Marketing-Controller im Rahmen der Marktforschung zu erledigen, ohne daß ihm der Vorwurf der Einmischung in fremde Arbeitsgebiete gemacht wird?

19 : Marketingplanung - Übersicht über den Prozeß der Marketingplanung

Stellen Sie in einer knappen Übersicht den Prozeß der Marketingplanung dar.

20 : Controller und Marketingplanung

Die Planung ist eine der wichtigsten Marketing-Aufgaben und fällt in die Zuständigkeit des Marketing-Managements.

Welche Funktionen fallen dem Marketing-Controller im Rahmen der Marketingplanung zu?

Aufgaben/Fälle 319

21: Entwurf und Dokumentation von Planungsrichtlinien

Einem neu eingestellten Mitarbeiter wird während der Einarbeitungszeit die Dokumentation der Planungsrichtlinien in Form eines Planungshandbuches zur Einsichtnahme gegeben. Er ist sehr erstaunt über den Umfang des Handbuches und meint, er verstünde nicht, daß soviel Aufwand wegen der Planung getrieben würde, jener vernünftige Planer wisse ja, was er zu tun habe.

Nehmen Sie zu dieser Äußerung Stellung.

22: Planungsrichtung

Geben Sie an, was der Ausdruck Planungsrichtung bedeutet und nennen Sie mögliche Richtungen.

23: Situationsanalyse

Das Unternehmen Nungroß KG hat mittlerweile eine Größenordnung erreicht, die eine umfangreiche systematische Marketingplanung erforderlich macht. Bisher wurde die Situationsanalyse etwas vernachlässigt. Dieses Manko will man beseitigen und diesen Bereich intensivieren.

Nennen Sie die Hauptbereiche, denen sich das Unternehmen dabei zuwenden muß.

24: Branchenanalyse

Führen Sie einige wichtige Gebiete auf, die im Rahmen einer Branchenanalyse untersucht werden müssen.

25: Potentialanalyse

Äußern Sie sich über die Aufgaben der Potentialanalyse und geben Sie an, auf welche Bereiche sie sich erstreckt.

26 : Stärken-/Schwächenanalyse

In zahlreichen Unternehmen werden Stärken-/Schwächenanalysen durchgeführt.

Geben Sie an, wodurch sich diese Analysen von der Potentialanalyse unterscheiden.

Was bedeutet es, wenn die Analyse das Ergebnis erbringt, daß von 800 möglichen Potentialpunkten 340 erreicht wurden?

27 : Portfolio-Analyse

In den letzten Jahren ist viel von der Portfolio-Analyse die Rede.

Was versteht man darunter und wie ist die grundsätzliche Vorgehensweise dabei?

28 : Ermittlung des Break-even-Punktes

In einem Unternehmen werden für ein Produkt folgende Werte ermittelt:
Umsatz = 1.000.000,- DM; proportionale Kosten: 600.000,- DM; fixe Kosten 300.000,- DM.

Ermitteln Sie

1. den Break-even-Punkt
2. den Break-even-Beschäftigungsgrad
3. den Sicherheitskoeffizienten
4. die Sicherheitsstrecke

und geben Sie an, was die ermittelten Werte aussagen.

29 : Ermittlung der Mindestauftragsgröße

In einem Unternehmen ist ein Produkt ab Lager lieferbar. Die auftragsfixen Kosten, die es verursacht, betragen 250,- DM, die proportionalen Kosten machen 80 % des Erlöses aus und man möchte einen Gewinn in Höhe von 15 % des Erlöses erzielen.

Ermitteln Sie die kostendeckende Mindestauftragsgröße und die Auftragsgröße, bei der der geplante Gewinn realisiert wird.

30 : Kennzahlenanalyse - Bedeutung der Kennzahlen

Betriebswirtschaftliche Kennzahlen werden nahezu in allen Unternehmen in irgendeiner Form entwickelt, um bestimmte verdichtete Informationen zu erhalten.

Geben Sie drei Hauptanwendungsgebiete von Kennzahlen im Marketing an.

31 : Kennzahlenanalyse - Ermittlung einiger Kennzahlen

In einem Unternehmen wurden durch das betriebliche Rechnungswesen folgende Zahlen ermittelt:

Umsatz 6.000.000,- DM; Gesamtkapital 10.000.000,- DM; Eigenkapital 4.000.000,- DM; Gewinn 480.000,- DM; Fremdkapitalzinsen 200.000,- DM; langfristiges Fremdkapital 3.000.000,- DM Anlagevermögen 7.000.000,- DM und Abschreibungen 300.000,- DM.

Ermitteln Sie folgende Kennzahlen:

Eigenkapitalrentabilität Return-on-Investment
Gesamtkapitalrentabilität Verschuldungskoeffizient
Umsatzrentabilität Anspannungskoeffizient
Kapitalumschlagskoeffizient Anlagendeckung
Kapitalumschlagsdauer Cash-flow in einfacher Form.

32 : Zielbeziehungen

Nennen Sie die möglichen Zielbeziehungen.

33 : Marketing-Strategien - Entscheidungshilfen bei der Planung von Strategien

Der Marketing-Erfolg hängt wesentlich von den eingesetzten Strategien ab. Die Planung dieser Strategien stellt manche Planer vor Probleme.

Welche Entscheidungshilfen können bei der Planung von Marketing-Strategien eingesetzt werden?

34 : Maßnahmenplanung

Bei der Maßnahmenplanung muß beachtet werden, daß die allerwenigsten Maßnahmen isoliert betrachtet werden dürfen.

Stellen Sie dar, welche Faktoren bei der Planung von Maßnahmen berücksichtigt werden müssen.

35 : Investitionsrechnung

Die Investitionsrechnung spielt auch für Marketing-Entscheidungen eine wichtige Rolle.

Führen Sie die wichtigsten Verfahren der Investitionsrechnung auf.

36 : Netzplantechnik

Nennen Sie die wichtigsten Vorzüge der Netzplantechnik.

37 : Marketing-Logistik

Während einer Sachbearbeiter-Besprechung äußert ein Teilnehmer, Logistik sei ein Teilbereich der Planung.

Kann dieser Äußerung zugestimmt werden?

38 : Logistikkosten

Es wird behauptet, Logistikkosten stünden in enger Wechselbeziehung zueinander, so daß Logistikentscheidungen nicht isoliert getroffen werden dürften.

Ist diese Behauptung richtig?

Aufgaben/Fälle

39: Aufstellung eines Absatzplanes

Der Absatzplan soll im einzelnen die folgenden Fragen beantworten

- Welche Produkte sollen verkauft werden?
- In welchem Umfang sollen die Produkte verkauft werden?
- An wen sollen die Produkte verkauft werden?
- Wann sollen die Produkte verkauft werden?
- Wo sollen die Produkte verkauft werden?
- Zu welchem Preis sollen die Produkte verkauft werden?
- Mit welchem Ergebnis sollen die Produkte verkauft werden?

Daraus ergibt sich, daß der Absatzplan folgende Komponenten hat:

- eine sachliche Komponente (Verkaufsprogramm)
- eine räumliche Komponente (Verkaufsgebiet)
- eine zeitliche Komponente (Jahr, Monat)
- eine zielgruppenorientierte Komponente (Abnehmer)
- eine mengenmäßige Komponente (Stückzahl).

Versuchen Sie unter Berücksichtigung dieser Komponenten einen Absatzplan aufzustellen. Bilden Sie dabei selbst das Zahlenbeispiel.

40: Schwachstellenanalyse

Schwachstellen aufzudecken ist eine wichtige Controller-Aufgabe.

Stellen Sie dar, welche Instrumente der Controller zur Aufdeckung von Schwachstellen im Marketing einsetzen kann.

41: Deckungsbeitragsrechnung als Instrument der Schwachstellenanalyse

In welchen Bereichen können Schwachstellen mit Hilfe der Deckungsbeitragsrechnung aufgedeckt werden?

Lösungen

Lösungen

1 : Controlling-Begriff

Die Aussage trifft nicht zu. Controlling wird vom englischen Begriff "to control" abgeleitet, was soviel wie beherrschen, überwachen, steuern bedeutet. Kontrolle ist neben der Planung, Information, Analyse und Steuerung ein Aufgabengebiet des Controlling.

2 : Controlling in der Unternehmens-Hierarchie

Die Auffassung des jungen Controllers ist nicht ungefährlich für das Unternehmen. Wenn der Controller einerseits ordentliches Mitglied der Geschäftsleitung ist und andererseits für seine Kollegen Controlling-Leistungen erbringen soll, kann dies zu Konflikten führen.

3 : Zentrales und dezentrales Controlling

Immer wenn in einem Unternehmen Sub-Führungssysteme erforderlich werden, weil wichtige Führungsentscheidungen delegiert werden müssen, ist auch ein Sub-System des Controlling angebracht. Zu einer Zersplitterung der Controller-Aufgaben führt dies keinesfalls, es sei denn Koordination findet in dem Unternehmen nicht statt.

4 : Marketingorganisation

Die funktionsorientierte Marketingorganisation ist die älteste Organisationsform. Der Marketingleiter ist verantwortlich für die Gesamtheit der Marketingfunktionen. Die Mitarbeiter erhalten Zuständigkeiten für bestimmte Funktionen wie Werbung, Verkauf usw.

In Unternehmen mit einer größeren Produktpalette wird die produktorientierte Organisationsform bevorzugt. Für bestimmte Produkte oder Produktgruppen werden Produktmanager eingesetzt. Ihre Kompetenzen hängen von der Ausgestaltung der Organisation ab; Produktmanager können sowohl Inhaber von Stabs- als auch von Linienstellen sein.

Bei der gebietsorientierten Marketingorganisation dominieren geographische Gesichtspunkte. Der Markt wird in Regionen aufgeteilt, die einem Bereichsleiter unterstellt werden.

Die absatzorientierte Marketingorganisation ist stark auf die Kunden ausgerichtet. Es werden Kundenmanager installiert, die in der Lage sind, schnell auf Kundenwünsche zu reagieren und entsprechende Strategien zu entwickeln.

5 : Stellung des Controlling in der Marketingorganisation

Für den Einbau des Controlling in die Marketingorganisation sind mehrere Wege denkbar. Existiert im Unternehmen ein Zentral-Controlling, sollte der Marketing-Controller fachlich dem Leiter des Zentral-Controlling unterstellt werden. Disziplinarisch empfiehlt sich eine Unterstellung unter den Leiter des Marketing, wobei der Marketing-Controller der Inhaber einer Stabsstelle sein sollte.

Das von Witte stammende Promotoren-Modell sagt aus, daß die Unternehmensleitung Funktionen des Machtpromotors ausübt, Anstöße gibt, für Lösungsalternativen verantwortlich zeichnet und die Ressourcen zur Verfügung stellt. Daneben gibt es den Fachmann als Fachpromotor, in diesem Zusammenhang den Marketing-Controller, der an den Planungsprozessen teilnimmt, Entscheidungshilfe leistet und fachliche Einzelaufgaben durchführt.

6 : Gliederung der Kostenrechnung

Die Kostenrechnung besteht aus den Teilbereichen

Betriebsrechnung, Kalkulation und Ergebnisrechnung.

Die Betriebsrechnung ist eine Zeitrechnung und stellt fest, in welchen Bereichen des Unternehmens Kosten entstanden sind. Die Kalkulation ist eine Stückrechnung; sie übernimmt die Zahlen der Betriebsabrechnung und ordnet sie den erstellten Leistungen verursachungsgerecht zu.

Die Ergebnisrechnung ist eine Zeitrechnung; im Gegensatz zu den beiden anderen Teilbereichen arbeitet sie nicht nur mit Kosten, sondern auch mit Erträgen. Sie ermittelt den Erfolg einer Periode, das sog. Betriebsergebnis.

7 : Kosten und Beschäftigung

In Abhängigkeit von der Beschäftigung unterscheidet man fixe und variable Kosten. Während die fixen Kosten während einer Abrechnungsperiode beschäftigungsunabhängig sind, reagieren die variablen Kosten auf Beschäftigungsänderungen. Proportionale Kosten ändern sich im gleichen Ausmaß wie die Beschäftigung, unterproportionale Kosten reagieren schwächer, überproportionale Kosten stärker auf die sich ändernde Beschäftigung.

8 : Informationen der Deckungsbeitragsrechnung

Im Rahmen der Deckungsbeitragsrechnung werden Deckungsbeiträge je Produkt, Produktgruppe, Kunde, Kundengruppe, Verkaufsgebiet, Niederlassung u.ä. ermittelt. Dieses Kostenrechnungssystem kann dem Controller neben anderen folgende wichtigen Informationen zur Verfügung stellen:

- Werte für die Ermittlung von Mindestauftragsgrößen
- Werte für die Berechnung des gewinnoptimalen Sortiments
- Werte für Wirtschaftlichkeitsberechnungen
- Werte für die Erfolgsplanung
- Werte für die Bestimmung der optimalen Losgröße.

9 : Strategien beim Aufbau von Marketing-Informationssystemen

Die Strategien beziehen sich auf

- die Vollständigkeit des Informationssystems
- den Ansatzpunkt in der Unternehmenshierarchie
- das Entwicklungskonzept.

10 : Anforderungen an Informationssysteme

Die genannten Anforderungen reichen nicht aus. Informationssysteme müssen darüber hinaus

- empfängerorientiert
- redundanzarm
- konstant sein
- sich auf das Wesentliche beschränken
- Erfolge und Schwachstellen aufzeigen können
- Informationen rechtzeitig und in der notwendigen Verdichtung zur Verfügung stellen.

11 : Vorgehensweise bei der Ermittlung des Informationsbedarfs

Die induktive Vorgehensweise verkörpert den datenorientierten Ansatz, während die deduktive Vorgehensweise den entscheidungsorientierten Ansatz bedingt.

12 : Ermittlung des Marktanteils

Nach der von Kotler entwickelten Formel beträgt der Marktanteil 22,54 %.

13 : Produkterfolgsrechnung - Entwurf eines Abrechnungsschemas

Die Produkterfolgsrechnung kann nach folgendem Schema aufgebaut werden:

	Produkt A	Produkt B	Produkt C		
Bruttoumsatz − Rabatte, Skonti und andere Erlösschmälerungen					
= Nettoerlös − Herstellkosten					
= Bruttoerfolg ohne Marketingkosten − zurechenbare Kosten der Akquisition − zurechenbare Kosten der Verkaufsabwicklung − zurechenbare Kosten der Verkaufsverwaltung					
= Produktbeitrag − durch Schlüsselung zurechenbare Marketingkosten					
= Nettoerfolg					

Lösungen

14 : Kundenerfolgsrechnung

Eine Kundenerfolgsrechnung kann nach folgendem Muster aufgebaut werden:

Bruttoumsatz
− Rechnungsrabatte, Skonti, Preisdifferenzen

= Nettoumsatz I
− Kalkulatorische Erlösschmälerungen

= Nettoumsatz II
− Wareneinsatz

= Rohertrag
− Variable Produktionskosten

= Deckungsbeitrag I
− dem Kunden direkt zurechenbare variable Kosten wie Wechselspesen u.ä.

= Deckungsbeitrag II
− dem Kunden direkt zurechenbare Marketingetats

= Deckungsbeitrag III
− dem Kunden direkt zurechenbare Verkaufskosten, z.B. Besuchskosten

= Deckungsbeitrag IV
− dem Kunden direkt zurechenbare Logistik-/Service-Kosten

= Deckungsbeitrag V
− Kosten für Sonderleistungen (z.B. Einrichtungsgegenstände, besonderer Service)

= Deckungsbeitrag VI

15 : Ermittlung von Preisuntergrenzen

Preisuntergrenzen dürfen nur kurzfristig gebildet werden, es stehen dafür mehrere Methoden zur Verfügung.

Am stärksten verbreitet sind wohl die folgenden beiden Verfahren:

1. Die liquiditätsbedingte Preisuntergrenze.
Die fixen Kosten werden in ausgabenwirksame und ausgabenunwirksame Kosten aufgeteilt. Man zieht nun in Stufen zunächst den Gewinn und dann die ausgabenunwirksamen Kosten ausgehend vom kalkulierten Verkaufspreis ab und subtrahiert schließlich die ausgabenwirksamen fixen Kosten. Dadurch ergeben sich mehrere reduzierte Preise, der letzte besteht aus den variablen Kosten, die nie unterschritten werden dürfen.

2. Die mit Hilfe der Fixkosten-Deckungsrechnung ermittelte Preisuntergrenze. Man zerlegt die fixen Kosten in mehrere Schichten und erhält dann fixe Kosten des Erzeugnisses, der Erzeugnisgruppen, der Kostenstellen, der Abteilungen, der Bereiche und des ganzen Unternehmens. Diese einzelnen Schichten werden ebenfalls stufenweise von dem um den Gewinn verringerten kalkulierten Preis abgezogen. Dies führt zu mehreren möglichen Preisen, von denen wiederum der letzte die variablen Kosten darstellt.

16 : Anforderungen an Außendienst-Berichte

Empfängerorientiert bedeutet, daß die Berichte hinsichtlich des Sachinhaltes, der verwendeten Sprache, der Darstellungsform und der Überprüfbarkeit den Bedürfnissen des jeweiligen Empfängerbereichs entsprechen müssen.

17 : Berichtsarten

Außendienst-Berichte können nach mehreren Kriterien unterschieden werden; man findet Berichte, die nach

- Sachgebieten
- dem Berichtszeitpunkt
- der Funktion
- dem Grad der Verdichtung
- der Art der Darstellung u.ä.

eingeteilt werden.

Daneben gibt es noch Standardberichte, Abweichungsberichte und Bedarfsberichte, die sich aus der Einteilung nach der Eignung als Planungs- und Kontrollgrundlage ergeben.

18 : Controller-Aufgaben im Rahmen der Marktforschung

Die Controller-Aufgaben erstrecken sich auf

- die Mitwirkung bei der Feststellung des Informationsbedarfs
- die Mitwirkung bei der Auswahl der Forschungsobjekte
- die Hilfestellung bei der Auswahl der Methoden
- die Sortierung, Verdichtung und Kommentierung der ermittelten Daten
- Koordinierungshandlungen.

Lösungen

19 : Marketingplanung - Übersicht über den Prozeß der Marketingplanung

Die Planung wird in den drei Hauptstufen

- Analyse der Situation
- Planung der Ziele und Strategien
- Planung der Maßnahmen

durchgeführt.

20 : Controller und Marketingplanung

Im Rahmen der Marketingplanung kommen auf den Marketing-Controller folgende Aufgaben zu:

- Mitwirkung bei der Situationsanalyse
- Erarbeitung von Planungsrichtlinien
- Mitwirkung bei der Festlegung der Planungsmethoden
- Hilfestellung bei den laufenden Planungsarbeiten
- Koordinierung der Einzelpläne
- Festlegung des Zeitplanes für die Planungsaktivitäten
- Ermittlung und Analyse von Planabweichungen
- Ständige Beobachtung der Planziele.

21 : Entwurf und Dokumentation von Planungsrichtlinien

Die Äußerung des neuen Mitarbeiters ist recht oberflächlich und zeugt nicht von großer Sachkenntnis. Der Entwurf von Planungsrichtlinien ist erforderlich, um die Planung

- zwangsläufig
- sachlich
- richtig
- vollständig
- pünktlich
- koordiniert

durchführen zu können.

22 : Planungsrichtung

Die Planungsrichtung zeigt auf, wie die Planungsprozesse den verschiedenen hierarchischen Ebenen zugeordnet werden. Folgende Richtungen sind möglich:

1. Die retrograde oder top-down-Planung (von oben nach unten)

2. Die progressive oder bottom-up-Planung (von unten nach oben)

3. Die Planung nach dem Gegenstromverfahren, bei der der Beginn der Planung auf der oberen Führungsebene stattfindet, sich die Planung auf den nächsten Ebenen fortsetzt und durch ein bottom-up-Vorgehen abgeschlossen wird.

23 : Situationsanalyse

Die Situationsanalyse besteht aus der

- Umweltanalyse
- Marktanalyse
- Konkurrentenanalyse
- Branchenanalyse
- Unternehmensanalyse.

24 : Branchenanalyse

Die Branchenanalyse befaßt sich mit

- der Branchenstruktur
- der Organisation der Branche
- der Kundenstruktur
- der Wettbewerbssituation
- dem Einsatz der Wettbewerbsinstrumente
- dem Technologieeinsatz
- den Innovationstendenzen
- den Eintrittsbarrieren u.ä.

25 : Potentialanalyse

Die Potentialanalyse soll die Stärken eines Unternehmens aufzeigen, seine Kompetenzen verdeutlichen. Die Funktionsbereiche des Unternehmens wie

- die Produktion
- der Absatz
- die Forschung und Entwicklung
- das Marketing
- der Personalbereich
- der Finanzbereich
- die Bereiche mit Einflußmöglichkeiten auf externe Stellen

werden kritisch analysiert.

26 : Stärken-/Schwächenanalyse

Die Stärken-/Schwächenanalyse ist eine Ergänzung der Potentialanalyse. Man ermittelt die Stärken und Schwächen eines Unternehmens und versucht sie zu bewerten. Neben der Vergangenheit und Gegenwart versucht man auch die zukünftige Entwicklung in die Analyse einzubeziehen.

Wenn von 600 möglichen Potentialpunkten lediglich 340 erreicht werden, läßt dies auf Schwachstellen schließen. In einer ausführlichen Analyse muß festgestellt werden, wo im einzelnen die Schwächen des Unternehmens liegen.

27 : Portfolio-Analyse

Die Portfolio-Analyse dient der Beurteilung der Strategischen Geschäftseinheiten eines Unternehmens. Bei den Strategischen Geschäftseinheiten handelt es sich um Sparten, Produktgruppen, Produkte, Dienstleistungen usw. In der Praxis sind zahlreiche Portfolio-Ansätze zu finden. Allen gemeinsam ist die Darstellungsform. Sie verwenden alle die Portfolio-Matrix. Auf den Achsen der Matrix werden die Maßkriterien aufgeführt und in die Matrix die Strategischen Geschäftseinheiten als Kreise eingetragen. Die Kreisgröße drückt das jeweilige Marktvolumen aus. Die Matrix besteht aus mehreren Feldern, wobei die Vierfelder- und Neunfelder-Matrizen am stärksten verbreitet sind. Die Felder charakterisieren bestimmte Situationen der Geschäftseinheit, etwa ausgedrückt in Cash-flow-Größen.

28 : Ermittlung des Break-even-Punktes

1. Break-even-Punkt: 300.000 : 0,4 = 750.000,- DM
2. Break-even-Beschäftigungsgrad: (750.000 x 100) : 1.000.000 = 75 %
3. Sicherheitskoeffizient: 100 % - 75 % = 25 %
4. Sicherheitsstrecke: 1.000.000,- DM - 750.000,- DM = 250.000,- DM.

Die ermittelten Werte treffen folgende Aussagen:

Bei einem Umsatz von 750.000,- DM besteht Kostendeckung, jeder Umsatz darunter bedeutet einen Verlust, jeder darüber einen Gewinn. Der Break-even-Umsatz wird bei einem Beschäftigungsgrad von 75 % (bezogen auf den tatsächlichen Umsatz) erreicht, d.h. der gegenwärtige Umsatz kann um 25 % oder 250.000,- DM sinken ehe man die Verlustgrenze erreicht.

29 : Ermittlung der Mindestauftragsgröße

Die kostendeckende Mindestauftragsgröße beträgt 250 : 0,20 = 1.250,- DM;

die Auftragsgröße, bei der auch der geplante Gewinn realisiert wird, beläuft sich auf 250 : (0,20 - 0,15) = 5.000,- DM.

30 : Kennzahlenanalyse - Bedeutung der Kennzahlen

Betriebswirtschaftliche Kennzahlen werden im Marketing zur

- Analyse von Entwicklungen
- Zielvorgabe
- Kontrolle

eingesetzt und stellen somit wichtige Instrumente des Marketing-Controlling dar.

31 : Kennzahlenanalyse - Ermittlung einiger Kennzahlen

Eigenkapitalrentabilität: (480.000 x 100) : 4.000.000 = 12 %
Gesamtkapitalrentabilität: (480.000 + 200.000 x 100) : 10.000.000 = 6,8 %
Umsatzrentabilität: (480.000 x 100) : 6.000.000 = 8 %
Kapitalumschlagskoeffizient: 6.000.000 : 10.000.000 = 0,60
Kapitalumschlagsdauer: 360 : 0,6 = 600 Tage
Return-on-Investment: (480.000 x 100) : 10.000.000 = 4,8 % oder:
8 x 0,6 = 4,8 %
Verschuldungskoeffizient: (6.000.000 x 100) : 4.000.000 = 150 %
Anspannungskoeffizient: (6.000.000 x 100) : 10.000.000 = 60 %
Anlagendeckung I: (4.000.000 x 100) : 7.000.000 = 57,14 %
Anlagendeckung II: (4.000.000 + 3.000.000 x 100) : 7.000.000 = 100%
Cash-flow in einfacher Form: 480.000 + 300.000 = 780.000,-

Lösungen

32 : Zielbeziehungen

Man unterscheidet komplementäre, konkurrierende und indifferente Ziele.

33 : Marketing-Strategien - Entscheidungshilfen bei der Planung von Marketing-Strategien

Als Entscheidungshilfen unterscheidet man zwei Gruppen, die Kreativitätstechniken und die Produkt- und Portfolio-Matrizen.

Zu den Kreativitätstechniken zählen die morphologische Matrix, die Problemkreisanalyse, die Verfahren des Brainstorming, die Brainwriting-Methoden, die Synektik u.ä.

34 : Maßnahmenplanung

Bei der Maßnahmenplanung müssen folgende Faktoren berücksichtigt werden:

- die richtige Wahl der Instrumente
- die zeitliche Wirkung der Maßnahmen
- der Wirkungsverbund der Marketing-Instrumente
- der Ausstrahlungseffekt von Marketing-Maßnahmen
- die Auswirkungen von Marketing-Maßnahmen auf andere Unternehmensbereiche.

35 : Investitionsrechnung

Die Investitionsrechnung verwendet zwei Hauptgruppen von Verfahren:

- die statischen Verfahren
- die dynamischen Verfahren.

Zu den statischen Verfahren zählen die

- Kostenvergleichsrechnung
- die Gewinnvergleichsrechnung
- die Rentabilitätsrechnung
- die Amortisationsrechnung.

Als dynamisches Verfahren werden bezeichnet

- die Kapitalwertmethode
- die Annuitätsmethode
- die Methode des internen Zinsfußes.

36 : Netzplantechnik

Die Vorzüge der Netzplantechnik liegen in

- der transparenten Darstellung eines Gesamtprojektes und seiner einzelnen Aktivitäten
- der universellen Einsatzmöglichkeit in der Projektplanung
- der Möglichkeit zum gedanklichen Durchdringen komplexer Projekte
- der schnellen Feststellbarkeit von Planabweichungen
- der Möglichkeit des EDV-Einsatzes.

37 : Marketing-Logistik

Unter Marketing-Logistik versteht man die auf die Gestaltung, Steuerung und Kontrolle ausgerichteten Tätigkeiten der physischen Distribution.

38 : Logistikkosten

Diese Behauptung ist zutreffend. Es ist durchaus möglich, daß eine kosteneinsparende Logistikmaßnahme auf eine andere Maßnahme kostensteigernd wirkt, so daß die einzelnen Maßnahmen nicht isoliert betrachtet werden dürfen.

39 : Aufstellung eines Absatzplanes

Ein Absatzplan aufgegliedert nach räumlichen, zeitlichen, produktorientierten und abnehmerorientierten Aspekten kann folgendes Aussehen haben:

Lösungen

Schnell KG	Absatzplan 1996							
Produktgruppe		Gesamt	Ausland	Inland	Verkaufsgebiet Inland			
					Nah	Fern	Nord	Süd
1	ME	230	90	140	20	60	20	40
	TDM	720	300	420	56	64	180	120
2	ME	250	50	200	60	80	40	20
	TDM	920	220	700	204	286	140	70
3	ME	210	70	140	40	20	60	20
	TDM	220	80	140	40	20	60	20
4	ME	240	60	180	80	30	10	60
	TDM	1.000	280	720	320	120	40	240
5	ME	190	30	160	20	60	40	40
	TDM	660	160	500	60	200	120	120
6	ME	250	130	120	10	30	20	60
	TDM	1.280	650	630	52	150	108	320

Im Beispiel differieren die Preise je ME zwischen dem Inland und Ausland und teilweise zwischen den einzelnen Verkaufsgebieten.

Dominiert beim Absatzplan der **zeitliche** Gesichtspunkt, kann er wie folgt aussehen:

Schnell KG	Absatzplan 1996									
	Produktgruppe 1					Produktgruppe 2				
	Soll		Ist		Abweichung		Soll		Ist		Abweichung	
	ME	TDM	ME	TDM	ME	TDM	ME	TDM	ME	TDM	ME	TDM
Januar	30	96					14	50				
Februar	26	84					16	60				
März	24	76					16	58				
April	20	64					18	68				
Mai	16	50					24	88				
Juni	12	40					28	104				
Juli	12	38					30	118				
August	10	32					24	88				
September	6	20					20	72				
Oktober	24	76					16	56				
November	22	68					18	64				
Dezember	28	76					26	94				
Summe	230	720					250	920				

40 : Schwachstellenanalyse

Zur Schwachstellenanalyse werden

- Schwachstellenkataloge
- Checklisten
- Mängel- und Wunschlisten
- die ABC-Analyse
- die Deckungsbeitragsrechnung
- Betriebswirtschaftliche Kennzahlen.

eingesetzt.

41 : Deckungsbeitragsrechnung als Instrument der Schwachstellenanalyse

Die Deckungsbeitragsrechnung ist ein vielseitig einsetzbares Instrument. Mit ihrer Hilfe können Schwachstellen im Produktbereich, Kundenbereich, Gebietsbereich u.ä. aufgedeckt werden.

Stichwortverzeichnis

ABC-Analyse 305
Ablauforganisation 44
Absatzerfolgsrechnung 91
Absatzforschung 120
Absatzmarktforschung 120
Absatzwegeforschung 122
Abweichungsanalyse 79
Abweichungsberichte 108
Alternativ-Planung 287
Analyse 163
Analyse/Kontrolle 16, 44
Anfragenstatistiken 82
Angebotserfolg 207
Angebotsstatistiken 82
Anlagenintensität 205
Anspannungsgrad 205
Arbeitsintensität 205
Arbeitsmarktforschung 120
Aufbauorganisation 22, 23
Aufbaustufen 75
Aufgabenanalyse 71
Auftragseingangsstatistiken 82
Ausführungsinformationen 50
Außendienst-Berichtssysteme 107, 110
Außendienstberichte 108, 301

Bedarfsberichte 108
Bedarfsforschung 122
Bekanntheitsgrad 208
Berichtsanforderungen 108
Berichtsarten 107
Berichtsempfänger 111
Berichtsersteller 110
Berichtsform 114
Berichtssystem 110
Berichtszweck 111
Beschaffungsmarktforschung 120
Besuchsberichte 111
Betriebsabrechnung 54
Branchenanalyse 168
Break-even-Analyse 193, 254, 301
Break-even-Beschäftigungsgrad 192
Break-even-Punkt 191, 209, 304
Buchhaltung 53
Budget 258

Cash-Cows 180
Cash-flow 175, 180, 203
Chancen-Risiken-Analyse 174
Controller-Aufgaben 44
Controlling, aus institutionaler Sicht 17
-, dezentralisiertes 33
-, funktionales 18

-, objektbezogenes 18
-, operatives 17
-, strategisches 17
-, zentrales 23
Controlling-Begriff 16
Controlling-Funktion, systembildende 18
-, systeminterne 18
Corporate Design 216
Corporate Identity 215
Critical Path-Method 269

Datenanalyse 28, 132
Datenaufbereitung 131
Datenauswertung 131
Datenbanken 134
Datenbeurteilung 131
Datenerfassung 134
Datenfluß 136
Deckungsbeitrag 59, 90, 91, 93, 94, 100,
                              103, 106, 192, 300
Deckungsbeitrag-Intensität 204
Deckungsbeitragsrechnung 56, 58, 90-107,
                                           289, 308
Demoskopie 122
Dependenzanalyse 133
Direct costing, mehrstufiges 105
Diskriminanzanalyse 133
Distributions-Mix 250
Diversifikation 239
-, horizontale 239
-, laterale 240
-, vertikale 240
Du Pont-System 211

EDV 65, 134, 269
Eigenfertigung 279
Eigenkapital-Rentabilität 203
Eigenlager 277
Eigentransport 279
Eingabearten 135
Engpaß 196, 198, 201
Entscheidungsbaumtechnik 262
Entscheidungsmodelle 247
Entscheidungsprozeß 27
Entscheidungstabellentechnik 264
Erfahrungskurvenkonzept 175
Erfolgspotentiale 144
Erfolgsrechnung 84, 85
Ergebnismatrix 227
Ergebnisrechnung 54

Fachpromotor 39
Finanzbuchhaltung 52

Finanzmarktforschung 120
Fixkostenstruktur 207
Fremdbezug 279
Fremdlager 277
Fremdtransport 279
Führungsinformationen 50

Garantieleistungen 209
Gegenstromverfahren 157
Gesamtkapital-Rentabilität 203
Geschäftseinheiten, Strategische 175, 179,
                                                180, 231
Geschäftsfeld-Ressourcen-Portfolio 188
Gewinnpunkt 209

Handelspanel 130
Hauptziele 226
Haushaltspanel 129
Hierarchienbildung 97

Information 16, 44, 49
-, derivative 50
-, externe 50
-, interne 50
-, originäre 50
-, primäre 50
-, unvollkommene 50
-, vollkommene 50
Informationsarten 49
Informationsbedarf 70
Informationsbegriffe 49
Informationsbeschaffung 28, 161
Informationsquellen 51, 61
-, externe 61
-, weitere 61
Informationsstand 69
Informationssysteme 29, 49, 63, 66
-, teilintegrierte 64
-, vollintegrierte 64
Innovationsgrad 208
Intensität der Kundenbetreuung 209
Interdependenzanalyse 134
Interdependenzproblem 245
Internationalisierungsstrategie 241
Investitionsrechnung 42, 254
Isogewinnlinie 199
Istkostenrechnung 58

Jahresabschluß 52
Joint-Ventures 241

Kalkulation 54
Kalkulationsobjekte 96
Kapazitätslinien 199
Kapitalrate 204
Kennzahlen 201
-, betriebswirtschaftliche 308

Kennzahlen-Pyramide 210
Kennzahlen-Rechnung 301
Kennzahlenanalyse 210, 301
Kennzahlensystem 209
Kommunikations-Mix 251
Konkurrentenanalyse 164
Konkurrenzforschung 122
Kontrahierungs-Mix 250
Kontroll-Instrumente 300
Kontrolle 28, 297
Kontrollsystem 297
Kooperation 241
Koordination 152
Koordinierung 152
Koordinierungsbedarf 159
Kosten 55
-, fixe 55, 89
-, proportionale 55, 89
-, überproportionale 55
-, unterproportionale 55
-, variable 55, 89
Kostenartenrechnung 54
Kostenartenverzeichnisse 88
Kostenintensität 205
Kostenrechnung 53
Kostenrechnungssysteme 58
Kostenstellenrechnung 57, 88
Kostenträgerrechnung 58
Kostenvorgaben 259
Kreativitätstechniken 232
Kriterienhierarchie 237
Kundenerfolgsrechnung 99
Kundenpotentialanalysen 113

Lagerdezentralisation 277
Lernkurveneffekt 176
Linienstelle 20
Logistik 273

Machtpromotor 39
Make-ob-buy-Überlegungen 279
Marketing, gesellschaftsfreundliches 26
Marketing-Audit 298
Marketing-Begriff 24
Marketing-Informationssysteme 62, 63, 75
Marketing-Instrumente 245
Marketing-Kontrolle 297
Marketing-Konzeption 26
Marketingkosten und -erfolgsrechnung. 85, 301
Marketing-Logistik 273
Marketing-Management 27, 245
Marketing-Maßnahmen 245
Marketing-Mix 246, 300
Marketing-Planung 143
Marketing-Prozeß 27
Marketing-Statistik 60, 76, 301
Marketing-Teilpläne 153

Stichwortverzeichnis

Marketingabteilung 34, 61
Marketingbudget 259
Marketingforschung 115
Marketingkonzept, integriertes 26
Marketingkosten 85
Marketingorganisation 33
-, funktionsorientierte 36
-, produktorientierte 36
Marketingstrategie 231, 235, 286
Marketingziele 223, 286
Marktanalyse 126, 164
Marktanteilsanalyse 81, 300
Marktattraktivitäts-Wettbewerbsvorteils-
 Portfolio 183
Marktbeobachtung 126
Marktentwicklung 233
Marktforschung 120
Marktforschungs-Berichte 301
Marktpenetration 233
Marktprognose 126
Marktsegmentierung 236
Markttest 128
Marktwachstums-Marktanteils-Portfolio 179
Maßnahmenplanung 148, 243
Materialintensität 205
Matrixorganisation 37, 39
Menge, kritische 193, 283
Meßverfahren 131
Mikro-Umsatzanalyse 79
Mitarbeiterbeurteilungen 301
Modellanalyse 71
Modelle, deskriptive 247
-, mathematische 247
-, verbale 247
Multi-Segment-Strategien 238

Nebenziele 226
Netzplantechnik 269
Neun-Felder-Matrix 179, 183, 234
Not-Planung 287
Nutzwertanalyse 226
Nutzwertrechnung 258

Objektivität 131
Oberziele 226
Ökoskopie 122
Online-Datenerfassung 136
Operations Research 42, 247, 249
Ordnungssysteme 210
Out-of-Pocket-point 206

Panel-Erhebung 128
Partialmodelle 246
Partnerschaft, strategische 241
PIMS-Projekt 178
Plankostenrechnung 57, 58, 59
Planüberprüfung 152

Planung .... 16, 44, 143 ff.
-, Institutionalisierung 152
-, operative 144, 148
-, progressive 156
-, retrograde 156
-, rollierende 287
-, strategische 144
Planungsabfolge 157
Planungsgrundsätze 146, 158
Planungshandbuch 150, 158
Planungskalender 159
Planungsmethoden 158
Planungsprozeß 161
Planungsrichtlinien 149, 158
Planungsrichtung 156
Planungstechniken 261
Planungsträger 150
Poor Dogs 180, 182
Portfolio .... 175, 179 ff.
Potentialanalyse 169, 172
Preisuntergrenzen 104
-, liquiditätsorientierte 104, 105, 107
Primärforschung 61, 127
Produkt-Matrix 233
Produkt-Mix 250
Produktentwicklung 233
Produkterfolgsrechnung 91
Produktinnovation 238
Produktivitätskennzahlen 206
Produktlebenszyklus-Wettbewerbs-
 positions-Portfolio 188
Produkttest 128
Prognoseverfahren 126
Programmierung, dynamische 248
-, heuristische 249
-, lineare 248
-, nichtlineare 248
-, parametrische 248
-, stochastische 248
Promotoren-Modell 39
Punktematrix 228
Punktwertmatrix 229
Pyramid Structure of Ratios 210

Question Marks 180, 182

Rechensysteme 210
Rechnungswesen, Allgemeines 52
Regressionsanalyse 133
Reklamationen 209
Reklamationsstatistiken 83
Reliabilität 131
Repräsentativität 132
Ressourcenzuweisung 258
Return-on-Investment 203, 212

Schlupfzeiten 270

Schlüsselbereiche 220
Schwachstellenanalyse 301
Scoring-Modell 228
Segmentierungskriterien............................. 237
Sekundärforschung 127
Sicherheitsstrecke.. 192
Signifikanz..132
Simplex-Methode 257
Simulation 249
Single-Segment-Strategien........................... 238
Skalierungen 258
Sonderberichte 112
Sozialsystem.. 29
Stabsstelle 21, 39
Standardberichte 108
Stärken-/Schwächenananalyse 171
Stars 180, 182
Statistik... 60
Steuerung 16, 44
Store-Test 128
Strategie der Technologieorientierung 241
Strategien .... 230 ff.
Strategieplanung .... 230 ff.
Sub-Controller.. 24
Subcontrolling.. 18

Tagesberichte 111
Teilkostenrechnung 57, 89
Totalmodelle 246
Transformationsmatrix 228

Umlaufintensität 205
Umsatz, kritischer 277
Umsatzanalyse... 79
Umsatzstatistik.. 77
Umschlagshäufigkeiten 204
Umweltanalyse 163
Unternehmensanalyse................................... 169

Unternehmensgrundsätze 214
Unternehmenskultur 214
Unterziele 226

Validität 131
Varianzanalyse 133
Verfahren, analytisches 132, 133
-, deskriptives 132, 133
-, intuitive 126
-, systematische 126
Verschuldungsgrad 205
Vertriebserfolgsrechnung 95
Vier-Felder-Matrix...................... 179, 180, 234
Vollkostenrechnung 58, 89

Weg, kritischer 270
Wirtschaftlichkeitskennzahlen 206
Wochenberichte 111

Zentral-Controller 24
Zentralcontrolling 18
Zielbeziehungen 223
Zielbildungsprozeß 217
Ziele, funktionale 222
-, indifferente 223
-, komplementäre 224
-, konkurrierende 223
-, materielle 219
-, nicht-quantifizierbare................................ 217
-, nichtmaterielle 219
-, quantifizierbare 217
-, strategische 222
Zielhierarchie 220, 222
Zielplanung 214
Zielsysteme...219
Zurechnungsobjekte 88
Zuschlagskalkulation 55
ZVEI-Kennzahlensystem 210